Cumprimento e Execução da Sentença

SOB A ÓTICA DO FORMALISMO-VALORATIVO

A485c Amaral, Guilherme Rizzo

Cumprimento e execução da sentença sob a ótica do formalismo-valorativo / Guilherme Rizzo Amaral. – Porto Alegre: Livraria do Advogado Editora, 2008.

244 p.; 23 cm.

ISBN 978-85-7348-568-4

1. Execução de sentença. I. Título.

CDU – 347.952

Índice para o catálogo sistemático:
Execução de sentença 347.952

(Bibliotecária responsável: Marta Roberto, CRB-10/652)

Guilherme Rizzo Amaral

Cumprimento e Execução da Sentença

SOB A ÓTICA DO FORMALISMO-VALORATIVO

Porto Alegre, 2008

Projeto gráfico e diagramação
Livraria do Advogado Editora

Revisão
Rosane Marques Borba

Direitos desta edição reservados por
Livraria do Advogado Editora Ltda.
Rua Riachuelo, 1338
90010-273 Porto Alegre RS
Fone/fax: 0800-51-7522
editora@livrariadoadvogado.com.br
www.doadvogado.com.br

Impresso no Brasil / Printed in Brazil

À Fernanda, meu amor.

Agradecimentos

O presente livro é o resultado de prazerosa jornada no curso de Doutorado em Direito da Universidade Federal do Rio Grande do Sul. Lá, tive a honra de conviver com professores e colegas brilhantes, em ambiente fraterno e oxigenado por novas e ousadas idéias.

Os mestres que lá tive tornaram-se também amigos e deixaram sua marca em cada passagem do presente trabalho. A Cláudio Fortunato Michelon Júnior e a Luis Fernando Barzotto devo as reflexões em torno da dignidade da legislação e do pensamento de Jeremy Waldron, que podem ser encontradas no Capítulo II, em especial item 1.2.1.1. Danilo Knijnik instigou o pensamento sobre o problema da verdade no processo e a contribuição dos modelos (*standards*) de constatação, presente, em especial, no Capítulo II, item 1.2.4, e no Capítulo III, item 4.3.3. Humberto Ávila, com sua *Teoria dos Princípios* e a análise que faz dos postulados normativos aplicativos, foi fundamental para a concepção do método de resolução do conflito de valores, como se denota da leitura do Capítulo II, item 2.1. O Professor José Maria Rosa Tesheiner acompanhou, passo a passo, os estudos que culminaram na presente tese, lendo-os, criticando-os e sugerindo modificações. A eles e a todos os outros com quem convivi, meu eterno agradecimento.

Não só os mestres, como também os diversos colegas, foram fundamentais ao proporcionarem o debate acadêmico pelo qual teses inicialmente frágeis foram sendo curtidas, aperfeiçoadas e forjadas até se tornarem, enfim, apresentáveis ao público acadêmico. Para não ter de citar todos, destaco o dileto amigo Daniel Francisco Mitidiero, processualista de mão-cheia, talento precoce e que muita contribuição ainda trará para a ciência jurídica.

Aos meus queridos colegas de Veirano Advogados, devo registrar a minha satisfação e o meu agradecimento pela calorosa acolhida no momento decisivo em que me preparava para apresentar esta obra como tese de doutoramento na UFRGS, bem como a minha alegria pelo convívio diário e profícuo.

Ninguém, no entanto, teve maior influência e foi mais decisivo para a concepção desta tese do que seu orientador, Professor Doutor Carlos Alberto Alvaro de Oliveira. Sua original concepção do formalismo-valorativo foi não apenas ponto de partida, como também bússola do presente estudo, que lhe presta uma singela e, sem dúvida, insuficiente homenagem, ao tentar demonstrar a sua aplicabilidade para a temática específica do cumprimento e da execução das sentenças. O professor Carlos Alberto mantém estrita fidelidade ao caráter zetético de seu método de ensino. Valorizando sempre as perguntas mais do que as respostas, ele vem reconstruindo em novas e auspiciosas bases uma renovada escola gaúcha de processo civil. Não se furta, todavia, de encarar o debate também em torno das respostas, fazendo-o sempre com sua habitual desenvoltura, e, mais importante, nunca se valendo do argumento de autoridade. De todos os conselhos que recebi durante a orientação para este trabalho, destaco um, muito especial, referente ao estilo argumentativo que vinha imprimindo à tese: "*Guilherme, tens de ser mais jurista e menos advogado*". Se fico com a certeza de que não consegui atender fielmente ao conselho, ao menos colho-o para que sirva de norte em meu amadurecimento acadêmico. Ao professor Carlos Alberto, vai meu especial e sincero agradecimento.

"[...] un ordenamiento jurídico no estará justificado sino en la medida en que cumpla satisfactoriamente los valores supremos que deben servirle de orientación."

Luis Recásens Siches

Prefácio

Diz a sabedoria popular que o bom lavrador pode semear, mas não pode ter a certeza de colher. O clima há de ser adequado; o solo, fértil e a semente, eficaz.

Teses como a de Guilherme Rizzo Amaral confirmam o ditado. O exame do cumprimento e execução da sentença, sob a ótica do formalismo-valorativo, só poderia ter vindo a lume em ambiente como o Programa de Pós-Graduação da Faculdade de Direito da Universidade Federal do Rio Grande do Sul, dotado de um conjunto de docentes e discentes que forma uma verdadeira comunidade acadêmica, plena de efervescência em idéias, energia e entusiasmo. Diversas escolas em diálogo permanente (o pensamento monolítico entorpece); alunos de raro talento e professores engajados e atualizados. E exatamente por essas razões certas idéias-chaves, como a do formalismo-valorativo no campo do processo civil, vêm granjeando espaço em diversas dissertações e teses defendidas na UFRGS, com desenvolvimentos às vezes inesperados, em louvável esforço de superação.

O mais importante de tudo é que a nova aplicação desenhada por Guilherme Rizzo Amaral, baseada em forte base doutrinária, está direcionada à prática, em dialética indispensável para o processo civil. De nada valem as teorias se não podem ser aplicadas na vida. Realmente, a leitura da tese evidencia a mão forte do jurista, iluminada decisivamente pela experiência do advogado, tão rica e tão multiforme. E a tudo isso se alia invejável poder de síntese, de método e de investigação.

Assim, a primeira parte do trabalho busca esclarecer os fundamentos do formalismo-valorativo, em sutil análise comparativa com a idéia de instrumentalismo, que tantos serviços prestou ao processo civil, tanto do ponto de vista teórico quanto prático. E isso por que não se pode afirmar que o instrumentalismo – pelo menos de acordo com suas concepções mais modernas e avançadas – seja totalmente infenso aos valores. O que acontece é que não havia ainda completa compreensão do fator axiológico, tudo se concentrando no valor da efetividade, sem que se levasse em conta o seu par conceptual inseparável, a segurança.

Na segunda parte do livro, o conceito de formalismo-valorativo é empregado como metanorma, uma das mais relevantes aplicações da nova teoria. Nessa esteira, a interpretação e aplicação da regra processual não pode prescindir de tomar em consideração a efetividade e a segurança. Esse forte instrumental teórico é empregado na última parte do trabalho, em que procura o autor solucionar de forma inteligente os principais problemas que podem surgir com a aplicação das Leis n°s 11.232, de 2005, e 11.382, de 2006.

O tema e o método não poderiam ser mais bem escolhidos, numa época de transição como a que vivemos, com constantes modificações legislativas, a afetar radicalmente a maneira como se deve proceder na execução dos títulos judiciais e extrajudiciais, aspecto potencializado por mais aberta e flexível atitude do órgão julgador.

A academia e o autor, assim como a comunidade jurídica em geral, estão de parabéns pela notável obra que em boa hora é agora publicada pela Livraria do Advogado Editora, e para a qual se pode prognosticar, sem medo de erro, sucesso de crítica e de público.

Prof. Dr. Carlos Alberto Alvaro de Oliveira

Titular dos Cursos de Graduação e
Pós-Graduação da Faculdade de Direito da UFRGS

Sumário

Introdução

Talvez o grande desafio da processualística no século XX tenha sido o de franquear a todos os cidadãos o *acesso à justiça*, expressão que pode ser tomada, no entender da melhor doutrina, em dois sentidos: "Primeiro, o sistema deve ser igualmente acessível a todos; segundo, ele deve produzir resultados que sejam individual e socialmente justos".[1]

Em seu primeiro sentido, se não plenamente resolvido o problema do acesso à justiça no Brasil, pode-se dizer que a Constituição de 1988 e a legislação infraconstitucional – não o Código de Processo Civil, "em aberta contradição com as linhas mestras do sistema constitucional",[2] mas notadamente a Lei das Ações Civis Públicas, o Código de Defesa do Consumidor e a Lei dos Juizados Especiais Cíveis – de certa forma cumprem o seu papel normativo, praticamente restringindo as causas da falta de acesso ao campo social, cultural e econômico.

Todavia, se "uma premissa básica será a de que a justiça social, tal como desejada por nossas sociedades modernas, *pressupõe* o acesso efetivo",[3] então podemos seguramente dizer que há ainda importante caminho a percorrer, pois a *efetividade* do processo, não obstante seja alvo de dedicados e engenhosos esforços, parece teimar em não alcançar a expectativa gerada no campo social, fustigando, assim, a própria confiança depositada no Poder Judiciário e nos operadores do direito em geral.

É preciso reconhecer que a doutrina processual brasileira, notadamente a partir da introdução da sistemática da antecipação da tutela no artigo 273 do Código de Processo Civil, produziu uma série de importantes estudos em torno do tema da efetividade. A tutela de urgência, visando

[1] CAPPELLETTI, Mauro. *Acesso à justiça*. Tradução de Ellen Gracie Northfleet. Porto Alegre: Sergio Antonio Fabris, 1998, p. 8.

[2] ALVARO DE OLIVEIRA, Carlos Alberto. *Do formalismo no processo civil*. São Paulo: Saraiva, 1997, p. 106.

[3] CAPPELLETTI, loc. cit.

tanto ao acautelamento quanto à satisfação dos direitos, foi e tem sido objeto de constante interesse acadêmico e prático-profissional.

Ao lado da tutela de urgência, a temática da execução também se desenvolveu consideravelmente. A eliminação do processo autônomo de execução para as obrigações de fazer, não-fazer e entrega de coisa constantes de título judicial, e a recente legislação modificando a sistemática executiva dos títulos judiciais referentes ao pagamento de quantia resultam também da preocupação do legislador – e da comunidade jurídica como um todo – com a efetividade do processo.

E, assim, este valor – efetividade – é o diapasão que dá o tom das reformas legislativas e da própria aplicação do direito pelo órgão judicial.[4]

A efetividade possui uma faceta muito específica: a da celeridade processual. Veja-se: não se pode fazer confusão entre elas. Resultado da globalização e do exponencial desenvolvimento tecnológico (em especial dos meios de comunicação), a intolerância com a eventual demora na satisfação dos interesses privados é crescente. Quando tais interesses são legítimos e decorrentes de direitos reconhecidos, a intolerância passa a ser de toda a sociedade, que não entende – e, assim, não aceita e condena – como o sistema de realização dos direitos possa estar tão desconectado da realidade dinâmica em que vivemos. Não é à toa, assim, o recente alcance à celeridade processual do *status* de garantia constitucional.[5]

No entanto, se para ser *efetivo* necessita o processo "cumprir integralmente toda a sua função sócio-político-jurídica",[6] então nem sempre o rápido fim do litígio corresponderá à efetividade processual, pois o açodamento pode ser causa de injustiças tão ou mais graves do que aquelas causadas pela morosidade. Daí por que a *celeridade* apenas idealmente deve

---

[4] "A força das tendências metodológicas do direito processual civil na atualidade dirige-se com grande intensidade para a *efetividade do processo*, a qual constitui expressão resumida da idéia de que o *processo deve ser apto a cumprir integralmente toda a sua função sócio-político-jurídica, atingida em toda a plenitude todos os seus escopos institucionais*" (DINAMARCO, Cândido Rangel. *A instrumentalidade do processo*. 10.ed. São Paulo: Malheiros, 2002, p. 330). Sobre o tema da efetividade do processo, veja-se também BEDAQUE, José Roberto dos Santos. *Efetividade do processo e técnica processual*. São Paulo: Malheiros, 2006).

[5] Texto da Constituição Federal após a Emenda Constitucional nº 45: "Art. 5º Todos são iguais perante a lei, sem distinção de qualquer natureza, garantindo-se aos brasileiros e aos estrangeiros residentes no País a inviolabilidade do direito à vida, à liberdade, à igualdade, à segurança e à propriedade, nos termos seguintes: [...] LXXVIII a todos, no âmbito judicial e administrativo, são assegurados a razoável duração do processo e os meios que garantam a celeridade de sua tramitação". Com esse texto, a Constituição Federal acabou indo além do que já era previsto na Convenção Americana de Direitos Humanos (Pacto de San José da Costa Rica), que, no seu artigo 8.1, prevê que toda pessoa tem o direito a ser ouvida "dentro de um prazo razoável" para que se determinem seus direitos ou obrigações, não mencionando, todavia, o valor *celeridade*.

[6] DINAMARCO, Cândido Rangel. *A instrumentalidade do processo*. 10.ed. São Paulo: Malheiros, 2002, p. 330.

ser a característica de um processo efetivo,[7] mas não se confunde com o valor *efetividade*, este bastante mais amplo.[8]

Feita a brevíssima, porém necessária, distinção entre *efetividade* e *celeridade*, é de fundamental importância ressaltar que tais valores não são absolutos, havendo outros, de direções geralmente opostas, a serem com eles ponderados. Destaca-se, aqui, o valor *segurança*, que implica um mínimo de estabilidade às decisões judiciais, possibilitando assim o alcance de maior pacificação social, ou, ainda, de uma pacificação mais *justa*.

Segurança, no entanto, não é sinônimo de conservadorismo, de excesso de cautela. Também não pode ser confundida com *ponderação*, que é atividade (a qual deve ser exercida através de métodos, como a aplicação do postulado da proporcionalidade), e não valor em si. Ponderam-se entre si valores, regras ou princípios, mas não a própria atividade (ponderação) com um valor (celeridade). Daí por que, a nosso ver, é inadequada a menção a um suposto conflito entre *celeridade* e *ponderação*.[9]

A idéia da ponderação entre os valores da *efetividade* e da *segurança* é abordada de forma original por Carlos Alberto Alvaro de Oliveira, tanto em sua obra *Do Formalismo no Processo* Civil,[10] quanto em recentes trabalhos, destacando-se "O processo civil na perspectiva dos direitos fundamentais".[11] Para o referido processualista, é dessa ponderação que nascem e devem ser aplicadas as normas de processo civil. Acrescentaríamos que o método a ser utilizado deverá ser o da utilização do postulado normativo aplicativo da proporcionalidade,[12] preferencialmente a outros métodos, como adiante demonstraremos.

---

[7] A este respeito, veja-se a obra *Princípios do Processo Civil*, de Rui Portanova, que contextualiza de forma muito adequada a celeridade (embora classificando-a como *princípio*, e não como *valor*), não lhe outorgando caráter absoluto, afirmando que "o processo contencioso não pode prescindir da duração temporal, em razão mesmo da sua natureza dialética e contraditória" (PORTANOVA, Rui. *Princípios do processo civil*. 5.ed. Porto Alegre: Livraria do Advogado, 2003, p. 173).

[8] Sobre as diferentes faces do problema da efetividade, entre as quais se situa a questão da celeridade do processo, veja-se BARBOSA MOREIRA, José Carlos. Notas sobre o problema da 'efetividade' do processo. *Revista da Ajuris*, Porto Alegre, v. 10, n. 29, p. 77-94, nov.1983, p. 77-78.

[9] DINAMARCO, op. cit., p. 318.

[10] ALVARO DE OLIVEIRA, Carlos Alberto. *Do formalismo no processo civil*. São Paulo: Saraiva, 1997.

[11] ALVARO DE OLIVEIRA, Carlos Alberto. O processo civil na perspectiva dos direitos fundamentais. *In* ——. (Org.) *Processo e Constituição*. Rio de Janeiro: Forense, 2004, p. 15. Já CÂNDIDO RANGEL DINAMARCO fala de conflito entre *celeridade* e *ponderação* (DINAMARCO, Cândido Rangel. *A instrumentalidade do processo*. 10.ed. São Paulo: Malheiros, 2002, p. 318). Como salientamos anteriormente, discordamos da proposição de Dinamarco, pois *(I)* a *celeridade* processual é parte de um todo maior, que é a *efetividade* processual e *(II) ponderação* não é valor em si. É *atividade*, que deve ser exercida por métodos específicos. *Ponderam*-se valores entre si, ou princípios, mas não a própria atividade de ponderação e seu método com um valor (celeridade).

[12] Tal qual exposto em ÁVILA, Humberto. *Teoria dos Princípios: da definição à aplicação dos princípios jurídicos*. São Paulo: Malheiros, 2003, p. 121.

Essa idéia, no entanto, talvez não tenha recebido ainda a merecida atenção e reconhecimento da doutrina processual brasileira, muito afeita ao conceito de *instrumentalidade* do processo, abordada em monumental obra de Cândido Rangel Dinamarco.[13] Nessa obra, Dinamarco propõe o reconhecimento do caráter instrumental do processo em seus aspectos negativo (negação do processo como valor em si mesmo) e positivo (no qual se infunde com a problemática da efetividade).[14] Afirma categoricamente Dinamarco:

> [...] o processo é justo ainda quando, para ser célebre [rectius, *célere*] e conduzir logo à situação de certeza, se afasta dos fatos e da vontade concreta da lei – desde que, naturalmente, seja observado o equilíbrio conveniente entre os dois valores, como procuro demonstrar.[15]

Não deixa dúvidas, também, da primazia do valor *efetividade* sobre os demais. Interpretação que não primar pela efetividade do processo é interpretação *acanhada* e *limitativa:*

> [...] em situações inúmeras e imprevisíveis, coloca-se para o intérprete o dilema entre duas soluções, uma delas mais acanhada e limitativa da utilidade do processo e outra capaz de favorecer a sua efetividade.[16]

De uma forma geral, como demonstraremos a seguir, na perspectiva da instrumentalidade, o valor *efetividade* assume posição de substancial relevo, sendo tratado, algumas vezes, até mesmo como sinônimo da própria instrumentalidade. Inúmeros trabalhos reverberam essa lição, propondo soluções, seja na interpretação da lei, seja na reforma desta, calcadas na busca da efetividade processual, sempre amparados pelo caráter instrumental do processo, que serviria como uma espécie de bússola para todo o sistema processual.

Assim, se para Cândido Rangel Dinamarco, amparando-se em Cappelletti, "é a instrumentalidade o núcleo e a síntese dos movimentos pelo aprimoramento do sistema processual",[17] podemos dizer que em Alvaro de Oliveira este núcleo e esta síntese consistem no entrechoque dos valores *efetividade* e *segurança*. De um lado, temos que *um* valor (instrumentalidade) define a concepção do processo e seu aprimoramento (Dinamarco). De outro, uma dinâmica e conflituosa relação entre *dois* valores (efetividade *versus* segurança), é que resultará nessa mesma concepção e aprimoramento (Alvaro de Oliveira).

---

[13] DINAMARCO, Cândido Rangel. *A instrumentalidade do processo.* 10.ed. São Paulo: Malheiros, 2002.

[14] Ibidem, p. 390.

[15] Ibidem, p. 282.

[16] Ibidem, p. 371.

[17] DINAMARCO, Cândido Rangel. *A instrumentalidade do processo.* 10.ed. São Paulo: Malheiros, 2002, p. 25.

Tais visões inauguram caminhos distintos a trilhar no que toca à evolução do processo civil. Tanto que na visão instrumentalista de Dinamarco, as *formas* seriam "apenas meios preordenados aos objetivos específicos em cada momento processual". Não se distinguem forma em sentido estrito e forma em sentido amplo. Para Alvaro de Oliveira, o formalismo-valorativo, ou forma em sentido amplo, é muito mais do que esses meios preordenados: é limite de poderes, faculdades e deveres dos sujeitos processuais, coordenação das atividades processuais, ordenação do procedimento e organização do processo.[18] E, tudo isso, marcado por profunda influência cultural, e talhado pelo constante conflito entre *efetividade* e *segurança*.

Em nosso trabalho, procuraremos demonstrar as implicações das idéias desses importantes processualistas e, por que não dizer, de duas fundamentais "escolas" do processo civil, para um tema específico: a efetivação – incluindo-se aí a execução e o estímulo ao cumprimento – das sentenças no processo civil.

Convém ressaltar, desde já, que muitas das idéias presentes nessas diferentes concepções coincidem. Em ambas se reconhece a importância dos valores reconhecidos pela sociedade para o processo, que não pode estar alheio àqueles. Em ambas se reconhece o procedimento como a "espinha dorsal" (Alvaro de Oliveira) ou o "amálgama" (Dinamarco) do processo. No entanto, içar o valor *instrumentalidade*, ou o valor *efetividade*, à condição de sol que ilumina todo o sistema processual e sua interpretação traz conseqüências práticas importantes e que destoam de uma visão que reconheça, ao lado da efetividade, o valor *segurança*, ambos em permanente conflito.

Em tempos nos quais se vive a "euforia do que se convencionou chamar de *Estado Principiológico*",[19] é fundamental que se evitem exageros, geralmente consistentes no abandono ou desprestígio das regras em prol de princípios ou de valores absolutos, como se a própria existência de regras, o seu processo (democrático) de formação e a segurança que elas trazem não fossem, por si só, ao menos um valor importante a ser considerado (e devidamente ponderado com outros valores).

Campo fértil para exageros de toda sorte na aplicação das normas processuais é a fase terminal do processo, antes concentrada em processo de execução autônomo, agora (após as Leis 10.444/02 e 11.232/05) consistente em desdobramento procedimental (que a recente reforma chamou de *cumprimento* da sentença) de um processo sincrético. Já disse com acerto Athos Gusmão Carneiro que "a execução permanece o 'calcanhar de

[18] ALVARO DE OLIVEIRA, Carlos Alberto. *Do formalismo no processo civil.* São Paulo: Saraiva, 1997, p. 7.

[19] ÁVILA, Humberto. *Teoria dos Princípios: da definição à aplicação dos princípios jurídicos.* São Paulo: Malheiros, 2003, p. 15.

Aquiles' do processo. Nada mais difícil, com freqüência, do que impor no mundo dos fatos os preceitos abstratamente formulados no mundo do direito."[20] Com efeito, é ao final do processo de conhecimento, quando todos os sujeitos processuais (em especial o autor vitorioso) já estão exauridos pela batalha jurídica travada na concepção da norma concreta aplicável ao caso, que se inicia a mais delicada e problemática fase processual, qual seja, a de "dar, quanto for possível praticamente, a quem tenha um direito, tudo aquilo e exatamente aquilo que ele tenha direito de conseguir",[21] ou, ainda, a de realizar a justiça preconizada pela sentença. E quanto maiores forem as dificuldades materiais (sociais, econômicas, políticas) de uma dada sociedade, maiores serão os desafios na modificação da relação de forças original (*status quo*) do processo, com a implementação do comando sentencial no plano fático.

Esse exaurimento, esse desgaste resultante de um longo processo cognitivo, pode resultar em posturas distintas por parte do órgão judicial (incluindo-se aí não apenas os julgadores – juízes, desembargadores, ministros – mas também auxiliares da justiça, como escrivães, oficiais de justiça etc.). Se, de um lado, uma má compreensão da real extensão da jurisdição pode gerar certo acomodamento (agora que já se *disse* o direito, tudo está resolvido), de outro a intolerância para com qualquer dificuldade que se imponha ao cumprimento do comando sentencial – ainda que em certos casos justificada – pode gerar postura arbitrária e muitas vezes agressiva da esfera jurídica das partes. Neste último caso, em geral a justificativa, ou o pano de fundo, tem sido a bandeira da efetividade processual.

Outro erro de perspectiva ou de postura consiste no raciocínio a partir de uma posição estática no processo. Pensar como autor ou pensar como réu é raciocinar sempre de forma parcial. Demonstraremos como um raciocínio abstrato, com embasamento filosófico, pode proporcionar a isenção necessária para a eleição de *critérios* de interpretação, aplicação e até mesmo criação de normas processuais. Neste particular, não sendo possível antecipar todas as diferentes circunstâncias concretas capazes de surgir neste complicado momento do processo, nosso comprometimen-

[20] Completa o jurista: "Com efeito: após o longo contraditório no processo de conhecimento, ultrapassados todos os percalços, vencidos os sucessivos recursos, sofridos os prejuízos decorrentes da demora (quando menos o 'damno marginale in senso stretto' de que nos fala Italo Andolina), o demandante logra obter alfim a prestação jurisdicional definitiva, com o trânsito em julgado da condenação da parte adversa. Recebe então a parte vitoriosa, de imediato, sem tardança maior, o 'bem da vida' a que tem direito? Triste engano: a sentença condenatória é título executivo, mas não se reveste de preponderante eficácia executiva. Se o vencido não se dispõe a cumprir a sentença, haverá iniciar o processo de execução, efetuar nova citação, sujeitar-se à contrariedade do executado mediante 'embargos', com sentença e a possibilidade de novos e sucessivos recursos". *In* CARNEIRO, Athos Gusmão. Sugestões para uma nova sistemática da execução. *Revista de Processo*, São Paulo, v. 26, n. 102, p. 139-152, abr./jun. 2001.

[21] Esta é a célebre lição de Chiovenda, em suas Instituições de Direito Processual Civil (CHIOVENDA, Giuseppe. *Instituições de direito processual civil*. 2.ed. Campinas: Bookseller, 2000. v. 1, p. 67).

to, na presente obra, é com a definição clara de *critérios* de aplicação das normas processuais no momento de efetivar (fazer cumprir, executar) a sentença.

Analisar as normas processuais sob a luz da busca por efetividade (instrumentalismo), ou sob a luz do conflito entre efetividade e segurança (formalismo-valorativo), implica diferentes conseqüências para a aplicação e até mesmo para a concepção daquelas. Demonstrando essas diferenças, pretendemos não apenas fazer justiça à idéia de formalismo-valorativo, mas tratá-la em um outro nível qualitativo, de forma a ensejar sua aplicação concreta, oferecendo soluções adequadas para a difícil etapa consistente na efetivação das sentenças judiciais.

Este trabalho será dividido em três partes. Na primeira, analisaremos duas concepções distintas do processo: o instrumentalismo e o formalismo-valorativo. Na segunda, procuraremos definir critérios objetivos para a solução de conflitos axiológicos que venham a ocorrer na interpretação e aplicação das normas processuais. Com isso, construiremos as fundações teóricas com que iremos trabalhar na terceira parte do presente trabalho, que consistirá na exposição da sistemática de cumprimento e execução das sentenças no processo civil brasileiro, com a pretensão de solucionar alguns dos possíveis conflitos concretos que possam surgir a partir das recentes reformas processuais (Leis 11.232/05 e 11.382/06), bem como dar nova luz a velhos problemas inalterados pela nova legislação.

Capítulo I

Diferentes visões do processo civil e de sua forma de atuação: instrumentalismo *versus* formalismo-valorativo

1. Dos escopos do processo e da realização de justiça

Embora já tenhamos reconhecido o processo civil como meio de realização material (concreta) do direito,[22] e dentro dessa perspectiva, percebamos o processo como *técnica*, não podemos ignorar tratar-se o processo, também, de fenômeno cultural, algo que Galeno Lacerda já sustentara há mais de quarenta anos, em seu brilhante artigo "Processo e Cultura".[23] Uma visão, antes de excluir a outra, enriquece a compreensão do processo civil e de seus diferentes escopos.

O processo como fato social, cultural e, acima de tudo, como *obra humana*, padece da imperfeição e da angústia que é inerente ao ser humano.[24] Não obstante, é deste último a tarefa de aperfeiçoar o processo, de acordo com as necessidades prementes de sua época e da sociedade em que está inserido.

> Costumes religiosos, princípios éticos, hábitos sociais e políticos, grau de evolução científica, expressão do indivíduo na comunidade, tudo isto, enfim, que define a cultura e a civilização de um povo, há de retratar-se no processo, em formas, ritos e juízos correspondentes.[25]

A história confirma tais assertivas. Em recente obra, Luiz Guilherme Marinoni demonstra como a preocupação do estado liberal clássico com a liberdade dos cidadãos, aliada à desconfiança havida contra os juízes, cunhou um processo eminentemente declaratório, onde do magistrado se retirava toda e qualquer atividade criativa, assim como executiva do direito, atribuindo-lhe a função de mera *bouche de la loi* e outorgando-lhe um *poder nulo*.[26]

---

[22] AMARAL, Guilherme Rizzo. *As astreintes e o processo civil brasileiro: multa do artigo 461 do CPC e outras*. Porto Alegre: Livraria do Advogado, 2004, p. 21 e segs.

[23] LACERDA, Galeno. Processo e Cultura. *Revista de Direito Processual Civil*, São Paulo, v. 2, n. 3, p. 74-86, jan./jun. 1961, p. 74-86.

[24] Ibidem, p. 76.

[25] Ibidem, p. 75.

[26] MARINONI, Luiz Guilherme. *Técnica processual e tutela dos direitos*. São Paulo: Revista dos Tribunais, 2004, p. 35 e segs.

Hoje, no entanto, a evolução cultural do homem, aliada às novas demandas sociais, tem influenciado na transformação do processo e, até mesmo, na variação de sua própria *função*. Como asseverou Galeno Lacerda, nada mais natural "que a própria função do processo varie conforme a época e a mentalidade reinante".[27]

Assim, se tínhamos, em determinados estágios históricos do processo civil, como no período das *legis actiones* do direito romano e no processo germânico primitivo, a total *impertinência* e *desprezo* pela justiça do caso concreto (primazia da função social do processo – o processo se exaure na forma e no rito) e, em outros estágios, a busca incessante pela "verdade científica" (função individual do processo – ânsia de realizar justiça plena), hoje se reconhece não ser nem um, nem outro, o modelo adequado à realidade em que vivemos.

Afirma-se, hoje, que a *justiça* deve não apenas marcar presença na decisão jurisdicional, como também permear todo o *procedimento em contraditório*,[28] conceito atual de processo. É, hoje, a *realização de justiça*, e não a mera eliminação de litígios ou a pacificação social, que se erige à condição de finalidade precípua do processo.[29]

Desse modo, se deve o processo ser *"posto realmente ao serviço daqueles que pedem justiça"*,[30] logicamente toda e qualquer restrição à liberdade das partes no processo (à busca da verdade, à defesa processual, à produção de provas etc.) somente pode ser justificada se vier a atender um bem maior, qual seja, a justiça da decisão, em consonância com os demais valores que dão substância ao formalismo processual. E, para tanto, é necessário adotar critérios justos para o delineamento de tais limites. Afinal,

---

[27] LACERDA, Galeno. Processo e Cultura. *Revista de Direito Processual Civil*, São Paulo, v. 2, n. 3, p. 74-86, jan./jun. 1961, p. 75.

[28] FAZZALARI, Elio. *Instituizoni di diritto processuale*. Padova: Cedam, 1975, p. 29.

[29] Cândido Rangel Dinamarco destaca a relevância do valor *justiça*: "Eliminar conflitos mediante critérios justos – eis o mais elevado escopo social das atividades jurídicas do estado." (DINAMARCO, Cândido Rangel. *A instrumentalidade do processo*. 10.ed. São Paulo: Malheiros, 2002, p. 196). Carlos Alberto Alvaro de Oliveira afirma que "na essência de todas as relações entre processo e direito substancial, está um específico problema de justiça [...]".(ALVARO DE OLIVEIRA, Carlos Alberto. *Do formalismo no processo civil*. São Paulo: Saraiva, 1997, p. 183). José Carlos Barbosa Moreira aponta como critério para aferição da efetividade social do processo, a verificação de sua capacidade "de veicular aspirações da sociedade como um todo e de permitir-lhes a satisfação por meio da Justiça". (BARBOSA MOREIRA, José Carlos. Por um processo socialmente efetivo. *Revista Síntese de Direito Civil e Processual Civil*, São Paulo, v. 2, n. 11, p. 5-14, maio/jun. 2001). A idéia de um processo *justo* é também destacada, sob o ângulo do direito comparado, por Luigi Paolo Comoglio, em trabalho publicado entre nós. COMOGLIO, Luigi Paolo. Il "giusto processo" civile nella dimensione comparatistica. *Revista de Processo*, São Paulo, v. 1, n. 108, p. 133-183, out./dez. 2002.

[30] ALVARO DE OLIVEIRA, Carlos Alberto. O processo civil na perspectiva dos direitos fundamentais. *In* ———. (Org). *Processo e Constituição*. Rio de Janeiro: Forense, 2005, p. 15.

a eliminação de litígios sem o critério de justiça equivaleria a uma sucessão de brutalidades arbitrárias que, em vez de apagar os estados anímicos de insatisfação, acabaria por acumular decepções definitivas no seio da sociedade.[31]

Dificilmente alguém, em pleno século XXI, insistirá na tese voluntarista de Chiovenda acerca da função do processo (atuação da vontade concreta da lei[32]). Já alertava Pontes de Miranda sobre a necessidade de se evitar tal concepção.[33] Hoje, parece consensual que os escopos do processo consistem na pacificação social e na realização de justiça.

Entretanto, não obstante a grande importância de se definirem os escopos do processo, a empresa para a realização de tais escopos ficará a meio caminho caso não se definam, também, os métodos para a sua consecução. Se sabemos "o que" fazer (justiça, pacificação), precisamos definir "como" fazê-lo. E é justamente nesta segunda e essencial tarefa que se inserem as teses da instrumentalidade do processo e do formalismo-valorativo, dois marcos doutrinários contemporâneos que não podem ser ignorados.

[31] DINAMARCO, Cândido Rangel. *A instrumentalidade do processo.* 10.ed. São Paulo: Malheiros, 2002, p. 359-360.

[32] CHIOVENDA, Giuseppe. *Instituições de direito processual civil.* 2.ed. São Paulo: Bookseller, 2000. v. 1, p. 56.

[33] "A função 'pacificadora' do processo existe, mas é mediata. Imediata é a função 'realizadora do direito objetivo'. [...] Cumpre, porém evitar-se qualquer alusão à sentença como 'vontade concreta da lei', voluntarismo em que incorreu GIUSEPPE CHIOVENDA [...]". (PONTES DE MIRANDA, Francisco Cavalcanti. *Comentários ao Código de Processo Civil.* Rio de Janeiro: Forense, 1973. t. 1, p. XXII-XXIII)

2. *A instrumentalidade do processo*

A idéia de instrumentalidade é muito cara à ciência processual, chegando a ser considerada como o *state of the art* em matéria de definição exata da natureza, dos escopos e da forma de interpretação e aplicação das normas de processo. O reconhecimento da autonomia da ciência processual, a partir de Bülow,[34] deu lugar a um movimento de *radical* autonomia, em que o processo passou a ser concebido como técnica pura e impermeável aos movimentos axiológicos da sociedade. Independizando-se do direito material como ciência, o impulso inicial foi de quase rompimento, instituindo-se aí um processo de escopo autofágico, o processo pelo processo.

Não tardou para que fosse constatado o erro de perspectiva, e nos importantes tratadistas da primeira metade do século XX o caráter instrumental da ciência processual veio a ser destacado, redefinindo-se claramente o escopo do processo, sempre relacionado seja com a atuação do direito,[35] seja com a realização de justiça,[36] seja, ainda, com a justa composição da lide.[37]

No Brasil, importante influência teve a presença de Enrico Tullio Liebman, considerado o fundador da Escola Processual de São Paulo,[38] contando com discípulos ilustres como Alfredo Buzaid, Moacir Amaral Santos e José Frederico Marques (1ª fase da escola), bem como Cândido

---

[34] BÜLOW, Oskar. *Die Lehre von den Processeinreden und die Processvoraussetzungen.* Giessen, 1868. (*La teoria de las excepciones Procesales y los Presupuestos Procesales.* Trad. Miguel Angel Rosas Lichtschein. Buenos Aires: Ejea, 1964).

[35] Em 1935, já escrevia Chiovenda: "O processo civil é o complexo dos atos coordenados ao objetivo da atuação da vontade da lei (com respeito a um bem que se pretende garantido por ela), por parte dos órgãos da jurisdição ordinária" (CHIOVENDA, Giuseppe. *Instituições de direito processual civil.* 2.ed. São Paulo: Bookseller, 2000. v. 1, p. 56).

[36] O mesmo Chiovenda constatava ainda a conversão do processo "num instrumento de justiça nas mãos do estado" (CHIOVENDA, loc. cit.).

[37] CARNELUTTI, Francesco. *Lezioni di diritto processuale civile.* Padova: CEDAM, 1926. v. 2, p. 148.

[38] Ada Pellegrini Grinover ressalta que este termo foi originariamente empregado por Alcalá-Zamora (GRINOVER, Ada Pellegrini. *O processo em evolução.* Rio de Janeiro: Forense Universitária, 1996, p. 5.

Rangel Dinamarco e Ada Pellegrini Grinover (2ª fase). Liebman desenvolveu a idéia da instrumentalidade do processo,[39] afirmando existirem no ordenamento jurídico normas primárias (substanciais ou materiais) e normas secundárias ou de segundo grau (instrumentais ou formais). As primeiras regulariam as relações entre as pessoas, enquanto as segundas teriam por objeto o próprio ordenamento jurídico, sua regulação e desenvolvimento. Dentro da categoria das normas secundárias (instrumentais), haveria ainda duas categorias, quais sejam, a das normas que se destinam a regular a *criação, modificação* e *extinção* do direito, e as normas referentes à *atuação* do direito. Estas últimas, "as quais regulam os modos de atuação em concreto do conteúdo das normas jurídicas",[40] são constituídas pelo direito processual civil. Daí resulta o caráter instrumental do processo.[41]

A idéia tem ampla aceitação na doutrina pátria. No entender de Dinamarco, "é a instrumentalidade o núcleo e a síntese dos movimentos de aprimoramento do sistema processual".[42] O processualista teve o mérito de desenvolver a idéia da instrumentalidade, relacionando-a não apenas com o escopo jurídico do processo, mas também com seus escopos social e político.[43]

Negando o caráter puramente técnico do processo, pretendeu Dinamarco afirmar a permeabilidade do processo "aos valores tutelados na ordem político-constitucional e jurídico-material (os quais buscam efetividade através dele)", assim como o reconhecimento da inserção do processo "no universo axiológico da sociedade a que se destina".[44]

Na visão instrumentalista do processo, o juiz deve estar conectado com os valores vigentes na sociedade em que vive, permitindo que esta

---

[39] Evidentemente, o desenvolvimento da tese partiu da manifesta influência de seu mestre, Chiovenda, cuja célebre lição (dar a quem tenha um direito tudo aquilo e somente aquilo a que ele tenha direito) "assinala a linha da instrumentalidade substancial do processo" (GRINOVER, Ada Pellegrini. Ética, abuso do processo e resistência às ordens judiciárias: o *contempt of court*. *Revista de Processo*, São Paulo, v. 26, n. 102, abr./jun. 2001, p. 220.).

[40] LIEBMAN, Enrico Tullio. *Manual de Direito Processual Civil*. Trad. e notas de Cândido Rangel Dinamarco. Rio de Janeiro: Forense, 1984. v. 1, p. 46.

[41] "Que seja instrumental resulta claramente do que já se disse. De fato, por um lado ele regula o exercício de uma atividade de caráter público que preenche exatamente a definição ora dada; por sua vez são também instrumentais os interesses que encontram no direito processual sua tutela imediata: é dizer, os interesses que têm por objetivo a pronúncia da decisão judicial e, portanto, por seu meio, a proteção dos direitos ou interesses subjetivos substanciais" (LIEBMAN, loc. cit.).

[42] DINAMARCO, Cândido Rangel. *A instrumentalidade do processo*. 10.ed. São Paulo: Malheiros, 2002, p. 25.

[43] Como bem observado por Rui Portanova, "a grande contribuição de Cândido Rangel Dinamarco foi no alargamento dessa finalidade. O processo não tem mais um só escopo (o jurídico), mas também busca o fim social e político." (PORTANOVA, Rui. *Princípios do processo civil*. 5.ed. Porto Alegre: Livraria do Advogado, 2003, p. 50).

[44] DINAMARCO, Cândido Rangel. *A instrumentalidade do processo*. 10.ed. São Paulo: Malheiros, 2002, p. 24.

carga axiológica influencie as suas decisões na condução do feito. Para sua concretização, depende o princípio da sensibilidade do magistrado, que deve apreender não apenas a norma jurídica, mas a realidade social e política em que se encontra.[45] A principal fonte onde beberá o intérprete (e, em especial, o juiz) consiste na ordem constitucional, na qual encontrar-se-iam as "grandes premissas" a partir das quais seria possível "organizar melhor a realidade processual".[46] Trata-se de empregar um "raciocínio constitucionalista em benefício da melhor técnica e adequada utilidade social e política do sistema processual".[47]

É interessante notar que essa visão pretende retirar do processo o caráter de ciência neutra em relação às "opções axiológicas do Estado".[48] A questão fundamental que se coloca, a seguir, é a do fio condutor entre a realidade e o processo. Mesmo sendo reconhecido às partes a possibilidade de cooperar com o juiz, participando não apenas da descoberta dos fatos como também da eleição das normas jurídicas aplicáveis, é do magistrado a palavra final na aplicação da lei processual e, assim, é dele que se exige a sensibilidade para operar a transmissão dos valores jurídicos, sociais e políticos de fora para dentro do processo.

Sendo assim, até que ponto a neutralidade do processo é devidamente atacada com essa idéia? Que a ideologia seja captada pelo juiz e utilizada na aplicação da norma processual, entende-se plenamente. No entanto, quem perde a neutralidade nesse contexto é o próprio juiz, que não pode deixar de considerar os valores apreendidos da realidade geográfica e temporal em que se encontra na sua atividade jurisdicional e, mais especificamente, na aplicação das regras e princípios do processo. Precisa ele, juiz, tomar posição. A ciência processual em si, dentro dessa ótica, nada tem a oferecer em termos axiológicos. Não é ela, a ciência, que traz em si mesma premissas para a aplicação da norma processual. Toda a carga axiológica está adstrita ao campo social, e a ciência processual, não obstante o argumento contrário, continua restrita à mera técnica, cuja eleição depende da apreensão, pelo juiz, dos valores reconhecidos pela sociedade.

Não se trata de uma crítica preciosista. As conseqüências são evidentes. O processualista que não define os valores caros à sua ciência reduz o papel desta última em demasia e coloca sobre os ombros do juiz – já

---

[45] "O processo é uma realidade desse mundo social, legitimada por três ordens de objetivos que através dele e mediante o exercício da jurisdição o Estado persegue: sociais, político e jurídico." (CINTRA, Antonio Carlos de Araújo; DINAMARCO, Cândido Rangel; GRINOVER, Ada Pellegrini. *Teoria geral do processo.* 11.ed. São Paulo: Malheiros, 1995).

[46] DINAMARCO, Cândido Rangel. *A instrumentalidade do processo.* 10.ed. São Paulo: Malheiros, 2002, p. 27.

[47] Ibidem.

[48] Ibidem, p. 39. A neutralidade ideológica do processo consistiria, no entender de Dinamarco, "sobrecapa de posturas ou intuitos conservadores".

carregado pelo volume absurdo de trabalho e por esdrúxulas condições para o seu exercício[49] – a tarefa de descobrir caso a caso quais os valores a ponderar. O resultado é que, tendo cada homem diferentes visões de mundo, dificilmente poder-se-á contar com um mínimo de uniformidade na definição da carga axiológica a ser considerada na aplicação da lei processual. O surrado provérbio, "para cada juiz uma sentença", ganha destaque. Abre-se margem, também, para que o juiz imponha a *sua* ideologia na aplicação da norma processual.

Se analisarmos a doutrina processual, veremos que nem sempre a captação dos valores sociais é a mesma. Diferentes "percepções" encerram, em nosso sentir, diferentes posições pessoais daqueles que pretendem "revelar" os valores a serem prestigiados.

Assim é que Rui Portanova, por exemplo, na linha dos juristas da escola do direito alternativo,[50] prega que o processo não pode "servir ao neoliberalismo": "quem tanto serviu ao individualismo, ao egoísmo, aos interesses de poucos e aos privilégios do liberalismo, não pode mudar, agora, para servir ao neoliberalismo".[51] Dentro dessa perspectiva, prega abertamente:

> [...] exige-se dos agentes da administração, inclusive juízes, é claro, a satisfação das necessidades da vida em comunidade, e não dos indivíduos em particular. Estes serão atendidos caso seus interesses não conflitem com os interesses da coletividade.[52]

Já em Luiz Guilherme Marinoni, encontramos uma visão um pouco distinta dos valores a serem considerados. Se é verdade que o processo deve preocupar-se com o "social", é também verdade que deve "dotar o particular de instrumentos processuais idôneos e efetivos *contra todos*", in-

---

[49] Ressalta Barbosa Moreira, dentre outros problemas que enfrentam os juízes, "falhas na organização judiciária, deficiências na formação profissional de Juízes e advogados, precariedade das condições sob as quais se realiza a atividade judicial na maior parte do país, uso arraigado de métodos de trabalho obsoletos e irracionais, escasso aproveitamento de recursos tecnológicos" (BARBOSA MOREIRA, José Carlos. Notas sobre o problema da 'efetividade' do processo. *Revista da Ajuris*, Porto Alegre, v. 10, n. 29, p. 77-94, nov.1983, p. 81).

[50] No Brasil, o movimento do "direito alternativo" ganhou notoriedade com a publicação, em 25/10/1990, no Jornal da Tarde (São Paulo), de artigo intitulado "Juízes Gaúchos Colocam o Direito Acima da Lei", de autoria do jornalista Luiz Maklouf. O artigo versava sobre um grupo de magistrados do Estado do Rio Grande do Sul, coordenados por Amilton Bueno de Carvalho, que pregava – e ainda prega – uma visão do direito comprometida com a justiça social, com a proteção das minorias e, fundamentalmente, com a ideologia do julgador, ainda que isso signifique o julgamento *contra legem* (juristas vinculados ao MDA – Movimento do Direito Alternativo – argumentam que o *alternativo* não significa estar à margem da lei, "mas dentro do Estado Constitucional" (veja-se, por todos, ARRUDA JÚNIOR, Edmundo Lima de. *Direito alternativo e contingência: história e ciência, manifesto.* Florianópolis: Ed. CESUSC: IDA, 2007, p.27.

[51] PORTANOVA, Rui. *Princípios do processo civil.* 5.ed. Porto Alegre: Livraria do Advogado, 2003, p. 53.

[52] Ibidem, p. 58.

clusive para a defesa da *propriedade* particular, mas não apenas dela, cumprindo também garantir os direitos não-patrimoniais.[53]

Satisfazer os interesses da comunidade, em detrimento daqueles do particular, ainda que a regra jurídica favoreça este último, pode até ser justificado dentro de uma certa ideologia, mas sob hipótese alguma pode-se afirmar que tal idéia seja fruto de uma correta apreensão dos valores da sociedade em que vivemos. É interessante notar, no particular, que a mesma doutrina que prega o repúdio ao interesse social reconhece que a ideologia dominante é contrária: "A ideologia dominante, pela via do sistema capitalista, privilegia os benefícios particulares em detrimento dos públicos, opta mais pelo interesse individual do que o social".[54] Ademais, dizer que o processo não pode servir ao neoliberalismo, abstraindo-se o tom panfletário do argumento, implica a seguinte indagação: nem numa sociedade neoliberal? Nem naquelas sociedades que elegeram semelhante modelo poderá o processo apreender os seus respectivos valores?[55] Não deveria o juiz estar em sintonia com a sociedade em que vive?

Não vivemos em sociedade neoliberal, nem cabe, aqui, discorrer sobre o tema. Mas o fato é que a tentativa do processualista em retratar um pano de fundo ideológico e a partir daí deduzir os valores que devem orientar o processo, continua reservando à ciência processual o papel de mero receptáculo dessa percepção individual, muito particular, do que seria o *justo*. Em suma: a ciência processual não contribuiria para indicar valores a serem ponderados pelo juiz (ou pelo intérprete); é ele, juiz e intérprete, quem deve ter a sensibilidade, ou a criatividade, de percebê-los, reconhecê-los como tais e aplicá-los ao caso concreto.

A assertiva comprova-se em algumas passagens doutrinárias, onde se lê que "Como toda arte, o processo deve ser manipulado por seus operadores com senso de criatividade",[56] ou ainda, que

> a *arte processual* fica por conta dos operadores do sistema e tem muito de intuitivo e sadiamente emocional. [...] Assim como o artista plástico é cultor do belo visual e o músico,

---

[53] MARINONI, Luiz Guilherme. *Técnica processual e tutela dos direitos*. São Paulo: Revista dos Tribunais, 2004, p. 86-88.

[54] PORTANOVA, op. cit., p. 58.

[55] É interessante notar que, enquanto Rui Portanova prega o afastamento do processo da ideologia liberal, Fábio Ulhoa Coelho prega o oposto para o direito comercial, chegando a afirmar: "é pressuposto jurídico do regime jurídico-comercial uma Constituição que adote os princípios do liberalismo, ou de uma vertente neoliberal, no regramento da ordem econômica". COELHO, Fábio Ulhoa. *Manual de direito comercial: direito de empresa*. 19.ed., revista e atualizada. São Paulo: Saraiva, 2007, p. 27. Por mais que sejam distintos os escopos do direito processual e do direito comercial, não vemos como possa haver tamanha oposição entre as suas tendências, em especial levando em conta que uma das funções do primeiro é garantir a eficácia do segundo. Isso demonstra o risco da "ideologização" do processo a partir da visão particular do intérprete.

[56] DINAMARCO, Cândido Rangel. *Instituições de direito processual civil*. 3.ed. São Paulo: Malheiros, 2003. v. 1, p. 59.

da harmonia de sons e acordes agradáveis ao sentido da audição, assim também o bom operador do processo há de ser um apaixonado pelo belo ético, ou pelo valor do justo.[57]

Dentro dessa perspectiva, enquanto o juiz deve ser *criativo* e estar conectado à carga axiológica da sociedade e do tempo em que vive, à ciência processual fica reservado o papel de sistematizar as *técnicas* processuais: "A ciência processual é responsável pela correta compreensão das normas técnicas do processo, [...]".[58] E a técnica nada mais é do que "a predisposição de meios destinados a obter certos resultados preestabelecidos".[59]

É fácil perceber que o raciocínio dorme com o inimigo, pois leva a ciência processual diretamente para a neutralidade que se buscava combater. Colocando-se as expectativas de apreensão dos valores a serem ponderados exclusivamente sobre o juiz, o intérprete, enfim, o homem (no sentido de ser *humano*), a própria validade do processo como ciência passa a depender, caso a caso, do seu operador. Não se trata de exagero, pois a validade da ciência processual é profundamente questionada na visão instrumentalista, na medida em que se afirma de *nada* valer uma boa ciência se não houver homens capazes de fazer justiça.[60]

Embora se reafirme, nessa visão, que o processo não é mera técnica, é a isso que ele resta reduzido, uma vez que os valores a ponderar não estão infiltrados na ciência, mas, sim, encontram-se no meio social para serem apreendidos, individualmente, pelo juiz, pelo intérprete, pelo homem, com suas diferentes visões de mundo, com a falibilidade que lhes é inerente. Caso a caso, põe-se em xeque não a ciência, mas a capacidade de cada um fazer justiça. A ciência permanece neutra, como um conjunto de técnicas ("predisposição de meios destinados a obter certos resultados preestabelecidos"),[61] aguardando por ser movimentada a partir das eleições valorativas de seu operador.

As formas processuais também adquirem plena neutralidade em tal perspectiva. Elas mesmas não têm em si introjetados os valores caros ao sistema. São meios, técnicas, vistos como uma estrita necessidade de ordem, certeza e eficiência; e por vislumbrar-se nelas muitas vezes possíveis empecilhos à realização do escopo processual, são tratadas quase como um mal necessário. Parte-se claramente da premissa de que as formas são

[57] DINAMARCO, Cândido Rangel, op. cit., p. 59-60.

[58] Ibidem, p. 59.

[59] Ibidem.

[60] "De nada valeria uma boa ciência, associada à técnica adequadamente modelada nos textos legais, se não existisse a consciência de praticar a arte do processo com vista aos objetivos que dão vida ao sistema e o legitimam perante a sociedade e sua escala de valores. De nada valeriam boas leis e excelentes conceitos, se não tivéssemos homens capazes de fazer justiça" (DINAMARCO, Cândido Rangel. *Instituições de direito processual civil*. 3.ed. São Paulo: Malheiros, 2003. v. 1, p. 60).

[61] Ibidem, p. 59.

desnecessárias à constatação da substância do direito, pois esta última operação depende sempre da sensibilidade do juiz. Supostamente "saber" quando a observância da forma poderá sufocar o direito, equivale a retirar da forma qualquer papel na definição deste último.[62]

Poderia o juiz, "sabedor" de que o autor tem razão, dar-lhe esta mesma razão quando inepta a petição inicial, mesmo após determinação de emenda? Poderia o tribunal, "sabedor" de ter o réu razão, dar-lhe esta mesma razão quando intempestivo o recurso de apelação contra a sentença de procedência? Nessas hipóteses, a obediência da forma constitui verdadeira necessidade do sistema. Não se trata de obediência "cega", mas obediência "de olhos bem abertos" para a necessidade de se trazer o valor *segurança* para o jogo de forças que define a aplicação das normas processuais. É claro que o intérprete poderá não ter em mente esse método, e neste caso estará aplicando "cegamente" a regra formal, ainda que alcançando o mesmo resultado do intérprete cônscio do conflito entre a efetividade e a segurança. A diferença reside, fundamentalmente, em que as possibilidades de erro do primeiro serão infinitamente maiores que as do segundo.

O instrumentalismo não reconhece nas formas, ou no formalismo, a presença de quaisquer valores. Ele prega um método de pensamento[63] por meio do qual o intérprete é encarregado de apreender tais valores (e, para tanto, suas fontes são ilimitadas, partindo da Constituição Federal, mas estendendo-se para o próprio campo social em que vive) e com isso pacificar, com a maior *efetividade* possível, o conflito que lhe é apresentado. Sua tarefa é "pacificar segundo critérios de justiça",[64] mas tais critérios não estão definidos nas formas processuais, e sim no seu raciocínio particular.[65]

---

[62] "As formas processuais respondem a uma necessidade de ordem, de certeza, de eficiência e sua escrupulosa observância representa uma garantia de regular e leal desenvolvimento do processo e de respeito dos direitos das partes. O formalismo é necessário no processo muito mais que nas outras atividades jurídicas. Por outro lado deve-se evitar, tanto quanto possível, que as formas sejam um empecilho e um obstáculo ao pleno bom sucesso do escopo processual; deve-se impedir que a cega observância da forma sufoque a substância do direito" (LIEBMAN, Enrico Tullio. *Manual de direito processual civil.* Trad. e notas de Cândido Rangel Dinamarco. Rio de Janeiro: Forense, 1984. v. 1, p. 195).

[63] DINAMARCO, Cândido Rangel. *A instrumentalidade do processo.* 10.ed. São Paulo: Malheiros, 2002, p. 378.

[64] Ibidem, p. 375.

[65] Talvez a mais veemente crítica que tenha sofrido a idéia de instrumentalidade do processo, no Brasil, tenha sido a de J. J. Calmon de Passos: "O que pode ter sido pensado com boas intenções, na prática, justamente pela 'viscosidade' da decantada 'instrumentalidade', transforma-se em arma na mão de sicários [...] 'legalidade, dogmática, teoria jurídica, ciência do direito, tudo isso é pura perda de tempo e elucubração para o nada'. [...] A pergunta que cumpria fosse feita – quais as causas reais dessa crise – jamais foi formulada. Apenas se indagava – o que fazer para nos libertarmos da pletora de feitos e de recursos que nos sufoca? E a resposta foi dada pela palavra mágica 'instrumentalidade', a que se casaram outras palavras mágicas – 'celeridade', 'efetividade', 'deformalização' etc. E assim, de palavra mágica em palavra mágica, ingressamos num processo de produção do direito que corre o risco de se tornar pura prestidigitação. Não nos esqueçamos, entretanto, que todo espetáculo de mágica tem um tempo de duração e a hora do desencantamento". (PASSOS, J. J. Calmon de. Instru-

É claro que "nenhum sistema processual efetivo, por mais bem inspirado que seja em seus textos, revelar-se-á socialmente efetivo se não contar com juízes empenhados em fazê-lo funcionar nessa direção".[66] Todavia, é preciso reconhecer essa "inspiração" do sistema. É preciso perceber que ele é construído e constituído também de valores relevantes, que por sua vez não demandam a sua apreensão pelo juiz junto ao meio social em que vive, mas sim o reconhecimento de sua existência e de sua presença nas formas processuais predispostas em lei.

---

mentalidade do processo e devido processo legal. *Revista de Processo*, São Paulo, v. 26, n. 102, p. 55-67, abr./jun. 2001, p. 66-67).

[66] BARBOSA MOREIRA, José Carlos. Por um processo socialmente efetivo. *Revista Síntese de Direito Civil e Processual Civil*, São Paulo, v. 2, n. 11, p. 5-14, maio/jun. 2001, p. 190.

3. *Formalismo-valorativo* versus *formalismo vazio ou pernicioso (fetiche da forma)*

3.1. Do formalismo

A palavra "formalismo" é amplamente utilizada por conter diversos significados, cumprindo aqui, antes de explicitá-los todos,[67] precisar a que formalismo estamos a nos referir.

A expressão é encontrada em inúmeros campos do direito. Em hermenêutica, por exemplo, conhece-se o chamado *formalismo interpretativo,* que reduz a atividade interpretativa a uma mera operação lógico-dedutiva: o juiz sempre declara o direito, não o cria, uma vez que cada norma possui apenas um significado intrínseco.[68] Tal visão já se encontra de todo superada, pelo menos na doutrina, quando se reconhece que a interpre-

---

[67] Tarefa bastante difícil, como ressalta Carlos Alberto Alvaro de Oliveira a partir do texto de Norberto Bobbio: "Norberto Bobbio, no ensaio 'Sul formalismo giuridico', publicado juntamente com outros dois sob o título *Il problema de positivismo giuridico,* indica os principais significados do formalismo jurídico mencionados no texto, não sem advertir, com toda razão, que, constituindo a palavra 'forma' uma noção-chave da linguagem filosófica, procurar seus inúmeros significados implicaria refazer a própria história da filosofia" (ALVARO DE OLIVEIRA, Carlos Alberto. *Do formalismo no processo civil.* São Paulo: Saraiva, 1997, p. 3).

[68] Como explana Eugênio Facchini Neto, reproduzindo a síntese de Michele Taruffo em *La Corte di Cassazione e la Legge.* R.T.D.P.C., v. 44, 1990, p. 362 e 363: "As teses do clássico *formalismo* interpretativo são bem conhecidas: 1) cada norma possui um significado intrínseco; 2) a atividade do intérprete consiste em individuar e tornar explícito este significado; o juiz *declara* o direito e não o cria; procede logicamente sem fazer escolhas de valor, aplicando dedutivamente a norma ao fato; 3) se diversas interpretações do mesmo enunciado normativo se afiguram possíveis, isso se resolve individualizando o significado correto e descartando outros, que conseqüentemente são errôneos; 4) o método interpretativo por excelência é o lógico-dedutivo, que exclui escolhas discricionárias do intérprete" (FACCHINI NETO, Eugênio. E o Juiz não é só de Direito: ou A Função Jurisdicional e a Subjetividade. *In* ZIMERMAN, David; COLTRO, Antônio Carlos Mathias (Org.) *Aspectos psicológicos na prática jurídica.* Campinas: Millenium, 2002, p. 402-403). Quando se lê em Mauro Cappelletti a idéia de revolta contra o formalismo (o autor cita M.G. White e sua obra *Social Thought in América: The Revolt Against Formalism.* New York: The Viking Press, 1949), parece-nos claro que a idéia atacada é a do formalismo interpretativo. Veja-se, por exemplo, o seguinte trecho: "Em todas as suas expressões, o formalismo tendia a acentuar o elemento da *lógica* pura e mecânica no processo jurisdicional, ignorando ou encobrindo, ao

tação de uma norma é a interpretação de todo o sistema, sendo reconhecida a plena mobilidade deste e sua abertura, dada a incompletude do conhecimento científico.[69] Limitar-nos-emos a analisar o termo *formalismo* no campo do processo.

A distinção que se faz necessária, primeiramente, é a de forma em sentido estrito e forma em sentido amplo. Como explana Carlos Alberto Alvaro de Oliveira, a forma em sentido estrito é apenas "o invólucro do ato processual, a maneira como deve este se exteriorizar; cuida-se portanto do conjunto de signos pelos quais a vontade se manifesta e dos requisitos a serem observados na sua celebração."[70] Já a forma em sentido amplo:

> [...] mostra-se mais abrangente e mesmo indispensável, a implicar a totalidade formal do processo, compreendendo não só a forma, ou as formalidades, mas especialmente a delimitação dos *poderes, faculdades* e *deveres* dos sujeitos processuais, coordenação de sua atividade, ordenação do procedimento e organização do processo, com vistas a que sejam atingidas suas finalidades primordiais.[71]

Formalismo, por sua vez, é sinônimo de forma em sentido amplo, não se confundindo, assim, com a forma em sentido estrito, que é apenas parte do todo que é o formalismo; e como parte, a forma em sentido estrito pode eventualmente dar lugar a outros elementos que, no caso concreto, se mostrem mais relevantes. Com efeito, é preciso distinguir *formalidades* de formalismo. As formalidades são as

> [...] condições de lugar e tempo em que se leva a efeito o ato processual. [...] Essas circunstâncias, não intrínsecas ao ato, constituem exatamente as *formalidades*, consideradas como ato, fato ou prazo previsto por uma norma geral a fim de condicionar o exercício das funções de um órgão ou de um agente.[72]

Daí por que descabe, também, a associação do termo *formalismo* ao apego exacerbado às formalidades processuais, algo corrente tanto na

---

contrário, o elemento voluntarístico, discricional, da *escolha*" (CAPPELLETTI, Mauro. *Juízes Legisladores?* Trad. Carlos Alberto Alvaro de Oliveira. Porto Alegre: Sergio Antonio Fabris, 1999, p. 32).

[69] FREITAS, Juarez. *A interpretação sistemática do direito.* São Paulo: Malheiros, 1995, p. 45-46. Como ensina Claus-Wilhelm Canaris, "à abertura como incompletude do conhecimento científico acresce assim a abertura como modificabilidade da própria ordem jurídica. Ambas as formas de abertura são essencialmente próprias do sistema jurídico e nada seria mais errado do que utilizar a abertura do sistema como objecção contra o significado da formação do sistema na ciência do direito ou, até, caracterizar um sistema aberto como uma contradição em si" (CANARIS, Claus-Wilhelm. *Pensamento sistemático e conceito de sistema na ciência do direito.* Trad. A. Menezes Cordeiro. 3.ed. Lisboa: Calouste Gulbenkian, 2002, p. 109).

[70] ALVARO DE OLIVEIRA. Carlos Alberto. *Do formalismo no processo civil.* São Paulo: Saraiva, 1997, p. 5.

[71] Ibidem, p. 6-7.

[72] Ibidem, p. 5.

doutrina[73] quanto na jurisprudência das mais altas Cortes do país.[74] Aqui, cumpre referir que a questão cinge-se quase sempre à mera terminologia. Não negam, aqueles que fazem a indevida associação, a importância da delimitação dos *poderes*, *faculdades* e *deveres* dos sujeitos processuais, nem as demais funções atribuídas ao formalismo. Apenas não se valem deste último nome para descrever o fenômeno. Daí por que, quando utilizam a expressão "excesso de formalismo", ou "formalismo excessivo", geralmente estão se referindo ora ao "fetiche da forma" (forma pela forma),[75] ora ao *formalismo interpretativo* (interpretação literal, lógico-dedutiva).[76]

Se adotamos uma visão mais ampla do que seja formalismo, reconhecendo a necessária distinção entre forma em sentido estrito e forma em sentido amplo, então afirmar que há "excesso de formalismo" soaria como afirmar que há "excesso de processo". O excesso, como veremos adiante, está na má ponderação entre os valores *efetividade* e *segurança*, limitando-se em demasia um deles (atingindo-lhe o núcleo) em prol da concretização do outro.

Não basta, no entanto, a afirmação do formalismo como uma necessidade contra o arbítrio ("A forma é a inimiga jurada do arbítrio e irmã

---

[73] Dentre outros, veja-se Dinamarco: "[...] o direito ao procedimento, todavia, não é motivo suficiente para o *formalismo* no trato do processo" (DINAMARCO, Cândido Rangel. *A instrumentalidade do processo*. 10.ed. São Paulo: Malheiros, 2002, p. 330).

[74] No Superior Tribunal de Justiça, em matéria de admissibilidade recursal, é usual a expressão: "1. Não se trata de formalismo a exigência de preenchimento dos requisitos para a comprovação do dissídio jurisprudencial. É necessário que haja identidade de bases fáticas entre os julgados em confronto e soluções jurídicas diversas para as questões". (AgRg no REsp 778.499/PR, Rel. Ministro Carlos Alberto Menezes Direito, Terceira Turma, julgado em 23.11.2005, DJ 24.04.2006, p. 398). Também no Supremo Tribunal Federal, a palavra *formalismo* é confundida com forma em sentido estrito: "3. A necessidade de regulamentação para a utilização da assinatura digitalizada não é mero formalismo processual, mas, exigência razoável que visa impedir a prática de atos cuja responsabilização não seria possível." Agravo de Instrumento nº. 564765/RJ. Relator Min. Sepúlveda Pertence. J. em 14/02/2006. Primeira Turma. DJ 17-03-2006 p. 15 Ement Vol-02225-07 p. 1362.

[75] Assim, a utilização da expressão neste acórdão do STJ: "VI – Por fim, cabe salientar que atualmente tem-se emprestado relevo ao princípio da economia processual, tanto que hoje a parte dispõe de exceção de pré-executividade em que pode elencar, consoante boa parte da doutrina e jurisprudência, questões prejudiciais de mérito como a prescrição e a decadência, de sorte que não se pode entender como supressão de instância, sem que isso represente ofensa ao referido princípio processual, a apreciação de matéria de ordem pública, como é a alusiva à regularidade do título executivo. Isso sim, seria o excesso de formalismo, hoje condenado por todos" (REsp 766.221/RS, Rel. Ministro Francisco Falcão, Primeira Turma, julgado em 25.10.2005, DJ 19.12.2005 p. 263).

[76] É nesse sentido a utilização do termo *formalismo* neste acórdão do STJ: "Processual Civil. Ação Rescisória. Embargos Infringentes. Prestações da Casa Própria. Reajustes Prestações. Equivalência Salarial. Decreto-Lei 19/66 (art. 1º). Lei 6.205/75 (art. 1º). Lei 6.423/77 (art. 1º). Lei 6.899/81, CPC, 485, V, e 530. Súmula 343/STF. 1. A Ação Rescisória, diante de objetivas circunstâncias da ordem social e econômica, liberta a interpretação construtiva da norma legal na aplicação dinâmica do direito, não se constituindo como instrumento restrito só ao exame de literal violação à disposição de lei, escravizando a ordem jurídica ao formalismo impiedoso ou tecnicista [...]" (EAR .429/BA, Rel. Ministro Milton Luiz Pereira, Primeira Seção, julgado em 25.05.2000, DJ 11.09.2000 p. 212).

gêmea da liberdade"),[77] ou, ainda, como um uma forma de eliminar (ou reduzir) as incertezas[78] e ordenar o processo.[79] Trata-se de lugar-comum na doutrina há bastante tempo a importância do formalismo nessa acepção.[80] Cumpre-nos ir adiante, reconhecendo no formalismo a presença de valores aptos a justificá-lo intrinsecamente. Se algum tipo de formalismo é uma necessidade inquestionável, nem todo formalismo estará fundado em premissas justas, em valores assentados no meio social em que se insere.

3.2. Do formalismo-valorativo

Disse-o Moacyr Amaral Santos (já o dissera, antes, Liebman),[81] que:

> [...] o formalismo acompanha a evolução dos homens, das sociedades e os seus costumes no tempo. E se é resultado de experiência tradicional e de muitíssimos séculos, o que o legislador e o jurista têm a fazer não será senão o adaptar às necessidades e aos costumes do tempo.[82]

A assertiva é correta e constitui o cerne de nossa preocupações neste ponto. Não se pode enxergar o formalismo como uma fria estrutura arquitetônica, ainda que perfeita e bela em sua sistematicidade interna. Aliás, o Código de Processo Civil de 1973, hoje amplamente reformado, recebeu e tem recebido, na mesma proporção, críticas à sua adequação com os valores constitucionais e elogios à sua coerência interna.[83] Imagine-se proje-

[77] Rudolf von Jhering, *Apud* ALVARO DE OLIVEIRA, Carlos Alberto. *Do formalismo no processo civil.* São Paulo: Saraiva, 1997, p. 7.

[78] DINAMARCO, Cândido Rangel. *A instrumentalidade do processo.* 10.ed. São Paulo: Malheiros, 2002, p. 22.

[79] "As formas processuais respondem a uma necessidade de ordem, de certeza, de eficiência e sua escrupulosa observância representa uma garantia de regular e leal desenvolvimento do processo e de respeito dos direitos das partes" (LIEBMAN, Enrico Tullio. *Manual de direito processual Civil.* Trad. e notas de Cândido Rangel Dinamarco. Rio de Janeiro: Forense, 1984. v. 1, p. 195).

[80] Para não falarmos em Montesquieu e sua evidente influência já evidenciada, veja-se, entre nós, o quase centenário estudo de José Antônio Pimenta Bueno (*Apontamentos sobre as Formalidades do Processo Civil*, 1911), onde se lê: "Si não fossem as formalidades da lei, a chicana, a duplicidade, o arbitrio, e a injustiça, predominariam com toda a facilidade; por isso mesmo que desde então não haveria regras fixas, nem modo certo e exacto de proceder" (PIMENTA BUENO, José Antônio. *Apontamentos sobre as formalidades do processo civil.* 3.ed. Rio de Janeiro: Jacintho Ribeiro dos Santos, 1911, p. 10).

[81] LIEBMAN, Enrico Tullio. *Manual de direito processual civil.* Vol. I, p. 195.

[82] SANTOS, Moacyr Amaral. *Primeiras linhas de direito processual civil.* 23.ed. São Paulo: Saraiva, 2004. v. 1, p. 280-281.

[83] Embora criticando a ausência de melhorias na efetividade e celeridade da prestação jurisdicional, ATHOS GUSMÃO CARNEIRO afirmou sobre o Código de Processo Civil de 1973: "Como magnífica obra de arquitetura jurídica, o Código de 1973 pouco terá deixado a desejar" (CARNEIRO, Athos Gusmão. Sugestões para uma nova sistemática da execução. *Revista de Processo,* São Paulo, v. 26, n. 102, p. 139-152, abr./jun. 2001, p. 139).

tar uma ponte, prever as suas dimensões, escolher o material de que será constituída, o seu desenho e inclinação, sem conhecer o terreno sobre o qual será erguida. No papel, poderá parecer essa ponte perfeita em suas linhas métricas, mas estará fadada a ruir se inadequada ao terreno. Assim é com o formalismo. Para concebê-lo, é necessário conhecer o campo de sua atuação. E este não é o processo, mas o campo social, político e econômico, o lugar e o tempo em que aquele se insere, as pessoas que irão operá-lo, e aquelas que dele participarão e a ele se sujeitarão.[84]

Com efeito, o formalismo precisa estar fundado em valores reconhecidos pela sociedade, e estes estão predispostos na Constituição e nas leis, mas não só aí, senão que também nos costumes, na cultura, na tradição de um povo. A substância do formalismo são esses valores. Sem eles, teríamos o formalismo oco, vazio. E se os valores estiverem presentes, porém forem diversos daqueles apanháveis do campo social, ou, ainda, forem objeto de equivocada ponderação (prevalência exacerbada de um em detrimento de outro), então estamos diante de um formalismo pernicioso. Situações distintas, mas com conseqüências igualmente nefastas para a realização dos escopos do processo.

3.3. Do formalismo oco

Dissemos atrás que o formalismo deve estar imbuído de valores reconhecidos pela sociedade, não podendo consistir tão-somente num conjunto de formalidades inúteis para a realização dos escopos processuais e para a concretização daqueles mesmos valores.

O formalismo oco, vazio de valor, pode ser tanto aquele preconizado pela própria lei processual quanto aquele concebido unicamente pelo órgão jurisdicional, *sponte sua*. Como afirma Ramiro Podetti,

> [...] esto en cuanto a formalismos impuestos por disposiciones de la ley, pero existen numerosos otros, arraigados y generales, que no tienen más origen que la costumbre y cons-

---

[84] "Qualquer reflexão moderna sobre o formalismo processual há de levar em conta suas conexões internas e externas. Nessa perspectiva, mostra-se preciso repensar o problema como um todo, verificar as vertentes políticas, culturais e axiológicas dos fatores condicionantes e determinantes da estruturação e organização do processo, estabelecer enfim os fundamentos do formalismo-valorativo. E isso porque seu poder ordenador, organizador e coordenador não é oco, vazio ou cego, pois não há formalismo por formalismo. Só é lícito pensar no conceito na medida em que se prestar para a organização de um processo justo e servir para alcançar as finalidades últimas do processo em tempo razoável e, principalmente, colaborar para a justiça material da decisão" (ALVARO DE OLIVEIRA, Carlos Alberto. *Do formalismo no processo civil.* 3.ed., no prelo. Os originais da terceira edição foram gentilmente cedidos pelo autor para a realização do presente estudo. No ano de 2007, foi lançada pela Editora Palestra, em Lima, Peru, a tradução para o espanhol da obra acima referida – lá intitulada *Del formalismo en el proceso civil (propuesta de um formalismo-valorativo)* – com tradução de Juan José Monroy Palácios, e nela já contempladas as modificações que incorporarão a terceira edição brasileira.

tituyen magníficos medios de dilatar el cumplimiento de la función primordial de los jueces o sea la de hacer justicia.[85]

Em matéria de execução e cumprimento da sentença, temos vários exemplos, de iniciativa legislativa e judicial.

Destacamos, na primeira espécie, a exigência de apresentação de cópia de "certidão de interposição do recurso não dotado de efeito suspensivo", prevista no artigo 475-O, § 3°, do CPC, para que se requeira a execução provisória da sentença. Ora, essa diligência é inútil, e não concretiza nenhum valor. Sabe-se, pelo princípio da unirrecorribilidade das decisões, antes mesmo da efetiva *interposição* do recurso, qual o recurso cabível e, por via de conseqüência, quais os efeitos que, *de regra*, ele possui. Assim, ou a decisão já nasce com sua eficácia suspensa (independentemente da efetiva *interposição* do recurso), ou o recurso contra ela cabível só receberá efeito suspensivo quando analisado pelo órgão jurisdicional (ou fração deste) ao qual foi direcionado. Na primeira hipótese, desnecessária se faz a certidão de interposição, pois mesmo antes desta é inviável a execução provisória. Na segunda hipótese, é evidente que a certidão de *interposição* do recurso nada dirá quanto aos efeitos de que ele futuramente poderá vir a ser dotado pelo relator ou pelo colegiado, sendo impossível obter-se certidão de *interposição* que disponha acerca dos efeitos que o recurso poderá vir a gerar.

De iniciativa judicial, podemos destacar os constantes despachos de vista à outra parte ou ao Ministério Público, mesmo naquelas hipóteses em que nada de novo há para as suas manifestações (ex.: pedido de reconsideração de uma das partes, apenas repetindo os argumentos anteriores).[86]

Quando estamos diante do formalismo oco, não conseguimos vislumbrar nem sequer o valor que está sendo privilegiado.[87] Veja-se: haverá situações em que o formalismo refletirá valores ilegítimos, ou equivocadamente ponderará valores legítimos. Nas situações ora analisadas, não é o que se passa. Nem segurança nem efetividade serão alcançadas pelas medidas expostas.

---

[85] PODETTI, J. Ramiro. *Teoría y técnica del proceso civil y trilogía estructural de la ciencia del proceso civil.* Buenos Aires: Ediar Soc. Anón. Editores, (1940?), p. 118.

[86] Corre no foro a lenda do advogado do autor que, cansado dos intermináveis despachos de vista proferidos pelo juiz, peticionou "determinando vista ao senhor juiz para que sentencie o feito". A sentença teria sido de improcedência.

[87] Sobre as diferenças entre fomalismo-valorativo e formalismo oco (ou excessivo), veja-se recente artigo de ALVARO DE OLIVEIRA, Carlos Alberto. *O formalismo-valorativo no confronto com o formalismo excessivo.* Disponível em: <http://www.tex.pro.br/wwwroot/00/ 060823carlos_alberto_alvaro_oliveira.php>. Acesso em: 01 set. 2006.

3.4. Do formalismo pernicioso

Pode o formalismo estar imbuído dos valores caros à sociedade, sem que, no entanto, se lhes dê a devida relevância e contextualização. A exata medida em que cada valor será concretizado e ponderado com outro que lhe seja oposto deve partir também de critérios adequados.

Portanto, importante se faz não só definir *quais* os valores a ponderar, como também definir *como* ponderá-los, dando sentido, assim, à expressão formalismo-valorativo. Não se trata de impregnar a técnica de valores,[88] mas de ordenar e estabelecer critérios para a resolução de conflitos que entre esses próprios valores possam surgir, possibilitando a eleição da técnica adequada. Partindo de um exemplo fora do campo das normas processuais, dizer que a dignidade da pessoa humana e o direito à vida são valores constitucionais a perseguir, por si só, não auxilia em nada a solução de casos como o de aborto em gravidez decorrente de estupro. Da mesma forma, veremos que, no processo, o reconhecimento dos valores a ponderar não será suficiente para a conformação do formalismo-valorativo, sendo necessário estabelecer critérios para a ponderação.

Assim como se passa com o formalismo oco, aqui a problema pode ter origem na lei e no intérprete-juiz.

O formalismo pernicioso de cunho legal pode ser exemplificado na sistemática de expropriação de bens do devedor que, por muito tempo – até a entrada em vigor da Lei 11.382/06 – ficou atrelada à necessária ordem onde, primeiramente, procedia-se à arrematação (como toda a solenidade da hasta pública), para, somente após, ensejar-se a possibilidade de adjudicação do bem pelo credor. Já há algum tempo, a dinâmica de negócios embalada pela *Internet* e pelo desenvolvimento de outros meios de comunicação mostrava-se incompatível com esse meio quase medieval de expropriação que é a arrematação em hasta pública. Parece-nos claro, aqui, que a lei processual não refletia os valores vigentes, sendo que seria muito mais adequado permitir a alienação extrajudicial dos bens, ou, ao menos, a sua adjudicação (muito mais ágil) como primeira opção do credor.[89] O balanço entre segurança e efetividade, no exemplo, é indevidamente realizado em prol de uma excessiva concretização do primeiro valor em detrimento do segundo.

Já um exemplo de formalismo pernicioso de criação judiciária é a exigência de esgotamento da pesquisa de bens do devedor para se defe-

---

[88] MITIDIERO, Daniel Francisco. *Elementos para uma teoria contemporânea do processo civil*. Porto Alegre: Livraria do Advogado, 2005, p. 20.

[89] O que veio a ocorrer com a Lei 11.382/06 (vide art. 686, *caput*, que condiciona a realização de hasta pública a não terem sido requeridas a adjudicação e a alienação particular do bem penhorado).

rir a chamada penhora *online*.[90] Funda-se o entendimento no princípio da menor gravosidade ao executado (art. 620, CPC). Todavia, o resultado é que se lança a parte credora e o próprio Judiciário numa busca custosa e demorada de patrimônio do executado, quando a este último é dado, a qualquer momento, caso possua bens, apresentá-los ao juízo da execução, eventualmente evitando inclusive a penhora sobre dinheiro, caso consiga demonstrar relevantes argumentos para suspender o curso da execução (do contrário, não vemos como se privilegiar a penhora de bem de menor liquidez, haja vista que a execução deve desenvolver-se definitivamente com a satisfação do credor).

E, note-se bem, tal posicionamento não tem como decorrência expressas exigências legais. Pelo contrário, o art. 655 do CPC estabelece "dinheiro em espécie ou em depósito ou aplicação em instituição financeira" como a primeira espécie de bem a ser penhorado, e o art. 655-A, que trata da chamada penhora *online*, não contém nenhuma disposição resguardando a aplicação da medida apenas para após a busca de outros bens do executado.

Nem mesmo o Supremo Tribunal Federal escapa, por vezes, de uma postura condizente com o formalismo pernicioso aqui destacado. Situação curiosa ocorreu no julgamento do Agravo Regimental em Agravo de Instrumento perante o STF (AgRg no AGI nº 265.853-7/SP), em que o Supremo Tribunal Federal tachou de formalista a postura da Corte de origem no acórdão recorrido, mas deixou de corrigi-la pela suposta ausência de preqüestionamento. Disse o Ministro Sepúlveda Pertence:

> Sem embargo do formalismo delirante e verdadeiramente kafkiano dessa orientação – que desacredita os serviços do próprio Judiciário e faz recair sobre as partes a responsabilidade pelo seu mau funcionamento –, o processamento do RE é inviável.[91]

---

[90] Vejam-se, a respeito, os seguintes julgados: REsp 771.838/SP, Rel. Ministro CASTRO MEIRA, SEGUNDA TURMA, julgado em 13.09.2005, DJ 03.10.2005 p. 237; REsp 892.474/SP, Rel. Ministra DENISE ARRUDA, PRIMEIRA TURMA, julgado em 02.10.2007, DJ 08.11.2007 p. 189; Agravo de Instrumento nº 70018697151, Oitava Câmara Cível, Tribunal de Justiça do RS, Relator: Rui Portanova, Julgado em 22/02/2007.

[91] A 3ª Turma do Tribunal Superior do Trabalho não conhecera agravo interposto contra o indeferimento de recurso de revista, sob o argumento de que não teria havido autenticação das cópias trasladadas, não considerando suficiente a certidão do próprio Tribunal Regional do Trabalho, por esta não indicar as peças dos autos a que se refere. A agravante apresentou embargos de declaração, que deixaram igualmente de ser conhecidos em face de terem sido opostos por advogado substabelecido por outro cuja procuração, que compunha as cópias trasladadas pelo próprio Tribunal (!), foi considerada como não autenticada. No STF, foi negado provimento monocraticamente ao agravo de instrumento contra indeferimento do Recurso Extraordinário, em decisão posteriormente confirmada pelo acórdão aqui transcrito. O argumento foi tão ou mais kafkiano do que aquele utilizado pela Corte laboral: "Ora, no caso dos autos, considerada a premissa de que partiu para não conhecer do agravo de instrumento, o Tribunal *a quo* não podia ter julgado os recursos interpostos pelo recorrente de forma diferente da que julgou, isto é, não podia ter avançado no exame das questões veiculadas nos embargos para a SDI e no agravo regimental. Em face de tal orientação, a recorrente, para prosseguir na discussão sobre a validade do traslado, deveria ter juntado a procuração autenticada, sem o que a conclusão a ser tirada há de ser, forçosamente, a de que não havia omissão a ser suprida no julgamento dos embargos

Ou seja, reconheceu que a postura da Corte de origem fora *kafkiana*, mas não aceitou a argüição do recorrente de violação ao devido processo legal, escorando-se em requisito formal e, com isso, sendo fiel ao bom Kafka.

O mesmo Supremo Tribunal Federal, todavia, tem em outras ocasiões demonstrado acerto no trato de questões concernentes ao formalismo processual, ponderando adequadamente os valores da efetividade e da segurança, como, por exemplo, no julgamento do Agravo Regimental em Recurso Extraordinário nº 395.662-1, e subseqüentes embargos de declaração. O Tribunal Regional do Trabalho da 4.ª Região extinguira ação rescisória sem julgamento do mérito, sob o fundamento de que ela fora voltada contra a sentença de primeira instância – em razão de o autor ter assim a dirigido em sua peça inicial – e já ter havido a substituição de tal sentença por acórdão em 2º grau, que manteve a sentença. Teria o autor direcionado equivocadamente a demanda rescisória. Em brilhante voto-vista (o relator, Ministro Carlos Velloso, negara provimento ao recurso extraordinário, no que restou vencido), com citação da doutrina e jurisprudência alemã acerca da liberdade de ação, o Ministro Gilmar Ferreira Mendes deu provimento ao recurso extraordinário, afirmando:

> É fácil ver que o processamento da ação rescisória não deve ser obstado, tão-somente, pelo fato de o autor ter utilizado o termo sentença no lugar de acórdão. É uma manifestação exacerbada do formalismo que afeta a proteção judicial efetiva. Assegura-se a preservação de uma situação contrária ao entendimento desta Corte em nome do atendimento de uma exigência formal.[92]

Nesse mesmo processo, a parte recorrida interpôs dois embargos de declaração seguidos, com o claro intuito de postergar o trânsito em julgado e, assim, o cumprimento da decisão. No segundo aclaratório, a Primeira Turma, à unanimidade, acompanhou o voto do Ministro Gilmar Ferreira Mendes, que determinou a baixa dos autos à Corte de origem, com o imediato cumprimento da decisão independentemente de trânsito em julgado do acórdão.[93]

Verifica-se, aqui, a preocupação do Supremo Tribunal Federal em adequar a interpretação das regras processuais (previstas na legislação infraconstitucional ou na própria Constituição) aos valores consagrados na própria Carta Magna, reconhecendo uma carga axiológica inerente ao formalismo processual.

---

declaratórios (Ag. Reg. no Agravo de Instrumento nº 265.853/SP. Rel. Min. Sepúlveda Pertence. J. em 18/09/2001. Primeira Turma. Publicado no DJ de 31.10.2001, p. 8. Ement. Vol. 2050-5, p. 1082).

[92] Ag. Reg. no Recurso Extraordinário nº 395.662-1/RS. Rel. Originário Min. Carlos Velloso. J. em 16.03.2004. Segunda Turma. Publicado no DJ de 23.04.2004. Ement. Vol. 2148-13). Deram provimento, por maioria.

[93] Emb. Decl. nos Emb. Decl. no Ag. Reg. no Recurso Extraordinário nº 395.662-1/RS. Rel. Min. Gilmar Mendes. J. em 14.12.2004. Segunda Turma. Publicado no DJ de 01.04.2005, p. 64.

Todavia, esse reconhecimento nem sempre é acompanhado do elenco, quiçá de uma sistematização ou hierarquização de tais valores, de forma a estabelecer um verdadeiro método de ponderação entre eles. Trabalha-se muito mais com preceitos – do tipo "uma norma jurídica somente pode restringir, eficazmente, o âmbito da liberdade individual (*allgemeine Handlungsfreiheit*) se corresponder às exigências estabelecidas pela ordem constitucional"[94] – do que com o elenco de valores e com a exposição de um método aplicável a todas as situações concretas onde esses mesmos valores conflitem.

Uma de nossas tarefas, neste trabalho, será a de descrever os valores em choque no formalismo processual, suas características e manifestações e, após, a de estabelecer um método de ponderação, verdadeira forma de raciocínio na interpretação e aplicação das normas processuais.

[94] Trecho da decisão proferida pela Corte Constitucional Alemã no chamado *Elfes-Urteil* de 16 de janeiro de 1957, citada e transcrita pelo Min. Gilmar Ferreira Mendes em seu voto-vista no Ag. Reg. no Recurso Extraordinário nº 395.662-1/RS (vide notas anteriores)

4. *Conclusão parcial*

A visão instrumentalista do processo civil é de inegável valor e contribuição para a humanização do processo, especialmente por reconhecer a pacificação com justiça como o objetivo a ser alcançado, e a partir daí permitir a criatividade judicial e a quebra da rigidez formal do processo. O juiz passa a ser o fio condutor dos valores colhidos do campo social para o processo, não se escravizando em relação às regras processuais, e sim, colocando-as a serviço do homem e da justiça, como instrumento de concretização daqueles mesmos valores.

A grande contribuição da idéia de formalismo-valorativo vem do reconhecimento expresso dos valores a ponderar (efetividade e segurança) e do seu permanente conflito, assim como na afirmação do processo como fenômeno cultural. O processo deixa de ser mero instrumento ou técnica, passando a exibir também um conteúdo axiológico que nenhum intérprete pode negar ou deixar de considerar na aplicação das normas processuais ao caso concreto. Fundamentalmente, reconhece-se no formalismo-valorativo a presença dos valores a serem concretizados, enquanto na visão instrumentalista tais valores encontram-se somente no campo social, para serem apreendidos pelo intérprete, que usa o processo apenas como instrumento de concretização.

Cumpre, agora, demonstrar as características desse conflito axiológico, e, por fim, apontar um método para a sua resolução.

Capítulo II

O conflito de valores no processo civil

1. *Efetividade* versus *segurança*

Se "a conformação e a organização do processo e do procedimento nada mais representam do que o equacionamento de conflitos entre princípios constitucionais em tensão, de conformidade com os fatores culturais, sociais, políticos, econômicos e as estratégias de poder num determinado espaço social e temporal,"[95] é também verdade que, por trás de tais princípios (contraditório, ampla defesa etc.), estão valores que lhes são inerentes. Pode-se afirmar que os princípios constituem um estado de coisas[96] desejado a partir de uma determinada composição valorativa. Em Chiovenda, encontramos um exemplo claro da afirmação anterior. O mestre italiano, em suas *Instituições*, ao tratar dos princípios fundamentais do processo, afirma que um processo pode se diferenciar de outros por se pautar em determinados princípios diversos ou até opostos. E elenca uma série de exemplos, onde resta claro que por trás do princípio há uma opção valorativa, pela maior efetividade ou maior segurança no processo. Um processo diferencia-se de outro:

> [...] conforme se admita ou não a apelabilidade das sentenças (princípio do duplo-grau de jurisdição); conforme se admita ou não, e conforme a latitude com que se admita, a produção de novo material (deduções e provas) no juízo de segunda instância (*non deducta deducam*,

---

[95] ALVARO DE OLIVEIRA, Carlos Alberto. O processo civil na perspectiva dos direitos fundamentais. *In* ——— (Org.). *Processo e Constituição.* Rio de Janeiro: Forense, 2004, p. 2.

[96] Em brilhante trabalho, Humberto Àvila soube diferenciar, com precisão, princípios, regras e postulados, explicando, naquela oportunidade, suas diferentes contribuições para a tomada de decisão pelo intérprete: "As regras podem ser dissociadas dos princípios *quanto ao modo como prescrevem o comportamento.* Enquanto *as regras são normas imediatamente descritivas,* na medida em que estabelecem obrigações, permissões e proibições mediante a descrição da conduta a ser adotada, *os princípios são normas imediatamente finalísticas,* já que estabelecem um estado de coisas para cuja realização é necessária a adoção de determinados comportamentos. Os princípios são normas cuja qualidade frontal é, justamente, a determinação da realização de um fim juridicamente relevante, ao passo que característica dianteira das regras é a previsão do comportamento. Com efeito, os princípios estabelecem um estado ideal de coisas a ser atingido (*state of affairs, Idealzustand*), em virtude do qual deve o aplicador verificar a adequação do comportamento a ser escolhido ou já escolhido para resguardar tal estado de coisas. [...] Os postulados normativos são normas imediatamente metódicas, que estruturam a interpretação e aplicação de princípios e regras mediante a exigência, mais ou menos específica, de relações entre elementos com base em critérios" (ÁVILA, Humberto. *Teoria dos princípios: da definição à aplicação dos princípios jurídicos.* São Paulo: Malheiros, 2003, p. 63 e 120).

non probata probabo); conforme se admita ou não ulterior reexame da sentença de segunda instância, e conforme os limites em que se admite (princípio da *terceira instância*, da *cassação*, da *revisão*); conforme a extensão e os efeitos desse reexame superior (*aplicação imediata da lei* ou *devolução*).[97]

É de se notar que, em cada uma das opções, se privilegia um valor em detrimento de outro. Assim é que, por hipótese, admitindo-se o duplo grau ou a produção de provas em segunda instância, privilegia-se a segurança, negando-se tais princípios, sobreleva a efetividade.

Admitindo-se – como o faz Chiovenda – como legítima a adoção, por um determinado tipo de processo, de um ou outro dos princípios diversos ou até opostos, resta claro que a ponderação entre efetividade e segurança nem sempre resultará idêntica, dependendo em grande parte dos traços culturais do povo – como sublinhado por Carlos Alberto Alvaro de Oliveira – e também da idéia que este mesmo povo faz do que seja um processo *justo*, ou seja, do que venha a ser *justiça*. Isso porque, "com a ponderação desses dois valores fundamentais – efetividade e segurança jurídica – visa-se idealmente a alcançar um processo tendencialmente justo".[98]

Sendo assim, cumpre-nos aqui, neste primeiro momento, expandir os conceitos de efetividade e segurança jurídica, associando-os aos elementos que comumente lhes são familiares, para, depois, partirmos à análise do *método* de ponderação, este, sim, calcado numa determinada concepção de justiça.

Veremos, a seguir, que efetividade e segurança jurídica são, na verdade, *complexos valorativos*, pois abrigam elementos que também podem ser designados de valores em suas esferas de atuação. Assim, por exemplo, o complexo valorativo da efetividade abriga valores como economia processual, celeridade, aproveitamento dos atos processuais etc. Já o complexo valorativo da segurança engloba a previsibilidade, a confiança legítima nos atos da administração e atos estatais em geral, o respeito ao direito positivo, a dignidade da legislação, a estabilidade das relações jurídicas etc.

---

[97] CHIOVENDA, Giuseppe. *Instituições de direito processual civil*. 2.ed. São Paulo: Bookseller, 2000. v. 1, p. 75-76.

[98] ALVARO DE OLIVEIRA, Carlos Alberto. O processo civil na perspectiva dos direitos fundamentais. *In* —— (Org.). *Processo e Constituição*. Rio de Janeiro: Forense, 2004, p. 15. Reconhecendo também o conflito entre efetividade e segurança, porém classificando-os como postulados, afirma José Rogério Cruz e Tucci: "Não se pode olvidar, nesse particular, a existência de dois postulados que, em princípio, são opostos: o da segurança jurídica, exigindo um lapso temporal razoável para a tramitação do processo, e o da efetividade do mesmo, reclamando que o momento da decisão final não se procrastine mais do que o necessário" (TUCCI, José Rogério Cruz e. Garantia da prestação jurisdicional sem dilações indevidas como corolário do devido processo legal. *Revista de Processo*, São Paulo, v. 17, n. 66, p. 72-78, abr./jun. 1992, p. 73).

1.1. Efetividade

O termo *efetividade*, não raro, é utilizado no sentido de uma virtude, de um atributo positivo da atividade humana. Algo efetivo é algo funcional, que produz os resultados almejados e, portanto, é algo bom. Seria, assim, muito mais um fim desejado do que um valor a ponderar e a, eventualmente, sofrer restrições ou limitações. Na definição que já apresentamos, trazida por Cândido Rangel Dinamarco, a efetividade do processo se mede pela sua aptidão para "cumprir integralmente toda a sua função sócio-político-jurídica, atingindo em toda a plenitude todos os seus escopos institucionais".[99] Não cumpre aqui criticar a definição, mas apenas salientar que, quando tratamos do problema da efetividade como um valor a ser ponderado com a segurança, nosso conceito é muito mais restrito.

Isso porque não podemos, para a boa exposição do método de solução do conflito axiológico que se dá no processo, confundir o resultado da aplicação do método com uma das variáveis do conflito. Se dissemos que o problema é resolver o conflito entre efetividade e segurança, se esta é a "função sócio-político-jurídica" do processo, então o resultado não pode ser a efetividade pura. A interferência do valor *segurança* impõe que o resultado seja a combinação daqueles dois valores: a equação deve resultar na justiça e na pacificação social.

Nesse prisma, *efetividade* deixa de ser a aptidão do processo para cumprir sua função, passando a consistir na aptidão do processo em produzir resultados, desinteressando, nesse primeiro momento, a justiça destes mesmos resultados. O instrumento pode ser efetivo, porém produzindo resultados maléficos. Como uma arma, que pode servir para promover a segurança assim como pode servir ao terror, à causação de mortes, o processo pode ser um meio para a realização de justiça, como pode também, no seu mau uso, prestar-lhe um desserviço.

Daí por que parece-nos acertada a observação de Carlos Alberto Alvaro de Oliveira de que "a efetividade só se revela virtuosa se não colocar no limbo outros valores importantes do processo, a começar pelo da justiça, mas não só por este".[100] Não obstante não vejamos a justiça como um valor a ponderar, mas como o fim desejado pelo processo, é certo que poderá ser o processo efetivo e ainda assim causar injustiça. Estaríamos,

---

[99] Sobre o suposto conflito, veja-se DINAMARCO, Cândido Rangel. *A instrumentalidade do processo.* 10.ed. São Paulo: Malheiros, 2002, p. 330.

[100] ALVARO DE OLIVEIRA, Carlos Alberto. Efetividade e processo de conhecimento. *Revista da Ajuris*, Porto Alegre, v. 26, n. 75, p. 120-135, set. 1999.

na feliz expressão do referido processualista, diante da "efetividade perniciosa".[101]

Cumpre-nos, neste momento, dissecar este complexo valorativo da efetividade, constatando os elementos que o compõem e o caracterizam, de forma que tenhamos presentes todos os fatores a serem considerados quando da ponderação entre *efetividade* e *segurança*.

1.1.2. Economia processual

A atividade processual, por definição, envolve ação (no sentido de movimento, esforço) das partes e do órgão judicial. Ainda que atos diversos levem idêntico tempo, e sejam igualmente simples ou complexos do ponto de vista formal, e, portanto, situem-se lado a lado na perspectiva da simplicidade e celeridade, o *custo*, pessoal ou real, da prática do ato, pode ser diverso. Nesse caso, a opção deve recair sobre o ato de menor custo. Citando Devis Echandia, ressalta Humberto Theodoro Júnior que o processo civil deve tratar de "obter o maior resultado com o mínimo de emprego da atividade processual".[102] A definição torna clara a natureza principiológica da economia processual, caracterizada por um estado de coisas desejado. Todavia, como aponta Luigi Paolo Comoglio, a economia processual tem pouca serventia se restar confinada ao *status* de um princípio abstrato ou de mera diretriz legislativa. Sua verdadeira função deve ser de um "módulo metodológico", capaz de influenciar o comportamento do juiz na condução do processo.[103] Não obstante, inserimo-la como um dos elementos do valor *efetividade*, sem prejuízo da advertência do processualista italiano.

Com efeito, insere-se o princípio da economia processual no contexto da efetividade processual, na medida em que para se realizar justiça se reduzem ao máximo possível os efeitos colaterais da sua realização, efeitos estes que podem refletir negativamente na esfera jurídica do autor, do réu, ou da própria sociedade, com o empenho além do necessário do aparato judicial. Como observa Galeno Lacerda, a questão "transcende, assim, a mera preocupação individualista de poupar trabalho a juízes e partes". Trata-se de "reconhecer e proclamar o direito, com o menor gravame possível", buscando atender, assim, à "ânsia de perfeição da justiça humana".[104]

---

[101] Ibidem. A expressão consta expressamente em ALVARO DE OLIVEIRA, Carlos Alberto. *Do formalismo no processo civil*. 3.ed., no prelo.

[102] THEODORO JÚNIOR, Humberto. Princípios gerais do direito processual civil. *Revista da Ajuris*, Porto Alegre, v. 12, n. 34, p. 161-184, jul. 1985, p. 179.

[103] Nesse sentido, veja-se COMOGLIO, Luigi Paolo. *Il Principio di Economia Processuale*. Padova: Cedam, 1982. t.2, p. 359-360.

[104] LACERDA, Galeno. *Despacho saneador*. Porto Alegre: Livraria Sulina Editora, 1953, p. 6.

Comoglio, em abrangente estudo sobre o tema, destaca três direções apontadas pela economia processual: a) disciplina do ritmo processual, possibilitando a tomada de atos de ofício pelo juiz, sobrepondo-se à inércia das partes; b) eliminação da atividade supérflua em relação ao escopo a perseguir no processo e c) adaptação das formas e correção, mesmo de ofício, dos atos cujos vícios sejam irrelevantes, possibilitando o saneamento das irregularidades sem prejuízo da atividade processual já concluída.[105] Atentemos, agora, para o item constante da letra *b*, que podemos resumidamente chamar de simplificação do ato processual. Em geral, atos mais complexos envolvem maior custo, daí por que a simplicidade e a economia do processo costumam ser conjugadas num só princípio.[106] Por exemplo, a eliminação da carta de sentença pela Lei 11.232, acolhida por sugestão de Carlos Alberto Alvaro de Oliveira, atende tanto ao anseio pela simplicidade quanto pela economia processual. Mas nem sempre é assim, se analisarmos o ato processual e seus desdobramentos. Exemplo claro pode ser obtido se comparados os recursos de agravo de instrumento e de apelação. Notadamente, o primeiro reveste-se de maior complexidade, no que toca à sua formação, comparativamente ao segundo. Todavia, sua maior complexidade é balanceada por uma maior economia processual, pois justamente o fato de o recorrente ter o ônus de prepará-lo com todas as peças necessárias à sua instrução possibilita a interposição direta no Tribunal (e, portanto, o quase imediato conhecimento do recurso pelo relator), algo inimaginável se viesse a ser interposto por mera petição nos autos do processo.

Assim, embora geralmente andem lado a lado, economia processual e simplicidade do processo podem ser explicadas como fenômenos distintos.

1.1.3. Simplicidade e aproveitamento do ato processual

Tanto mais simples será o ato processual quanto menos e menores forem seus pressupostos formais. Como salienta José Maria Rosa Tesheiner, "todo ato tem forma, ainda que esta possa ser oral ou consistir, apenas, em um gesto dotado de significado".[107] Desde a simplicidade formal de uma sustentação oral (cujos pressupostos podem se resumir à utilização de linguagem adequada), até a complexidade de que se reveste a interposição do agravo de instrumento contra a negativa de recursos extraordiná-

---

[105] COMOGLIO, Luigi Paolo. *Il Principio di Economia Processuale*. Padova: Cedam, 1982. t. 1, p. 52.

[106] Assim, por todos, veja-se Rui Portanova, que vê o princípio da economia processual e o princípio da simplificação como sinônimos do princípio econômico do processo (PORTANOVA, Rui. *Princípios do processo civil*. 5.ed. Porto Alegre: Livraria do Advogado, 2003, p. 24).

[107] TESHEINER, José Maria Rosa. *Pressupostos processuais e nulidades no processo civil*. São Paulo: Saraiva, 2000, p. 83.

rios[108] (com a cópia de peças para a formação do instrumento, declaração de autenticidade, necessária dialeticidade em relação à decisão que negou seguimento ao recurso principal etc.), o certo é que cada ato processual demandará algum pressuposto formal para que venha a ser praticado ou considerado válido para o processo.

Entretanto, nem sempre a inobservância de um pressuposto formal acarretará a invalidade do ato. O artigo 244 do Código de Processo Civil Brasileiro, que já foi considerado a mais bela regra em direito judiciário,[109] dispõe que "quando a lei prescrever determinada forma, sem cominação de nulidade, o juiz considerará válido o ato se, realizado de outro modo, lhe alcançar a finalidade".[110] Daí por que o ato processual praticado sem as formalidades legais poderá ser aproveitado, desde que à formalidade ausente não tenha sido cominada pela legislação processual a nulidade (o que, veremos a seguir, nada mais é do que o reconhecimento da necessidade de ponderação desses elementos pertencentes à efetividade processual com o valor *segurança*).

Seguindo o ideal de que o cumprimento espontâneo (leia-se, *sem processo*) dos direitos pelos cidadãos e a paz social com justiça traduziria a absoluta e perfeita efetividade do ordenamento jurídico, uma vez adentrando na seara processual, quanto mais simples forem os atos nela praticados menor será o custo para a efetividade almejada.

1.1.4. Celeridade

No Brasil, a celeridade processual ganhou destaque com a introdução, pela Emenda Constitucional nº 45, do inciso LXXVIII ao artigo 5º da Carta Magna, prevendo como garantia a todos, no âmbito judicial e administrativo, "a razoável duração do processo e os meios que garantam a celeridade de sua tramitação". Mesmo antes disso, a preocupação com a celeridade sempre foi crescente.

Podemos afirmar que se trata de um valor cuja importância não cessará de crescer, na medida em que crescente for também o progresso da sociedade e, em especial, dos meios de comunicação. Se, na primeira me-

---

[108] A expressão aqui é utilizada em seu sentido lato (abrangendo o recurso extraordinário e o recurso especial).

[109] "*C'est d'ailleurs au droit judiciaire brésilien que nous devons la plus belle règle en droit judiciaire, celle que ordonne que le juge à considérer un acte comme valide, dès que cet acte ait atteint son objectif*" (Relatórios Gerais do IX Congresso Mundial de Direito Judiciário).

[110] Segundo afirma Daniel Mitidiero, trata-se de uma "norma de método", que "paira sobre todo o ordenamento processual (donde se repara a felicidade da expressão 'sobredireito processual')" (MITIDIERO, Daniel Francisco. *Comentários ao Código de Processo Civil*. São Paulo: Memória Jurídica, 2005. t. 2, p. 404-405). Não vemos problema em defini-la como um postulado normativo aplicativo, no sentido empregado por Humberto Ávila (ÁVILA, Humberto. *Teoria dos Princípios: da definição à aplicação dos princípios jurídicos*. São Paulo: Malheiros, 2003, p. 85).

tade do século XIX, se levava um mês para que as notícias chegassem da Europa ao Brasil nos navios a vapor, com a chegada do cabo telegráfico na segunda metade daquele século, o que se fazia em meses passou-se a realizar instantaneamente.[111] Os anos passaram, veio o telefone fixo e o celular e, hoje, com os meios eletrônicos de comunicação de baixíssimo custo, imprimiu-se um ritmo frenético aos negócios e às relações interpessoais em geral, ritmo este a sociedade exige seja refletido no processo. Mudaram também os litígios em seu aspecto qualitativo, em decorrência da ampla massificação da economia.[112]

Diante disso, resta evidente que quanto mais distante estiver o processo nessa corrida contra o tempo, maior será o rastro de injustiça (justiça tardia) que deixará no seu caminho.[113] Se antes era possível encaminhar-se mandado de intimação à gráfica de uma editora jornalística, determinando a interrupção da impressão de notícia difamatória, hoje a instantaneidade da *Internet*, aliada à sua abrangência, torna muito difícil o exercício pleno da tutela inibitória do ilícito nessa área.

Como não há mecanismo mágico que torne imediata a realização da justiça, ou que iniba invariavelmente a violação dos direitos, uma vez definido qual o resultado prático da sentença desejado, é a celeridade que servirá de termômetro da capacidade do processo em realizar justiça no caso concreto. E quanto mais se aproximar o processo da norma concreta que irá regular o caso, maior será a pressão por sua aceleração. Assim, por exemplo, após a realização de audiência na qual se colhem depoimentos extremamente favoráveis ao autor, natural será a impaciência deste para

[111] CALDEIRA, Jorge. *Mauá: empresário do império*. São Paulo: Companhia das Letras, 1995, p. 481.

[112] É o que ressalta Carlos Alberto Alvaro de Oliveira, ao afirmar que "o tempo tornou-se em nossos dias um dos parâmetros fundamentais da Justiça moderna, em face da mudança de natureza qualitativa na natureza dos litígios, na maior parte surgidos em virtude da massificação da economia, abrangendo um número enorme de pessoas de poucos ou médios recursos. A tudo isso se acrescenta a extraordinária velocidade do mundo atual, decorrente da revolução informática, a exigir um novo paradigma de Justiça, certamente diverso do modelo iluminista que inaugurou a modernidade" (ALVARO DE OLIVEIRA, Carlos Alberto. Efetividade e processo de conhecimento. *Revista da Ajuris*, Porto Alegre, v. 26, n. 75, p. 120-135, set. 1999). Essa mudança qualitativa é também destacada por Roger Perrot (PERROT, Roger. O processo civil francês na véspera do século XXI. Trad. J. C. Barbosa Moreira. *Revista Forense*, Rio de Janeiro, v. 94, n. 342, p. 161-168, abr. 1998). Afirma o jurista francês que "a massa litigiosa não se limitou a aumentar em quantidade: também *qualitativamente* se modificou a fundo. Eis aí um aspecto em que se pensa bem menos e que, todavia, merece a maior atenção. No século XIX, os litígios versavam em geral sobre a propriedade de terras [...] litigava-se, com freqüência, família contra família, ao longo de várias gerações. Ora, em nossos dias, é diferente o contexto. A grande maioria dos processos envolve questões que impregnam nossa vida quotidiana [...] cumpre que nos rendamos à evidência: *sociologicamente, o processo deslocou-se na direção de camadas populacionais de condições mais modestas, que vivem de seus ganhos e são comumente designadas por* 'classes médias'" (Ibidem, p. 162).

[113] Segundo afirma Mauro Cappelletti, citado por José Rogério Cruz e Tucci, a duração excessiva do processo constitui "fenômeno que propicia a desigualdade [...] é fonte de injustiça social, porque a resistência do pobre é menor que a do rico: este, e não aquele, pode, de regra, aguardar, sem sofrer grave dano, uma justiça lenta [...] Um processo longo beneficia, em última análise, a parte rica em detrimento da parte desafortunada" (TUCCI, José Rogério Cruz e. Garantia da prestação jurisdicional sem dilações indevidas como corolário do devido processo legal. *Revista de Processo*, São Paulo, v. 17, n. 66, p. 72-78, abr./jun. 1992, p. 73).

que se acolha seu pleito "o mais rapidamente possível". O mesmo valerá para o réu que, apresentando defesa consistente, desejará ver-se o quanto antes livre do "imbróglio" ao qual foi submetido injustamente pelo autor. Proferida a sentença, quanto mais subirmos na escala recursal, maior será a pressão por celeridade. Na fase de execução ou cumprimento da sentença, objeto deste trabalho, já se apresenta aos olhos da sociedade como inadmissível a manutenção do *status quo*. Exige-se nada menos do que o imediatismo, a instantaneidade da implementação, no mundo dos fatos, daquilo que foi decidido no plano jurídico.[114]

Não é difícil concluir que a celeridade consiste num valor cuja importância se acentua à medida que avança o processo em direção à definição da norma jurídica concreta, atingindo o seu ápice no momento seguinte ao que aquela norma se torna definitiva (trânsito em julgado da sentença), quando os riscos de erro pela máxima aceleração do procedimento já não se mostram tão relevantes quanto nos momentos anteriores.

Em geral, a simplificação do procedimento e a economia processual, valores edificantes da efetividade, contribuem também para a celeridade do processo. Mesmo a dilatação dos prazos processuais, se acompanhada da eliminação de procedimentos de questionável utilidade, pode vir a concretizar a celeridade processual. Assim ocorre, por exemplo, com a previsão de 15 dias para que o devedor pague voluntariamente o montante ao qual foi condenado por sentença transitada em julgado, prevista no artigo 475-J do CPC. Se a previsão "premiou o devedor com esta breve *moratória*",[115] ao mesmo tempo autoriza que, após o decurso do mesmo prazo, o credor desde já indique os bens do devedor a serem penhorados, requerendo o prosseguimento do feito, agora em sua fase de execução. Antes de tal modificação legislativa, o devedor não tinha o prazo de 15 dias para adimplir voluntariamente a sentença, mas ao credor era imposto o ônus de distribuir execução, através de petição inicial com todos os requisitos do artigo 282 do CPC, promover a citação do devedor, que, em 24 horas, poderia pagar ou nomear bens à penhora. Na prática, os 15 dias consumiam-se entre a elaboração da petição inicial e a determinação de expedição do mandado de citação. Só o cumprimento deste último, para

---

[114] Nesse sentido, afirma Rui Portanova, analisando as críticas à morosidade do judiciário: "Não é difícil constatar: a forma de processamento de um fato para o Judiciário não é a mesma forma de processamento do mesmo fato para outras ciências. Veja-se: enquanto o jornalismo trabalha com o fato em sua instantaneidade, o processo trabalha, antes de mais nada, na construção da verdade do fato (e sua prova). Só depois o trabalho judicial volta-se para as conseqüências dos acontecimentos. Assim, cumpre que se analise convenientemente as críticas. Pode se tratar de caso excepcional, e não da regra; a crítica pode pretender a pressa, e não a perfeição. O processo contencioso não pode prescindir da duração temporal, em razão mesmo da sua natureza dialética e contraditória" (PORTANOVA, Rui. *Princípios do processo civil*. 5.ed. Porto Alegre: Livraria do Advogado, 2003, p. 173).

[115] Como salientamos ao comentarmos tal dispositivo em ALVARO DE OLIVEIRA, Carlos Alberto (Coord.). *A nova execução: comentários à Lei nº 11.232, de 22 de dezembro de 2005*. Rio de Janeiro: Forense, 2006, p. 116.

não se falar nos atos seguintes, ultrapassava invariavelmente os 15 dias hoje previstos no artigo 475-J do CPC.

Em algumas situações, eventual simplificação e economia podem, todavia, prestar um desserviço à celeridade. É o que se dá com a Lei 11.187/05, que alterou a sistemática do recurso de agravo. Impondo a regra que, salvo em situações onde a decisão interlocutória é suscetível de causar à parte lesão grave e de difícil reparação, o recurso cabível será o agravo retido, deixar-se-á de resolver a questão interlocutória *concomitantemente* com a questão principal, correndo-se o risco do retrocesso caso, do julgamento do agravo retido, resulte a necessidade de anulação do processo para, por exemplo, colher-se o depoimento de testemunha que fora excluída pelo acolhimento da contradita, realizar prova que fora indeferida, refazer laudo pericial impugnado etc.[116] Nota-se que, não obstante sejam economia, simplicidade e celeridade elementos característicos da efetividade processual, podem entre si entrar também em conflito, o que evidentemente se trata de exceção num contexto onde tais fatores contribuem sempre para um mesmo fim: tornar o processo mais efetivo. Como todos os demais elementos dos complexos valorativos da efetividade e da segurança, a celeridade precisa ser objeto de ponderação com os demais valores, visto que "não se delineia possível fixar *a priori* uma regra específica, determinante das violações ao *direito à prestação jurisdicional dentro de um prazo razoável*".[117]

1.1.5. A tutela específica (proteção do direito in natura*)*

Importante elemento para a efetividade do processo consiste na prestação da tutela específica aos jurisdicionados. Conforme salienta José Carlos Barbosa Moreira, "[...] se o processo constitui instrumento para a realização do direito material, só se pode a rigor considerar plenamente eficaz a sua atuação quando ele se mostre capaz de produzir resultado igual ao que se produziria se o direito material fosse espontaneamente observado".[118]

[116] Tem-se, aqui, um exemplo da *efetividade perniciosa* a que se refere Carlos Alberto Alvaro de Olivera: "A *efetividade virtuosa* não pode ser substituída por uma *efetividade perniciosa*, símbolo de uma mentalidade tecno-burocrática, preocupada mais com a performance, com a estatística, do que com os valores fundamentais do processo" (ALVARO DE OLIVEIRA, Carlos Alberto. *Do formalismo no processo civil*. 3.ed. no prelo.). Veja-se também o ensaio, do mesmo autor, intitulado *Efetividade e processo de conhecimento* (*Revista da Ajuris*, Porto Alegre, v. 26, n. 75, p. 120-135, set. 1999).

[117] TUCCI, José Rogério Cruz e. Garantia da prestação jurisdicional sem dilações indevidas como corolário do devido processo legal. *Revista de Processo*, São Paulo, v. 17, n. 66, p. 72-78, abr./jun. 1992, p. 74.

[118] BARBOSA MOREIRA, José Carlos. A tutela específica do credor nas obrigações negativas, Temas de Direito Processual. *Apud* CARREIRA ALVIM, José Eduardo. *O direito na doutrina*. Curitiba: Juruá, 1998, p. 42. Nesse sentido, veja-se também a assertiva de Cássio Scarpinella Bueno: "a tendência atual do Processo Civil Contemporâneo é a de resguardar àquele que se apresenta em juízo com plausibi-

Com efeito, a vetusta concepção liberal do processo como um mecanismo de conversão do dano em pecúnia – com a consagração do adágio *nemo praecise ad factum cogi potest*[119] – não responde mais às necessidades contemporâneas da sociedade, onde o foco passa a ser o ilícito e os meios para evitá-lo. Não cumpre aqui explicitarmos toda a evolução que resultou nessa nova concepção,[120] pois a questão já é pacífica na doutrina. Como bem observa Luiz Guilherme Marinoni,

> não há dúvida de que a tutela específica protege de modo mais adequado o direito material. A tutela dirigida a evitar o ilícito é, evidentemente, muito mais importante do que a tutela ressarcitória. No caso de dano, principalmente de conteúdo não-patrimonial, o ressarcimento na forma específica é o único remédio que permite que o dano não seja monetizado e que o direito, assim, encontre uma forma efetiva de reparação. Na realidade, o direito à adequada tutela jurisdicional tem como corolário a regra de que, quando possível, a tutela deve ser prestada na forma específica.[121]

Adotamos, assim, como premissa a primazia da tutela específica sobre a tutela ressarcitória, e por essa razão o processo *efetivo* há de ser aquele que proporcionar, na medida do possível, a tutela *específica* dos direitos, sendo fiel aos comandos originariamente previstos no direito material. Por isso, também, inserimos a busca pela tutela específica como um dos elementos que compõem o valor *efetividade* no processo.

1.2. Segurança

A segurança jurídica é um valor inerente ao Estado de Direito,[122] e é vista na doutrina não só como a garantia do cidadão contra o arbítrio

---

lidade de razão (apreendida pelo magistrado, mediante uma cognição abreviada, isto é, sumária) o direito em espécie, relegando, a um segundo plano, sua reparabilidade patrimonial" (BUENO, Cassio Scarpinella. Tutela antecipada e ações contra o poder público: reflexão quanto a seu cabimento como conseqüência da necessidade de efetividade do processo. *In* WAMBIER, Teresa Arruda Alvim (Coord.). *Aspectos polêmicos da antecipação de tutela*. São Paulo: Revista dos Tribunais, 1997, p. 38).

[119] Ninguém pode ser positivamente obrigado ao fato (a fazer) (RODRIGUES, Dirceu. *Brocardos jurídicos*. 4.ed. São Paulo: Saraiva, 1953, p. 268).

[120] Já nos ocupamos do tema em nossa obra "*As astreintes e o processo civil brasileiro: multa do artigo 461 do CPC e outras*. Porto Alegre: Livraria do Advogado, 2004, p. 21 e seguintes.

[121] MARINONI, Luiz Guilherme. *Tutela específica: arts. 461, CPC e 84, CDC*. São Paulo: Revista dos Tribunais, 2001, p. 70.

[122] Como afirma Canotilho, "o homem necessita de *segurança* para conduzir, planificar e conformar autónoma e responsavelmente a sua vida. Por isso, desde cedo se consideravam os princípios da *segurança jurídica* e da *protecção da confiança* como elementos constitutivos do Estado de direito" (CANOTILHO, José Joaquim Gomes. *Direito Constitucional*. 4.ed. Coimbra: Almedina, 2000, p. 256). Já Torsten Stein, discorrendo sobre o tema no direito alemão, define a segurança jurídica como princípio constitucional não escrito: "A segurança jurídica como tal é um princípio constitucional não escrito, derivado do princípio do Estado de Direito" (STEIN, Torsten. *A segurança jurídica na ordem legal da República Federal da Alemanha*. São Paulo: Fundação Konrad Adenauer, 2000 [Cadernos Adenauer, 3] p. 94). Para Carlos Alberto Alvaro

estatal, mas também como a previsibilidade da atuação do Estado em face do particular, exigindo para si, portanto, regras fixas.[123] Sua presença, ora como valor, ora como princípio, ou assumindo outras facetas, é constante nos países democráticos do mundo inteiro. Nos dias 10 e 11 de setembro de 1999, juristas de diversos países reuniram-se em Aix-en-Provence (França), para discutir o tema "Constituição e Segurança Jurídica".[124] Na mesa-redonda que lá foi realizada, foram expostas as diversas visões acerca do tema em questão, permitindo que se perceba a extensão e a importância da segurança jurídica no mundo contemporâneo. Após longos debates, em que se apresentou a visão de cada sistema, chegou-se a um acordo sobre os elementos que fazem parte da segurança jurídica: não-retroatividade, confiança legítima, continuidade da ordem jurídica, clareza dos textos e conhecimento das regras jurídicas.[125]

No direito alemão, a segurança jurídica é identificada com a clareza da lei – "o direito vigente é compreensível para o cidadão"[126] – com a proteção à confiança na ordem jurídica – que se ocupa da "continuidade das leis, já que, em certa medida, a segurança jurídica requer que o cidadão confie na subsistência das leis"[127] – e com a proibição de retroatividade – pois "afeta-se a confiança se ocorrerem modificações retroativas da lei, isto é, quando fatos situados no passado podem ser objeto de novas avaliações".[128] Como noticia Torsten Stein, o Tribunal Federal Constitucional Alemão levou ao extremo a idéia da segurança jurídica como confiabilidade no direito po-

---

de Oliveira, "A segurança liga-se à própria noção de Estado Democrático de Direito, erigida como princípio fundamental da Constituição da República (art. 1°, *caput*), de modo a garantir o cidadão contra o arbítrio estatal, tendo presente a salvaguarda de elementos fundantes da sociedade realmente democrática, como o princípio democrático, o da justiça, o da igualdade, da divisão de poderes e da legalidade" (ALVARO DE OLIVEIRA, Carlos Alberto. *Do formalismo no processo civil.* 3.ed. no prelo). Em visão mais extremada, J. Flóscolo da Nóbrega afirmou: "A segurança é necessidade fundamental da vida humana, necessidade das mais urgentes e primitivas e que resulta da própria condição do homem, como ser dos mais fracos e desprotegidos. [...] O direito é a técnica da segurança, o que não significa que não tenha por finalidade a justiça. A justiça, porém, está muito acima das possibilidades humanas, é valor tão alto e inatingível como a estrela polar. E como os homens, na impossibilidade de dispor das estrelas, tiveram de substituí-las por bússola, assim tiveram de contentar-se com a segurança, como sucedâneo da justiça. A segurança é o fim imediato, a missão prática do direito. É também um valor, como a justiça, embora um valor de segundo grau. É valor fundante em relação à justiça, que é valor fundado, o que quer dizer que a segurança é condição necessária para realização de justiça. [...] onde não há segurança não há justiça, não há direito sob qualquer forma" (NÓBREGA, J. Flóscolo da. *Introdução ao direito.* 2.ed. Rio de Janeiro: José Konfino, 1962, p. 80-81).

[123] STEIN, op. cit., p. 94-95.

[124] Tratava-se da XV Mesa Redonda Internacional, cujos anais foram publicados no Anuário Internacional de Justiça Constitucional do Grupo de Estudos e de Pesquisa sobre Justiça Constitucional (*Annuaire International de Justice Constitutionnelle,* XV, 1999. Paris: Econômica, 2000, p. 67-312).

[125] *Annuaire International de Justice Constitutionnelle,* XV, 1999. Paris: Econômica, 2000, p. 311.

[126] STEIN, Torsten. *A segurança jurídica na ordem legal da República Federal da Alemanha.* São Paulo: Fundação Konrad Adenauer, 2000 (Cadernos Adenauer, 3), p. 100.

[127] Ibidem, p. 105.

[128] Ibidem, p. 106.

sitivo, ao determinar que se deveria aceitar lei formalmente inconstitucional por razões de segurança jurídica.[129] Trata-se, no entender de Willy Zimmer, de um imperativo que deriva, como o princípio da igualdade, de um princípio geral do estado de direito, sendo aqueles elementos essenciais deste.[130]

Em França, afirma Bertrand Mathieu que a segurança jurídica é um "produto de importação" do direito alemão, cuja crescente importância decorre também do desenvolvimento do direito comunitário europeu.[131] Seguindo a influência alemã, a questão é também, aqui, posta de forma semelhante, associando-se a segurança jurídica às exigências de qualidade da lei e previsibilidade do direito. E, dentro dessas duas facetas da segurança jurídica, inserem-se os princípios da clareza, acessibilidade, eficácia e efetividade da lei (associados à qualidade da lei), assim como os princípios da não-retroatividade, da proteção dos direitos adquiridos, da confiança legítima e da estabilidade das relações contratuais (associados à previsibilidade do direito).[132]

Não apenas a lei, como também a jurisprudência deve ser clara e previsível, sendo ameaçadoras da segurança jurídica as decisões exóticas ou surpreendentes, em especial quando trouxerem questões novas que não foram debatidas com as partes.[133] Como ressalta com acerto Donaldo Armelin, "a segurança jurídica constitui um elemento fundamental para a sociedade organizada, um fator básico para a paz social, o que implica estabilidade de situações pretéritas e previsibilidade de situações futuras. No plano da atuação jurisprudencial, a previsibilidade das decisões judiciais insere-se para o usuário da jurisdição como um fator de segurança que o autoriza a optar por um litígio ou por uma conciliação. É fundamental que quem busque a tutela jurisdicional tenha um mínimo de previsibilidade a respeito do resultado que advirá de sua postulação perante o Judiciário."[134] A questão transcende rapidamente o campo do processo

---

[129] BverfGE 34, 9. *In* Ibidem, p. 99.

[130] *Annuaire International de Justice Constitutionnelle*, op. cit., p. 91.

[131] Ibidem, p. 155.

[132] Ibidem, p. 157. Para uma análise mais completa dos relatórios dos representantes de diversos países no referido encontro, veja-se THEODORO JÚNIOR, Humberto. A onda reformista do direito positivo e suas implicações com o princípio da segurança. *Revista Magister: Direito Civil e Processual Civil*, Brasília, DF, v. 2, n. 11, p. 5-32, mar./abr. 2006.

[133] "Entre nós, mostra-se importante atentar ainda para a aplicação do direito: não só a norma jurídica deve ser formulada clara, acessível e previsivelmente, mas também previsível deve ser o resultado do litígio, sem causar estranheza no meio social onde deve atuar. As soluções exóticas, com clara afronta ao sistema, além de surpreender, deslegitimam o Poder Judiciário perante a sociedade civil" (ALVARO DE OLIVEIRA, Carlos Alberto. *Do formalismo no processo civil*. 3.ed. no prelo).

[134] ARMELIN, Donaldo. *Observância à coisa julgada e enriquecimento ilícito: postura ética e jurídica dos magistrados e advogados*. Brasília, DF: Conselho de Justiça Federal, Centro de Estudos, 2003 (Cadernos do CEJ, 23), p. 292.

e do próprio direito, passando a constituir verdadeiro pressuposto do desenvolvimento social e econômico de um país.[135]

No Brasil, a Emenda Constitucional nº 45 confirmou a preocupação com a previsibilidade da interpretação constitucional, vinculando-a inclusive ao valor *segurança*, ao instituir a súmula vinculante, ressaltando a necessidade de se evitar a "grave insegurança jurídica".[136] Mas nenhum dispositivo constitucional é mais incisivo do que o artigo 5º, inciso XXXVI, que sem mencionar o termo "segurança jurídica" expressamente, reconhece a importância fundamental de tal valor ao prever o respeito ao direito adquirido, ao ato jurídico perfeito e à coisa julgada.[137] Trata-se, aqui, de preservar a estabilidade das relações jurídicas, em uma sociedade fundada, nos dizeres da própria Carta Magna, na "harmonia social" (Preâmbulo da Constituição Federal de 1988).

Além da previsibilidade da lei e de sua interpretação, há de ser previsível, também, a conduta das autoridades, a quem devem os cidadãos poder depositar sua legítima confiança, não podendo ser por elas desiludidos ou enganados. Segundo Mathieu, a confiança legítima é o princípio segundo o qual a Administração (e, aqui, podemos estendê-lo também ao Estado-juiz) deve respeitar as suas próprias decisões, promessas e compromissos.[138]

Também a pesquisa sobre os fatos e, assim, a busca da verdade (ainda que relativa) surge como importante elemento da segurança jurídica, que, como todos os demais, deverá ser ponderado com o valor *efetividade* e seus componentes, como, por exemplo, a celeridade processual.

E, por fim, muito embora possa também ser objeto de interpretação (e, portanto, dele se podendo extrair diferentes normas jurídicas), o texto da lei processual e sua observância exerce importante papel na concreti-

---

[135] "Assim, sociólogos como RAYMOND ARON, instituições internacionais, como o Banco Mundial, e economistas vinculados ao nosso BNDES, como era o Professor ARMANDO CASTELAR PINHEIRO, convergem em suas opiniões quanto à necessidade de considerar a estabilidade e a segurança jurídica como pressuposto do desenvolvimento" (WALD, Arnoldo. Eficiência Judiciária e Segurança Jurídica: a racionalização da legislação brasileira e reforma do Poder Judiciário. *In* MACHADO, Fábio Cardoso; MACHADO, Rafael Bicca (Coord.). *A Reforma do Poder Judiciário*. São Paulo: Quartier Latin, 2006, p. 51).

[136] CF, Art. 103-A. O Supremo Tribunal Federal poderá, de ofício ou por provocação, mediante decisão de dois terços dos seus membros, após reiteradas decisões sobre matéria constitucional, aprovar súmula que, a partir de sua publicação na imprensa oficial, terá efeito vinculante em relação aos demais órgãos do Poder Judiciário e à administração pública direta e indireta, nas esferas federal, estadual e municipal, bem como proceder à sua revisão ou cancelamento, na forma estabelecida em lei (Incluído pela Emenda Constitucional nº 45, de 2004).

§ 1º A súmula terá por objetivo a validade, a interpretação e a eficácia de normas determinadas, acerca das quais haja controvérsia atual entre órgãos judiciários ou entre esses e a administração pública que acarrete grave insegurança jurídica e relevante multiplicação de processos sobre questão idêntica.

[137] CF, art. 5º [...] XXXVI – a lei não prejudicará o direito adquirido, o ato jurídico perfeito e a coisa julgada; [...]

[138] MATHIEU, Bernard. *Annuaire International de Justice Constitutionnelle*, XV, 1999. Paris: Econômica, 2000, p. 163.

zação do valor da segurança – até mesmo como um reforço do elemento *previsibilidade* –, razão pela qual merecerá destaque à parte.

Temos, assim, que os principais elementos que compõem ou caracterizam o valor *segurança jurídica*, e com relevância maior para a temática processual aqui proposta, são a clareza da lei e a previsibilidade do direito, aliados à estabilidade das relações jurídicas, à confiança legítima, à busca pela verdade e ao respeito ao direito processual positivado.

1.2.1. Previsibilidade e "não-surpresa"

Luis Recasens Siches acertadamente identifica na *segurança* um dos desejos sociais básicos. O homem é um ser preocupado com o futuro, e portanto são insuficientes as satisfações atuais ou momentâneas de seus direitos,[139] sendo necessário, acima de tudo, que haja garantias e previsibilidade na sua preservação futura.

Sendo o processo civil um meio de realização da justiça e, na maior parte dos casos, também de concretização do direito material, afirma-se ainda mais a idéia de previsibilidade, pois seria temerário admitir que fosse o litigante surpreendido com medidas inesperadas que viessem a suprimir os direitos objeto do litígio. Dessa forma, tem-se que o curso do processo deve ser natural e previsível, devendo ser repudiadas posições isoladas na aplicação da lei processual que venham a interromper ou mesmo extinguir a via jurisdicional para qualquer dos litigantes, em especial quando não for dada aos litigantes a oportunidade de debater a inovação pretendida pelo órgão judicial.[140]

---

[139] *"Debido al hecho de que el hombre se representa el futuro y se preocupa por éste, las satisfacciones actuales no son suficientes, mientras que se perciba el porvenir como incierto"* (SICHES, Luis Recaséns. *Introducción al estudio del derecho.* 6.ed. México: Porruá, 1981, p. 63).

[140] De fundamental importância é a lição de Carlos Alberto Alvaro de Oliveira, enfatizando a cooperação entre as partes e o juízo para evitar o elemento surpresa, que deslegitima o processo e o resultado nele produzido: "Em tal seara, a colaboração das partes com o juízo encontra sua razão de ser num plano mais amplo, na medida em que não se cuida apenas de investigar a norma aplicável ao caso concreto, mas de estabelecer o seu conteúdo e alcance, não só evitando surpresas mas também as conseqüências negativas daí decorrentes para o exercício do direito de defesa e da tutela de outros valores, como a concentração e celeridade do processo e a qualidade do pronunciamento judicial. [...] Demais disso, não é admissível que os litigantes sejam surpreendidos por decisão que se apóie, em ponto fundamental, numa visão jurídica por eles não apercebida. O tribunal deve, portanto, dar conhecimento prévio de qual direção o direito subjetivo corre perigo, aproveitando apenas os fatos sobre os quais as partes tenham tomado posição. Dessa forma, as partes estarão melhor aparelhadas para defender o seu direito e influenciar na decisão judicial. Dentro da mesma orientação, a liberdade concedida ao julgador na eleição da norma a aplicar, independentemente de sua invocação pela parte interessada, consubstanciada no brocardo *iura novit curia*, não dispensa a prévia ouvida das partes sobre os novos rumos a serem imprimidos ao litígio, em homenagem, ainda aqui, ao princípio do contraditório. A hipótese não é pouco comum porque são freqüentes os empecilhos enfrentados pelo aplicador do direito, nem sempre de fácil solução, dificuldade geralmente agravada pela posição necessariamente parcializada do litigante, a contribuir para empecer visão clara a respeito dos rumos futuros do processo" (ALVARO DE OLIVEIRA, Carlos Alberto. Poderes do juiz e visão cooperativa do processo. *Revista da Ajuris*, Porto Alegre, v. 30, n. 90, p. 55-84, jun. 2003, p. 67-68).

É importante ressaltar a fundamental diferença – nem sempre percebida – que há entre a norma de caráter material e a de caráter processual, no que toca às conseqüências de uma interpretação pouco ortodoxa de uma ou outra. Embora a previsibilidade seja desejada em ambos os casos – tanto na aplicação da lei material quanto processual – é na segunda que a não observância ocasionará maior prejuízo. Se o magistrado está convencido da procedência do pedido do autor, não obstante esteja ciente de inúmeros – e amplamente majoritários – precedentes dos tribunais em sentido contrário à sua posição, ao fim e ao cabo do debate judicial sua convicção é que prevalecerá, cabendo ao interessado recorrer da decisão. Veja-se, não estamos a afirmar que seja a postura mais adequada, mas os danos limitam-se ao adiamento da solução favorável ao interessado, que deverá buscá-la na via recursal. Já com a norma processual não se passa assim. O juiz que dá à lei processual interpretação peculiar pode prejudicar indelevelmente o direito postulado no processo, e, o que é pior, poderá fazê-lo naqueles casos em que entende estar presente esse mesmo direito. Assim, o Órgão Especial do Tribunal de Justiça que deixa de conhecer mandado de segurança contra ato de Câmara,[141] em entendimento manifestamente contrário ao dos Tribunais Superiores,[142] coloca em risco o direito líquido e certo postulado no *mandamus*, ainda que considere esse direito líquido e certo presente! Nessa hipótese, temos que o próprio órgão jurisdicional, para se manter coerente com seu entendimento particular sobre a lei processual, não só aceita como chancela o malferimento do direito material e, assim, uma situação de injustiça. Exemplo mais elucidativo diz respeito às decisões que indeferem petições iniciais de ações cautelares de sustação de protesto, sob o pretexto de a medida ser de caráter satisfativo e, portanto, dever ser postulada pela via da antecipação da tutela.[143] Não obstante o

---

[141] Veja-se, a propósito, a seguinte ementa oriunda do Tribunal de Justiça do Estado do Rio Grande do Sul: "Agravo regimental. Mandado de segurança. Descabimento da medida contra decisão de desembargador ou câmara. Precedentes da corte. É incabível o presente 'mandamus' por falta de amparo legal. Impossibilidade de revisão de decisão por magistrado de mesma hierarquia. Inicial indeferida. Agravo regimental improvido" (Agravo Regimental nº 70018042390, Órgão Especial, Tribunal de Justiça do RS, Relator: Guinther Spode, Julgado em 19/03/2007).

[142] Como se constata da seguinte ementa: "PROCESSUAL CIVIL. RECURSO EM MANDADO DE SEGURANÇA. COMPETÊNCIA PARA JULGAMENTO DO WRIT. ATO DE DESEMBARGADOR. Esta Corte, em mais de uma oportunidade, já se manifestou no sentido de que, a partir da interpretação do art. 21, VI, da LOMAN, o mandado de segurança impetrado em ataque a ato de Desembargador deve, necessariamente, ser julgado pelo respectivo Tribunal. Recurso provido" (RMS 19.588/RS, Rel. Ministro CASTRO FILHO, TERCEIRA TURMA, julgado em 13.12.2005, DJ 20.02.2006 p. 329). No julgamento desse RMS, foram ainda citados, em amparo da tese, os seguintes julgados: MS 1.278/RO, Rel. Min. Demócrito Reinaldo, DJ de 15.02.1993; MS 1.464/SP, Rel. Min. Cláudio Santos, DJ de 04.05.1992; MS 754/AM, Rel. Min. Eduardo Ribeiro, DJ de 05.08.1991; RMS 10.987/RS, Rel. Min. Francisco Falcão, DJ de 03.09.2001 e RMS 11.875/DF, Rel. Min. Felix Fischer, DJ de 04.02.2002.

[143] A título exemplificativo, veja-se: "APELAÇÃO CÍVEL. DIREITO PRIVADO NÃO ESPECIFICADO. AÇÃO CAUTELAR DE SUSTAÇÃO DE PROTESTO. No caso específico dos autos, a medida cautelar requerida, constitui, sim, antecipação de tutela. Indeferimento da inicial mantido. A ação cautelar visa a assegurar a utilidade prática do processo principal, não podendo ser satisfativa, ou seja, não

acerto teórico do entendimento,[144] a postura ignora que a prática judiciária corrente por décadas foi a do ajuizamento de cautelar (o próprio foro assim intitula os autos, dando-lhes tramitação ágil e preferencial em relação a ações ajuizadas sob o procedimento ordinário, ainda que com pedido de antecipação da tutela). A parte-autora, que aposta na previsibilidade da decisão com base na reiterada interpretação da lei processual, é surpreendida e deixada sem tempo hábil para mover a demanda satisfativa.[145]

---

pode satisfazer o direito material, entregando o bem da vida pretendido. APELO PARCIALMENTE CONHECIDO E DESPROVIDO. UNÂNIME" (Apelação Cível nº 70018768077, Décima Primeira Câmara Cível, Tribunal de Justiça do RS, Relator: Antônio Maria Rodrigues de Freitas Iserhard, Julgado em 27/06/2007).

[144] Por todos, veja-se o ensinamento de TEORI ALBINO ZAVASCKI: "Da mesma forma, em demandas objetivando anulação de título de crédito costuma-se postular, como medida cautelar, ordem para que o demandado se abstenha de levar o título a protesto. Aqui também se está diante de providência de natureza antecipatória, e não cautelar" (ZAVASCKI, Teori Albino. Antecipação da tutela. 3.ed. São Paulo: Saraiva, 2000, p. 56).

[145] Em acórdão muito bem fundamentado, de relatoria da Ministra Nancy Andrighi, a Terceira Turma do Superior Tribunal de Justiça bem resolveu a questão, salientando que, embora correta a distinção teórica entre medida cautelar e antecipatória, tal diferenciação não pode resultar em negativa de prestação jurisdicional por conta de problemas formais na opção de uma ou outra medida. Transcreve-se, aqui, parte dele: "Por isso, a doutrina mais moderna é a que, a respeito do problema, recomenda a solução flexibilizante do procedimento cautelar ou antecipatório, e se justifica com o irrespondível argumento de que "*Questões meramente formais não podem obstar à realização de valores constitucionalmente garantidos*", como é o caso da garantia de efetividade da tutela jurisdicional.(cfr. José Roberto dos Santos Bedaque, Tutela cautelar e Tutela antecipada: Tutelas sumárias e de urgência: tentativa de sistematização, São Paulo, Malheiros, 2003, p. 307).

Com efeito, até então, a distinção, teoricamente correta, produziu, na prática, efeitos indesejáveis, em face de controvérsias sobre a exata natureza jurídica de determinadas medidas, como ocorrido neste processo, onde o Juízo de 1º grau indeferiu a medida cautelar de sustação de protesto, sob o fundamento de que tal providência tratava-se de medida antecipatória, impondo-se a propositura, portanto, da ação ordinária com pedido de antecipação de tutela.

Hoje, todavia, não se pode perder de vista que a exegese do Código de Processo Civil deve ser feita com temperamento, deixando-se de lado o excessivo formalismo ou tecnicismo puramente acadêmico, para, assim, buscar-se a efetividade do processo. O Direito enquanto sistema, deve ter no processo um instrumento de realização da justiça, tendente à pacificação dos conflitos sociais. Assim, deve o magistrado aplicar o direito processual, antes de tudo, buscando a realização de justiça e pacificação social.

Daí a preciosa lição de Araken de Assis, segundo a qual: "A toda evidência, o equívoco da parte em pleitear sob forma autônoma providência satisfativa, ou vice-versa, não importa inadequação procedimental, nem o reconhecimento do erro, a cessação da medida porventura concedida. E isso, porque existem casos em que a natureza da medida é duvidosa, sugerindo ao órgão judiciário extrema prudência ao aplicar distinções doutrinárias, fundamentalmente corretas, mas desprovidas de efeitos tão rígidos." (*Fungibilidade das Medidas inominadas cautelares e satisfativas, in* Revista de Processo, v. 25, n. 100, out/dez. 2000, p. 52).

Por isso, atualmente nada impede que o juiz conceda medida antecipatória em processo preparatório, dito cautelar, para a obtenção de sentença provisória, com reserva da propositura da ação principal no prazo de trinta dias. De fato, conforme esclarecem Nelson Nery Jr. e Rosa M. A. Nery, o princípio da fungibilidade autoriza tal providência. (Código de Processo Civil Comentado e legislação processual civil extravagante em vigor, 7.ª edição, rev. e ampl., São Paulo: RT, 2003, pág. 653, nota 46 ao art. 273)" (REsp 627.759/MG, Rel. Ministra NANCY ANDRIGHI, TERCEIRA TURMA, julgado em 25.04.2006, DJ 08.05.2006 p. 198).

Assim, é fundamental que a aplicação da lei processual seja *previsível*, que as partes não sejam surpreendidas com a anormal interrupção ou desvio da via jurisdicional. Um dos elementos que favorecem a previsibilidade é a existência do direito legislado. Não é o único elemento. Como refere Alf Ross – e a afirmativa tem mais força no sistema do *common law*, mas vale também entre nós[146] –, a positividade "é mais manifesta no direito legislado", muito embora "o direito criado por casos de precedência, especialmente se houver uma prática há muito existente, também possui elevado grau de positividade, mesmo quando careça de formulação verbal revestida de autoridade".[147]

1.2.1.1. Do respeito à lei (dignidade da legislação)

O desejo de segurança leva, também, a que se busque o amparo da sociedade através de normas e instituições de direito positivo.[148] Para Recásens Siches,

> [...] el deseo de seguridad es uno de los motivos radicales que lleva al hombre a producir Derecho positivo, gracias al cual pueda, hasta cierto punto, estar cierto y garantizado respecto de la conducta de los otros, y sepa a qué atenerse respecto de lo que uno pueda hacer en relación con ellos, y de lo que ellos puedan hacerle a uno.[149]

Assim, um dos elementos de realização da segurança jurídica consiste no respeito ao direito positivo e, especificamente, ao direito legislado. Não se trata, aqui, de uma obediência *cega* à lei. A quase centenária lição de Pimenta Bueno tem atualidade:

> Com effeito, constranger o espirito a proceder sem conhecimento da razão das cousas, chamar conscienciosa execução da lei aquella que não a entende, é querer que a cegueira tenha uma inspiração invariável e sobrenatural de constante moralidade, exactidão e justiça.[150]

Nem se trata, também, de uma pregação do positivismo. O que se pretende, com a idéia de respeito ao direito positivo, é garantir o mínimo de surpresas possíveis às partes quando da aplicação das normas processuais, evitando o extremo antipositivista, já alertado por Alf Ross.[151]

---

[146] Basta pensarmos nos artigos 285-A, 518, § 1°, 557, *caput*, e § 1°-A, todos do CPC, além do artigo 103-A da Constituição Federal.

[147] ROSS, Alf. *Direito e justiça*. Trad. Edson Bini. Bauru, São Paulo: Edipro, 2000, p. 125.

[148] SICHES, Luis Recaséns. *Introducción al estudio del derecho*. 6.ed. México: Porruá, 1981, p. 63.

[149] Ibidem.

[150] BUENO, José Antônio Pimenta. *Apontamentos sobre as formalidades do processo civil*. 3.ed. Rio de Janeiro: Jacintho Ribeiro dos Santos, 1911, p. 7.

[151] O professor de Direito da Universidade de Copenhague alerta para o risco da adoção de posturas extremadas, tanto positivistas quanto antipositivistas: "É imperioso, portanto, que se rejeite o positivismo, porque falta-lhe compreensão no tocante à influência da atmosfera cultural na aplicação do

No fundo do problema está a questão filosófica da dignidade da legislação, como bem expõe Jeremy Waldron.[152] Positivistas atuais, como Joseph Raz, tendem a apresentar a legislação como algo *indigno*. Segundo Raz, não é essencial para os sistemas modernos a existência de órgãos responsáveis pela criação de normas, mas, sim, de órgãos *aplicadores* de normas.[153] Esse posicionamento denota uma atribuição meramente periférica, contingente e acidental à legislação, em oposição à jurisprudência, que teria participação e importância acentuadas. E essa *indignidade* da legislação decorre da necessidade que se tem de atribuir ao direito o maior grau de anonimato e, assim, de neutralidade possível. Requer-se a maior distância possível entre o direito e a política, e tem-se a pretensão de se obter esse resultado retirando da legislação a sua importância fundamental.

Todavia, Waldron, em sua obra *The dignity of legislation*, ressalta a importância da legislação, a iniciar pela análise da teoria de Kant sobre o direito positivo. Afirma ser patente que muitos de nós discordem sobre a justiça, sobre a solução justa em determinados casos. Ocorre que, em muitas situações, não podemos conviver com o desacordo, mormente quando há interesses opostos que demandam uma solução privilegiando, total ou parcialmente, uma ou outra posição subjetiva. Nessas hipóteses, há o consenso de que *uma resolução se faz necessária*. Isso não significa que não possamos ter *opiniões* distintas sobre à resolução, mas que, não obstante nossa opinião particular, devemos obedecer a resolução adotada pela sociedade, ainda que ela nos pareça injusta, imoral ou desvirtuada do bem comum. Essa resolução, encontrada na lei, é evidência da existência do desacordo moral no seio da comunidade. Não há necessidade de lei na ausência de tal desacordo.

Deixar de aplicar a lei em benefício de posições individuais, ou permitir que cada cidadão atue contrariamente à lei desde que a entenda injusta equivale a abandonar a própria idéia de direito, ou seja, a idéia de a comunidade adotar uma posição em matéria sobre a qual haja desacordo.[154] Trata-se de um retorno à situação em que cada pessoa age de acordo com seu interesse particular, fazendo qualquer coisa que lhe parecer bom ou certo.[155] Acrescente-se: ainda que ausente o interesse particular (supon-

---

direito. Por outro lado, com a mesma firmeza precisamos rejeitar a postura anti-positivista corrente que interpreta o fundamento não positivista das normas positivas em termos metafísicos, *quer dizer*, como um direito natural baseado num discernimento racional *a priori*" (ROSS, Alf. *Direito e justiça*. Trad. Edson Bini. Bauru, São Paulo: Edipro, 2000, p. 128).

[152] WALDRON, Jeremy. *The Dignity of Legislation*. Cambridge University Press, 1999.

[153] "Hence, Raz concludes that 'the existence of norm-creating institutions, though characteristic of modern legal systems, is not a necessary feature of all legal systems, but the existence of certain types of norm applying institutions [i.e. courts] is" (Ibidem, p. 16).

[154] WALDRON, Jeremy. *The dignity of legislation*. Cambridge University Press, 1999, p. 37.

[155] Algo semelhante ao estado de natureza de Hobbes, onde se tem a luta de "todos contra todos". Vale transcrever importante passagem de Kant citada no livro de Waldron: "Experience teaches us the

do que estejamos tratando da figura do juiz), mesmo assim a recusa na aplicação da lei seria um retorno ao mais primitivo estágio do homem.

O processo legislativo se dá pela adoção da regra da maioria, que, é bem verdade, não pode apenas ser considerada como algo dado, óbvio ou gratuito – *cannot be taken for granted* –, devendo, isto sim, ser explicada e ter a sua adoção justificada. É o que faz Waldron, adiantando não haver nada particularmente democrático sobre a decisão por maioria.[156] O dever de obediência à resolução tomada pela maioria e, assim, a autoridade da legislação, não se justifica apenas pela força, pois se uma minoria mais forte se vê em condições de desobedecer à lei, não haveria sentido falar-se em existência de um *dever* para essa minoria. É o consentimento individual, e o acordo de vontades, que permite a coesão. A lógica do consentimento individual passa a ser a força motriz da política (*the moving force of politics*).[157] E o consentimento diz com a autoridade e a legitimação do indivíduo (*consent is a matter of individual authority and legitimation*).[158]

Essa legitimação se dá pelo reconhecimento e pelo respeito dos indivíduos como iguais. Em outras palavras, a legitimação e a autoridade da legislação se dão pelo reconhecimento de que o consentimento de um membro do grupo é *tão bom quanto o do outro*.[159] Waldron ressalta tal idéia ao afirmar que nosso respeito pela legislação é, em parte, "um tributo que devemos pagar ao alcance de uma ação coletiva, cooperativa, coordenada e consertada nas circunstâncias da vida moderna".[160] Essa ação coletiva consiste na tomada de decisão por maioria, que se apresenta não apenas como um efetivo processo decisório, mas como um processo respeitoso dos indivíduos, de suas posições e opiniões sobre a justiça e o bem comum.[161]

Não bastassem essas razões, de ordem filosófica, é preciso acrescentar um dado inegável. No ordenamento jurídico brasileiro, a lei (*lato*

---

maxim that human beings act in a violent and malevolent manner, and that they tend to fight among themselves until an external coercive legislation supervenes. [...] Thus the first decision the individual is obliged to make, if he does not wish to renounce all concepts of right, will be to adopt the principle that one must abandon the state of nature in which everyone follows its own desires, and unite with everyone else (with whom he cannot avoid having intercourse) in order to submit to external, public and lawful coercion" (Ibidem, p. 42-43).

[156] Waldron cita exemplos, como a Câmara dos Comuns do Século XVIII na Inglaterra e a Suprema Corte Americana.

[157] WALDRON, Jeremy. *The dignity of legislation.* Cambridge University Press, 1999, p. 142.

[158] Ibidem, p. 143-144.

[159] Ibidem, p. 149.

[160] Ibidem, p. 156 (tradução livre).

[161] Conclui Waldron afirmando: "Thus in the circumstances of politics, all one can work with is the 'implausibly narrow understanding' of equal respect; and I hope I have convinced the reader that majority-decision is the only decision-procedure consistent with equal respect in this necessarily impoverished sense" (Ibidem, p. 162).

sensu) é fonte direta do direito processual. Os precedentes judiciais, ainda que com recentes e limitadas atribuições de efeito vinculativo (veja-se a figura da súmula vinculante criada pela Emenda Constitucional nº 45),[162] constituem fonte supletiva[163] ou mediata[164] do direito processual civil.[165] É inegável não ser a lei *lato sensu* – constitucional e infraconstitucional – suficiente para a solução de todas as questões processuais, porém, "em razão do caráter público do direito processual é a lei, sem dúvida, sua principal fonte".[166]

Essa primazia da lei justifica-se, especialmente no plano das garantias individuais do cidadão, na qual se inclui a do devido processo legal. Em um estado democrático de direito, careceria de sentido que a definição do devido processo legal ficasse a cargo do juiz singular, caso a caso. A tendência à insegurança jurídica seria por demais clamorosa para ser ignorada.

Tem-se ainda que a dinâmica das decisões judiciais é complexa. A linguagem utilizada nos tribunais não é a mesma do legislador, esta tendencialmente voltada para o homem comum, aquela, muitas vezes empedernida e carente de objetividade, aproximando-se muito da retórica doutrinária. Além disso, são constantes as modificações de posicionamento jurisprudencial ou, o que é ainda mais importante, o convívio de diferentes posicionamentos. Assim, maior segurança haverá para os indivíduos se suas garantias estiverem estatuídas em textos mais ou menos estáveis. Como já exemplificamos em outra oportunidade,

> [...] maior segurança experimentará o cidadão se um dispositivo de lei estatuir que a verossimilhança lhe assegurará uma tutela assecuratória de seu direito, do que se a lei for omissa neste ponto e ainda assim muitos juízes disserem o mesmo e agirem conforme tal assertiva.[167]

---

[162] CF, Art. 103-A. O Supremo Tribunal Federal poderá, de ofício ou por provocação, mediante decisão de dois terços dos seus membros, após reiteradas decisões sobre matéria constitucional, aprovar súmula que, a partir de sua publicação na imprensa oficial, terá efeito vinculante em relação aos demais órgãos do Poder Judiciário e à administração pública direta e indireta, nas esferas federal, estadual e municipal, bem como proceder à sua revisão ou cancelamento, na forma estabelecida em lei.

[163] CARREIRA ALVIM, José Eduardo. *Teoria geral do processo.* Rio de Janeiro: Forense, 2004, p. 236.

[164] THEODORO JÚNIOR, Humberto. *Curso de direito processual civil.* 41.ed. Rio de Janeiro: Forense, 2004. v. 1, p. 18.

[165] Isso não implica ignorar a fundamental importância dos precedentes, inclusive no processo criativo do direito, bem como na sua aplicação de forma previsível, evitando a surpresa do jurisdicionado (vide item 1.2.1, *supra*).

[166] THEODORO JÚNIOR, Humberto. *Curso de direito processual civil.* 41.ed. Rio de Janeiro: Forense, 2004. v. 1, p. 17.

[167] AMARAL, Guilherme Rizzo. Verdade, justiça e dignidade da legislação: breve ensaio sobre a efetividade do processo, inspirado no pensamento de John Rawls e de Jeremy Waldron. In KNIJNIK, Danilo (Coord.). *Prova judiciária: estudos sobre o novo direito probatório.* Porto Alegre: Livraria do Advogado, 2007, p. 147.

Da mesma forma, transpondo a questão para o que abordaremos na segunda parte deste trabalho, maior segurança haverá para o devedor se a legislação expuser os requisitos a serem preenchidos para a suspensão da execução, do que se estes mesmos requisitos forem casuísticos e originários de criação jurisprudencial, caso a caso.

Por fim, a lei, embora não seja garantia, constitui importante elemento na luta contra o arbítrio judiciário. Mais ou menos simpático à causa do autor ou do réu, do credor ou do devedor, o fato é que o juiz deverá estar voltado para o *norte* legal quando for proferir a sua decisão. Não poderá, sob pena de incorrer em arbítrio, julgar *contra legem*. Não se prega aqui, como já foi dito alhures, que o juiz seja meramente a boca que pronuncia as palavras da lei. Como salienta Gerson Lira,

> [...] se é certo que não se pode mais sustentar a velha tese reducionista que via no juiz um aplicador mecânico da lei, não é menos certo que uma irracional atividade decisionista atenta contra valores democráticos, conquistados por meio de lutas seculares, tais como a legalidade, o garantismo, a segurança jurídica, a tipicidade, etc.[168]

A prévia determinação legal das formas processuais, dentre as quais destacam-se aqui os mecanismos de efetivação das decisões, enriquece a garantia constitucional do devido processo legal. Veremos que a dignidade da legislação será importante valor a considerar, por exemplo, quando da análise dos meios executórios, onde demonstraremos claramente que, embora reconheçamos sua insuficiência nas execuções de sentenças condenatórias ao pagamento de quantia, não podemos simplesmente abandoná-los, trocando-os por outros, sob pena de abrirmos caminho para o arbítrio judiciário.

Não obstante tais considerações, a dignidade da legislação e o respeito ao direito positivo é, todavia, um elemento caracterizador do valor *segurança*, e como tal há de ser tratado, evitando-se levá-lo ao extremo, de costas para outros valores igualmente importantes a ponderar.[169] Esse alerta é feito por Carlos Alberto Alvaro de Oliveira, que destaca o risco de, ao tratarmos do valor *segurança*, o confundirmos com a ideologia da segurança, cuja meta é, em verdade, o imobilismo social.[170]

---

[168] LIRA, Gerson. A motivação na apreciação do direito. In ALVARO DE OLIVEIRA, Carlos Alberto (Org.). *Processo e constituição*. Rio de Janeiro: Forense, 2004, p. 262

[169] Com razão está Humberto Theodoro Júnior ao afirmar que "a segurança jurídica, ainda que mereça a qualificação de elemento natural e necessário do Estado de Direito Democrático, não escapa à relatividade inerente à sistemática dos princípios de direito" (THEODORO JÚNIOR, Humberto. A onda reformista do direito positivo e suas implicações com o princípio da segurança. *Revista Magister: Direito Civil e Processual Civil*, Brasília, DF, v. 2, n. 11, p. 15-62, jan./mar. 2006).

[170] "Advirta-se, porém, que o jurista deve observar a ordem jurídica, atento ao valor da segurança jurídica, sem confundi-la com a manutenção cega e indiscriminada do *status quo*. Cumpre não identificar, outrossim, o valor da segurança jurídica com a 'ideologia' da segurança, que tem por objetivo o imobilismo social. Não se trata, também, de identificar o Estado com a ordem, e a lei com a justiça, subprodutos do positivismo, com o que se impediria o acolhimento de qualquer direito não-estatal,

A relação entre o direito positivo e a segurança jurídica, com aquele sendo um elemento desta, é muitas vezes colocada no altar da discussões acerca do conflito entre segurança e efetividade. Discute-se sobre a manutenção do direito positivo nas hipóteses em que ele produzir injustiça. Parece-nos que o ponto a ser enfatizado diz com o grau de injustiça de que estamos a falar. Muitas vezes, por entender possuir uma solução mais efetiva, ou mesmo mais *justa*, alguns se esquecem de avaliar se a situação promovida pelo direito positivo era realmente *injusta* ou apenas, na particular visão daqueles, *menos justa*. Simplesmente pregam que o direito positivo abra passagem para suas propostas mais efetivas, mais adequadas, ou mais *justas*. Esquece-se, com isso, o dano que é causado à segurança jurídica. Por isso, mesmo quando se sustenta o afastamento do direito positivo para evitar a injustiça, deve-se proceder à comparação entre a medida de injustiça de que se está a falar e a medida de prejuízo ao valor *segurança*. Assim, segundo Luis Recaséns Siches, é possível imaginar situação em que poderá ser admitida, ainda que como uma forma menor de justiça, a validade do direito positivo injusto.[171]

A idéia aproxima-se do que é aqui defendido. O intérprete da norma deve ponderar a segurança jurídica (inserida nela o elemento do respeito ao direito positivo) e a efetividade, valendo-se de método específico, que será exposto na segunda parte deste trabalho.[172]

1.2.2. Da confiança legítima

O princípio da confiança legítima foi desenvolvido à plenitude no direito administrativo alemão, de modo que muitas vezes se chega a reconhecer naquele a própria substância da segurança jurídica. Esta não seria nada além da própria garantia da confiança legítima. Chega-se, naquele país, a afirmar que o princípio da confiança legítima "constitui o

---

bem como a absorção dos reclamos de justiça do povo, a menos que com o expresso beneplácito do legislador. Essa percepção da realidade social revela-se míope e não desejada. A manutenção da ordem jurídica só pode ser realizada mediante questionamentos e aperfeiçoamentos, em consonância com a racionalidade, que certamente passa pelo Estado, mas que vai além dele, atenta aos direitos construídos pelo processo histórico" (ALVARO DE OLIVEIRA, Carlos Alberto. *Do formalismo no processo civil*. 3.ed. no prelo).

[171] "[...] los conflictos entre seguridad y justicia no pueden ser resueltos de una manera única. Se trata de una cuestión de grado: allí donde la injusticia del Derecho positivo alcance tal tamaño que la seguridad garantizada por el Derecho positivo no represente ya nada importante en comparación aquel grado de injusticia, no cabe duda de que el orden político injusto deberá ceder el paso a la justicia. Sin embargo, por regla general, la seguridad jurídica que el Derecho positivo confiere justificará también, precisamente en cuanto forma menor de la justicia, la validez del Derecho positivo en cierta medida injusto." (SICHES, Luis Recaséns. *Introducción al estudio del derecho*. 6.ed. México: Porruá, 1981, p. 138-139).

[172] Vide, em especial, Capítulo II, item 2.1, sobre o postulado normativo aplicativo da proporcionalidade, que cremos ser capaz de resolver o conflito ora apontado, com a adoção da postura que sugerimos no Capítulo II, item 2.2.

fundamento moral da democracia representativa".[173] Todavia, como bem destaca Willy Zimmer, há diferença entre segurança jurídica e confiança legítima, na medida em que o princípio da segurança jurídica pressupõe a legalidade dos atos administrativos, enquanto que o da confiança legítima admite a manutenção de um ato ilegal, em face dos prejuízos que a sua reversão ocasionariam à confiança do administrado na Administração.[174] De uma forma ou de outra, o princípio

> [...] permite o reconhecimento da proteção da boa-fé no direito público, na medida em que o cidadão deve presumir que os órgãos públicos agem de maneira regular, circunstância que o leva legitimamente a confiar na aparência de direito, suscitada pelo Estado, conforme a teoria do direito privado da aparência.[175]

O direito francês, inspirado, como ressalta Bertrand Mathieu, no direito administrativo alemão, apresenta a confiança legítima como uma expressão particular da exigência de segurança jurídica. Devendo o direito ser estável, é o princípio da confiança legítima que garante a proteção às vítimas de sua eventual instabilidade.[176] A confiança legítima permite que se protejam os direitos adquiridos dos particulares, limita a possibilidade de reversão das decisões administrativas individuais e determina que a Administração respeite suas próprias decisões, promessas e compromissos eventualmente assumidos.[177]

No que interessa ao campo do processo, é fácil perceber a utilidade do princípio da confiança legítima, na medida em que as partes não podem ser prejudicadas por reviravoltas ou surpresas ocasionadas pela atividade jurisdicional. Um exemplo de aplicação do princípio, embora não seja este referido de forma expressa, tem sido a admissão da prática do ato processual no prazo indicado na intimação ou citação da parte, ainda que

---

[173] *Annuaire International de Justice Constitutionnelle*, XV, 1999. Paris: Econômica, 2000, p. 97.

[174] Ibidem, p. 98. Para outra distinção, veja-se CANOTILHO, José Joaquim Gomes. *Direito Constitucional*. 4.ed. Coimbra: Almedina, 2000, p. 256. O constitucionalista português ressalta que, em geral, "a segurança jurídica está conexionada com elementos objectivos da ordem jurídica – garantia de estabilidade jurídica, segurança de orientação e realização do direito – enquanto a protecção da confiança se prende mais com as componentes subjectivas da segurança, designadamente a calculabilidade e previsibilidade dos indivíduos em relação aos efeitos jurídicos dos actos dos poderes públicos".

[175] Tribunal de Justiça do Estado do Rio Grande do Sul. Agravo de Instrumento nº 70008674285. Decisão Monocrática. Rel. Des. Carlos Alberto Alvaro de Oliveira. J. em 18.05.2004. Na decisão, a fundamentação foi amplamente apoiada na doutrina alemã, como se pode colher do trecho a seguir transcrito: "Daí, a conclusão de U. Gueng (*Zur Verbindlichkeit verwaltungsbehördlicher Auskünfe und Zusagen*, ZBl, 71/1970, 449-465, 473-489, 497-512, St. Gallen, 1971, nº de margem 9), no sentido de que 'o cidadão não deve ser obrigado a sofrer as conseqüências desfavoráveis do erro das autoridades'. Como bem ressalta J. Mainka (*Vertrauenschutz im öffentilichen Recht*, Bonn, Röhrscheid, 1963, 40, nota 194), 'a boa-fé do cidadão deve ser protegida quando tenha ele sido induzido em erro pela pessoa de direito público', erro que inclusive pode consistir em uma informação falsa (B. Weber-Dürler, *Vertrauensschutz im öffentlichen Recht*, Basel u. Frankfurt a.M, Helbing & Lichtenhahn, 1983, 18, nota 27)."

[176] *Annuaire International de Justice Constitutionnelle*, op. cit., p. 163.

[177] Ibidem, p. 162.

nestas tenha constado o prazo equivocado.[178] Outro problema comumente verificado, em especial após as reformas oriundas da Lei 10.444/02, tem sido a expedição de mandados de citação para apresentação de embargos do devedor em execução de sentenças de obrigação de fazer, ainda que tenha sido extinto o processo de execução autônomo nestes casos. Parece claro que eventuais embargos oferecidos deverão, no mínimo, ser admitidos como impugnação, não podendo o atendimento da parte ao mandado judicial vir a prejudicá-la. Até a sanação do equívoco judiciário, não poderá também a parte sofrer conseqüências no processo (ex.: incidência da *astreinte*) como se suspensa não estivesse a execução.

Já um exemplo de constante violação do princípio da confiança legítima tem sido a decretação de intempestividade de recursos e até mesmo de defesas (contestações) quando interpostas no prazo contado da informação prestada pelo próprio órgão jurisdicional pelo seu *site* na rede mundial de computadores (*Internet*). O Superior Tribunal de Justiça, lamentavelmente, embora tenha decisões em sentido contrário,[179] tem entendido pela ausência de justa causa na perda de prazo quando o ato processual for praticado levando em conta as informações prestadas pela *Internet*, por serem "destituídas de fé pública".[180] Ora, admitir que o *particular* possa

---

[178] Nesse sentido, vejam-se as seguintes ementas oriundas do Tribunal de Justiça do Estado do Rio Grande do Sul: "Agravo de instrumento. Decisão monocrática. Prestação de contas. Segunda fase. Reabertura de prazo para apresentação das contas. Assinado prazo equivocado de 20 dias, não de 48 horas, como prevê a lei, para a apresentação das contas, a parte não pode ser prejudicada. Precedente. Recurso improvido" (Agravo de Instrumento nº 70006108245, Décima Quinta Câmara Cível, Tribunal de Justiça do RS, Relator: Otávio Augusto de Freitas Barcellos, Julgado em 25/04/2003). "Apelação cível envolvendo ações conexas de prestação de contas e cautelar de sustação de protesto cambial. Rejeitada a preliminar de intempestividade da contestação posto que, além de constar do mandado de citação o prazo equivocado de 15 dias para resposta, foi citada outra empresa como co-ré, fazendo incidir a regra do art. 191 do CPC. Considerando que do mandado de citação constou, de forma equivocada, o prazo de 15 (quinze) dias para contestar, e não o de 5 (cinco) dias previsto no art. 915 do CPC, não pode a ré ser prejudicada em função do equivoco cartorário por ocasião da confecção do mandado de citação. [...]" (Apelação Cível nº 70004407367, Décima Quinta Câmara Cível, Tribunal de Justiça do RS, Relator: Otávio Augusto de Freitas Barcellos, Julgado em 13/11/2002).

[179] "Processo Civil – Acompanhamento processual pelo sistema de informatização do Tribunal (Internet) – Informação errônea ou imprecisa, de modo a obstar a prática de ato processual em tempo – Pretendido reconhecimento de justa causa – Acolhimento – Recurso Especial Provido. – Se colocado à disposição o serviço de internet pelo Tribunal, deve ser prestado eficazmente, pois todos os jurisdicionados confiam nas informações prestadas. A propósito, a ilustre Ministra Eliana Calmon, em situação ocorrida neste Sodalício, elucidou que, 'no momento em que há publicação das decisões pela internet, tendo criado o Tribunal, inclusive, a Revista Eletrônica, é um contra-senso falar em tempestividade recursal a partir da publicação pelo DJU'. Em outro passo, com a mesma ênfase, adverte a douta Ministra que 'a demora na publicação das decisões, via Imprensa Oficial, não coloca o Judiciário em condições de cobrar dos causídicos o acompanhamento das lides pelo Diário Oficial' (cf. Ag. Reg. nos Emb. Decl. no REsp 262.316-PR, DJ 7/10/2002). – As informações que foram apresentadas de modo incorreto ou impreciso pelo serviço de informatização, configuram justa causa a autorizar que a parte prejudicada pratique o ato que deixou de efetivar quando induzida em erro. Precedentes da 1ª e 4ª Turmas desta Corte Superior de Justiça. – Recurso especial conhecido e provido" (REsp 557103/MG, Rel. Min. Franciulli Netto, Segunda Turma, julgado em 01.04.2004, DJ 09.08.2004 p. 221).

[180] "Processual Civil – Agravo de Instrumento – Intempestividade. – É intempestivo o agravo do art. 544 do CPC interposto fora do prazo legal de 10 dias. – Certificada nos autos a data em que publicada a decisão agravada, não há como acolher data diversa constante em mero informativo de andamento processual obtido no sítio

agir informalmente, de forma a não se comprometer com eventual informação por ele prestada, mostra-se razoável e tem sido inclusive fundamento para limitar a aplicação do princípio da confiança legítima. Com efeito, ele não pode ser aplicado de forma reversa, a *prejudicar* o particular, quando a presunção de boa-fé puder lhe causar grave dano, como decidiu o Superior Tribunal de Justiça ao não admitir a aplicação da confiança legítima a ponto de convalidar citação feita na pessoa do filho (parente) do réu.[181] Todavia, estender tal raciocínio para a Administração, permitindo que esta aja como se fosse o particular, descompromissada, informalmente, e, em especial, irresponsavelmente, é ferir de morte o princípio da confiança legítima e, conseqüentemente, a própria segurança jurídica. São posturas permissivas, tolerantes com a ineficiência e a irresponsabilidade do Estado, que corroem a democracia e provocam nefasto efeito na atividade jurisdicional, na medida em que passa o ente público a ser o principal demandado nas lides processuais, que chegam às centenas de milhares aos tribunais, provocando um *overload* no serviço judiciário. Note-se a gravidade do problema: não bastasse o Poder Executivo, com suas condutas contrárias à Constituição Federal, figurar como réu em centenas de milhares de processos, também o Poder Judiciário, ao prestar um serviço deficiente e declarar a si próprio irresponsável, imputando exclusivamente ao particular a responsabilidade por naquele ter acreditado, acaba fomentando ainda mais os litígios e tornando-os mais complexos, diante da multiplicidade de recursos interpostos pela quebra da confiança legítima em relação à jurisdição. Nos exemplos acerca das informações prestadas pela *Internet*, é como se as Cortes dissessem ao particular: "quem mandou confiar no Poder Judiciário?".

Como visto, há muito o que evoluir, no Direito brasileiro e muito especialmente no Direito Processual brasileiro, no que toca ao princípio da

---

do Tribunal de origem na internet, tendo em vista que destituído de fé pública. – Agravo regimental improvido" (AgRg no Ag 713.670/RS, Rel. Min. Francisco Peçanha Martins, Segunda Turma, julgado em 02.02.2006, DJ 30.03.2006 p. 199).

"Processual Civil. Embargos de Divergência. Reabertura de prazo. Informações prestadas via Internet. Natureza meramente informativa. Ausência de Justa Causa. Art. 183, § 1°, do CPC. As informações prestadas via internet têm natureza meramente informativa, não possuindo, portanto, caráter oficial. Assim, eventual erro ocorrido na divulgação destas informações não configura justa causa para efeito de reabertura de prazo nos moldes do art. 183, § 1°, do CPC. Embargos de divergência rejeitados" (EREsp 503.761/DF, Rel. Min. Felix Fischer, Corte Especial, julgado em 21.09.2005, DJ 14.11.2005 p. 175).

[181] "Processual Civil – Execução Fiscal – Teoria da Aparência – Citação feita na pessoa do filho (Parente) – Nulidade – Pressuposto de constituição válida do Processo – Matéria e Ordem Pública – Apreciação de Ofício. Face à teoria da aparência, o sistema jurídico moderno muito embora prestigie as relações sociais que se baseiam na confiança legítima e na boa-fé, a teoria da aparência em caso tal, não se aplica, face à citação ser ato de essencial importância, diretamente vinculado à plenitude do direito assegurado pela Carta Magna. 'Na execução, a argüição de nulidade *pleno iure*, como a falta de citação, prescinde da oposição de embargos, podendo dar-se por simples petição.'(Resp. n. 422.762 – Rel. Sr. Min. Sálvio de Figueiredo Teixeira, publ. no DJ de 25/11/2002). Recurso especial provido" (REsp 364.292/MG, Rel. Min. Francisco Peçanha Martins, Segunda Turma, julgado em 15.05.2003, DJ 16.06.2003 p. 280).

confiança legítima, que se insere, indubitavelmente, como um dos principais elementos do valor *segurança jurídica.*

1.2.3. Estabilidade das situações jurídicas

A segurança jurídica traz ínsita a idéia de estabilidade das situações jurídicas,[182] que se distinguem das regras jurídicas pelo seu caráter individual e concreto.[183] As situações jurídicas exsurgem de atos materiais[184] (a assinatura de um contrato, a ocorrência de um acidente de trânsito etc.), e sua autoridade é restrita ao caso concreto. A repetição de situações jurídicas idênticas pode, todavia, resultar no nascimento de verdadeiro direito costumeiro (uma série de contratos com as mesmas cláusulas) ou jurisprudencial (uma série de decisões judiciais no mesmo sentido).[185] No processo, as situações jurídicas ocorridas devem tender à estabilidade. Assim ocorre, por exemplo, com o princípio da *perpetuatio jurisdictionis*, com a admissão de prosseguimento dos embargos do devedor mesmo em caso de perecimento do bem que garantia o juízo (sem prejuízo de sua substituição), com a coisa julgada material e com o próprio instituto da preclusão, que nada mais faz do que estabilizar situações jurídicas pretéritas almejando o prosseguimento do processo em direção ao seu fim. Todavia, no processo, como no direito em geral, a valorização dessa estabilidade não pode ensejar o imobilismo jurídico, a insensibilidade às mudanças sociais e culturais. A segurança *absoluta* implicaria o completo imobilismo. Por outro lado, as constantes mudanças no direito, a falta de um elemento permanente e estável, também tornariam impossível a vida social.[186] Evidente, aqui, a necessidade de ponderação entre segurança e efetividade.

---

[182] Como destaca Antônio Luis da Câmara Leal, "o interesse social, pela estabilidade das relações jurídicas" é "adotado pela maioria dos escritores, como BAUDRY & TISSIER, LAURENT, PLANIOL & RIPERT, COLIN & CAPITANT, BELTJENS, GUILLOUARD, CHIRONI & ABELLO, COLMO, PUGLIESE, BARASSI, RUGGIERO e muitos outros" (LEAL, Antônio Luis da Câmara. *Da prescrição e da decadência: teoria geral do direito civil.* 4.ed. Rio de Janeiro: Forense, 1982, p. 14).

[183] ROUBIER, Paul. *Droit subjectifs et situations juridiques.* Paris: Dalloz, 1963, p. 2.

[184] Ibidem, p. 4.

[185] Ibidem, p. 3.

[186] "Aunque el deseo de seguridad es uno de los afanes fundamentales de la vida humana, no es el único de éstos, sino que coexiste con otros deseos de tipos contrarios, tales como el anhelo de cambio, la aspiración de mejora y progreso. Sucede que si bien, por una parte, el Derecho sirve a un propósito de certeza y seguridad, por otra parte, sirve también a las necesidades suscitadas por el cambio social y por los deseos de mejora y de progreso. Así pues, el Derecho, por una parte, pretende ser estable, pero, por otra parte, no puede permanecer invariable, sino que, por el contrario, debe ir cambiando al compás de las nuevas circunstancias y necesidades sociales. La seguridad perfecta equivaldría a la absoluta inmovilidad de la vida social. Mejor dicho, equivaldría a la imposibilidad de la vida humana. Pero, por otra parte, a la inversa, el cambio constante, la carencia de un elemento permanente, y la falta de toda forma estable, harían imposible la vida social" (SICHES, Luis Recaséns. *Introducción al estudio del derecho.* 6.ed. México: Porruá, 1981, p. 114-115).

Daí a justificativa, por exemplo, de se relativizar a coisa julgada material nas ações de investigação de paternidade, diante do advento da descoberta do DNA. Em outras hipóteses, no entanto, a relativização extremada (como na hipótese da chamada coisa julgada *inconstitucional*) atingirá o núcleo da segurança jurídica sem que haja, do outro lado, valor preponderante a ponderar.

Assim, não obstante o reconhecimento – como, ademais, se dá em relação aos demais elementos da segurança jurídica – de não ser um valor absoluto, a estabilidade das situações jurídicas constitui importante elemento do complexo valorativo em questão.

1.2.4. Da pesquisa sobre os fatos e da busca pela verdade

É corrente, no meio acadêmico e nos tribunais, a idéia de que o processo não é o palco adequado para a busca da verdade absoluta. Galeno Lacerda a exprime bem, afirmando que "[...] a luta e as imperfeições do processo não constituem ambiente próprio à pesquisa da verdade científica absoluta".[187]

Em tempos de valorização suprema da efetividade processual, de um processo de resultados, não faltam aplausos a tal lição. Afinal, para baixar as "pilhas" de autos que se aglomeram nos cartórios pelo país, costuma-se valorizar mais um juiz expedito e despojado do que um minucioso investigador dos fatos.

O problema se dá quando o abandono da busca pela chamada *verdade científica absoluta* – e veremos o quanto é ilusório tal conceito – acaba se transformando em abandono da busca pela *verdade* (ainda que relativa), tornando o processo um mero jogo retórico, em que a linguagem e a veemência dos argumentos das partes – *rectius*, de seus advogados – preponderam sobre a investigação acerca das versões fáticas por elas apresentadas. Premido pela demanda social por celeridade processual (não à toa elevada ao nível de garantia constitucional pela Emenda Constitucional nº 45),[188] o juiz é atraído para esse jogo retórico, fazendo da sentença, muitas vezes, um castelo argumentativo sem nenhuma conexão com o mundo dos fatos. Com efeito, é muito mais fácil encontrar correspondência para seus argumentos no restrito mundo do processo ou da própria sentença, do

[187] LACERDA, Galeno. Processo e cultura. *Revista de Direito Processual Civil*, São Paulo, v. 2, n. 3, p. 74-86, jan./jun. 1961, p. 80.

[188] CF, art. 5º Todos são iguais perante a lei, sem distinção de qualquer natureza, garantindo-se aos brasileiros e aos estrangeiros residentes no País a inviolabilidade do direito à vida, à liberdade, à igualdade, à segurança e à propriedade, nos termos seguintes: [...] LXXVIII – a todos, no âmbito judicial e administrativo, são assegurados a razoável duração do processo e os meios que garantam a celeridade de sua tramitação.

que buscar, fora do processo, as premissas fundamentais para a sua conclusão.

E, assim, o princípio segundo o qual "o que não está nos autos não está no mundo" pende perigosamente para "o que está no mundo não está nos autos".

Se o conjunto probatório passa a assumir um papel secundário no processo decisório, cedendo lugar para a argumentação e a coerência interna da decisão judicial, é claro que os critérios de valoração da prova e de convencimento judicial são também facilmente postos de lado, possibilitando ao juiz valer-se das evidências colhidas no processo não como o principal ingrediente da sua decisão, mas como um último e dispensável tempero, cuja dosagem não descaracteriza o prato principal.

O preço a se pagar, todavia, é muito alto. Não que os fatos bastem, por si só, para o processo decisório. Como salienta Ovídio Baptista da Silva, "a busca da verdade dos fatos será sempre uma tarefa indispensável, porém preliminar, não conclusiva". Isso porque, "como diz Dworkin, o processo não trata de fatos em estado puro mas, ao contrário, de fatos que carecem de interpretação que lhes atribua significado".[189] O problema também não está no receio de que a percepção errônea dos fatos desvie o juiz da vontade da lei, até mesmo porque "aqueles que têm experiência prática, que convivem com a atividade forense, sabem que essa inefável 'vontade da lei' não passa de uma doce miragem".[190] O juiz não é a boca que pronuncia as palavras da lei, nem a fonte reveladora da vontade desta.[191]

O problema central, efetivamente, é que, na medida em que se abandona a busca pela verdade, por entendê-la impossível, irrelevante ou inadequada, corre-se o risco de se desprender o juiz e a sua decisão do mundo empírico, tornando a aplicação do direito imprevisível diante da conduta dos agentes no plano material, pois sempre dependente da efetividade da retórica desempenhada pelos advogados e pelo próprio magistrado na condução do processo.

Perde-se duplamente: no processo, não têm as partes garantias acerca dos critérios para o convencimento judicial; fora dele, tem-se a insegurança jurídica generalizada, pois toda e qualquer conduta comprovável poderá ser ignorada se confrontada com um belo argumento retórico.

---

[189] SILVA, Ovídio Baptista da. *Verdade e significado*. Disponível em: <http://www.abdpc. org.br>. Acesso em: 10 jul. 2005.

[190] Ibidem.

[191] Acrescente-se, ainda, a acertada conclusão de Danilo Knijnik, que afirma: "é impossível, impraticável e ilusório o corte proporcionado pelo critério fato-direito, ou, quando menos, o sentido tradicional que se assinou a tal dicotomia" (KNIJNIK, Danilo. *O recurso especial e a revisão da questão de fato pelo Superior Tribunal de Justiça*. Rio de Janeiro: Forense, 2005, p. 46).

Por outro lado, não se pode negar por completo a já citada afirmativa de Galeno Lacerda. Há importantes limitações para a investigação acerca dos fatos no processo, pois no constante conflito entre os valores da segurança e da efetividade,[192] que pauta todo o conjunto de normas do processo civil, nem sempre o primeiro prevalecerá sobre o segundo, sendo necessário balanceá-los de forma proporcional, levando-se em conta os valores reconhecidos por uma determinada sociedade, num dado momento histórico e cultural.

Não se pode, no entanto, levar ao extremo o reconhecimento de tais limitações, para se chegar à conclusão de que a verdade seria impossível de ser obtida ou, ainda, irrelevante para o processo. Como demonstramos em outra oportunidade,[193] partindo das idéias de Michele Taruffo, embora seja importante ressaltar que no processo não se trata de estabelecer verdades absolutas, mas, sim, verdades relativas, tal afirmação "não gera nenhuma distinção com a verdade obtida fora do processo que é, também, irredutivelmente relativa".[194]

A verdade no processo é relativa pela *limitação instrumental dos meios cognoscitivos* – que pode variar de acordo com o sistema processual ou com o procedimento específico – e por sua necessária *contextualização,* dado que diferentes pressuposições, conceitos, linguagens, ou seja, marcos de referência, limitarão a análise dos fatos. As versões do mundo partem de outras versões. Como se pode perceber, tais limitações verificam-se, também, fora do processo. Assim, o que determinará a diferença das verdades encontradas dentro ou fora do processo serão justamente as diferenças dos meios cognoscitivos encontrados dentro e fora do processo, assim como as noções de verdade encontradas no vocabulário processual e extraprocessual. Podem existir vocabulários processuais que contenham noções de verdade idênticas àquelas encontradas fora do processo.[195]

Parece-nos irretocável a conclusão a que chega Michele Taruffo a esse respeito:

> Que tipo de verdade é estabelecida no processo, em que medida resulta aceitável a sua proximidade ou distanciamento da verdade que pode ser estabelecida em outros contextos cognoscitivos, é um problema que só pode ter soluções concretas e específicas em função

---

[192] A este respeito, veja-se ALVARO DE OLIVEIRA, Carlos Alberto. O processo civil na perspectiva dos direitos fundamentais. *In* ——. (Org.). *Processo e constituição.* Rio de Janeiro: Forense, 2004, p. 15.

[193] AMARAL, Guilherme Rizzo. Verdade, justiça e dignidade da legislação: breve ensaio sobre a efetividade do processo, inspirado no pensamento de John Rawls e de Jeremy Waldron. In KNIJNIK, Danilo (Coord.). *Prova judiciária: estudos sobre o novo direito probatório.* Porto Alegre: Livraria do Advogado, 2007.

[194] TARUFFO, Michele. *La prueba de los hechos.* Madrid: Trotta, 2002, p. 74.

[195] Ibidem, p. 75-77.

da natureza, da amplitude e da incidência dos limites que impõem as normas de um determinado ordenamento à busca de uma versão verdadeira dos fatos.[196]

Como visto, a relatividade da verdade está ligada à condição humana, limitada em diversos aspectos, não obstante os avanços da ciência, pois esta é também obra humana. A verdade absoluta é inatingível, dentro ou fora do processo.

Portanto, não é *a priori* que podemos afirmar haver uma desvantagem para o ambiente processual em relação aos demais meios onde se possa pretender buscar a verdade. É necessário analisar o tipo de procedimento, as regras processuais sobre a prova, para, somente então, concluirmos acerca do grau de proximidade das conclusões do processo sobre os fatos, com aquelas obtidas fora do processo. No entanto, não podemos falar em duas verdades, uma processual e uma extraprocessual. A verdade obtenível pelo homem é uma só, e relativiza-se à medida da própria imperfeição humana, e das circunstâncias do tempo e do lugar onde se dá a investigação sobre a verdade.

Com apenas um exemplo, desdobrado em duas hipóteses, podemos comprovar a assertiva anterior.

Não há praticamente nenhuma diferença entre a possibilidade de se descobrir a paternidade de uma criança dentro ou fora do processo. O exame de DNA, principal ferramenta científica para a verificação da paternidade, pode ser realizado no curso do processo. E, como há muito vem decidindo o STJ, nem sequer a coisa julgada material pode impedir a reabertura da investigação acerca da paternidade, com o ajuizamento de idêntica ação para se realizar o exame, outrora não implementado.[197]

Todavia, a recusa do suposto pai em realizar o exame poderá, no curso do processo, e nos termos da súmula 301 do STJ, induzir à presunção *juris tantum* de paternidade.[198] Isso porque o processo civil brasileiro e o sistema de garantias previsto na constituição não autoriza a coleta *à força* de material para a realização de exame de DNA.

Se, na primeira hipótese, a verdade alcançável no processo é a mesma que poderia ser buscada fora do processo, já na segunda hipótese tal não ocorre, pois de forma alguma podemos dar à presunção legal a mesma segurança obtida com o exame de DNA. Alguém poderá afirmar que, assim como no processo judicial, fora dele o suposto pai poderia se recusar a fornecer material para o exame. Isso é verdade. No entanto, poder-se-ia obter o material, até mesmo à força (e, portanto, ilicitamente) ou clandes-

---

[196] TARUFFO, Michele, op. cit., p. 79.

[197] Vide REsp 226436/PR. In DJ 04.02.2002, p. 370. RBDF 11/73; RDR 23/354; RSTJ 154/403.

[198] "Súmula 301 (STJ): Em ação investigatória, a recusa do suposto pai a submeter-se ao exame de DNA induz presunção *juris tantum* de paternidade." Publicada no DJ: 22/11/2004, p. 425.

tinamente, e a realização do exame traria um resultado impossível de ser ignorado pela *ciência*. Para o processo, no entanto, tal resultado seria imprestável, por originar-se de prova ilícita.[199] Veja-se, no entanto, que o obstáculo na pesquisa sobre os fatos se deu por questões externas ao processo (recusa do suposto pai), e não intrínsecas a ele.

É possível verificar que normas acerca dos meios probatórios e sua avaliação podem influenciar de diferentes formas o processo de "obtenção da verdade". Todavia, a verdade obtida no processo pode muito bem ser de qualidade procedimental idêntica àquela obtida fora dele, como na primeira hipótese. O que definirá a distância entre a verdade obtenível no processo e aquela possível de ser obtida com o esgotamento de todos os mecanismos investigatórios fora do processo será, assim, o conjunto de normas aplicáveis em um dado procedimento e as próprias garantias individuais capazes de "blindar" a esfera do sujeito ou do objeto investigado. Em outras palavras, não se pode falar de um distanciamento natural ou "apriorístico" entre o processo e a verdade.

Assim, pode-se afirmar que a mesma verdade possível de ser obtida fora do processo pode sê-lo dentro deste, mas determinadas normas aplicáveis ao processo podem limitar a investigação do juiz e das partes, distanciando, aí sim, as possíveis conclusões alcançáveis em um ou em outro contexto. Essas limitações, todavia, somente se justificam na medida em que atendam para a finalidade precípua do processo, qual seja, a de realizar justiça. Há, com efeito, uma íntima relação entre a investigação dos fatos no processo e a justiça da decisão. Vale transcrever, nesse particular, a importante lição de Cândido Rangel Dinamarco, para quem

> [...] o comprometimento do juiz com o ideal de justiça há de transparecer também na maneira como interpreta os fatos provados no processo e os próprios resultados da experiência probatória. Não bastaria ver pela ótica correta a norma que está nos textos legais, se pela via de uma visão distorcida dos fatos acabasse chegando a decisões injustas.[200]

Ressalta ainda Dinamarco que

> [...] exacerbar o ônus da prova e considerar inexistente um fato apesar da razoável probabilidade que resultou da prova constitui uma dessas atitudes distorcidas e apoiadas no falso pressuposto de que o processo busca a verdade objetiva e o estado subjetivo de certeza absoluta.[201]

---

[199] "A prova será ilícita – ou seja, antijurídica e portanto ineficaz a demonstração feita – quando o acesso à fonte probatória tiver sido obtido de modo ilegal ou quando a utilização da fonte se fizer por modos ilegais" (DINAMARCO, Cândido Rangel. *Instituições de direito processual civil.* 4.ed. São Paulo: Malheiros, 2004. v. 3, p. 49-50).

[200] DINAMARCO, Cândido Rangel. *Instituições de direito processual civil.* 4.ed. São Paulo: Malheiros, 2004. v. 3, p. 49-50.

[201] Ibidem.

Constituindo, assim, a busca pela verdade um dos elementos que compõem o valor *segurança jurídica*, podemos concluir que somente será legítima e aceitável a sua limitação se esta fundar-se em critérios justos, e visar à maximização das possibilidades de obtenção de justiça no processo, com a correta ponderação entre *efetividade* e *segurança*.

1.3. Representação gráfica do conflito

Para mais bem visualizar e sintetizar o problema, podemos representá-lo através do gráfico a seguir exposto, que indica as duas esferas valorativas a serem consideradas quando da interpretação e aplicação das normas processuais:

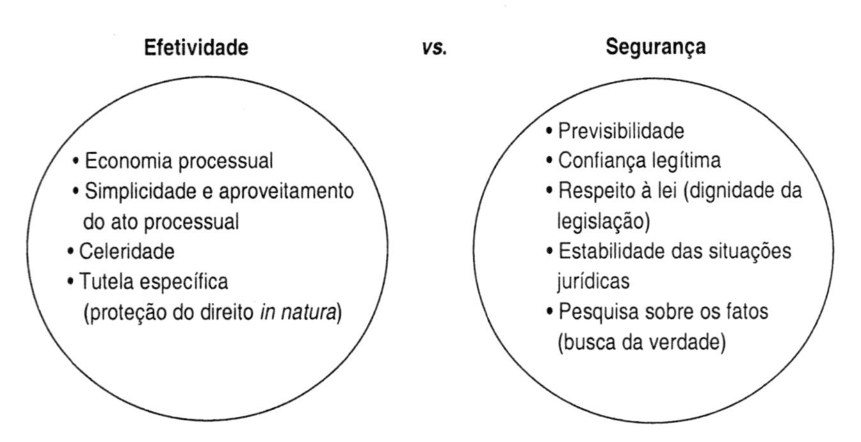

O intérprete deverá ter em mente esses agrupamentos, de forma que não atinja o núcleo mínimo de realização dos valores *efetividade* e *segurança*, eliminando-os por completo quando da aplicação da norma processual ao caso concreto. Para tanto, deve valer-se de um *método*. É o que passaremos a expor.

2. *Proposta de um método de resolução do conflito*

Definidos os valores a serem ponderados – e, mais do que isso, a premissa de que se faz imprescindível tal ponderação – necessário se faz avançar em direção a um *método* para essa tarefa.

A importância do método, da eleição prévia de critérios, pode aqui também ser tida como premissa. Incorreríamos em manifesta contradição se sustentássemos a importância da previsibilidade do direito e, ao mesmo tempo, pregássemos a desnecessidade de adotarmos critérios previamente estabelecidos para a aplicação desse mesmo direito. Nossa tarefa, portanto, não se trata mais de justificar a *existência* de um método de ponderação, pois já a temos por justificada; consiste, isto sim, em delinearmos esse método e justificarmos a sua formatação.

O problema que se colocará será sempre o da interpretação de todo o ordenamento jurídico diante de circunstâncias de um caso concreto. Como ressalta Couture, "averiguar o sentido de uma norma em sua acepção integral, pressupõe o conhecimento do Direito em sua totalidade, bem como a necessária coordenação entre a parte e o todo".[202] Quando o intérprete elege uma regra específica, e interpretando-a aplica-a ao caso concreto, está automaticamente – e, idealmente, também conscientemente – afirmando que ela não conflita com normas superiores (regras ou princípios inscritos na Constituição, por exemplo), bem como sustentando não haver normas em sentido contrário capazes de modificar o resultado de seu raciocínio. Portanto, é fundamental a idéia de interpretação do todo – de todo o ordenamento jurídico –, por mais singela que seja a questão a exigir uma solução do intérprete.

O próprio ordenamento jurídico oferece postulados normativos aplicativos capazes de auxiliar na ponderação de valores ou de normas. Em

[202] COUTURE, Eduardo. *Interpretação das leis processuais*. Trad. Gilda Maciel Corrêa Meyer Russomano. 2.ed. Rio de Janeiro: Forense, 1993, p. 2.

importante estudo sobre o tema,[203] que a seguir adotaremos, pela clareza e precisão de conceitos, Humberto Ávila delineia o que chama de postulados inespecíficos e específicos. Dentre os primeiros, estão o da *ponderação*, da *concordância prática*, da *proibição de excesso* e da *otimização*. Na segunda categoria, inserem-se a *igualdade*, a *razoabilidade* e a *proporcionalidade*. Como veremos adiante, apenas um desses postulados[204] mostrar-se-á adequado na construção de um método de ponderação entre a efetividade e a segurança. Mas não só ele.

Nessa difícil tarefa de trazer o texto à realidade,[205] é inevitável que o juiz mesmo se contamine de impressões particulares sobre o real, não se exigindo dele a onisciência do que se passa no mundo e de todas as possíveis e imagináveis implicações de sua decisão. "Embora pretenda o intérprete ser, absolutamente, neutro, não pode sê-lo. Sua apreciação não é matemática, nem geométrica. É um ato vital e, por isso, estará carregado, inconscientemente, de volições".[206] Se não se deseja um juiz alheio ao que se passa no mundo, a parcialidade de sua visão torna-se um problema na medida em que o impeça de vislumbrar a amplitude de sua decisão e dos interesses por ela atingidos. Mesmo consciente de um critério informado por postulado integrante do ordenamento jurídico, e desejando honestamente aplicá-lo, eventual falha de percepção do magistrado poderá viciar a operação de interpretação e aplicação da norma. Com isso queremos apenas enfatizar que, em se tratando de ato de vontade, inevitavelmente alguma dose de subjetivismo estará presente, podendo vir a comprometer o próprio método eleito. Daí por que buscaremos demonstrar como uma adequada *postura* na aplicação do postulado eleito poderá reduzir essa dose de subjetivismo, alcançando-se um método de ponderação que – longe da perfeição, que "não pertence a este mundo"[207] – se mostrará mais adequado e, acima de tudo, ensejará maior previsibilidade nas soluções encontradas no processo e, mais especificamente, para aquelas destinadas à efetivação das decisões judiciais.

Ao fim e ao cabo, pretendemos demonstrar, ainda, como esse método pode ser aplicado, tanto pelo legislador na elaboração da lei processual (e a partir desta premissa poderemos também construir nossa crítica ao

---

[203] ÁVILA, Humberto. *Teoria dos princípios: da definição à aplicação dos princípios jurídicos*. São Paulo: Malheiros, 2003.

[204] O termo "postulado" foi adotado para distinguir a norma metodológica (que, nos dizeres de Humberto Ávila – op. cit., p. 79 – determina o modo de aplicação do dever), dos princípios, que se caracterizam por serem fins ou estado de coisas a alcançar, e não método para o seu alcance.

[205] "O intérprete é um intermediário entre o texto e a realidade" (COUTURE, Eduardo. *Interpretação das leis processuais*. Trad. Gilda Maciel Corrêa Meyer Russomano. 2.ed. Rio de Janeiro: Forense, 1993, p. 2).

[206] Ibidem, p. 9.

[207] Como enfatiza ALVARO DE OLIVEIRA, Carlos Alberto. *Do formalismo no processo civil*. 3.ed. (no prelo).

direito processual positivo), quanto pelo juiz; este, porém, tendo o direito positivo já posto e a sua dignidade como elemento a mais a ponderar.

2.1. Dos postulados normativos aplicativos. Postulado da proporcionalidade

Refere Humberto Ávila que "os postulados normativos foram definidos como deveres estruturais, isto é, como deveres que estabelecem a vinculação entre *elementos* e impõem determinada *relação* entre eles".[208] Há, no seu entender, duas categorias de postulados destinados à aplicação das normas: os postulados inespecíficos e os específicos. Claramente, da definição de Ávila para a primeira categoria (onde se inserem a *ponderação*, a *concordância prática*, a *proibição de excesso* e a *otimização*), verificamos sua imprestabilidade para o fim aqui preconizado: resolver o conflito entre os valores da efetividade e da segurança. Há, com efeito, diferença no funcionamento dos postulados, dado que alguns independem, para a sua aplicação, dos elementos que serão objeto de relacionamento.[209] Veja-se bem: os postulados ora descritos "exigem o relacionamento entre elementos, sem especificar, porém, quais são os elementos e os critérios que devem orientar a relação entre eles".[210] Constituem, assim, "meras idéias gerais, despidas de critérios orientadores da aplicação".[211] Ora, se a indefinição dos elementos a se relacionarem não é um problema – pois já os definimos anteriormente: efetividade e segurança –, a ausência de critérios deixa-nos na estaca zero quando o assunto é a definição de um método de resolução do conflito entre efetividade e segurança. Manifesta, assim, é a imprestabilidade dos postulados inespecíficos para o objetivo aqui almejado.

Resta saber se os postulados específicos – estes, sim, providos de *critérios* – podem exercer o papel de método na interpretação e aplicação do

[208] ÁVILA, Humberto. *Teoria dos princípios: da definição à aplicação dos princípios jurídicos.* São Paulo: Malheiros, 2003, p. 85.

[209] "Os postulados não funcionam todos da mesma forma. Alguns postulados são aplicáveis independentemente dos elementos que serão objeto de relacionamento. Como será demonstrado, a ponderação exige sopesamento de quaisquer elementos (bens, interesses, valores, direitos, princípios, razões) e não indica como deve ser feito esse sopesamento. Os elementos e os critérios não são específicos. A concordância prática funciona de modo semelhante: exige-se a harmonização entre elementos, sem dizer qual a espécie desses elementos. Os elementos a serem objeto de harmonização são indeterminados. A proibição de excesso também estabelece que a realização de um elemento não pode resultar na aniquilação de outro. Os elementos a serem objeto de preservação mínima não são indicados. Da mesma forma, o postulado da otimização determina que determinados elementos devem ser maximizados, sem dizer quais, nem como" (Ibidem).

[210] ÁVILA, Humberto. *Teoria dos princípios: da definição à aplicação dos princípios jurídicos.* São Paulo: Malheiros, 2003, p. 85.

[211] Ibidem.

direito processual, solucionando o conflito anunciado. E, em caso afirmativo, quais poderiam fazê-lo.

O postulado da *igualdade* "depende do critério-medida objeto da diferenciação", pois "nada diz quanto aos bens ou aos fins de que se serve a igualdade para diferenciar ou igualar as pessoas".[212] No campo do processo, lembramo-nos da igualdade quando falamos, por exemplo, em paridade de armas, em contraditório,[213] mas aqui a questão está mais ligada à igualdade como *regra* (proibição de tratamento discriminatório ou desigual)[214] do que como verdadeiro postulado. Rapidamente verificamos que não se trata a igualdade, em si mesmo, de um critério para a solução de conflito. Antes disso, o critério deve ser um dado prévio quando da aplicação do postulado da igualdade. Aliás, como bem observa Ada Pellegrini Grinover, "a própria noção de lei é inseparável do conceito de igualdade: como expressão da vontade geral, tendo objetivos gerais e não individuais, a lei obriga ou favorece igualmente a todos os cidadãos". Mesmo que admitíssemos fosse assim a lei – de objetivos não individuais[215] –, note-se que é no nível de *aplicação* da lei, do transporte da norma para o real, que as distorções e desigualdades geralmente se manifestam, sendo nessa hipótese estéril o postulado da igualdade para solucionar o problema.

Trata-se, agora, de analisar o postulado da *razoabilidade*. Observa Ávila serem vários os sentidos empregados ao termo, destacando-se três: a) diretriz que determina o relacionamento das normas gerais com os aspectos particulares do caso concreto; b) diretriz que exige um relacionamento das normas jurídicas com o mundo empírico; c) diretriz que determina a relação de equivalência entre duas grandezas.[216]

---

[212] ÁVILA, Humberto, op. cit., p. 93.

[213] Como salienta CARNELUTTI, o problema do contraditório "es, en effecto, no solo um problema de presencia, sino también de actividad, y, por tanto, ante todo, de igualdad de las partes, [...]" (CARNELUTTI, Francesco. *Estudios de derecho procesal*. Buenos Aires: EJEA, 1952. v. 1, p. 88).

[214] ÁVILA, loc. cit.

[215] Trata-se de uma ilusão. A legislação – e a de caráter processual não escapa disso – é povoada de exemplos em que uma determinada categoria de indivíduos ou partes é tratada de forma mais benéfica. Assim se passa com o Decreto-Lei 911/69 (alienação fiduciária), Decreto-Lei 167 (cédula de crédito rural) e, obviamente, com o regime de precatórios e sua comparação com o procedimento da execução fiscal, denotando que, tanto como credor quanto como devedor, o Estado larga em situação vantajosa em relação ao particular. Sobre o tema da desigualdade material das partes na instituição do procedimento, veja-se ALVARO DE OLIVEIRA, Carlos Alberto. Procedimento e ideologia no direito brasileiro atual. *Revista da Ajuris*, Porto Alegre, v. 12, n. 33, p. 79-85, mar. 1985.

[216] "Primeiro, a razoabilidade é utilizada como diretriz que exige a relação das normas gerais com as individualidades do caso concreto, quer mostrando sob qual perspectiva a norma deve ser aplicada, quer indicando em quais hipóteses o caso individual, em virtude de suas especificidades, deixa de se enquadrar na norma geral. Segundo, a razoabilidade é empregada como diretriz que exige uma vinculação das normas jurídicas com o mundo ao qual elas fazem referência, seja reclamando a existência de um suporte empírico e adequado a qualquer ato jurídico, seja demandando uma relação congruente entre a medida adotada e o fim que ela pretende atingir. Terceiro, a razoabilidade é utilizada como

Em sua primeira acepção, o postulado da razoabilidade exige o conhecimento das individualidades do caso concreto, para eventualmente retirar da aplicação da norma geral alguma hipótese cuja especificidade torne inadequada aquela incidência. É o que ocorreu, por exemplo, no julgamento de *habeas corpus* pelo STJ, em que o paciente tivera a prisão decretada em razão de ter oferecido à penhora 133.000 butijões de gás liquefeito e petróleo, tendo deixado de apresentá-los à Justiça no local indicado, não obstante ter oferecido posteriormente, em substituição àqueles bens, bem imóvel e dois por cento do faturamento da empresa executada. O Superior Tribunal de Justiça entendeu que, em face da avançada idade do paciente (78 anos), bem como do oferecimento de bens em substituição àqueles originariamente oferecidos, era de se temperar o rígido mandamento da lei de execuções fiscais, concedendo-se assim a ordem.[217]

Evidentemente, sem a pretensão de questionar a solução alcançada pelo STJ, é fácil verificar que podemos retirar alguns elementos do caso concreto até chegarmos a um ponto onde a razoabilidade não oferecerá a resposta. Suponhamos que o paciente não fosse idoso, ou que já tivesse procedido da mesma forma em momento anterior do processo (estivesse a reincidir na prática de oferecer um bem e, após, deixar de entregá-lo). Nestes casos, o exame da razoabilidade dificilmente traria segurança na escolha. Com isso, não estamos a descartar o postulado por completo na aplicação da lei processual. Ele joga um importante papel ao descartar a aplicação da lei, mesmo presente a sua hipótese de incidência, quando ela

---

diretriz que exige a relação de equivalência entre duas grandezas" (ÁVILA, Humberto. *Teoria dos princípios: da definição à aplicação dos princípios jurídicos*. São Paulo: Malheiros, 2003, p. 93).

[217] "*Habeas Corpus* – Prisão – Depositário – Ausência de apresentação dos bens penhorados – Ordem desatendida – Oferecimento de bem imóvel e de dois por cento sobre o faturamento da empresa executada – Rigor da lei de execução fiscal que merece temperamentos – Escoado o prazo de noventa dias do decreto prisional. Na espécie, o paciente, diretor da empresa executada, ofereceu para penhora 133.000 botijões de gás liqüefeito de petróleo, indicação aceita pela Fazenda-exeqüente, tendo sido nomeado depositário. No entanto, diante da ausência de apresentação à Justiça dos bens penhorados no local indicado, o paciente teve sua prisão decretada pelo r. Juízo de primeiro grau e mantida pela Corte Estadual, que indeferiram o pedido de substituição dos bens por dois por cento de seu faturamento e por imóvel. 'Mesmo em se tratando de depósito de bens fungíveis, é possível a prisão civil do depositário infiel, havendo de prevalecer o respeito à boa-fé e à confiança na guarda de coisa alheia. Precedentes deste STJ e do STF' (RHC 15.785/TO, Rel. Min. Fernando Gonçalves, DJ 10.05.2004). A Lei de Execução Fiscal, em seu artigo 15, inciso I, dispõe que, em qualquer fase do processo, será deferida pelo juiz 'ao executado, a substituição da penhora por depósito em dinheiro ou fiança bancária'. A respeito deste dispositivo legal, predomina nesta egrégia Corte o entendimento segundo o qual 'a penhora sobre o faturamento não equivale à penhora em dinheiro' (AGREsp 407.223/SP, Rel. Min. Eliana Calmon, DJ 05.05.2003). O rigor da Lei de Execução Fiscal, no entanto, merece temperamentos. Com efeito, na espécie, mostra-se draconiana a decretação de prisão do paciente de setenta e oito anos de idade (cf. fl. 353), que, apesar de não ter apresentado à Justiça todos os 133.000 botijões de gás liqüefeito e petróleo que indicara a penhora, ofereceu em substituição bem imóvel, além de dois por cento sobre o faturamento da empresa executada. Mais a mais, escoou-se o prazo de noventa dias assinado no decreto prisional. A circunstância de ter sido conferida ao paciente a possibilidade de circular no lugar em que reside (Município de São Paulo) e pelo Município de Guarulhos, onde se situa a empresa em que trabalha, não significa revogação da medida coercitiva. Ordem concedida" (HC 32.767/SP, Rel. Min. Franciulli Netto, Segunda Turma, julgado em 22.06.2004, DJ 08.11.2004 p. 192).

ensejar a violação de algum princípio constitucional.[218] Todavia, naqueles casos em que tanto a aplicação quanto a não-aplicação da norma poderão ensejar tal violação (digamos, em prejuízo ora do credor, ora do devedor), a razoabilidade nos leva a um *dead end*. Assim ocorrerá, por exemplo, no conflito entre o artigo 620 (princípio da execução menos gravosa para o devedor) e o artigo 655 (ordem legal de oferecimento de bens à penhora).

Em sua segunda acepção, a razoabilidade exige que a aplicação da norma esteja vinculada à realidade,[219] devendo existir uma relação entre meio e fim; ou, ainda, impede que sejam utilizados critérios distintivos inadequados. Assim é que, partindo da primeira hipótese, podemos concluir não ser *razoável* a imposição de multa diária (*astreintes*) naquelas hipóteses em que a obrigação de fazer mostra-se de impossível cumprimento. Isso porque não há relação, *diante das circunstâncias do caso concreto*, entre o meio (coerção) e o fim (cumprimento da decisão), pois o réu não pode ser coagido a fazer o impossível (de coerção, passa-se à mera punição ou castigo). Já na segunda hipótese (impedimento de critérios distintivos inadequados), podemos destacar caso em que o Superior Tribunal de Justiça afastou a limitação da indenização por danos morais com base na lei de imprensa, pois consistiria em critério discriminatório levando-se em conta a previsão constitucional geral e irrestrita de reparação integral do dano moral.[220]

No primeiro caso, a própria natureza do meio de coerção demonstrou a sua inaptidão para o caso concreto. No segundo caso, o critério contido na Lei de Imprensa mostrava-se discriminatório e em contrariedade com a Constituição Federal. Imaginemos, no entanto, a hipótese em que a multa diária é imposta para obrigação possível de ser cumprida pelo réu, e vem a incidir, gerando, no entanto, crédito substancial a ponto de gerar o

[218] ÁVILA, Humberto, op. cit., p. 97.

[219] Ibidem, p. 99.

[220] "Recurso Especial. Dano Moral. Lei de Imprensa. Limite da Indenização. Prova do Dano. Prequestionamento. 1. O dano moral e o efeito não patrimonial da lesão de direito, recebendo da CF/1988, na perspectiva do relator, um tratamento próprio que afasta a reparação dos estreitos limites da lei especial que regula a liberdade de manifestação do pensamento e de informação. De fato, não teria sentido pretender que a regra constitucional que protege amplamente os direitos subjetivos privados nascesse limitada pela lei especial anterior ou, pior ainda, que a regra constitucional autorizasse um tratamento discriminatório. 2. No presente caso, o acórdão recorrido considerou que o ato foi praticado maliciosamente, de forma insidiosa, por interesses mesquinhos, com o que a limitação do invocado art. 52 da lei de imprensa não se aplica, na linha de precedente da Corte. 3. Os paradigmas apresentados para enfrentar o acórdão recorrido conflitam, sob todas as luzes, com a assentada jurisprudência da corte, que confina a prova do dano moral puro ao ato praticado, no caso, a publicação da notícia. [...] 5. O valor da indenização deve moldar-se pelo prudente arbítrio do juiz, adotada a técnica do 'quantum' fixo, não havendo qualquer violação ao art. 1.547 do CC nem, muito menos, ao art. 49 do CP, diante do critério adotado pelo acórdão recorrido. [...]" (REsp 52.842/RJ, rel. Min. Carlos Alberto Menezes Direito, Terceira Turma, julgado em 16.09.1997, DJ 27.10.1997 p. 54786). Posteriormente, veio a ser editada a Súmula 281 pelo STJ, cujo enunciado é o seguinte: A indenização por dano moral não está sujeita à tarifação prevista na Lei de Imprensa. (DJ 13.05.2004, p. 200).

enriquecimento desproporcional do demandante. A "natureza das coisas" não impõe, por si só, o afastamento ou a redução do crédito resultante da multa. Ou, ainda, pensemos na vetusta e já superada[221] vedação de indenização por danos morais à pessoa jurídica, onde não há que se falar em discriminação por se tratar de "ofendidos" de naturezas distintas (sendo distintas, não há *a priori* discriminação). Nesses casos, a razoabilidade possivelmente não servirá como critério para solucionar o conflito.

Por fim, temos a razoabilidade como equivalência, que "exige uma relação de equivalência entre a medida adotada e o critério que a dimensiona".[222] Nesse sentido, o postulado é usualmente invocado, por exemplo, quando da fixação do montante da verba honorária. Tem entendido o STJ ser possível, em sede de recurso especial,

> [...] alterar os valores fixados a título de honorários, aumentando-os ou reduzindo-os, quando o montante estipulado na origem afastar-se do princípio da razoabilidade, ou seja, quando distanciar-se do juízo de eqüidade insculpido no comando legal.[223]

No exemplo, fica claro que se trata apenas de adequar a aplicação da norma (contida no artigo 20 do CPC) às circunstâncias do caso concreto, medindo-se o trabalho desempenhado pelo advogado, a relevância da causa, e calculando-se a correspondente remuneração, dentro de parâmetros legais e da prática judiciária.

Tratemos, no entanto, de tentar utilizar a razoabilidade como equivalência para a fixação do valor e periodicidade de multa diária (*astreintes*) por descumprimento de decisão judicial; ou, ainda, para determinarmos se se deve ou não conceder efeito suspensivo à impugnação à execução oferecida pelo devedor. Nesses dois casos, já se exige algo mais do que a mera equivalência entre "critério e medida".[224] Trata-se de ir além, passando-se à análise da relação de causalidade entre um meio e um fim. No caso das *astreintes*, cumpre indagar qual é a finalidade de sua imposição (coerção para o cumprimento da decisão; portanto, *efetividade*) e avaliar não apenas qual o valor e a periodicidade que atingirá tal fim, como também aquele que menor restrição causar aos valores contrapostos (*segurança*), promovendo mais vantagens do que desvantagens. Já na escolha entre suspender ou não a execução, atribuindo tal efeito à impugnação do devedor, fica claro que a análise acerca da razoabilidade se mostrará insuficiente, justamente por não levar em conta o *telos* da norma, ou seja, por não proporcionar a relação de causalidade entre meio e fim, nem considerar os efeitos anexos da concessão da suspensividade. Embora possa parecer *razoável*

---

[221] O STJ editou a Súmula 227, prevendo, em seu enunciado, que "a pessoa jurídica pode sofrer dano moral" (DJ 20.10.1999, p. 49).

[222] ÁVILA, Humberto, op. cit., p. 101.

[223] REsp 703.576/SP, Rel. Min. Luiz Fux, Primeira Turma, julgado em 09.03.2006, DJ 20.03.2006, p. 202.

[224] ÁVILA, Humberto, op. cit., p. 102.

suspender o cumprimento da sentença quando o devedor argüir matéria relevante em sua defesa, a finalidade da norma é fazê-lo apenas quando, ao lado de tal fundamentação, houver a suscetibilidade de se "causar ao executado grave dano de difícil ou incerta reparação".[225] Provavelmente, a análise da razoabilidade aqui resultaria em supervalorização da segurança e atrofiamento do valor *efetividade*. Determinadas situações concretas dão indicativos do acerto de tal assertiva. Após a modificação introduzida pela Emenda Constitucional nº 30/2000, o § 1º do artigo 100 da Constituição Federal ficou assim redigido:

> § 1º É obrigatória a inclusão, no orçamento das entidades de direito público, de verba necessária ao pagamento de seus débitos oriundos de sentenças transitadas em julgado, constantes de precatórios judiciários, apresentados até 1º de julho, fazendo-se o pagamento até o final do exercício seguinte, quando terão seus valores atualizados monetariamente.

A partir de então, passaram os Tribunais Superiores a inadmitir a execução provisória contra a Fazenda Pública.[226] O problema não se dá na interpretação em si, correta em nosso sentir. Merece atenção, todavia, a afirmativa feita pela Ministra Ellen Gracie:

> Parece, numa análise preliminar, mostrar-se contrária a essa nova ordem constitucional a execução provisória contra a Fazenda Pública, para pagamento de quantia decorrente de decisão que ainda pode vir a ser reformada por meio de recurso, sendo contrário ao princípio da razoabilidade esse pagamento em detrimento de titulares de precatórios oriundos de sentenças transitadas em julgado.[227]

Com base em tal argumentação, poder-se-ia afirmar que o princípio (*rectius*, postulado) da razoabilidade justificaria, por si só – independentemente da emenda constitucional – a extinção da execução provisória em face da Fazenda. Afinal, se a execução provisória em face da Fazenda Pública ofende a razoabilidade, não seria necessária emenda constitucional vedando-a.[228] E, nesse ponto, reside o problema central aqui tratado.

---

[225] CPC, artigo 475-M, *caput*.

[226] STF, Petição 2.390-1, Rel. Min. Ellen Gracie, j. em 29/06/01. Publicado no DJU em 16.08.2001, p. 115. STJ, REsp 696.142/RJ, Rel. Min. Eliana Calmon, Segunda Turma, julgado em 25.10.2005, DJ 14.11.2005 p. 267. Não obstante, permite-se no STJ a execução provisória de determinados provimentos, assim como o adiantamento dos atos executivos até a apresentação de embargos à execução pela Fazenda Pública. Vide, a este respeito, AgRg no Ag 727.856/BA, Rel. Min. Laurita Vaz, Quinta Turma, julgado em 18.04.2006, DJ 15.05.2006, p. 277, e REsp 702.264/SP, Rel. Min. Teori Albino Zavascki, Primeira Turma, julgado em 06.12.2005, DJ 19.12.2005, p. 240.

[227] STF, Petição 2.390-1, Rel. Min. Ellen Gracie, j. em 29/06/01. Publicado no DJU em 16.08.2001, p. 115.

[228] Veja-se que, aqui, o Poder Jurisdicional se auto limitaria considerando inviável a execução provisória por afronta ao postulado da razoabilidade. Nos casos de auto limitação de poderes, desde que corretamente embasada – e veremos que no exemplo dado o embasamento acerca da razoabilidade peca pela parcialidade –, não haveria a quebra da legitimidade e da dignidade da legislação apontada anteriormente. Diferente seria a hipótese de o juiz ampliar seus poderes, por exemplo, promovendo a execução provisória contra a Fazenda Pública, não obstante a restrição expressa do texto constitucional.

A análise feita pela ilustre Ministra é parcial, e parte de dados questionáveis, como, por exemplo, a afirmativa de que o pagamento de precatórios oriundos de execução provisória dar-se-ia *em detrimento* daqueles decorrentes de execuções definitivas. A parcialidade reside na desconsideração dos escopos do processo e das razões pelas quais se instituiu o regime de execução provisória. O sistema processual, almejando a realização da justiça, prevê força idêntica ao título provisório ou definitivo,[229] diferenciando o seu tratamento tão-somente em relação às garantias que deve prestar o credor (basicamente, a caução) na hipótese de execução do título provisório. No conflito entre efetividade e segurança, verifica-se o sacrifício exacerbado do primeiro valor na argumentação da razoabilidade, pois estar-se-á inadmitindo o requerimento executivo mesmo quando a enorme probabilidade de êxito – e geralmente a maior necessidade na obtenção dos valores discutidos – na questão de fundo reside com o credor, particular que litiga contra o Estado. Nossa argumentação, assim posta, é insuficiente ainda para atacar o argumento do STF. É necessário um método que avalie a relação de causalidade ente meio e fim – ou, por que não dizer, processo e justiça –, e este método não é a razoabilidade. A propósito, concluiu Humberto Ávila: "Ocorre que a razoabilidade, de acordo com a reconstrução aqui proposta, não faz referência a uma relação de causalidade entre um meio e um fim, tal como o faz o postulado da proporcionalidade".[230]

Se o processo é meio, cujo fim é a realização da justiça no caso concreto e a pacificação social, resta claro que o único método para a solução dos conflitos entre efetividade e segurança será aquele que tiver esse referencial à relação "meio e fim". Por isso o postulado normativo aplicativo da proporcionalidade é mais adequado. Passemos à sua análise.

Desde já, deve-se descartar a acepção comumente atribuída à palavra *proporção* no campo do processo. A esse respeito, salienta Ávila que "no direito processual manipula-se a idéia de proporção entre o gravame ocasionado e a finalidade a que se destina o ato processual."[231] Todavia, "o postulado da proporcionalidade não se confunde com a idéia de proporção em suas mais variadas manifestações",[232] dentre as quais aquela referente ao direito processual.

É na doutrina alemã que a temática da proporcionalidade ganhou maior relevo, em especial nos estudos de Konrad Hesse e Robert Alexy.

[229] Correta é a observação de ARAKEN DE ASSIS, citando Federico Carpi: "Embora corrente e mantida no texto legal vigente, a expressão 'execução provisória' se revela imprópria, e nada esclarece acerca da natureza do instituto. O único elemento autenticamente 'provisório', porque sujeito a recurso, é o título" (ASSIS, Araken de. *Cumprimento da sentença*. Rio de Janeiro: Forense, 2006, p. 142).

[230] ÁVILA, Humberto, op. cit., p. 102.

[231] Ibidem, p. 104.

[232] Ibidem.

Para Hesse, insere-se o princípio da proporcionalidade na idéia de concordância prática, segundo a qual "os bens jurídicos constitucionalmente protegidos devem ser coordenados de tal modo na solução do problema que todos eles conservem sua entidade".[233] Nesse contexto, proporcionalidade significa "uma relação entre duas magnitudes variáveis, concretamente aquela que melhor responda à dita tarefa de otimização, não pois uma relação entre um 'objetivo' constante e um ou mais 'meios' variáveis".[234] Também em Alexy a idéia de proporcionalidade é constantemente associada à de otimização. Para ele, "o princípio da proporcionalidade consiste de três princípios parciais: dos princípios da idoneidade, da necessidade e da proporcionalidade em sentido estrito. Todos os três princípios expressam a idéia da otimização".[235]

A doutrina brasileira recepcionou as idéias da doutrina alemã. Para Willis Santiago Guerra Filho, a proporcionalidade seria o "princípio dos princípios", ou, ainda, "verdadeiro *principium* ordenador do direito".[236] Sua importância, como refere acertadamente o jurista, é crescente, ante a conscientização da doutrina e dos operadores do direito em geral acerca da diferenciação entre regras e princípios, e da maior elaboração do conceito destes últimos.[237] Segundo Guerra, seu campo de aplicação dar-se-á, fundamentalmente, no conflito entre direitos fundamentais, desdobrando-se em três "princípios parciais": a) princípio da proporcionalidade em sentido estrito ou "determinação de sopesamento"; b) "princípio da adequação"; e c) "princípio da exigibilidade" ou "determinação do meio mais suave".[238]

O delineamento desses chamados "princípios parciais" assemelha-se muito à sistematização exposta por Humberto Ávila, a qual adotare-

---

[233] HESSE, Konrad. *Escritos de derecho constitucional (selección)*. Centro de Estudios Constitucionales. Madrid, 1983, p. 48.

[234] Ibidem.

[235] ALEXY, Robert. Direitos fundamentais, ponderação e racionalidade. *Revista de Direito Privado*, São Paulo, n. 24, outubro-dezembro de 2005, p. 338.

[236] GUERRA FILHO, Willis Santiago. Sobre princípios constitucionais gerais: isonomia e proporcionalidade. *Revista dos Tribunais*, São Paulo, v. 84, n. 719, p. 58-59, set. 1995.

[237] Refere Willis Santiago Guerra Filho: "Da mesma forma como em sede de teoria do direito os doutrinadores pátrios apenas começam a se tornar cientes da distinção entre regras e princípios, antes referida, também aos poucos é que estudiosos do direito constitucional e demais ramos do direito vão se dando conta da necessidade, intrínseca ao bom funcionamento de um Estado Democrático de Direito, de se reconhecer e empregar o princípio da proporcionalidade, a *Grundsatz der Verhältnismäßigkeit*, também chamada de 'mandamento da proibição de excesso' (*Übermaßverbot*)" (Ibidem, p. 59).

[238] "O princípio da proporcionalidade, entendido como um 'mandamento de otimização' (*optimierungsebote*) do respeito máximo a todo direito fundamental, em situação de conflito com outro(s), na medida do jurídico – e faticamente possível, tem conteúdo que se reparte em três 'princípios parciais' (*Teilgrundsäte*): 'princípio da proporcionalidade em sentido estrito' ou 'determinação de sopesamento' (*Abwägungsebot*), 'princípio da adequação' e 'princípio da exigibilidade' ou 'determinação do meio mais suave' (*Gebot des mildesten Mittels*)" (GUERRA FILHO, Willis Santiago, op. cit., p. 59).

mos irrestritamente neste trabalho, pela correta distinção conceitual entre princípio e postulado. Cumpre reproduzir, aqui, as palavras de Ávila, que explica como se deve proceder aos exames inerentes ao postulado da proporcionalidade:

> Ele se aplica apenas a situações em que há uma relação de causalidade entre dois elementos empiricamente discerníveis, um meio e um fim, de tal sorte que se possa proceder aos três exames fundamentais: o da adequação (o meio promove o fim?), o da necessidade (dentre os meios disponíveis e igualmente adequados para promover o fim, não há outro meio menos restritivo do(s) direito(s) fundamentais afetados?) e o da proporcionalidade em sentido estrito (as vantagens trazidas pela promoção do fim correspondem às desvantagens provocadas pela adoção do meio?).[239]

Portanto, são três os exames inerentes à aplicação do postulado da proporcionalidade, e cumpre agora verificar como o intérprete e aplicador da lei processual deve se comportar diante deles. Estar-se-á sempre "em torno de uma relação de causalidade entre um meio e um fim",[240] sem o que não haverá sentido na aplicação do postulado "em seu caráter trifásico".[241]

O processo é *meio* por definição, tendo por fim a justiça no caso concreto e a pacificação social. Todavia, o próprio processo é formado de diversas etapas com finalidades distintas, todas elas concatenadas, interligadas em direção ao fim maior, já apontado. Assim é que a finalidade da fase de conhecimento[242] e, mais especificamente, da fase de instrução, é promover a investigação acerca dos fatos e o debate judicial, com vistas à formação da convicção do juiz. Já na fase executiva, o fim primordial já não é tal investigação, mas a implementação concreta, material, do comando sentencial. São fins distintos que, obviamente, determinam a adaptação necessária dos meios, que devem ser *adequados*, *necessários* e *proporcionais em sentido estrito* para alcançarem o fim em questão.[243] Essas mesmas etapas (conhecimento, execução) podem ser desdobradas em diversas outras. Os recursos cabíveis contra cada decisão proferida instauram uma etapa cujo término pode afetar as etapas maiores (mais amplas). A defesa do réu na fase cognitiva (contestação), ou já na fase executiva (impugnação), tem como finalidade assegurar que não haverá interferência injusta na

---

[239] ÁVILA, Humberto, op. cit., p. 104-105.

[240] Ibidem, p. 105.

[241] Ibidem.

[242] Em linguagem clássica, diríamos *processo* de conhecimento. Hoje, no entanto, após as modificações trazidas pela Lei nº 11.232/05, o termo *fase* é mais adequado em função do desdobramento do mesmo processo em posterior liquidação e execução. Temos, assim, fase de conhecimento, liquidação (esta, apenas eventualmente) e execução (ou cumprimento).

[243] Para uma análise da aplicação do postulado normativo aplicativo da proporcionalidade à sistemática das *astreintes*, expondo os diferentes exames que lhes são inerentes, veja-se o que escrevemos em AMARAL, Guilherme Rizzo. *As astreintes e o processo civil brasileiro: multa do artigo 461 do CPC e outras.* Porto Alegre: Livraria do Advogado, 2004, p. 104-105.

esfera jurídica do demandado. Todavia, numa e em outra fase – leia-se, na fase de conhecimento ou na fase de execução – é certo que os exames inerentes à proporcionalidade terão necessariamente de atentar para os fins maiores. Assim é que, na avaliação dos meios de defesa do réu na fase de conhecimento, os fins maiores a que se deve propor o intérprete são: (I) impedir interferência injusta na esfera jurídica do demandado, (II) investigar os fatos para formar a convicção do juiz e (III) realizar justiça. Já na fase de execução, também buscar-se-á impedir a interferência injusta na esfera jurídica do demandado, porém apenas na medida em que não se interfira no fim mais amplo, qual seja, o de implementação concreta, material, do comando sentencial. Já se parte, nessa fase, de uma investigação concluída sobre os fatos (ou sobre as versões trazidas pelas partes). Logo, o fim maior da execução será a concretização do comando sentencial, devendo, portanto, ser adequadamente contextualizados a essa nova realidade os exames relativos ao postulado da proporcionalidade, inclusive no que toca à extensão e aos efeitos da defesa do executado.

É preciso observar que, nos exames inerentes à proporcionalidade, o conflito em questão será entre os valores da efetividade e da segurança, e entre os direitos fundamentais representativos de um ou outro valor. E, ao trabalhar com esse conflito, o intérprete deve ter o cuidado de não atingir o núcleo de qualquer dos lados, ferindo de morte a efetividade ou a segurança, pois, no afã de realizar justiça no caso concreto, corre-se o risco de se conceber um processo injusto para todos os casos. E a chance de erro (e de injustiça *nos casos concretos*) aumenta de forma exponencial.

Agora, temos boas condições para demonstrar como o exame da proporcionalidade pode trazer vantagens em relação aos demais postulados, em razão da completude de que sua análise se reveste. Anteriormente, citamos dois exemplos nos quais o exame da razoabilidade não ofereceria resposta segura. O primeiro exemplo dizia respeito àqueles casos em que a incidência de multa diária alcança valor extremamente alto, cuja execução ensejaria o enriquecimento do autor. Cumpre saber se deve ser permitida a execução da integralidade do crédito, de parte dele, ou se deve ser negada tal possibilidade. O segundo exemplo referia-se à análise da concessão ou não do efeito suspensivo à impugnação.

Verificando o primeiro caso, indagaríamos: é adequada a execução do crédito resultante da multa diária? Em geral, pode-se dizer que sim. Inadequado seria um mecanismo de coerção que, ao fim e ao cabo, não permitisse a concretização da ameaça. Cairia, evidentemente, no descrédito. Indagaríamos então: é necessária a execução de tão alto montante? Já demonstramos que a possibilidade de execução da multa é meramente acidental. Dá-se, justamente, quando o mecanismo de coerção foi insuficiente para demover o réu de sua postura recalcitrante. Será necessário executar a multa caso se verifique que sua não-execução, ou mesmo a redução do seu valor, torne estéril a aplicação do mecanismo de coerção, caindo o próprio poder jurisdicional em descrédito. Não é o que ocorre, no entanto, quando o réu desatende a ordem judicial, não por descaso com a multa, mas por desorganização ou desconhecimento real de sua fixação, contando ainda com postura omissa do autor, que deliberadamente deixa a multa fluir, para, após, colher os frutos da desídia do réu. Assim, se na hipótese concreta se verificasse que o crédito resultante da incidência da multa contou com a esperteza do autor, que deixou de visar ao bem da vida inicialmente postulado para almejar somente o enriquecimento com o mecanismo judicial de coerção, não haveria necessidade de se possibilitar a execução do crédito da multa, ou pelo menos não de *todo* o seu montante.[244] Nem seria necessário alcançarmos a terceira indagação inerente ao exame da proporcionalidade, qual seja, a proporcionalidade em sentido estrito.

Também na hipótese de concessão ou não do efeito suspensivo à impugnação, o exame da proporcionalidade revelar-se-á bastante útil. Não pode o juiz ignorar o disposto no artigo 475-M, *caput*, do CPC, o qual dispõe que

> a impugnação não terá efeito suspensivo, podendo o juiz atribuir-lhe tal efeito desde que relevantes seus fundamentos e o prosseguimento da execução seja manifestamente suscetível de causar ao executado grave dano de difícil ou incerta reparação.

Como adiante veremos, o exame da proporcionalidade até poderá ser aplicado para avaliar a escolha do legislador, mas não se trata de fazê-lo aqui. Por ora, a questão é avaliar a relevância dos fundamentos e a gravidade do dano, colocando-as em perspectiva com as demais circunstâncias do caso concreto, para decidir se a concessão da suspensividade é adequada,

---

[244] Veja-se interessante acórdão do Tribunal de Justiça do Estado do Rio Grande do Sul, que citamos em nossa obra sobre as *astreintes:* "Não obstante, o que se tem aqui é uma decisão interlocutória, a qual, examinando a petição inicial, apreciou pedido de antecipação de tutela, razão pela qual o magistrado proibiu o credor de protestar títulos de crédito ou cadastrar o nome do devedor no SPC. Não obstante, ambas as coisas terminaram por acontecer. Chama a atenção nesse caso, que a ação revisional foi aforada no dia 09 de fevereiro de 1999 (fl. 20) e que nesse mesmo dia tinha o credor protocolado para protesto a nota promissória representativa do débito do apelante (fl. 46). Curioso, é que sendo intimado o apelante em 24 de fevereiro de 1999, sabidamente protegido por decisão judicial, não fez nada, senão deixar-se protestar. Por que razão o apelante não peticionou nos autos, pedindo a sustação de tal protesto? Decorrência lógica da lavratura do protesto, é que no mês seguinte foi cadastrado no SPC (fl. 48), que recolhe semanalmente os dados dos bancos de dados dos Tabelionatos de Protestos, para tal fim. Comunicado em abril de 1999 que estava cadastrado no SPC (fl. 48), que providencia tomou o apelante? Pois bem, o apelante não fez nada, senão deixar o tempo passar, imaginando que cada dia que passava lhe garantiria 10 salários-mínimos, até resolver cobrá-los. Quando ajuizou a execução, em fevereiro de 2000, a conta já passava dos R$ 273.000 !!! Pergunta-se: Se a obrigação era de não fazer, isto é, não protestar e não cadastrar, alguma vez nos autos o apelante denunciou o cadastramento no SPC e o protesto da nota promissória, pedindo ao Juiz a citação do apelado para o cumprimento da obrigação negativa, sob pena de incidência da multa fixada como astreinte? Não ! Então a multa não é exigível" (Tribunal de Justiça do Estado do Rio Grande do Sul. Apelação Cível n° 70001705912. Décima Terceira Câmara Cível. Rel. Dr. Ney Wiedmann Neto. J. em 15.06.2001. Disponível em: <http://www.tj.rs.gov.br>. Acesso em: 07 jun. 2002).

necessária e proporcional em sentido estrito. E, portanto, será necessário ter em mente os prejuízos do credor com a concessão da suspensividade, as alternativas menos gravosas para ele, e o balanceamento entre a efetividade (mais ligada ao interesse do credor) e a segurança (mais ligada ao interesse do devedor). Caso a caso, as perguntas em que consistem os exames inerentes à proporcionalidade trarão maiores condições de escolha para o intérprete.

Concluímos, assim, que o formalismo processual, necessariamente ligado à idéia de atividade-meio (o processo é um meio para o atingimento de seus escopos de realização da justiça no caso concreto e pacificação social), é caracterizado pelo conflito entre efetividade e segurança, e para a solução desse conflito são necessários métodos, dentre os quais desponta como de maior amplitude e precisão o da proporcionalidade em sua acepção trifásica.

Há, todavia, ajustes que devem ser feitos, especialmente em razão de o postulado da proporcionalidade estar geralmente relacionado à eleição de meios pelo Poder Executivo e pelo Poder Legislativo.[245] Como estamos a falar da aplicação da lei processual, nosso agente aplicador (e quem elege, por conseguinte, os meios) é o juiz. Como adiante demonstraremos, nosso critério perpassará essa figura, podendo também ser adotado, por exemplo, na análise da atividade legislativa em matéria processual. No entanto, o nosso foco prioritário deverá ser a figura do magistrado, e a seguir cumpre-nos apresentar a sua *postura* quando da aplicação do método sugerido.

2.2. A postura do intérprete na análise do conflito entre efetividade e segurança. A contribuição de Rawls

Estabelecido que o postulado normativo aplicativo deve guiar o intérprete na solução do conflito entre efetividade e segurança, cumpre definir a postura que aquele deve adotar no desempenho de tal atividade. Deve-se partir, primeiramente, do reconhecimento de duas realidades que, se não são exclusivas do processo, neste se mostram evidentes.

Em primeiro lugar, é preciso reconhecer que os interesses em jogo no processo não são apenas aqueles pertencentes às partes litigantes. O processo é uma instituição de caráter evidentemente público, como proclamou Bülow em 1868, ao reconhecer naquele uma relação jurídica públi-

[245] ÁVILA, Humberto, op. cit., p. 101-102.

ca.[246] Quando o juiz decide pelo direito de aborto, não atua apenas sobre a esfera jurídica da mulher grávida, do pai e do feto, mas sobre as consciências de todos os cidadãos e sobre as opiniões que eles têm sobre a questão, sejam elas fundadas em crenças religiosas, bases educacionais, culturais etc. Quem pensa ser falsa essa assertiva, nega uma realidade estampada nos meios de comunicação, toda vez em que questões semelhantes – *hard cases* – são postas à análise jurisdicional (vejam-se, exemplificativamente, nos Estados Unidos da América, a recente discussão sobre eutanásia gerada a partir do caso Terri Schiavo,[247] ou, no Brasil, a discussão acerca do aborto por anencefalia).[248]

É evidente que não se encontrarão, em regra, polêmicas semelhantes em um simples conflito entre credor e devedor, mas isso decorre do maior consenso existente entre as pessoas sobre a solução justa no caso. Bastaria os tribunais passarem a decidir que o devedor possui legítimo direito de descumprir o pactuado sem justa causa, e os impactos na sociedade e na economia em geral seriam evidentes – aliás, não é outra coisa que ocorre, hoje, no sistema de crédito bancário e nos altos juros praticados, em decorrência da relativização ou desprestígio do *pacta sunt servanda*.

Em segundo lugar, ao solucionar conflitos entre efetividade e segurança, não pode o intérprete se colocar na posição específica de um dos sujeitos da relação processual, ou de pessoa aparentemente alheia ao litígio, mas, pelo contrário, deve desprender-se de quaisquer dos interesses das pessoas antes apontadas para adotar critérios que seriam adequados em qualquer posição em que se estivesse.

Aqui, a postura desejada é inspirada naquela que propõe John Rawls[249] para a definição dos princípios da justiça. Na visão do referido filósofo, o raciocínio empreendido por aquele que pretenda definir os princípios da justiça deve partir da combinação entre a chamada *posição original* e o *véu da ignorância*. Em resumo, o indivíduo deve ignorar por completo – como se desconhecesse – a sua posição social, o tempo em que vive etc. Deve

---

[246] BÜLOW, Oskar. *Die lehre von den processeinreden und die processvoraussetzungen*. Giessen, 1868. (*La teoria de las excepciones procesales y los presupuestos procesales*. Trad. Miguel Angel Rosas Lichtschein. Buenos Aires: Ejea, 1964, p. 2).

[247] Aos 26 anos (em 1990), Theresa Marie Schiavo sofreu acidente cardiorrespiratório, vindo a sofrer dano cerebral e entrando em coma no mês seguinte. Seu estado foi diagnosticado como vegetativo permanente ou persistente. Em 1998, seu marido, Michael Schiavo, peticionou à *circuit court* do Condado de Pinellas (Florida, EUA), a retirada do tubo de alimentação de Terri. Após anos de litígio, e amplo debate na mídia mundial, foi determinada a retirada do tubo de alimentação em 18 de março de 2005 (foi a terceira retirada do tubo no curso do litígio), vindo Terri a falecer por desidratação 13 dias após. (Disponível em: <http://www.terrisfight.org/terri.html>. Acesso em: 23 set. 2005).

[248] Matéria objeto de Argüição de Descumprimento de Preceito Fundamental (ADPF) nº 54, no Supremo Tribunal Federal.

[249] RAWLS, John. *Uma teoria da justiça*. Trad. Almiro Pisetta e Lenita M. R. Esteves. São Paulo: Martins Fontes, 2000.

despir-se de toda e qualquer característica que o individualize de um contexto genérico. Somente empreendendo semelhante raciocínio – ou, diríamos, somente alcançando esse estado mental – é que se atingirá o *status quo* apropriado para assegurar que os consensos básicos nele estabelecidos sejam eqüitativos.[250] Note-se que a posição original é uma situação ideal, cuja função é balizar o raciocínio daqueles que buscam a descoberta dos princípios da justiça. Sustenta o filósofo que a escolha dos princípios, na posição original, será sempre decorrente de um consenso (*overlapping consensus*).

É claro que, após termos enfatizado a importância da cultura e dos valores correntes no campo social, não podemos admitir a simulação do desconhecimento da sociedade em que vivemos, ou de nossa concepção de bem, quando da eleição dos princípios de justiça, ou quando da solução do conflito entre efetividade e segurança. O "véu da ignorância" proposto por Rawls, como pretendemos aproveitá-lo para a concepção do método aqui proposto, refere-se apenas ao *desconhecimento daquele que concebe a norma processual, concreta o abstrata, acerca de sua posição no jogo de forças que antecede o processo.*

Pensemos a seguinte hipótese: "A" ajuíza ação contra "B", afirmando ter emprestado dinheiro a este, que se recusa a quitar o empréstimo. Junta prova documental robusta da existência do empréstimo, porém inapta para instaurar processo de execução por lhe faltar algum dos requisitos do artigo 585, do CPC. "B" sustenta ter quitado o empréstimo, afirmando ter testemunhas (e não um recibo) que amparam a sua versão. O quão justa ou necessária será a limitação da busca pela verdade até que se profira a decisão alterando o *status quo* das partes nesse processo?

Poderíamos argumentar que a pesquisa sobre a verdade dos fatos devesse ser a mais exaustiva possível, e que antes de seu completo desenvolvimento nenhuma alteração pudesse ser procedida no estado das partes e na sua relação com o bem em disputa. Todavia, tal opção teria de levar em consideração que todo o ônus do tempo estaria colocado sobre os ombros do autor, suposto credor, *independentemente de o mesmo ter ou não ter razão*. É preciso reconhecer, nesse caso, que o processo "é um instrumento que sempre prejudica o autor que tem razão e beneficia o réu que não a tem!".[251] Optar pelo necessário esgotamento da pesquisa fática antes de autorizar qualquer alteração no estado das partes significa colocar nas mãos da pura aleatoriedade o destino de qualquer um de nós que tenha a pouca sorte de se envolver em um processo judicial. O réu sempre será beneficiado. Se tiver razão, terá o processo sido justo. Do contrário, neces-

[250] RAWLS, John, op. cit., p. 19.

[251] MARINONI, Luiz Guilherme. *Tutela antecipatória e julgamento antecipado: parte incontroversa da demanda.* 5.ed. São Paulo: Revista dos Tribunais, 2002, p. 22.

sariamente produzirá injustiça, pois enquanto durar o feito o autor ver-se-á privado de seu direito, e o réu usufruirá de seu arbítrio.

Arriscamo-nos a afirmar que nenhuma pessoa, sabendo poder estar representada tanto na figura do réu quanto na do autor (aqui, a idéia do *véu da ignorância*), concordaria com a eleição desse critério para guiar o processo. Não é outro o sentimento popular de morosidade da justiça. Muito antes do que uma insatisfação quanto ao tempo de duração do processo – afinal, o tempo é inerente à idéia de processo –, parece-nos que a revolta se dá em função dos direitos, ainda que *evidentes*, ficarem suprimidos no curso do litígio.

Colocando-nos na chamada posição original, sob o véu da ignorância, não sabemos qual o nosso poderio no jogo de forças que antecede o processo; não podemos definir nossa capacidade de exercer qualquer coerção sobre o outro e, ainda, não sabemos qual o nosso distanciamento em relação ao bem da vida disputado. Parece lícito, assim, afirmar que o critério adotado hoje em nossos sistema de tutela dos direitos é tão aleatório quanto jogar uma moeda para o ar, e certamente não seria objeto do *overlapping consensus* de que fala Rawls; ou seja, não elegeríamos tal solução para o conflito entre efetividade e segurança se nos colocássemos na chamada *posição original*. Estabelecer como regra geral a de que o autor deve suportar o ônus do tempo no processo, salvo em situações peculiares, geralmente envolvendo o perigo ou o abuso do direito de defesa (art. 273 do CPC), é fiar-se de que o *status quo ante* ao processo será sempre provavelmente o mais justo, o que, sabemos, é algo totalmente falso. A completa *aleatoriedade*, e somente ela, é que marca a situação das partes *antes* do processo.

Transpondo o problema para o campo do cumprimento e da execução das sentenças, ressalta com maior clareza ainda que nessa fase – ou seja, após a atividade cognitiva exauriente declarando com razão o demandante – o *status* das partes presumivelmente é contrário ao direito, pois o réu ainda mantém preservada a sua esfera jurídica às custas do autor, não obstante já ter sido declarada a injustiça de tal circunstância. Quanto mais se avançar na escala recursal pós-sentença de primeiro grau, bem como no questionamento da própria sentença como título executivo, mais se agravará a situação de injustiça, ou seja, de desconformidade com aqueles preceitos que elegeríamos em uma posição original, sob o véu da ignorância.

Mostra-se necessário, assim, no que toca aos exemplos citados, estabelecer critérios de solução do conflito entre efetividade e segurança na distribuição do ônus do tempo no processo que possam ser praticamente consensuais, entre indivíduos desinteressados e não identificados com qualquer situação preestabelecida. Em suma, tais critérios visam a, objetivamente, definir em que circunstâncias, em que hipóteses estará o juiz autorizado a proceder à alteração no *status quo* processual, em que medida poderá alterá-lo e de que natureza será tal alteração. O mesmo vale para as demais situações onde o conflito entre efetividade e segurança se mostre latente. *Justo terá sido o processo no qual os critérios adotados para a solução do conflito entre efetividade e segurança possam justificar-se como um suposto consenso de pessoas desinteressadas.*

Não podemos, é claro, nutrir ilusões. O processo é atividade humana,[252] e essa indissociável natureza o faz irremediavelmente falível. O juiz é passível de erro. Ainda assim, como já manifestamos em outra oportunidade,[253] qualquer um de nós – colocando-se na posição original, ou seja, sem saber a sua posição no jogo de forças pré-processual – preferiria se submeter ao juízo racional de um terceiro (juiz) do que se submeter à pura sorte, à aleatoriedade e, em boa parte dos casos, ao arbítrio da parte contrária (caso esta venha a se colocar em posição de vantagem antes do início do processo). Em se tratando de cumprimento e execução de sentença, com mais força ainda acolheríamos na posição original princípios que dessem plena força às resoluções tomadas após cognição exauriente.

Assumindo que é inevitável o desgaste no processo,[254] mas não sabendo *a priori* de que lado estaremos, devemos adotar critérios que reflitam o balanço adequado e razoável dos dois valores antes mencionados – segurança e efetividade –, de forma a minimizar as probabilidades de injustiça, seja para o autor, seja para o réu, seja ainda para aqueles que, em maior ou menor grau, são afetados pela inércia ou pelo movimento da máquina processual. Assim sendo, o resultado da aplicação da lei processual deverá corresponder à solução dada ao conflito entre efetividade e segurança, por meio da aplicação do postulado da proporcionalidade, *em raciocínio desinteressado e desvinculado de eventuais relações do indivíduo com o bem em disputa no processo.*

2.3. O método proposto

É intrínseco a toda norma processual um conflito entre efetividade e segurança. Esse é um dado com que deve trabalhar o legislador, ao criá-la,

[252] Por todos, veja-se LACERDA, Galeno. *Despacho saneador.* Porto Alegre: Livraria Sulina Editora, 1953, p. 5.

[253] AMARAL, Guilherme Rizzo. Verdade, justiça e dignidade da legislação: breve ensaio sobre a efetividade do processo, inspirado no pensamento de John Rawls e de Jeremy Waldron. In KNIJNIK, Danilo (Coord.). *Prova judiciária*: estudos sobre o novo direito probatório. Porto Alegre: Livraria do Advogado, 2007.

[254] LACERDA, Galeno. *Despacho saneador.* Porto Alegre: Livraria Sulina Editora, 1953, p. 5.

e o magistrado ao aplicá-la ou mesmo ao concebê-la diante da omissão do legislador.

O legislador parte de uma posição onde, muito embora a estabilidade da legislação existente seja um elemento a ponderar (pertencente ao complexo valorativo da segurança jurídica), não o é o respeito ao direito positivo em si mesmo, pois é dado ao legislador modificá-lo, aperfeiçoá-lo; essa é sua tarefa.

Já o juiz recebe o conflito com o complexo da segurança jurídica reforçado pela presença da solução prévia a esse mesmo conflito encontrada pelo legislador no plano abstrato, não podendo desviar-se por completo dos ditames legais, em especial no que tange às limitações impostas ao poder jurisdicional, garantias contra o arbítrio. Mesmo naqueles casos em que o magistrado se ver na necessidade de inovar em situação não prevista pelo legislador, deverá fazê-lo dentro do sistema.[255]

Ambos – legislador e juiz – devem estar conscientes dos escopos do processo: a realização de justiça para o caso concreto (o primeiro deve dar ao segundo as condições para implementar este escopo) e a pacificação social.

Do ponto de vista do legislador, na criação do direito positivo de caráter processual deve ele adotar a postura de que se tratou no item 2.2, *supra* – ou seja, ignorar a sua posição no jogo de forças anterior ao processo – e indagar que meios seriam adequados, necessários e proporcionais em sentido estrito para viabilizar os escopos do processo. Do ponto de vista da segurança jurídica, deve observar que constantes modificações no direito positivado podem infringir aquele valor, de forma que só devem ser implementadas quando o ganho em efetividade compensar.

Já o juiz parte de uma posição mais limitativa, visto que não pode ignorar as soluções previamente criadas pelo legislador para o conflito entre efetividade e segurança. Seu campo de atuação, assim, será muitas vezes no apaziguamento da fricção existente entre esses dois complexos valorativos *sobrevivente* à intervenção legislativa. E, diferentemente do que se possa pensar, não são poucos os casos em que tal ocorrerá. Em qualquer

---

[255] "Claro, contudo, que a solução haverá de estar dentro do próprio sistema, pois, nessa matéria, como visto anteriormente, mostra-se inconveniente a atribuição de ampla liberdade ao órgão judicial. No domínio do direito processual, aliás, revela-se particularmente importante o papel do sistema, enquanto capaz de traduzir e realizar a adequação valorativa e a unidade interior da ordem jurídica. Entendimento contrário desviaria a questão do plano metodológico para situá-la, de forma indesejada, no domínio da simples ideologia, terreno em que as circunstâncias concretas passam a ter um significado excessivo, tudo dependendo do contexto geral em que se inserem, consoante subjetiva valoração atribuída ao *status quo*. O capricho pessoal, insista-se, não só poderia pôr em risco a realização do direito material (pense-se na hipótese de o juiz impedir, a seu bel-prazer, a realização de certas provas) como também fazer periclitar a igualdade das partes no processo, sem falar na afronta a garantias fundamentais do cidadão em face do arbítrio estatal" (ALVARO DE OLIVEIRA, Carlos Alberto. *Do formalismo no processo civil*. 3.ed. no prelo).

caso, as mesmas perguntas feitas pelo legislador fará o juiz; porém, o direito positivo existente, em geral (salvo nos casos de omissão do legislador), aparecerá para o juiz como reforço ao complexo da segurança jurídica, algo que não ocorre na atividade legislativa (pelo menos não na mesma *intensidade*. A segurança jurídica também recomenda que o legislador não altere a lei com demasiada freqüência, como já referido).

Temos convicção de que a combinação do postulado normativo aplicativo da proporcionalidade com uma postura afastada e ao mesmo tempo – e por isso mesmo – preocupada com todas as posições sociais envolvidas no jogo de forças do processo – permite uma melhor harmonização e acomodação dos interesses dos membros da comunidade jurídica.[256] No processo, a conscientização acerca desse método é fundamental.

Evidentemente, será nos *hard cases* – "as questões mais tormentosas [...], as quais não se resolvem satisfatoriamente com o emprego apenas de regras jurídicas, mas demandam o recurso aos princípios, para que sejam solucionadas em sintonia com o fundamento constitucional da ordem jurídica"[257] – que a aplicação do método deverá demonstrar o seu valor.[258] Isso não quer dizer que não tenha ele validade nas questões de simples

[256] Para Willis Santiago Guerra Filho, "a tarefa básica a ser cumprida por uma comunidade política [...] seria a harmonização dos interesses de seus membros, individualmente considerados, com aqueles interesses de toda a comunidade, ou de parte dela, donde se ter a possibilidade de individualizar três ordens distintas desses interesses: interesses individuais, interesses coletivos (ou 'supraindividuais', onde se incluem os chamados 'interesses difusos') e interesses gerais ou públicos. Note-se que apenas a harmonização das três ordens de interesse possibilita o melhor atendimento dos interesses situados em cada uma, já que o excessivo privilegiamento dos interesses situados em uma delas, em detrimento daqueles situados nas demais, termina, no fundo, sendo um desserviço para a consagração desses mesmos interesses, que se pretendia satisfazer mais que aos outros. Para que se tenha a exata noção disso, basta ter em mente a circunstância de que interesses coletivos, na verdade, são o somatório de interesses individuais e coletivos, não se podendo, realmente, satisfazer os interesses públicos, sem que, *ispo facto*, interesses individuais e coletivos sejam contemplados. Assim é que se torna admissível e, mesmo, necessária a atribuição de competência ao Estado para, tutelando primordialmente o interesse público, fazer o devido balizamento da esfera até onde vão os interesses particulares e comunitários, para o que, inevitavelmente, restringirá direitos fundamentais, para com isso assegurar a maior eficácia deles próprios, visto não poderem todos, concretamente, serem atendidos absoluta e plenamente. É nessa dimensão, objetiva, que aparecem princípios como o da isonomia e proporcionalidade, engrenagens essenciais do mecanismo político-constitucional de acomodação dos diversos interesses em jogo, em dada sociedade, e, logo, indispensáveis para garantir a preservação de direitos fundamentais, donde se incluem na categoria equiparável, das 'garantias fundamentais'." (GUERRA FILHO, Willis Santiago. Sobre princípios constitucionais gerais: isonomia e proporcionalidade. *Revista dos Tribunais*, São Paulo, v. 84, n. 719, p. 57-63, set. 1995, p. 60).

[257] Ibidem, p. 57.

[258] Como ressalta Francisco Fernandes de Araújo, "ao manejar o princípio da proporcionalidade, o juiz, que deve fundamentar a sua opção, por força de preceito constitucional, ensejando eventual recurso, não está reduzindo a validade do conteúdo volitivo da norma, mas fortalecendo a criação do legislador. E o eventual grau de insegurança jurídica que possa existir com o manejo do princípio da proporcionalidade, sempre constituirá conseqüência menor que a aplicação automática e fria da norma. Essa valoração constitui a afirmação do próprio princípio da proporcionalidade" (ARAÚJO, Francisco Fernandes de. *O abuso do direito processual e o princípio da proporcionalidade na execução civil*. Rio de Janeiro: Forense, 2004, p. 359).

resolução. Apenas nessas não será necessário o raciocínio consciente em torno do método; nessas o "intuicionismo" possivelmente trará idênticos resultados.

Exemplificativamente, se transcorrido o prazo de 15 dias de que trata o artigo 475-J do CPC e não efetuar o devedor o pagamento do valor da condenação, o juiz aplicará a multa de 10% lá prevista, automaticamente, sendo desnecessário recorrer conscientemente ao método proposto. Adicione-se, no entanto, a hipótese de devedor sem patrimônio para saldar a dívida – o que retiraria o caráter coercitivo real da multa, remanescendo apenas um feitio punitivo para ela –, e aí teremos um conflito que demandará a aplicação do método para a sua solução. Veja-se que, mesmo na primeira hipótese, de simples solução, esta não pode ser diversa daquela que decorria da aplicação consciente do método proposto. A diferença em relação à segunda hipótese é que, nesta, mostra-se fundamental a operação intelectual consciente de aplicação do método na ponderação entre efetividade e segurança; naquela, a ponderação é intuitiva. O método, aqui, pode servir como uma espécie de "tira-teima" da solução intuitiva adotada pelo intérprete, e também como mecanismo argumentativo para a sua correção.[259] É o que veremos nos itens seguintes.

[259] Demonstraremos, no item 6.3.1.5.1, p. 198, a resolução que demos ao problema da aplicação da multa na hipótese de devedor destituído de patrimônio.

Capítulo III

O método aplicado: efetivação das decisões judiciais sob a perspectiva do formalismo-valorativo

Nosso objetivo principal, neste trabalho, consiste em apresentar soluções para o cumprimento e a execução das sentenças sob a ótica do formalismo-valorativo, aplicando o método antes proposto a problemas hipoteticamente criados, porém com forte potencial de concretude, face à experiência empírica acumulada pela jurisprudência e pela doutrina. Os desafios são múltiplos, mas tal afirmativa, antes de auxiliar, apenas causa perplexidade e embaralha a visão do intérprete e aplicador da norma processual. É preciso distinguir *quais* são os desafios e, em especial, sua natureza. Somente assim pode-se avaliar com maior clareza as soluções viáveis diante dos problemas trazidos pelos casos concretos.

1. A necessária distinção entre limites e obstáculos à prestação jurisdicional efetiva

A crise que há muito abala o processo de execução, trazendo reflexos para a instituição do processo e, por que não, para o próprio Estado de Direito, nem sempre tem suas causas nas normas processuais. Basta pensar no devedor insolvente. Não há processo, por mais perfeito que seja, capaz de proporcionar a satisfação do credor diante da realidade nua e crua da ausência de patrimônio da única pessoa que deve saldar a dívida objeto do litígio. Trata-se de um problema cuja solução independe da evolução da ciência e dos povos, e mais especificamente da evolução do processo. Mesmo nos mais primitivos sistemas, onde nem o corpo do devedor estava a salvo da execução e até da vingança privada, o que se obtinha com a medida executiva nada mais era do que a duplicação da injustiça, como bem anotado, há muito, por Rudolf Von Ihering.[260] Outro exemplo ilustrativo diz respeito ao perecimento da coisa infungível (uma obra de arte,

[260] "Mas a vingança não conhece outro limite que o grau puramente acidental e arbitrário de sobrexcitação do indivíduo ofendido, que em logar de se opor à força da injustiça, não faz mais que duplicá-las, aumentando a que já existe com uma nova injustiça" (IHERING, Rudolf Von. *Espírito do direito romano.* Trad. Rafael Benaion. Rio de Janeiro: Calvino Filho, 1934, p. 127).

por exemplo), que impossibilita a tutela específica do dever de entrega de coisa certa, determinando sua conversão em pecúnia.

Situação diversa ocorre quando a dificuldade na prestação jurisdicional radica-se na carência de recursos materiais (financeiros, tecnológicos, científicos etc.) ou humanos. Nesse ponto, a evolução da ciência e dos povos assume um papel fundamental, pois somente ela definirá a capacitação do poder jurisdicional em desempenhar sua função com sucesso. Os avanços da genética com a descoberta do DNA, da computação e dos meios de comunicação com a popularização dos computadores pessoais e com a rede mundial de computadores (*world wide web*), dentre outros, expandiram as fronteiras para onde pode se mover o órgão jurisdicional, seja na pesquisa dos fatos (ex.: prova da paternidade via exame de DNA), seja na efetivação das decisões judiciais (ex.: penhora *online*). Não obstante, importantes problemas surgem pela escassez de recursos, como a falta de juízes ou de sua preparação, má remuneração de funcionários, precariedade dos equipamentos do Poder Judiciário etc. Nesses casos, a norma processual também não pode contribuir *diretamente* para a superação dos problemas: não é ela a causa nem o remédio para a falta de recursos materiais ou humanos. No máximo, pode a norma processual minimizar os danos da falta de recursos, adequando-se aos avanços já obtidos no campo da ciência. Exemplo bastante ilustrativo encontra-se nos artigos 689-A e 685-C, § 3°, ambos do CPC,[261] que possibilitam tanto a realização de hasta pública quanto a alienação particular do bem penhorado através de meios eletrônicos e com o auxílio da rede mundial de computadores.[262]

Por fim, há limites inerentes à própria jurisdição, que podem ou não estar relacionados a normas de caráter processual. As regras sobre a impenhorabilidade de bens (arts. 648 e 649 do CPC e Lei 8.009/90), a proibição da prisão por dívida (art. 5°, LXVII, da Constituição Federal), os requisitos específicos da antecipação da tutela (urgência, pedido incontroverso ou abuso de direito de defesa, não se admitindo a antecipação com base *apenas* na prova inequívoca e na verossimilhança), o efeito suspensivo de regra para o recurso de apelação (art. 520 do CPC) impõem importantes restrições à efetivação das decisões judiciais, não cabendo, neste primeiro momento, avaliar a pertinência de tais limitações. Aqui, no entanto, resta claro que a limitação ocorre no campo normativo, não demandando nada além da modificação da própria norma a eliminação das barreiras

---

[261] Introduzidos pela Lei 11.382/06.

[262] CPC, Art. 689-A. O procedimento previsto nos arts. 686 a 689 poderá ser substituído, a requerimento do exeqüente, por alienação realizada por meio da rede mundial de computadores, com uso de páginas virtuais criadas pelos Tribunais ou por entidades públicas ou privadas em convênio com eles firmado.

Art. 685-C. [...] § 3° Os Tribunais poderão expedir provimentos detalhando o procedimento da alienação prevista neste artigo, inclusive com o concurso de meios eletrônicos, e dispondo sobre o credenciamento dos corretores, os quais deverão estar em exercício profissional por não menos de 5 (cinco) anos.

impostas à prestação jurisdicional. Não se nega, com tal afirmação, que a modificação da norma em geral reflita um processo evolutivo e cultural, sendo decorrência deste, por exemplo, a impenhorabilidade de determinados bens e a proibição de prisão por dívida. Ainda assim, é a norma que, *diretamente*, impõe limites ao exercício da jurisdição. Portanto, nesta última categoria de problemas que afetam a jurisdição, inserem-se os eventuais defeitos do sistema normativo processual, de que pretendemos nos ocupar neste trabalho.

Diante das diferentes categorias de problemas apresentadas, é que pretendemos distinguir *obstáculos* e *limites* da jurisdição. Os primeiros se dão no plano externo, material, e sua causa não se encontra no sistema normativo processual. Os segundos são aqueles inerentes à própria jurisdição. Na categoria dos obstáculos, podemos ainda classificá-los em absolutos e relativos. Estes podem ser contornados pelo aperfeiçoamento da norma processual (ex.: busca-se contornar a carência de magistrados com a instituição de juizados especiais com juízes leigos, ou com o fomento da arbitragem). Aqueles não podem ser superados, por melhor que seja o sistema processual. No que toca aos limites, não estamos a tratar, aqui, apenas dos limites espaciais e subjetivos da jurisdição.[263] Referimo-nos aos limites legítimos dos poderes do juiz,[264] assim como aos limites que acidentalmente – por seus defeitos, inconsistências, desacertos – as leis processuais impõem à atividade jurisdicional.

Definida a distinção entre obstáculos (absolutos e relativos) e limites (legítimos e acidentais) da jurisdição, podemos avaliar melhor o panorama da crise jurisdicional, que tem seu ápice na crise de efetividade das decisões judiciais. Apontando os obstáculos e limites da atividade jurisdicional, podemos sugerir as diferentes medidas – dadas as diferentes naturezas dos apontados problemas – capazes de auxiliar na superação ou atenuação da crise jurisdicional e, mais especificamente, na crise de

---

[263] Conforme foram destacados por Athos Gusmão Carneiro em seu "Jurisdição e Competência": "Constituindo uma das manifestações da soberania estatal, a jurisdição é exercida dentro dos limites territoriais do respectivo país, para a decisão de litígios de alguma forma vinculados ao seu território. [...] *Subjetivamente*, a jurisdição brasileira impõe-se a todas as pessoas que se encontrem em território nacional, brasileiros ou estrangeiros. No âmbito civil, gozam, todavia, de *imunidades* jurisdicionais os chefes de Estado estrangeiros e os agentes diplomáticos, de acordo com princípios de direito internacional público, e ainda funcionários de algumas instituições de caráter internacional" (CARNEIRO, Athos Gusmão. *Jurisdição e competência*. 14.ed. São Paulo: Saraiva, 2005, p. 50-51).

[264] Sobre o tema, veja-se o elenco de limites apresentado por Cândido Rangel Dinamarco, que apresenta a jurisdição como um sistema de promessas e limitações (DINAMARCO, Cândido Rangel. *Instituições de direito processual civil*. 4.ed. São Paulo: Malheiros, 2004. v. 1, p. 109-112). Afirma Dinamarco que "a ordem jurídica trata de delinear e *delimitar racionalmente os poderes do juiz*, inerentes à jurisdição, para que o exercício desta se dê sempre por meios socialmente convenientes e juridicamente idôneos, sem perder de vista a mais profunda razão de ser de todo o sistema, que é a existência de conflitos a dirimir. Trata-se de limitações legitimamente ditadas no próprio plano constitucional e também na lei, todas visando à adequação do sistema do processo à realidade de sua própria técnica e do contexto social e político no qual ele se destina a operar" (Ibidem, p. 110).

efetividade das decisões judiciais. É o que faremos quando analisarmos os diferentes desafios que se apresentam para a tutela dos deveres de fazer, não-fazer, entrega de coisa e pagar quantia.

Uma das formas de superação dos problemas consiste em estabelecer o elo entre as diferentes situações de direito material – e suas carências específicas – e as técnicas de tutela jurisdicional adequadas, cuja aplicação se sujeitará ao método exposto na segunda parte deste trabalho.[265]

[265] Item 2.3, Capítulo II.

2. *Das diferentes necessidades do direito material e das técnicas de tutela jurisdicional*

O debate sobre a relação entre os planos do direito material e do direito processual é interminável, não tendo a doutrina encontrado um ponto de apoio comum. Sua importância, todavia, tem sido admitida por todos – outra não é a justificativa para a sobrevivência do intenso debate – e assenta-se na necessidade de o processo servir não como o único, mas como o derradeiro veículo para que sejam cumpridas as promessas do direito material.

Para o tema proposto neste trabalho, é fundamental estabelecer qual é a nossa visão acerca do relacionamento entre os planos. Na medida em que nossa preocupação consiste na efetivação das sentenças – leia-se, na concretização dos comandos sentenciais – as soluções apresentadas hão de se calcar na ponte que liga o processo ao direito material.

Recentemente, procuramos demonstrar as inconsistências da teoria que buscava explicar esse relacionamento através da idéia da *ação de direito material*,[266] tendo nosso estudo sido objeto de valiosa porém severa crítica.[267] Demonstramos, basicamente, a insubsistência de duas idéias de Pontes de Miranda, quais sejam: *a)* o exercício de ação de direito material concomitantemente com a ação processual, e *b)* a classificação das ações (de direito material) segundo a sua carga de eficácia. Afirmamos que não há identidade entre a atividade jurisdicional estatal ou, mais especificamente, entre as técnicas de tutela utilizadas pelo Estado-juiz, e quaisquer

---

[266] AMARAL, Guilherme Rizzo. A polêmica em torno da "ação de direito material". In MACHADO, Fábio Cardoso; AMARAL, Guilherme Rizzo (org.). *Polêmica sobre a ação: a tutela jurisdicional na perspectiva das relações entre direito e processo.* Porto Alegre: Livraria do Advogado, 2006, p. 111-127. Essas idéias tiveram como ponto de partida as reflexões de Carlos Alberto Alvaro de Oliveira, em "O problema da eficácia da sentença" (ALVARO DE OLIVEIRA, Carlos Alberto (org.). *Eficácia e coisa julgada.* Rio de Janeiro: Forense, 2006).

[267] MITIDIERO, Daniel Francisco. Polêmica sobre a teoria dualista da ação: ação de direito material: "ação" processual: uma resposta a Guilherme Rizzo Amaral. In MACHADO, Fábio Cardoso; AMARAL, Guilherme Rizzo (org.). *Polêmica sobre a ação: a tutela jurisdicional na perspectiva das relações entre direito e processo.* Porto Alegre: Livraria do Advogado, 2006, p. 129-137.

eventuais ações que possam ser praticadas pelo particular. O juiz não age como o particular agiria não fosse a vedação à autotutela, daí por que é incorreto afirmar que *"a 'ação' exerce-se junto com a ação"*.[268] Incorreta, por essa razão, é também a assertiva de que a ação processual seria *"um 'plus' que se junta à 'actio' quando se chama o obrigado a juízo"*.[269] Concluímos afirmando que a formulação de Pontes, defendida por Ovídio Baptista da Silva, não identifica corretamente o fenômeno de comunicação entre o direito material e o processo, pois inexiste ação de direito material fora das hipóteses (raríssimas, aliás) previstas em lei. A resistência de alguém a agir conforme o direito gera, para o interessado, pretensão à tutela jurisdicional. Esta é exercida através da ação processual, que ensejará o emprego, pelo juiz, de diferentes técnicas de tutela jurisdicional, de acordo com as necessidades e peculiaridades do direito subjetivo material tutelado e do caso concreto.[270] Não há, aqui, o exercício de qualquer ação de direito material, "mas sim o exercício de pretensão à tutela jurisdicional do direito material mediante o exercício da ação processual".[271]

Quando se afirma que "a ação de direito material foi proibida",[272] é de se indagar: o que, exatamente, na prática (e não em termos teórico-conceituais) foi proibido? Ora, só se pode proibir algo que, sem a proibição, poderia, de fato, ocorrer, pela conduta ou omissão de alguém (a proibição só pode ser imposta a sujeitos conscientes; não se pode proibir a natureza de se manifestar).

Pode-se proibir qualquer pessoa de satisfazer seus direitos ou interesses à força. Por quê? Porque alguém *pode*, hipoteticamente, satisfazer seus direitos ou interesses à força. Pode-se proibir qualquer pessoa a ameaçar outrem para obter a mesma satisfação. Por quê? Porque alguém *pode* ameaçar outrem para satisfazer direito ou interesse. Mas, perguntamos, poder-se-ia (ou *faria sentido*) proibir alguém a aferir *certeza* da existência ou inexistência de uma relação jurídica? Poder-se-ia proibir alguém de criar, extinguir ou modificar *definitivamente* uma relação jurídica? A resposta há de passar, como visto, pela indagação acerca da *possibilidade* de alguém agir de forma a aferir *certeza* da existência ou criar, extinguir ou modificar *definitivamente* uma relação jurídica.

---

[268] PONTES DE MIRANDA, Francisco Cavalcanti. *Tratado das ações*. 2.ed. São Paulo: Revista dos Tribunais, 1972. t. 1, p. 94-95; 110.

[269] Ibidem, t. 1, p. XXIV.

[270] AMARAL, Guilherme Rizzo. A polêmica em torno da "ação de direito material". In MACHADO, Fábio Cardoso; AMARAL, Guilherme Rizzo (org.). *Polêmica sobre a ação: a tutela jurisdicional na perspectiva das relações entre direito e processo*. Porto Alegre: Livraria do Advogado, 2006, p. 127.

[271] MARINONI, Luiz Guilherme. *Curso de processo civil: teoria geral do processo*. São Paulo: Revista dos Tribunais, 2006. v. 1, p. 294.

[272] Como o faz Araken de Assis, em ASSIS, Araken. *Cumulação de ações*. 4.ed. São Paulo: Revista dos Tribunais, 2002, p. 79.

Se dois particulares contratam entre si, estão a estabelecer um vínculo jurídico, uma relação jurídica. Agiram, sim, para a *criação*, ou *constituição* dessa relação. Todavia, se qualquer um deles deixa de acatar os termos do vínculo, negando a existência, validade ou eficácia da relação jurídica, qual a alternativa para o outro, supondo que "a ação de direito material" não fosse "proibida"? Veremos finalmente, agora, como seria o tal exercício da ação de direito material, na prática. Das duas, uma: ou o interessado na manutenção da relação jurídica quedaria silente e conformar-se-ia com a negativa da existência do vínculo, ou, ao contrário, através da força física ou da ameaça, tentaria provocar, por parte do recalcitrante, a obediência aos termos do contrato. Tudo se resumiu à força física e à ameaça (que, aliás, poderiam ser exercidas independentemente do vínculo contratual antes referido). O mero estabelecimento do vínculo é estéril *para o particular*, caso não haja a ação processual e a tutela jurisdicional. Não há, no plano do direito material, qualquer *ação* privada capaz de estabelecer a constituição da relação jurídica em caráter definitivo, *independentemente da vontade da outra parte*. Não há, assim, ação de direito material de caráter constitutivo. O mesmo vale, *mutatis mutandis*, para a declaração e para a condenação.

Para que fique ainda mais claro: se alguém fosse a juízo, *afirmar* ou *invocar*[273] uma ação de direito material com o único intuito de ver reconhecida a *existência* de um contrato entre as partes (*declaração* da existência de uma relação jurídica), que ação de direito material invocaria? Que ação haveria, no plano material, apta a produzir a *certeza* jurídica?

Parece claro que "o natural terror que a simples menção desta categoria jurídica [ação de direito material] incute em certos cultores do direito processual",[274] não decorre da prisão desses mesmos cultores ao dogmatismo pétreo, mas, sim, constitui repúdio à doutrina que não encontra saída do ciclo vicioso a que foi lançada pela clássica formulação de Pontes de Miranda.

Tomando como exemplo o mandamento e a execução, estes constituem técnicas de tutela de naturezas muito *semelhantes* às únicas duas "ações de direito material" possíveis de se imaginar (força ou ameaça). *Semelhantes*, porém não idênticas. O mandamento e a execução estatais são *irresistíveis*. Falhando o primeiro, entra em cena o segundo. Não há balanço de forças entre o Estado-Poder e o cidadão.[275] Há, no entanto, esse

---

[273] MITIDIERO, Daniel. A pretensão de condenação. *Revista de Processo*, São Paulo, v. 30, n. 129, p. 50-65, nov. 2005, p.53.

[274] Ibidem.

[275] Já dizia Hobbes que o cidadão pode *desobedecer* ao Leviatã caso o segundo ordene a morte do primeiro. Todavia, a desobediência significa *fugir* do Leviatã, não enfrentá-lo (HOBBES, Thomas. *Leviatã ou matéria, forma e poder de um estado eclesiástico e civil*. Trad. João Paulo Monteiro e Maria Beatriz Nizza da Silva. 3.ed. São Paulo: Abril Cultural, 1983, p. 129 e segs.).

balanço entre particulares. Veja-se, do ponto de vista do que verdadeiramente ocorre no processo, que quando alguém pede ao juiz que mande ou execute, não afirma "eu poderia fazê-lo, mas, como estou proibido, peço ao juiz que o faça". Não afirma, assim, uma "ação de direito material proibida". Não o faz pois, se o fizesse, poderia o juiz negar o pedido ao verificar que, no real jogo de forças entre autor e réu, possivelmente o réu levasse vantagem (por maior porte físico, poderio econômico, ou maiores condições de se defender). O que afirma aquele que vai a juízo é "sou titular de um direito, que está sendo ameaçado ou violado por outrem. Peço, assim, que se impeça a concretização do que se ameaça, ou que cesse a violação e indenizem-se os danos que dela decorreram". Afirma-se (mera asserção: não se trata ainda de *provar*) o direito, a sua ameaça ou violação, e franqueia-se ao particular o acesso à jurisdição.

A assertiva – com referência à *mandamentalidade* – de que "a ordem é inerente ao império do magistrado que não substitui nenhuma atividade possível do particular"[276] é corretíssima, mas torna-se realmente difícil compatibilizá-la com outra, no sentido de que "a eficácia mandamental já existia latente na ação [de direito material] e na sentença, apenas aí em outro nível quantitativo".[277] Note-se, a diferença seria *quantitativa*. Assim, o mandamento da ação de direito material seria idêntico, *qualitativamente*, ao mandamento da sentença. Voltando ao início: não era inerente ao império do magistrado a *ordem*, ou a "imperatividade do mandamento contido no provimento jurisdicional"?[278] Como pode, agora, ser *qualitativamente* idêntico ao "mandamento do particular"?

Em sinuosa crítica ao nosso anterior estudo sobre o tema,[279] Daniel Mitidiero lança indagações sobre se não haveria, em nossa opinião, "direito à submissão de alguém à vontade de outrem", ou "pretensão à condenação" e "pretensão à declaração". Ora, há pretensão ao bem tutelado pelo direito. Se esse bem jurídico é a certeza, há pretensão à obtenção de certeza. E a *técnica* adequada para a tutela da pretensão é a declaratória, o que não significa dizer que há pretensão à declaração, pretensão à técnica. Se esse bem é o direito à saúde, há pretensão à preservação desta, e o juiz, mediante provocação, poderá adotar a técnica mandamental ou executiva para tutelar esse mesmo direito. Mas não há pretensão às técnicas de

---

[276] Como Daniel Mitidiero afirma, dando coro às idéias de Ovídio Baptista da Silva e de Pontes de Miranda (MITIDIERO, Daniel. *Elementos para uma teoria contemporânea do processo civil brasileiro*. Porto Alegre: Livraria do Advogado, 2005, p. 136).

[277] Também de autoria de Daniel Mitidiero (MITIDIERO, Daniel. *Elementos para uma teoria contemporânea do processo civil brasileiro*. Porto Alegre: Livraria do Advogado, 2005, p. 128).

[278] Ibidem, p. 135.

[279] AMARAL, Guilherme Rizzo. A polêmica em torno da "ação de direito material". In MACHADO, Fábio Cardoso; AMARAL, Guilherme Rizzo (org.). *Polêmica sobre a ação: a tutela jurisdicional na perspectiva das relações entre direito e processo*. Porto Alegre: Livraria do Advogado, 2006.

tutela, pois estas são adotadas pelo juiz de acordo com o caso concreto e com as eventuais limitações que possam lhe impor as normas aplicáveis (em especial na hipótese de tipicidade dos meios executivos). Em nosso trabalho, não atacamos a figura da pretensão, e sim a *ação* de direito material.[280]

Ao que tudo indica, a crítica perde-se na multiplicidade de conceitos que encampa, deixando inconscientemente de lado, justamente, a tão defendida ação de direito material. Aliás, é sintomático que a mesma voz, ainda que discretamente, em mais uma reviravolta em poucas páginas, tenha abandonado a categoria da ação de direito material em suas facetas *mandamental* e *condenatória*.[281] A formulação defendida por Daniel Mitidiero acabará por constranger o autor, pois de tão alheia à realidade, de tão virtual, por vezes lhe prega peças a ponto de incidir ele próprio em pecados "inescusáveis" de que acusa alguns "cultores do direito processual". Embora pregue a necessária distinção dos planos, confunde-os freqüentemente, como ilustra a seguinte passagem: "O que procede ou improcede é o pedido, elemento da ação de direito material, e, com isso, ela mesma".[282] Vejamos:

Quem *age para a satisfação* (agir, no plano material, para Mitidiero) não *pede*. Quem *pede*, segundo a tese do autor, *afirma* a existência de uma ação de direito material. Portanto, *pedido* não poderia ser *elemento* da chamada ação de direito material. *Pedido* (aquele que se faz ao juiz, no *processo*) é conceito *processual*. É fenômeno processual, e, portanto, realmente *procede* ou *improcede*. É inegável, todavia, que *procedente*[283] ou *improcedente*, o pedido *existe*. Diferentemente, a ação de direito material, tal qual defendida por Mitidiero, entra *in status assertionis* no processo. Portanto, não neces-

---

[280] Nesse sentido, escrevemos: "A formulação de Pontes, defendida por Ovídio Baptista da Silva, não identifica corretamente o fenômeno de comunicação entre o direito material e o processo. Inexiste ação de direito material fora das hipóteses (raríssimas, aliás) previstas em lei. O que há, no máximo, são pretensões que, uma vez resistidas, geram o interesse na busca da tutela jurisdicional. E a busca da tutela jurisdicional estatal se dá com a ação processual, que ensejará o emprego, pelo juiz, de diferentes técnicas de tutela jurisdicional, de acordo com as necessidades e peculiaridades do direito subjetivo material tutelado e do caso concreto" (Ibidem, p. 127).

[281] "Ao lado das ações preponderantemente declaratórias, constitutivas e executivas temos ainda as pretensões condenatórias e mandamentais. Ao contrário das ações, as pretensões deixam uma escolha ao demandado: adimplir ou não adimplir a 'obrigação'." (MITIDIERO, Daniel. *Elementos para uma teoria contemporânea do processo civil brasileiro*. Porto Alegre: Livraria do Advogado, 2005, p. 133).

[282] MITIDIERO, Daniel. A pretensão de condenação. *Revista de Processo*, São Paulo, v. 30, n. 129, p. 50-65, nov. 2005, p. 57.

[283] *Procedência* não é sinônimo de *existência*. *Procedência* encontra, no dicionário Aurélio, os seguintes significados: "1. Ato ou efeito de proceder. 2. Lugar de onde se procede. 3. Proveniência, origem. 4. *Jur*. Justa causa; fundamento, razão" (FERREIRA, Aurélio Buarque de Holanda. *Novo Aurélio Século XXI: o dicionário da língua portuguesa*. Rio de Janeiro: Nova Fronteira, 1999, p. 1.641). Veja-se que o significado jurídico é o de justa causa, fundamento. Assim, um pedido que procede é aquele com justa causa, fundamentação ou razão para ser acolhido. Um pedido que improcede é aquele sem esses atributos. Ambos, no entanto, *existem*.

sariamente *existe*. Logo, ao julgar procedente *o pedido*, não afirma o juiz ser *procedente* a ação de direito material, mas, isso sim, afirma *existir* ou *inexistir* a ação de direito material. Esta seria a formulação coerente, seguindo as idéias de Mitidiero. Ele, todavia – e por incrível que pareça, dada a ênfase com que critica os que assim caem em pecado –, confunde os planos material e processual, ao colocar no plano material ação de direito material *e* pedido, quando este, obviamente, pertence ao plano processual.

Quem quiser compreender minimamente o fenômeno processual não pode se satisfazer com a tese da "ação de direito material". Ainda que fosse tal formulação internamente coerente – e não é, como visto –, não traz ela nenhuma contribuição para o desenvolvimento da ciência processual e para a compreensão do que se passa no processo.

Para concluir, e retomando a idéia da proibição da ação de direito material: o que se proibiu foi o agir privado para a satisfação do direito. O que se proibiu foi a chamada "justiça com as próprias mãos". E, é claro, apenas as ações *possíveis* podem ter sido proibidas. Ações *impossíveis*, inimagináveis, não poderiam ser proibidas e, portanto, não poderiam constituir "ação de direito material".

Isso, todavia, não equivale a negar a existência do *direito*. Quando as partes contratam, estabelecem, sim, uma relação jurídica que, todavia, uma vez negada por uma delas e tornada litigiosa, entra no processo em estado de dúvida, sendo, na sentença transitada em julgado, finalmente tornada incontroversa. Em verdade, entre o exercício da pretensão à tutela jurídica, até o trânsito em julgado da sentença, tem-se o chamado "direito litigioso", de natureza dinâmica, "um constante vir a ser, à espera de sua superação pela sentença".[284] Após esta, não se tem mais o direito litigioso, mas "o direito material acertado", aplicado ao caso concreto.[285]

Ao superarmos o conceito de ação de direito material, reconhecendo a relevância do conceito de ação apenas para o plano do direito processual, e admitindo, ainda, que nesse plano a ação é abstrata, não há como classificarmos *ações* como declaratórias, constitutivas, condenatórias, mandamentais ou executivas. Todavia, declaração, constituição, condenação, mandamento e execução são ora atribuídas à eficácia da sentença,[286] ora a técnicas de tutela,[287] ora a formas de tutela jurisdicional,[288] não havendo

---

[284] ALVARO DE OLIVEIRA, Carlos Alberto. *Alienação da coisa litigiosa*. Rio de Janeiro: Forense, 1984, p. 59.

[285] Ibidem.

[286] PONTES DE MIRANDA, Francisco Cavalcanti. *Tratado das ações*. 2.ed. São Paulo: Revista dos Tribunais, 1972. t. 1.

[287] MARINONI, Luiz Guilherme. *Técnica processual e tutela dos direitos*. São Paulo: Revista dos Tribunais, 2004, p. 290.

[288] ALVARO DE OLIVEIRA, Carlos Alberto. O problema da eficácia da sentença. In —— (org.). *Eficácia e coisa julgada*. Rio de Janeiro: Forense, 2006, p. 33-48. A idéia foi aprofundada pelo processualista

consenso sobre em quais dessas definições encaixar-se-iam as cinco expressões antes referidas. Muito embora caminhe a doutrina firmemente para o abandono da idéia de ação de direito material, é nesse passado que se busca, não raro, a resposta para conceituar e definir declaração, constituição, condenação, mandamento e execução.

Quando Carlos Alberto Alvaro de Oliveira refere que "para a classificação das formas de tutela jurisdicional [...] não se mostram decisivos os elementos ligados ao direito material",[289] está a indicar o caminho que entendemos correto, no sentido de isolar um fenômeno tipicamente *processual*, que o autor chama de "forma de tutela" e nós, acolhendo a idéia de Luiz Guilherme Marinoni, chamamos de "técnica de tutela". Não se trata de negar a influência que o direito material exerce sobre a escolha da técnica ou forma de tutela. Pelo contrário, "não há dúvida quanto à grande influência exercida pelo direito material sobre a forma de tutela",[290] dado que "a situação substancial também interfere na adoção da tutela jurisdicional".[291] O que Alvaro de Oliveira rechaça é o posicionamento de Satta, no sentido de que "a forma de tutela seja definida exclusivamente em função do conteúdo do direito a tutelar". Há outros elementos, como o próprio conflito entre efetividade e segurança, que exercem papel importante na escolha da técnica ou forma de tutela jurisdicional a ser empregada. Como ensina Falzea, é da solução do conflito entre os valores e interesses em jogo que se define a eficácia jurídica.[292] Cremos não contradizer essa idéia, ao afirmarmos que a *escolha* da técnica processual (e não a técnica em si) parte da ponderação entre valores e interesses em jogo.

É preciso, todavia, como bem observa Alvaro de Oliveira, distinguir o direito material dos meios empregados para a sua realização.

Afirmar ser a tutela executiva mais *adequada* para as hipóteses em que se busca a "passagem para a esfera jurídica de alguém o que nela devia estar", está de acordo com a idéia de ponderação entre os princípios da efetividade e da segurança,[293] adotada em nosso trabalho. Entretanto, di-

em artigo intitulado "Direito material, processo e tutela jurisdicional". In MACHADO, Fábio Cardoso; AMARAL, Guilherme Rizzo (org.). *Polêmica sobre a ação: a tutela jurisdicional na perspectiva das relações entre direito e processo.* Porto Alegre: Livraria do Advogado, 2006, p. 285-319.

[289] ALVARO DE OLIVEIRA, Carlos Alberto. Efetividade e tutela jurisdicional. *Revista Processo e Constituição*, Porto Alegre: Faculdade de Direito, UFRGS, 2005. (Coleção Galeno Lacerda de Estudos de Direito Processual Constitucional, n. 2).

[290] Idem. Direito material, processo e tutela jurisdicional. In MACHADO, Fábio Cardoso; AMARAL, Guilherme Rizzo (org.). *Polêmica sobre a ação: a tutela jurisdicional na perspectiva das relações entre direito e processo.* Porto Alegre: Livraria do Advogado, 2006, p. 310.

[291] Ibidem.

[292] FALZEA, Ângelo. Efficacia giuridica. In *Enciclopédia del Diritto.* Milano: Giuffrè, 1965. v. 14, p. 432 e seguintes.

[293] ALVARO DE OLIVEIRA, Carlos Alberto. O processo civil na perspectiva dos direitos fundamentais. In ——. (org). *Processo e Constituição.* Rio de Janeiro: Forense, 2004, p. 15.

zer que a sentença *é* executiva em função daquela circunstância[294] significa atrelar a classificação das "formas de tutela" à situação de direito material, algo que, como visto anteriormente, mostra-se inadequado.

Tomando por exemplo a sentença proferida na ação de alimentos, nesta o que se determina é a agressão ao patrimônio de "terceiro, genérico e indefinido". Tradicionalmente, a técnica de tutela considerada adequada para tal situação é a *condenatória*.[295] Todavia, há, em verdade, três "formas de tutela", ou técnicas de tutela, que podem vir a ser utilizadas em se tratando de tutela do direito a alimentos. Pode-se *condenar* e submeter o réu à execução mediante requerimento do credor. Pode-se *mandar* que o réu pague, sob pena de prisão. Pode-se *executar* diretamente por meio do desconto em folha. Nas três hipóteses, não se está a passar "para a esfera jurídica de alguém o que nela devia estar", mas, isto sim, a "agredir o patrimônio de terceiro, genérico". Ainda assim, como bem se vê, não é porque a sentença agride patrimônio de terceiro, genérico, que será sempre *condenatória*, modificando-se apenas a forma de cumprimento ou o meio de execução ou efetivação dessa sentença. Tal afirmação aproximar-se-ia da corrente doutrinária que ainda reluta em aceitar a classificação quinária de Pontes de Miranda. Cândido Rangel Dinamarco, ao referir-se às sentenças mandamentais[296] e às sentenças executivas *lato sensu*,[297] afirma serem ambas tipicamente condenatórias, constituindo título para execução forçada, não se tratando, assim, de categorias sentenciais distintas. Para Dinamarco, a sentença condenatória pode ser cumprida ou efetivada de várias formas, seja em processo de execução autônomo (execução *ex intervallo*), seja pelo "reforço de eficácia" mandamental ou executiva. Algo semelhante do que se passaria se admitíssemos que, na ação de alimentos, a sentença sempre *condena* o réu.

A tese ignora o reconhecimento da existência de cinco (e não três) espécies de técnica de tutela (ou cinco cargas de eficácia sentenciais), preconizado, no Brasil, por Pontes de Miranda (a chamada teoria quinária).[298]

---

[294] Da "passagem para a esfera jurídica de alguém o que nela devia estar".

[295] ALVARO DE OLIVEIRA, Carlos Alberto. O problema da eficácia da sentença. —— (org.). *Eficácia e coisa julgada*. Rio de Janeiro: Forense, 2006, p. 47.

[296] "[...] a sentença mandamental não deixa de ter natureza condenatória. Ela é título para a execução forçada [...] não se trata de uma quarta categoria sentencial, ao lado da meramente declaratória, da condenatória e da constitutiva. Por sua estrutura, função e eficácia, as sentenças mandamentais compartilham da natureza *condenatória* (Cintra-Grinover-Dinamarco), sem embargo do reforço de eficácia que lhes outorga a lei" (DINAMARCO, Cândido Rangel. *Instituições de direito processual civil*. 4.ed. São Paulo: Malheiros, 2004. v. 3, p. 244-245).

[297] "Nem por isso a sentença proferida nesses processos deixa de ter natureza tipicamente *condenatória* nem se legitima essa estranha denominação de sentença executiva. Toda sentença condenatória tem eficácia executiva, pela simples razão de que constitui título para a execução forçada" (DINAMARCO, Cândido Rangel. *Instituições de direito processual civil*. 4.ed. São Paulo: Malheiros, 2004. v. 3, p. 246).

[298] PONTES DE MIRANDA, Francisco Cavalcanti. *Tratado das ações*. 2.ed. São Paulo: Revista dos Tribunais, 1972. t. 1.

E, mais ainda, não atenta para o fato de que os valores em jogo, o direito material envolvido e o caso concreto podem influenciar na escolha de diferentes técnicas de tutela, seja pelo legislador, seja pelo juiz, tendo sempre em mente o conflito entre efetividade e segurança e o método adequado para a sua resolução.

De mais a mais, como refere acertadamente Alvaro de Oliveira, foi a mudança na *lei* processual (no direito positivado, portanto) que instituiu de forma *genérica*[299] as sentenças "executivas *lato sensu*". Segundo o autor, "a introdução do art. 461-A e a nova redação do art. 621 do CPC, por obra da Lei nº 10.444, de 7.5.2002, consagraram legislativamente e de forma genérica a tutela executiva *lato sensu* no direito brasileiro, emprestando maior realce ao valor da efetividade, sem contudo prejudicar o direito de defesa, garantido constitucionalmente".[300]

Ora, teria o *legislador processual* modificado a situação jurídica substancial? Teriam aquelas relações que, antes, se subsumiam a "agredir o patrimônio de terceiro, genérico e indefinido",[301] agora, pelas mudanças *legislativas processuais*, passado a consubstanciar apenas a "passagem para a esfera jurídica de alguém o que nela devia estar, e não está"?[302] A resposta há de ser negativa.

Imaginemos o seguinte exemplo: antes da Lei 10.444/02, Tício teria adquirido junto a Caio 2.000 sacas de arroz (não especificadas, a não ser em quantidade e qualidade – coisa incerta), que o segundo não lhe entregara. Tício, então, requerera ao juiz a condenação de Caio a entregar-lhe as ditas sacas de arroz. O juiz proferiria sentença *condenatória* (*rectius*, empregaria técnica de tutela ou forma de tutela condenatória). Se o mesmo processo se passasse hoje, após as mencionadas mudanças legislativas, o juiz determinaria a *busca e apreensão* das sacas de arroz, ou sua entrega *sob pena de multa*. Ou seja, empregaria sentença executiva ou mandamental. Indaga-se: algo mudou na relação jurídica substancial ou nos dados relativos ao direito material envolvido? Certamente não. Daí por que, parece-nos claro, a "forma de tutela" (Alvaro de Oliveira) ou a "técnica de tutela" não é definida como executiva, mandamental ou condenatória em função da situação jurídica substancial. Ela é, isto sim, *escolhida, adotada*,[303] *levando-se*

---

[299] Diz-se "genérica", pois já havia sido empregada a técnica de tutela executiva (sentenças executivas *lato sensu*) em hipóteses específicas, como a ação de despejo e as ações possessórias.

[300] ALVARO DE OLIVEIRA, Carlos Alberto. O problema da eficácia da sentença. In ——. (org.). *Eficácia e coisa julgada*. Rio de Janeiro: Forense, 2006, p. 47 (nota de rodapé).

[301] Ibidem.

[302] Ibidem.

[303] ALVARO DE OLIVEIRA, Carlos Alberto. Direito material, processo e tutela jurisdicional. In MACHADO, Fábio Cardoso; AMARAL, Guilherme Rizzo (org.). *Polêmica sobre a ação: a tutela jurisdicional na perspectiva das relações entre direito e processo*. Porto Alegre: Livraria do Advogado, 2006, p. 310.

em conta essa situação jurídica substancial e os poderes e limites que são impostos ao juiz, e, é claro, sopesando-se efetividade e segurança.

O que se passa, na realidade, é que, independentemente da situação jurídica substancial, pode o legislador autorizar, e o juiz empregar, técnicas de tutela diferenciadas (declaração, constituição, condenação, mandamento e execução) e, portanto, estas não têm a sua definição, o seu conceito, ou sua natureza explicados pelo direito material ou mesmo pela situação jurídica substancial. Têm, sim, a sua *escolha* determinada por essa situação de direito material, assim como pela ponderação entre os valores *efetividade* e *segurança*, através do método aqui proposto. Frise-se: afirmar que o *direito material* ou a *situação jurídica substancial* não servem para a conceituação do que venha a *ser* condenação, execução, mandamento, declaração e constituição, não significa negar o papel importante que aqueles elementos exercem na *escolha* das diferentes técnicas de tutela. Aqui, o método proposto no presente trabalho, para a solução do conflito dos princípios da efetividade e da segurança, nos indicará a resposta sobre qual a técnica de tutela mais adequada (diríamos, até, adequada, necessária e proporcional em sentido estrito)[304] para o caso concreto, dentre aquelas que se encontram dentro dos limites do Poder Jurisdicional Estatal.

É possível, assim, detectar com precisão o *porquê* da utilização da *condenação* em vez da *execução* ou do *mandamento*. O *porquê* é dado pelo caso concreto, com toda a influência das normas (regras e princípios), valores (em especial, efetividade e segurança) e das características culturais do processo, e da escolha do método adequado. Todavia, no *que* constitui a *condenação*, a *execução* ou o *mandamento*, assim como a *declaração* ou a *constituição*, é uma pergunta que só pode ser respondida se observado o fenômeno processual de forma isolada, em seu aspecto *técnico*, daí a adequação do termo "técnica de tutela".[305] Se técnica pressupõe frieza e ausência de valores, da *escolha* da técnica não se pode dizer o mesmo. A um paciente podem ser indicados diferentes tratamentos, nos quais serão empregadas diferentes técnicas. A cirurgia ou o tratamento fisioterápico são técnicas. A escolha entre uma e outra dependerá da ponderação de valores (os riscos da cirurgia, combinados à sua rapidez; a segurança da fisioterapia, combinada à demora em se obter resultados). Os fatos de o paciente ser idoso ou jovem, de saúde hígida ou precária, avesso a procedimentos intrusivos ou totalmente à vontade, exercem papel importante na escolha da técnica

---

[304] ÁVILA, Humberto. *Teoria dos Princípios: da definição à aplicação dos princípios jurídicos*. São Paulo: Malheiros, 2003, p. 104-105.

[305] Poderia, por exemplo, o legislador estabelecer que a técnica de tutela mandamental como regra em todas as hipóteses, *inclusive quando necessária a agressão a patrimônio de terceiro*. Mesmo que fosse por alguém sustentado o inconveniente dessa solução, tal não modificaria a natureza, as características da técnica de tutela mandamental – continuaria sendo uma ordem direta dirigida pelo Estado-juiz, com vistas ao cumprimento voluntário de sua decisão por outrem (réu) – apenas apontaria para a sua suposta inadequação à hipótese em questão.

a ser empregada. A decisão envolve, sim, valores. Da mesma forma, no processo judicial, a *escolha* pela técnica, seja pelo legislador, seja pelo juiz, e em alguns casos até pela parte (imagine-se o autor da ação de alimentos que não deseja submeter o alimentante à prisão e abre mão desse requerimento), está permeada de valores, e levará sempre em conta o conflito entre efetividade e segurança. Tal idéia não é contraditória com a afirmação de que a técnica é alheia aos valores, pois ela se refere à *escolha* da técnica, e não à técnica em si mesma.

Nesse sentido, passaremos a analisar as diferentes técnicas de tutela predominantes nas sentenças proferidas no processo civil, buscando indicar em que casos – em que situações de direito material – a sua escolha mais se justifica, e, também, como se dá a sua efetivação. Saliente-se, desde já, que, forte na célebre lição de Pontes de Miranda, pode-se afirmar que nenhuma sentença será *pura*, no sentido de possuir tão-somente um efeito. Embora não possamos concordar que toda a sentença encampará as cinco espécies de eficácia com cargas distintas (a chamada teoria da "constante quinze"), é certo que o juiz poderá se utilizar de diferentes técnicas de tutela na sentença, concomitante ou alternadamente, o que de certa forma confirma a atualidade da constatação de Pontes de Miranda de que:

> [...] não há nenhuma ação, nenhuma sentença, que seja pura. Nenhuma é somente declarativa. Nenhuma é somente constitutiva. Nenhuma é somente condenatória. Nenhuma é somente mandamental. Nenhuma é somente executiva. [...] A ação somente é declaratória porque sua eficácia maior é a de declarar [...] A ação somente é constitutiva porque sua carga maior é a de constitutividade [...].[306]

2.1. Declaração

Sobre sentença declarativa, Pontes de Miranda afirmava ser ela "a prestação jurisdicional que se entrega a quem pediu a tutela jurídica sem querer 'exigir'. No fundo, protege-se o direito ou a pretensão somente, ou o interesse em que alguma relação jurídica não exista, [...]". Ou, ainda, o pedido é para que "se ilumine o recanto do mundo jurídico para se ver se é ou se não é, a relação jurídica de que se trata".[307] Em suma, o que se pretende com a declaração é a obtenção de *certeza jurídica*.[308]

---

306 PONTES DE MIRANDA, Francisco Cavalcanti. *Tratado das ações*. 2.ed. São Paulo: Revista dos Tribunais, 1972. t. 1, p. 124.

307 Ibidem, p. 118.

308 "As sentenças declaratórias afirmam a existência ou inexistência de uma relação jurídica como objeto principal ou incidental de um processo. Com essa essência, as sentenças declaratórias conferem a *certeza jurídica* almejada pela parte através da decisão judicial" (FUX, Luiz. *Curso de direito processual civil*. Rio de Janeiro: Forense, 2001, p. 687).

A declaração basta por si mesma e independe de atos complementares do réu ou do Juízo em face deste, ou mesmo de um processo complementar tal qual o executivo, para que a tutela final pretendida pelo autor seja alcançada. A atuação da sentença se dá, pois, no plano normativo.

Em importante estudo, Enrico Tullio Liebman desfez a confusão comumente encontrada na associação entre *declaração* e *coisa julgada*, afirmando que a eficácia declaratória manifesta-se mesmo antes do trânsito em julgado da sentença. "Uma coisa é a eficácia declaratória, outra coisa é sua imutabilidade",[309] disse o italiano. Daí por que o trânsito em julgado passa a ser elemento de maior estabilidade da declaração contida na sentença, mas não elemento da existência da própria declaração: "se pode concluir que a sentença ainda sujeita a recurso, a reforma ou a anulação é, certamente, dotada de menor estabilidade mas, nem por isso, destituída de eficácia".[310] Já havíamos reconhecido tal concepção ao afirmarmos, em outra ocasião, que o efeito declaratório da sentença opera *de imediato* quando aquela se sujeita a apelação *sem* o efeito suspensivo.[311] É preciso, no entanto, ressaltar que, embora a sentença declaratória tenha eficácia antes do seu trânsito em julgado – não se podendo negar a existência ou inexistência da relação jurídica, nela declaradas – a *certeza* propriamente dita só virá com o trânsito em julgado, com a imutabilidade da declaração contida na sentença.[312]

O Código de Processo Civil brasileiro traz em seu artigo 4° as hipóteses em que poderá haver interesse na obtenção de declaração. Segundo esse dispositivo, "o interesse do autor pode limitar-se à declaração: I – da existência ou da inexistência de relação jurídica; II – da autenticidade ou falsidade de documento". No parágrafo único, consta ainda que "é admissível a ação declaratória, ainda que tenha ocorrido a violação do direito". Daí se depreende que, à exceção da falsidade documental, é inadmissível a declaração de *fato*. Declara-se a existência ou inexistência de relação

---

[309] LIEBMAN, Enrico Tullio. Efeitos da sentença e coisa julgada. In ———. *Eficácia e autoridade da sentença*. 2.ed. Trad. Ada Pellegrini Grinover. Rio de Janeiro: Forense, 1981, p. 281. Afirma Liebman: "Com efeito, creio que a sentença possui eficácia declaratória, mesmo antes de passar em julgado, isto é, mesmo antes de alcançar a coisa julgada formal. E é justamente a eficácia de declaração 'ao estado natural', antes e independentemente de seu trânsito em julgado, o efeito que pode ser classificado junto aos outros possíveis de efeitos da sentença (a executoriedade e a eficácia constitutiva), porque somente assim se apresenta ela homogênea com relação aos demais efeitos da sentença".

[310] Ibidem, p. 283.

[311] "No que toca às *astreintes* fixadas em antecipação da tutela *confirmada* por sentença de procedência, são aproveitáveis as conclusões acima expendidas, para se *admitir* sua *execução provisória*, eis que a apelação será recebida apenas no efeito devolutivo (art. 520, VII do CPC). Neste caso, os efeitos declaratórios da sentença, que são, como visto, requisito de exigibilidade da multa (na medida em que afirmam que o autor *tem razão*), operam de imediato" (AMARAL, Guilherme Rizzo. *As astreintes e o processo civil brasileiro: multa do artigo 461 do CPC e outras*. Porto Alegre: Livraria do Advogado, 2004, p. 222).

[312] DINAMARCO, Cândido Rangel. *Instituições de direito processual civil*. 4.ed. São Paulo: Malheiros, 2004. v. 3, p. 227.

jurídica, tão-somente. Assim, o contribuinte que pretende demonstrar a inexistência de relação tributária (face à inconstitucionalidade de um tributo, por exemplo) com o Estado, ou o possuidor de imóvel que pretende declarar a relação de propriedade pela prescrição aquisitiva (usucapião), podem postular a declaração. Aqui, vale ressaltar que não importa o *nomen juris* empregado pelo demandante. Nenhum juiz deixará de conhecer do pedido de usucapião se o autor não afirmar estar postulando *declaração*. O que importa é a percepção, pelo órgão jurisdicional, do bem da vida buscado pelo demandante (no caso, *certeza jurídica*) e o emprego da técnica de tutela adequada (no caso, a *declaração*).

Isso nos leva para um outro problema, que é aquele referente ao interesse da mera declaração de violação do direito. É a lei processual que reconhece o interesse na mera declaração (e não condenação), na hipótese de ter ocorrido violação do direito: o artigo 4°, parágrafo único, do CPC é expresso nesse sentido e não foi alterado ou revogado. Tal constatação enseja a indagação: mesmo diante de todos os elementos suficientes para a postulação da *condenação* do demandado, pode o autor requerer a mera *declaração*? E, obtida a declaração, não poderá ela valer como título executivo? A discussão não é nova. Muito pelo contrário: Chiovenda já alertava para as diferentes soluções trazidas pelo direito estrangeiro para a questão, opinando pela possibilidade de se requerer a mera declaração, mesmo diante dos elementos que autorizariam a postulação da condenação.[313]

A polêmica volta a ganhar relevo, no entanto, levando-se em consideração o novel artigo 475-N, inciso I, que qualifica de título executivo judicial "a sentença proferida no processo civil que reconheça a existência de obrigação de fazer, não-fazer, entregar coisa ou pagar quantia". Sentença

---

[313] A respeito, veja-se a seguinte passagem do autor italiano, em suas "Instituições...": "Questiona-se se pode haver *simultaneamente* ação declaratória e ação condenatória; em outros termos, se a possibilidade de pleitear atualmente a condenação do réu exclui o interesse de agir para a declaração. Para os autores alemães, austríacos, ingleses e finlandeses, a questão resolve-se com a segunda hipótese. E a razão aduzida é que seria contrário à economia dos processos admitir a ação declaratória quando o autor pode conseguir a certeza jurídica pela possibilidade mais plena da sentença condenatória. Entretanto, na jurisprudência e na doutrina norte-americana sustenta-se o oposto, porque, dizem, não é possível negar ao autor o exercício do direito de escolha, contentando-se com os limitados efeitos da sentença declaratória, se estes lhe bastam e se ele não aspira aos efeitos mais enérgicos de uma sentença susceptível de execução. E essa é também a opinião por mim expressa nos *Princípios* (p. 175). De um lado, a opinião restritiva implica uma coação a agir, a que sou adverso. De outro, não se pode negar que o inadimplemento do devedor solvável e de boa-fé depende, em geral, da incerteza sobre o débito, sobre o vencimento e outros; de modo que basta a declaração judicial para induzi-lo a pagar, sem que o credor necessite recorrer à forma ameaçadora e menos amigável da condenação" (CHIOVENDA, Giuseppe. *Instituições de direito processual civil*. 2.ed. São Paulo: Bookseller, 2000. v. 1, p. 283). Liebman, analisando a mesma questão, afirmou não haver norma constringindo o autor "a pedir em todos os casos a tutela jurídica na forma mais completa consentida pela situação de fato", e portanto não poder haver limitação da liberdade de escolha do autor em postular a mera declaração, mesmo que pudesse postular, desde já, a condenação do réu (LIEBMAN, Enrico Tullio. *Manual de direito processual civil*. Trad. e notas de Cândido Rangel Dinamarco. Rio de Janeiro: Forense, 1984. v. 1, p. 159).

que *reconhece* a existência de obrigação possui, inegavelmente, caráter declaratório.

Mesmo antes do inovador dispositivo legal, Teori Albino Zavascki já sustentava que a sentença *declaratória* "terá força executiva quando contiver a certificação de todos os elementos de uma norma jurídica concreta".[314] Zavascki justificava a sua afirmação com a leitura do artigo 4°, parágrafo único, do CPC, onda consta que "é admissível a ação declaratória ainda que tenha ocorrido a violação do direito".[315] Assim, tendo a sentença *declaratória* reconhecido a existência da relação jurídica *e* a violação do direito, constituiria, para o processualista, título executivo a autorizar processo autônomo de execução.

É evidente a melhor das intenções na proposição de Zavascki. Busca-se não submeter o autor a um "segundo juízo de certificação"[316] do seu direito, "atividade meramente burocrática",[317] algo que não encontraria razão "lógica ou jurídica",[318] e que atentaria contra "o sistema processual, sua lógica e os valores nele consagrados".[319]

Primeiramente, é de se indagar: se tal hipótese, a de *somente* declarar a existência da relação jurídica substancial, ainda que tenha sido violado o direito, é tão ilógica assim, qual seria a razão da existência do artigo 4°, parágrafo único, do CPC? Por que não impor o contrário, ou seja, a ausência de interesse à mera declaração, e a imperatividade da *condenação* em tais situações? Uma interpretação sistemática da lei processual nos leva a crer que, mesmo em havendo a identificação de uma norma concreta violada, ainda assim há razão para a mera *declaração*, em oposição à *condenação*. A razão é bastante simples, e pode ser ilustrada com os exemplos trazidos por Teori Zavascki em seu ensaio sobre o tema:

> Imagine-se sentença que, em ação declaratória, defina, com força de coisa julgada, que a entrega de certa quantia de Pedro para Paulo foi a título de mútuo, e não de doação, e que o prazo para devolvê-lo deve ocorrer (ou já ocorreu) em determinada data; ou que a ocupação do imóvel de Joana por Maria não é a título de comodato, mas de locação, e que o valor mensal do aluguel é de R$ 300,00, pagáveis no dia 30 de cada mês. Há, em tal sentença, como se percebe, definição de norma jurídica individualizada, contendo obrigação de pagar quantia certa.[320]

---

[314] ZAVASCKI, Teori Albino. Sentenças declaratórias, sentenças condenatórias e eficácia executiva dos julgados. *Revista de Processo*, São Paulo, v. 28, n. 109, p. 45-56, jan./mar. 2003, p. 56.

[315] Ibidem, p. 51-52.

[316] Ibidem.

[317] Ibidem.

[318] Ibidem.

[319] Ibidem.

[320] Ibidem.

É preciso lembrar que quando alguém requer a *declaração* da existência ou inexistência de uma relação jurídica, exerce a pretensão à obtenção da certeza jurídica, apenas. Não está a exercer a pretensão ao bem da vida objeto da relação jurídica declarada existente,[321] o que, é evidente, torna totalmente despiciendas quaisquer exceções que possam ser ventiladas pelo réu a esta segunda pretensão, como, por exemplo, a *prescrição*.

Pois bem, imaginemos os processos exemplificados por Zavascki. Tendo o autor requerido apenas a *declaração*, ou seja, a certeza jurídica sobre a natureza da entrega da quantia ou da ocupação do imóvel, bem como os detalhes das referidas relações obrigacionais (prazos, valores, vencimento etc.), deveria ou poderia mesmo o réu suscitar a prescrição da pretensão dos referidos autores ao pagamento do mútuo ou dos locatícios? Ou, ainda, poderia o juiz de ofício (art. 219, § 5°), reconhecer a prescrição? Ora, se não havia pedido (mediato) de pagamento, não haveria por que opor a exceção de prescrição, nem decretá-la de ofício. A pretensão à mera declaração, por si só, é imprescritível, pois decorre da própria garantia de acesso ao Poder Judiciário.

Poderíamos, assim, considerar títulos executivos – e, mais importante, título executivo *judicial* – as sentenças declaratórias exemplificadas por Teori Zavascki? Afirma o processualista:

> Se a definição dessa mesma norma estivesse representada em documento particular assinado pelas partes e por duas testemunhas, ela constituiria título executivo, nos termos do inc. II do art. 585 do CPC. Igualmente, se a definição decorresse de documento firmado perante tabelião. Também teria força executiva se tivesse sido definida por autocomposição (transação) referendada pelo Ministério Público, ou pela Defensoria Pública ou, ainda, pelos advogados dos transatores. Ora, nos exemplos dados, a norma individualizada e a relação jurídica correspondente têm grau de certeza muito mais elevado: elas foram definidas em processo de que participaram não apenas as partes, mas também os seus advogados, e, sobretudo, o próprio Estado-juiz, dando ao ato certeza oficial. Nessas circunstâncias, negar força de título executivo a esta espécie de sentença seria atentar contra o sistema processual, sua lógica e os valores nele consagrados.[322]

A comparação é pertinente, mas para demonstrar os inconvenientes da tese sustentada por Zavascki.

Primeiramente, está-se a comparar a "definição da norma" que se dá com naturezas completamente distintas. Quando o juiz *declara*, qua-

---

[321] "O autor que requer uma sentença declaratória não pretende conseguir atualmente um bem da vida que lhe seja garantido por vontade da lei, seja que o bem consista numa prestação do obrigado, seja que consista na modificação do estado jurídico atual; quer, tão-somente, saber que seu direito existe ou quer excluir que exista o direito do adversário; pleiteia, no processo, a certeza jurídica e nada mais" (Giuseppe Chiovenda, *apud* AMORIM FILHO, Agnelo. Critério científico para distinguir a prescrição da decadência e para identificar as ações imprescritíveis. *Revista de Direito Processual Civil*, São Paulo, v. 2, n. 3, p. 95-132, jan./jun. 1961, p. 105).

[322] ZAVASCKI, Teori Albino. Sentenças declaratórias, sentenças condenatórias e eficácia executiva dos julgados. *Revista de Processo*, São Paulo, v. 28, n. 109, p. 45-56, jan./mar. 2003, p. 52.

lifica com *certeza jurídica* a existência ou inexistência da relação jurídica. O mesmo não ocorre nos documentos particulares elencados pelo processualista. A suposta *declaração* dos particulares, advogados, Ministério Público ou Defensoria Pública, nada mais é do que um *flatus vocis,*[323], uma afirmação sujeita à confirmação pelo órgão jurisdicional. O juiz *define a norma* com *certeza;* os demais (particulares, advogados, Ministério Público e Defensoria Pública) apenas *afirmam* a existência da norma.

Em segundo lugar, releva um aspecto eminentemente prático. Os títulos executivos extrajudiciais permitem que, por meio da ação de embargos do devedor, se discuta toda a relação jurídica subjacente, assim como causas impeditivas, modificativas ou extintivas das obrigações naqueles contidas (art. 745). Já os títulos executivos judiciais não permitem semelhante impugnação (art. 475-L). Quanto à alegação de prescrição, por exemplo, ela só pode ser veiculada pela parte interessada ou reconhecida de ofício, em face de pretensão contida em título judicial, se ocorrida *após* a sentença, nos termos do art. 475-L, VI, do CPC. Assim, voltando à sentença declaratória preconizada por Teori Zavascki, ter-se-ia caso em que, pela limitação da demanda proposta pelo autor (exercício da pretensão à mera declaração), o réu não deveria nem precisaria ter argüido a prescrição, nem o juiz deveria tê-la reconhecido de ofício. Todavia, após o trânsito em julgado da sentença, poderia o devedor vir a sofrer execução e já não poderia mais argüir a prescrição, nos termos do artigo 475-L, VI do CPC.

Compreende-se perfeitamente a insurgência do nobre processualista quanto à falta de lógica de uma tal sentença declaratória, quando todas as circunstâncias para obter a *condenação* do réu se mostram presentes. Todavia, essa "falta de lógica" deveria influenciar o demandante no momento de provocar o Poder Jurisdicional Estatal sem requerer a condenação, e não servir de mote para o alargamento do escopo da *declaração,* que, em certas hipóteses, mostra-se *idêntica* à condenação, segundo o pensamento de Teori Zavascki.

A propósito: se o autor requer expressamente a "declaração" da existência de uma relação jurídica, da não-ocorrência de qualquer causa impeditiva, modificativa ou extintiva da obrigação, e, em especial – aqui está a nota distintiva – do direito a promover a execução em face do demandado, então está a requerer *condenação.* Errou o verbo, mas delineou o pedido mediato de forma clara e inequívoca. Aliás, esse "erro" ocorre com freqüência no foro, não impedindo juiz algum de empregar a técnica de tutela condenatória, cônscio de ser a mais adequada para a obtenção do bem pretendido pelo autor. Não é essa a sustentação de Zavascki. Se fosse, estaríamos a concordar integralmente com ela.

[323] ALVARO DE OLIVEIRA, Carlos Alberto. O problema da eficácia da sentença. *Revista de Processo,* São Paulo, v. 28, n. 112, p. 9-22, out./dez. 2003, p. 16.

Evidentemente, o artigo 475-N traz um problema de ordem prática. É que ele elenca expressamente como título executivo judicial a sentença que reconhece a existência de obrigação, e esse reconhecimento, como já afirmamos, pode ser dar através da mera declaração, sem que haja a condenação (sem que haja, veja-se, o reconhecimento da faculdade do credor em promover a execução do devedor). Assim, não obstante entendermos contraditório o artigo com o parágrafo único do art. 4° do CPC, assim como com o art. 475-L, VI, precisamos operacionalizá-lo no sistema. Não vemos outra alternativa, senão admitirmos que, embora título judicial nos termos da lei processual, a sentença declaratória deverá se sujeitar a tratamento semelhante – não idêntico, como se verá – ao da sentença penal condenatória, determinado pelo parágrafo único do artigo 475-N.[324] O réu, por óbvio, não pode ter contra si a contagem do prazo de 15 dias para "cumprimento" quando do mero trânsito em julgado da sentença declaratória, justamente por não saber da sua eventual utilização como titulo executivo pelo credor. É evidente que a circunstância de ter transitado sentença eminentemente declaratória, por si só, não inaugura qualquer prazo para *cumprimento* da sentença, até mesmo porque a sentença declaratória não se *cumpre*; produz efeitos por si só. Deverá o autor requerer a intimação do réu, seja para o procedimento de liquidação, seja para o de execução. A intimação pode se dar na pessoa do advogado, não havendo, aqui, maior repercussão para o valor *segurança* a exigir, semelhantemente ao que ocorre nas hipóteses do art. 475-N, parágrafo único, do CPC, a citação pessoal do devedor. A relação jurídico-processual já se encontra instaurada no juízo cível.

É evidente, também, que a argüição de prescrição poderá se referir a período anterior à sentença, à semelhança do que ocorreria na hipótese de sentença penal condenatória.

Adiante, ao tratarmos da técnica de tutela condenatória, buscaremos demonstrar a linha distintiva entre ela e a técnica de tutela declaratória, aprofundando ainda mais a análise da problemática criada pelo artigo 475-N, I, do CPC.

2.1.1. Sentença de improcedência na ação declaratória negativa. Título executivo?

Interessante questão que se coloca diz respeito à possibilidade de se considerar título executivo a sentença de improcedência proferida em ação declaratória negativa. Exemplificativamente: o correntista de um banco ajuíza ação buscando a declaração de nulidade de cláusulas do contrato,

---

[324] Art. 475-N. (...) Parágrafo único. Nos casos dos incisos II, IV e VI, o mandado inicial (art. 475-J) incluirá a ordem de citação do devedor, no juízo cível, para liquidação ou execução, conforme o caso.

nulidade essa que, uma vez declarada, reduziria a zero o seu saldo negativo em conta-corrente. É proferida sentença de improcedência na referida demanda. Pode o banco demandado se valer da sentença para executar o autor no montante da obrigação cuja inexistência se buscava reconhecer no processo?

Poder-se-ia concluir com uma certa rapidez que a sentença de improcedência na ação declaratória negativa nada mais é do que uma declaração positiva de existência da relação jurídica afirmada inexistente pelo autor. Nesse sentido, afirma Luiz Rodrigues Wambier: "pode ocorrer, assim, que seja movida ação declaratória de inexistência de dívida e que o pedido seja julgado improcedente e, caso a sentença de improcedência proferida em tal ação reconheça, expressamente, a existência da obrigação, pensamos que, também neste caso, terá se formado título executivo".[325] No mesmo sentido, Ernane Fidélis dos Santos afirma a "possibilidade da sentença de improcedência transformar-se, desde logo, em título executivo judicial, desde que haja o reconhecimento, em sentido oposto à pretensão, da respectiva obrigação".[326] Exemplifica esse autor citando as ações de declaração de inexistência de dívida fiscal, que, julgadas improcedentes, poderiam resultar no reconhecimento da existência da dívida, líquida ou ilíquida.[327]

A conclusão, no entanto, não nos parece a mais adequada.

Deve-se atentar para o fato de que, ao julgar a chamada "ação declaratória negativa", o juiz o fará, na forma do art. 128, do CPC, "nos limites em que foi proposta". Isso significa dizer que não poderá fazê-lo a partir de causa de pedir não veiculada pela parte autora. Logo, todas as causas de pedir que não foram veiculadas pelo autor da "ação declaratória negativa" não poderão ser conhecidas pelo juiz.

A questão que se coloca, então, é a seguinte: ao proferir sentença de improcedência em tais demandas, está o juiz reconhecendo a existência de uma obrigação, ou está, em verdade, afirmando que por tal ou qual causa de pedir apresentada na inicial aquela obrigação "não inexiste"? Em outras palavras: ao julgar improcedente o pedido de declaração de inexistência de uma relação jurídica, estaria o juiz excluindo a possibilidade de essa mesma relação, de fato, inexistir, só que por outro fundamento, diverso daquele apresentado pelo autor e, portanto, que não poderia ter sido levado em consideração?

---

[325] WAMBIER, Luiz Rodrigues. *Sentença civil: liquidação e cumprimento.* 3.ed. São Paulo: Revista dos Tribunais, 2006, p. 44.

[326] SANTOS, Ernane Fidélis dos. *Código de Processo Civil: execução dos títulos judiciais e agravo de instrumento.* São Paulo: Saraiva, 2006, p. 31.

[327] Idem, p. 31.

A resposta deve passar pela problemática envolvendo o artigo 474 do CPC.[328]

É que, se considerarmos que a chamada eficácia preclusiva da coisa julgada se estende para aquelas causas de pedir não veiculadas pelo autor, então não haveria impedimento algum em reconhecer que o julgamento de improcedência da ação declaratória negativa resulta no reconhecimento da existência da relação jurídica contestada pelo autor. Isso porque não haveria como se buscar, em outro processo, declaração de inexistência da obrigação.

No entanto, se compreendermos de forma limitada a abrangência do artigo 474, para afirmarmos que as "alegações e defesas" ali referidas são apenas aquelas subjacentes às causas de pedir efetivamente veiculadas pelo autor, então nada impediria que este ingressasse com nova "ação declaratória negativa", postulando o reconhecimento da inexistência da mesma relação jurídica, apenas que com outras causas de pedir. Nesse caso, não poderíamos afirmar que a sentença de improcedência proferidas em tais demandas implica reconhecimento da existência da relação jurídica, mas, isto sim, apenas reconhecimento de que, com base na causa de pedir esgrimida, não se pode atestar a inexistência da relação jurídica.

Embora reconheçamos divergência doutrinária importante nesse particular,[329] filiamo-nos à corrente que interpreta restritivamente o artigo 474 do CPC, fundamentalmente pelo inafastável reconhecimento de que o juiz não poderia conhecer de causas de inexistência da relação jurídica que não aquelas trazidas pelo autor, o que não significa dizer que aquelas inexistissem. Dessa forma, mostra-se incabível a conclusão de que a sentença de improcedência na "ação declaratória negativa" constituiria reconhecimento da existência de obrigação, na forma do art. 475-N do CPC, visto que poderá o autor, em outra ação – diversa a causa de pedir –, obter o reconhecimento de inexistência da relação jurídica impugnada no primeiro processo.[330]

---

[328] "Art. 474. Passada em julgado a sentença de mérito, reputar-se-ão deduzidas e repelidas todas as alegações e defesas, que a parte poderia opor assim ao acolhimento como à rejeição do pedido".

[329] Sobre o tema, veja-se a apresentação que Sérgio Gilberto Porto faz das diferentes correntes doutrinárias, in PORTO, Sérgio Gilberto. *Coisa julgada civil.* Rio de Janeiro: AIDE, 1998. 2.ed, p. 73-89. Demonstra o autor que Araken de Assis e Ovídio Baptista da Silva defendem interpretação extensiva do artigo 474 do CPC, enquanto Egaz Moniz de Aragão e Barbosa Moreira orientam-se no sentido oposto, aqui adotado.

[330] *Mutatis mutandis,* foi essa a conclusão do STJ no julgado cuja ementa vai a seguir transcrita: PROCESSUAL CIVIL. ART. 535 DO CPC. ALEGAÇÕES GENÉRICAS. SÚMULA 284/STF. PRECLUSÃO PRO JUDICATO. EFICÁCIA PRECLUSIVA DA COISA JULGADA. (...) 4. O art. 468 do Código de Processo Civil explicita que a sentença tem força de lei, ou seja, faz coisa julgada, nos limites da lide e das questões decididas, o que impede a propositura de ação idêntica, com as mesmas partes, causa de pedir e pedido. 5. Já o art. 474 do CPC dispõe sobre a impossibilidade de se rediscutir não apenas as questões que tenham sido explicitamente decididas no dispositivo, porquanto expressamente alegadas pelas partes, mas também aquelas que poderiam ser alegadas e não o foram. 6. Da interpreta-

2.2. Constituição

A constitutividade, diferentemente da declaração, "muda em algum ponto, por mínimo que seja, o mundo jurídico".[331] Busca-se "a formação, a modificação ou a extinção de uma relação jurídica".[332] Não obstante as diferenças em relação ao efeito declarativo, também o efeito constitutivo satisfaz plenamente o autor, sendo que para a mudança no mundo jurídico não se mostram necessários atos complementares do Juízo ou do réu. Está atrelada à categoria dos direitos potestativos,[333] que, segundo Von Tuhr, seriam as faculdades que alguém tem de modificar sua relação jurídica com outrem "em virtude de sua só vontade".[334] Agnelo Amorim Filho traz como exemplos "o poder que em o mandante e o doador de revogarem o mandato e a doação; o poder que tem o cônjuge de promover o desquite; o poder que tem o condômino de desfazer a comunhão; o poder que tem o herdeiro de aceitar ou renunciar a herança; o poder que têm os interessados de promover a invalidação dos atos jurídicos anuláveis (contratos, testamentos, casamentos, etc.)",[335] dentre outros.

Forte na lição de Chiovenda, alguns desses direitos potestativos prescindem da manifestação judicial, podendo produzir-se o novo estado jurídico simplesmente em virtude de uma declaração de vontade do titular (não se tratando, aqui, de ação de direito material constitutiva, mas tão-somente do estabelecimento de um estado jurídico sem o caráter de defi-

---

ção desses dispositivos, extrai-se o óbice para a propositura de ação idêntica, rediscussão de pontos já decididos na sentença e alegação de fatos novos não aduzidos por desídia da parte. 7. Malgrado constar do dispositivo da sentença a determinação para que, após o trânsito em julgado, os depósitos fossem convertidos em renda da União, o reconhecimento da decadência com a conseqüente determinação de levantamento dos depósitos pela empresa recorrida não ofende a coisa julgada. 8. Em face da decadência ter-se operado no curso da lide, seria desarrazoado exigir que a parte suscitasse esse fato extintivo em momento anterior. Além disso, essa tese não foi discutida na ação de conhecimento, consubstanciando outra causa de pedir sujeita a nova coisa julgada. 9. Recurso especial conhecido em parte e improvido (REsp 861.270/PR, Rel. Ministro CASTRO MEIRA, Segunda Turma, julgado em 05.10.2006, DJ 16.10.2006 p. 358).

[331] PONTES DE MIRANDA, Francisco Cavalcanti. *Tratado das ações.* 2.ed. São Paulo: Revista dos Tribunais, 1972. t. 1, p.203.

[332] SILVA, Ovídio Araújo Baptista da. *Curso de processo civil.* 2.ed. Porto Alegre: Fabris, 1991. v. 1, p.140.

[333] Como ressalta José Carlos Barbosa Moreira, "é clássica a correlação entre sentença constitutiva e direito potestativo; remonta pelo menos a HELLWIG, Konrad. *Lehrbuch des deutschen Zivilprozessrechts,* Aalen: Scientia, 1968. v. 1, p. 393 e segs.; ——. *System des deutschen.* Aalen: Scientia, 1968, p. 273 e segs.; e principalmente, ——. *Anspruch und Klagrecht.* Aalen: Scientia, 1967, p. 443 e segs".

[334] *Apud* AMORIM FILHO, Agnelo. Critério científico para distinguir a prescrição da decadência e para identificar as ações imprescritíveis. *Revista de Direito Processual Civil,* São Paulo, v. 2, n. 3, p. 95-132, jan./jun. 1961, p. 99).

[335] AMORIM FILHO, Agnelo. Critério científico para distinguir a prescrição da decadência e para identificar as ações imprescritíveis. *Revista de Direito Processual Civil,* São Paulo, v. 2, n. 3, p. 95-132, jan./jun. 1961, p. 100).

nitividade contido na decisão judicial). Outros, no entanto, determinam a necessidade de manifestação do juiz, o que se dá na sentença constitutiva.[336]

A técnica constitutiva é, assim, indicada para as hipóteses em que o que pretende o autor é a criação, modificação ou extinção de uma relação jurídica. Muito embora, tal qual a sentença declaratória, a sentença constitutiva por si só satisfaça o autor (não demandando qualquer ato ulterior por parte do réu), não raro se exige, para a produção completa dos efeitos pretendidos, o registro ou averbação da sentença, como se denota da lei de registros públicos (Lei 6.015, de 31.12.1973), em seus artigos 167, I (nºs 2, 23, 24, 25) e II (nºs, 9, 10, 14). Aliás, mesmo na hipótese da sentença declaratória, haverá em alguns casos essa necessidade, como se verifica com as "sentenças declaratórias de usucapião" (art. 167, I, 28, da Lei 6.015/73).

2.3. Condenação

Condenar, na lição de Pontes de Miranda, é reprovar, é "ordenar que sofra. Entra, além do enunciado de fato, o de valor. [...] A eficácia executiva das sentenças de condenação é só efeito, não é força. Por isso não lhe é inerente, essencial".[337] Essa definição repercute até hoje, sendo que Araken de Assis a reverbera, afirmando que, na condenação, "o juiz reprova o réu e ordena que sofra a execução".[338]

No entanto, bem percebendo as peculiaridades do fenômeno da condenação, José Maria Rosa Tesheiner critica a definição de Pontes de Miranda, afirmando, corretamente, que a condenação não constitui ordem para que o réu sofra a execução, mas tão-somente autorização para que o autor promova a execução.[339] Nem sequer há que se falar em exortação para o pagamento: "Jamais me ensinaram, nem jamais ensinei, nem ensino, que a sentença condenatória contém exortação ao comandado. Ela

[336] CHIOVENDA, Giuseppe. *Instituições de direito processual civil.* 2.ed. São Paulo: Bookseller, 2000. v. 1, p. 243. Chiovenda afirma que o direito potestativo, ao lado da legitimação, é condição da sentença constitutiva (idem, p. 248).

[337] PONTES DE MIRANDA, Francisco Cavalcanti. *Tratado das ações.* 2.ed. São Paulo: Revista dos Tribunais, 1972. v. 1, p.209/210.

[338] ASSIS, Araken de. Sobre a execução civil: réplica a Tesheiner. *Revista de Processo,* São Paulo, v. 26, n. 102, p. 9-23, abr./jun. 2001, p.10.

[339] TESHEINER, José Maria. Execução civil: um estudo fundado nos comentários de Araken de Assis. *Revista de Processo,* São Paulo, v. 26, n. 102, p. 24-54, abr./jun. 2001, p.30.

constitui, sim, o título executivo; é constitutiva do poder de executar".[340] Afirma ainda que, pela definição de Araken de Assis, a sentença condenatória confundir-se-ia com a mandamental e com a executiva, visto que as duas primeiras autorizariam a execução, e as duas últimas possibilitariam a execução no mesmo processo em que foram proferidas.[341] Com razão está Tesheiner, pois a sentença condenatória é ato mediato, fica a meio caminho da satisfação do autor e, como lembra Carlos Alberto Alvaro de Oliveira, "não contém ordem de cumprimento da prestação, mas somente juízo de reprovação".[342] Assim, a sentença condenatória "é a que, além de afirmar devida pelo réu uma prestação (elemento declaratório da sentença), cria, para o autor, o poder de sujeitá-lo à execução".[343] Com isso, busca-se resolver uma crise de inadimplemento.

Na sentença condenatória, cabe enfatizar, há não apenas a declaração da existência de uma relação jurídica, como também um juízo de valor, colocando o autor em posição de vantagem em face do réu, decorrente do poder do primeiro em submeter este último à execução forçada por meio do órgão jurisdicional, hoje não mais por meio de um novo processo, mas mediante requerimento para instauração de procedimento executivo.

Alguns questionamentos são lançados em face dessa definição de condenação – aptidão de desencadear, mediante requerimento do credor, atividade executiva – por José Carlos Barbosa Moreira, ao tratar do problema da "classificação das sentenças". Indaga o eminente processualista:

> Se a essência da condenação, sua marca inconfundível, reside na aptidão para desencadear o processo de execução, onde achará espaço a sentença que impõe ao réu a perda de sinal pago? Teremos de expulsá-la do recinto reservado às condenatórias, só porque, já estando a quantia em poder do autor, não haverá o que executar? E a sentença que impõe prestação de alimentos, nas hipóteses em que a prestação é integralmente descontada em folha de pagamento (Código de Processo Civil, art. 734)? Caso se responda que, nessas hipóteses, a sentença não é condenatória, senão mandamental, em razão da ordem emitida pelo juiz à repartição pública ou à empresa, nem por isso se evitará nova interrogação: *quid iuris* se, perdido amanhã o cargo ou o emprego, mas subsistente o dever de alimentar, for mister recorrer, para a cobrança, ao processo de execução de corte tradicional? Tal circuns-

[340] Comentário feito pelo professor José Maria Rosa Tesheiner em artigo publicado no seu *site*; Idem. *O ocaso da condenação*. Disponível em: <http://www.tex.pro.br>. Acesso em: 12 jul. 2004.

[341] ——. Execução civil: um estudo fundado nos comentários de Araken de Assis. *Revista de Processo*, São Paulo, v. 26, n. 102, p. 24-54, abr./jun. 2001, p.31.

[342] ALVARO DE OLIVEIRA, Carlos Alberto. O problema da eficácia da sentença. *Revista de Processo*, São Paulo, v. 28, n. 112, p. 9-22, out./dez. 2003, p. 22.

[343] TESHEINER, José Maria Rosa. *Elementos para uma teoria geral do processo*. Disponível em: <http://www.tex.pro.br>. Acesso em: 21 jul. 2004.

tância acaso mudará a natureza da sentença, que – talvez muito tempo depois de proferida – se verá deslocada, sem mais aquela, de uma classe para outra?[344]

Os problemas levantados são de natureza distinta, e merecem, portanto, tratamento diferenciado. Em relação à sentença que determina a perda do sinal pago, parece-nos claro estarmos diante da utilização de técnica meramente declaratória. Não há nada a ser satisfeito, a não ser o direito do autor em ver definitivamente reconhecida a relação jurídica que legitima a manutenção consigo dos valores referentes ao sinal pago pelo devedor. Muito embora o pedido possa ter sido veiculado como de "condenação do réu à perda do sinal", em verdade, o que se requereu foi a declaração de que nenhuma restituição era devida ao demandado. Portanto, neste primeiro ponto, descabe a proposta de definir a sentença como condenatória, o que abriria uma brecha na definição antes proposta. Quanto à sentença que impõe prestação de alimentos, o erro do eminente processualista é de premissa. Parte-se da premissa de que as sentenças poderiam ser classificadas conforme a eficácia (ou, diríamos, conforme a técnica de tutela empregada em caráter predominante) e que tal classificação seria assim imutável. Todavia, a premissa impede o reconhecimento de que o mesmo provimento jurisdicional pode ser efetivado através de diferentes técnicas de tutela, empregadas conjunta ou sucessivamente. No exemplo trazido por Barbosa Moreira, fica difícil – quiçá impossível – adotarmos uma classificação para aquela sentença que se mostre adequada para os dois momentos mencionados (durante a relação de emprego e após a sua extinção, quando não mais seria possível a efetivação do desconto em folha). Todavia, se pensarmos sob a ótica proposta no presente estudo, temos que quando proferida a sentença o juiz determinou o emprego de técnica de tutela *executiva* (e não mandamental, como suscita Barbosa Moreira), pois sub-rogou-se na condição do devedor e satisfez, pela força estatal, o dever de prestar alimentos (não obstante a ordem ao empregador, o elemento preponderante é a sub-rogação havida, com a satisfação do autor *sem a participação do réu*). Todavia, a modificação no estado dos fatos demandou a necessidade de se empregar diversa técnica de tutela, no caso, a condenatória (que aliás já estava em estado de inércia no provimento original, dada a preponderância e auto-suficiência da técnica de tutela executiva concomitantemente empregada), autorizando-se o autor a requerer a execução. Caso a hipótese fosse de determinação de cumprimento de sentença sob pena de prisão, a técnica de tutela empregada seria a *mandamental*. Tudo nos leva a admitir que a sentença é instável, na medida em que mesmo após ser proferida pode o juiz aplicar diferentes técnicas de tutela, sem malferir a coisa julgada, com o intuito de possibilitar a concretização do comando sentencial.

---

[344] BARBOSA MOREIRA, José Carlos. *Questões* velhas e novas em matéria de classificação das sentenças. *Revista Dialética de Direito Processual*, São Paulo, n. 7, p. 26-38, out. 2003, p. 33.

Trata-se, como já referimos em outra oportunidade, de uma *instabilidade virtuosa*[345] da decisão judicial, visto que se reconhece a sua adaptabilidade, maleabilidade frente à eventual resistência ao seu cumprimento, verificada no plano real.

Desfeita a confusão, chamamos a atenção para outra que pode ocorrer, ao cotejarmos o conceito de condenação – autorização para que o autor promova a execução –, com a possibilidade de a sentença declaratória servir de título executivo judicial, nos termos do novel artigo 475-N do CPC. Qual seria a diferença entre ambas? Parece-nos estar no fato de que a vocação primordial da condenação consiste no estabelecimento da norma concreta que fixará a relação entre credor e devedor, autorizando, mediante requerimento daquele, a atividade executiva. Já o emprego da técnica de tutela declaratória tem como vocação primordial o mero reconhecimento da existência ou inexistência de relação jurídica. A possibilidade de esse reconhecimento vir a servir como título executivo é meramente acidental, contingencial, decorrendo de opção do legislador – como ocorre com a sentença penal condenatória, por exemplo –, opção esta que exige adequação do ponto de vista procedimental, como salientado anteriormente.[346]

Neste ponto, cumpre trazer à baila a análise feita por Carlos Alberto Alvaro de Oliveira sobre o tema, que de certa forma contradiz o que é aqui afirmado. Salienta o processualista que o legislador não poderia agregar efeito executivo a qualquer fato da vida, e que na declaração de que trata o artigo 4°, parágrafo único, do CPC (declaração tendo já ocorrido a lesão do direito) o "autor não coloca no tablado das discussões o inadimplemento da obrigação".[347] Assim, traça Alvaro de Oliveira uma distinção entre a declaração de que trata o artigo 4° do CPC, e a sentença de que trata o artigo 475-N, I, que, na sua opinião, seria eminentemente *condenatória*: "A meu juízo, muito embora apelidada de declaratória, tal sentença constitui realmente uma sentença condenatória. Em suma, a divergência é mais aparente do que real".[348]

Nossa dificuldade em aceitarmos tal proposição consiste no fato de que o chamado *inadimplemento* não estará necessariamente ausente, ou fora do tablado de discussões, no pedido de declaração. Afirmar o contrário equivaleria a reconhecer que nunca poderá haver mera declaração da relação jurídica decorrente da prática de ato ilícito. Violado o direito do

---

[345] AMARAL, Guilherme Rizzo. Técnicas de tutela e o cumprimento da sentença no Projeto de Lei 3.253/04: uma análise crítica da reforma do Processo Civil Brasileiro. In CARPENA, Márcio Louzada; AMARAL, Guilherme Rizzo (coord.). *Visões críticas do processo civil brasileiro: uma homenagem ao Prof. Dr. José Maria Rosa Tesheiner*. Porto Alegre: Livraria do Advogado, 2005, p. 130.

[346] Capítulo III, Item 2.1.

[347] ALVARO DE OLIVEIRA, Carlos Alberto. Tutela Declaratória Executiva? *Revista JurisPlenum*, n. 11, set. 2006, p. 8.

[348] Ibidem, p. 13.

autor, este pode optar pela declaração ou condenação (é o que dispõe o artigo 4°, parágrafo único, do CPC). No primeiro caso, quer o autor apenas ter certeza jurídica do seu direito, podendo ou não adotar outras medidas *a posteriori*. No segundo caso, quer o autor o bem da vida (reparação do dano), e a condenação coloca-se no meio do caminho entre o pedido e a satisfação (como veremos, poderia o legislador ter eliminado esse entrave ao autorizar a técnica de tutela mandamental nesses casos). Em ambos os casos, no entanto, é premissa lógica do pedido (tanto de certeza jurídica quanto de reparação do dano) a existência da relação jurídica, que somente há se houve também o inadimplemento. Se já houvesse pago o valor correspondente à reparação do dano (esta, aliás, pode ser matéria de defesa em qualquer das duas demandas), sustentaria o réu a inexistência da relação jurídica, dado que extinta pelo adimplemento.

Quando o artigo 475-N, I, do CPC estabelece que é título executivo a sentença que reconheça a *existência* de obrigação de fazer, não-fazer, entregar coisa ou pagar quantia, *resta claro que essa obrigação só pode existir se não houve ainda o adimplemento, pois este a extingue*. É o que a doutrina civil, pacificamente, estabelece: "A obrigação surge para ser cumprida, de modo que, se for voluntariamente satisfeita a prestação, não mais se terá o vínculo obrigacional, pois o sujeito passivo se libera com o adimplemento da obrigação. Assim sendo, no momento em que se der o cumprimento de uma relação obrigacional, operar-se-á a sua extinção".[349] Portanto, a sentença só reconhecerá a *existência* da obrigação (art. 475-N, I, do CPC) se não houve o adimplemento. E, da mesma forma, a sentença só reconhecerá a existência da relação jurídica (art. 4°, parágrafo único, do CPC) na hipótese de ter ocorrido a violação ao direito, se não houve o adimplemento da obrigação oriunda do ilícito. Do contrário, ocorrido o adimplemento, ter-se-iam por extintas a obrigação ou a relação jurídica, e tanto uma quanto a outra sentença seriam de improcedência. Daí por que nos arriscamos a concluir que não há distinção entre elas, como propugna Alvaro de Oliveira.

Distinção haverá quando no seu pedido o autor requerer a autorização para promover a execução da sentença, hipótese em que ficará claro que seu interesse abrange não só a declaração da obrigação, mas ao fim e ao cabo o próprio bem da vida apto a satisfazer o seu direito, extinguindo assim o vínculo obrigacional. Neste caso sim, desinteressará o *nomen iuris* dado ao pedido.[350] A técnica de tutela adequada, na sistemática atual, será a condenatória.

---

[349] DINIZ, Maria Helena. *Curso de direito civil brasileiro*. 4.ed. São Paulo: Saraiva, 1988. v. 2, p. 186.

[350] Neste ponto caberia perfeitamente a afirmação de Alvaro de Oliveira: "Uma rosa continua tendo cheiro de rosa e espinhos, que podem ferir o incauto apreciador, ainda que se chame cravo, disse o Bardo imortal. Também no terreno do direito processual, como em outros domínios da cultura humana, o nome é o que menos importa, o que realmente interessa é o conteúdo. Isso mesmo foi o

Seja como for, o certo é que a técnica de tutela condenatória vem a atender dois anseios (valores), predominantes especialmente no pensamento liberal, quais sejam, o de *liberdade* e o de *segurança jurídica*.[351] Até hoje, sustenta-se a adequação da técnica de tutela condenatória diante da necessidade de "maiores possibilidades de defesa (princípio da segurança) e assim processo autônomo de execução".[352] O propósito, todavia, da instituição da técnica condenatória, parece não ter sido outro, senão a proteção do cidadão contra o arbítrio judiciário, e a supervalorização de sua liberdade e da segurança jurídica.[353]

Entendemos, no entanto, que a manutenção dessa técnica de tutela para a grande maioria das demandas que ingressam em juízo (buscando a tutela de deveres de pagar quantia) mostra-se inadequada, em especial se atentarmos para a evolução havida em matéria de tutela dos deveres de fazer, não-fazer e entrega de coisa. Como adiante demonstraremos, não nos parece adequada a ponderação entre efetividade e segurança que resulta na supervalorização desta última, refletida na escolha da técnica condenatória como única existente para a tutela dos deveres de pagar quantia (salvo raríssimas exceções, como a da dívida de alimentos, que possibilita o emprego das técnicas mandamental – ameaça de prisão – e executiva – desconto em folha).

2.4. Mandamento

Até aqui, analisamos três técnicas de tutela, equivalentes às três eficácias sentenciais reconhecidas pela doutrina tradicional desde Adolf

que proclamou o Papa Alexandre III, em sua célebre decretal *de iudicius*, de 1.160, Livro II, tít. I, ao dispensar as partes de exprimir no libelo o nome da ação, bastando a proposição clara do fato motivador do direito de agir. Todavia, a quase milenar orientação não parece ter sido ainda apreendida com proveito no ambiente cultural brasileiro, mais preocupado com a aparência do que com o fundo" (ALVARO DE OLIVEIRA, Carlos Alberto. Tutela Declaratória Executiva? *Revista JurisPlenum*, n. 11, set. 2006, p. 13-14).

[351] MARINONI, Luiz Guilherme. *Técnica processual e tutela dos direitos*. São Paulo: Revista dos Tribunais, 2004, p. 42.

[352] ALVARO DE OLIVEIRA, Carlos Alberto. O problema da eficácia da sentença. In ——. (org.). *Eficácia e coisa julgada*. Rio de Janeiro: Forense, 2006, p. 47.

[353] Nesse sentido, é a observação de Luiz Guilherme Marinoni: "Diante da sentença condenatória, não é difícil perceber como o direito liberal limitou os poderes do Judiciário. Primeiro definiu os meios de execução que poderiam a ela se ligar e, depois, deixou evidenciado que nenhum outro meio executivo poderia ser utilizado quando da execução da condenação. [...] Se a sentença condenatória é ligada aos meios executivos tipificados na lei, elimina-se a possibilidade de o juiz trabalhar com qualquer outro meio de execução, controlando-se, dessa forma, a sua possibilidade de arbítrio" (MARINONI, op. cit., p. 42-43).

Wach[354] e Hellwig.[355] Com as devidas adaptações, as idéias repercutiram na Itália[356] e também no Brasil.[357]

Entretanto, foi o alemão Kuttner (*Urteilswirkungen Ausserhalb des Zivilprocesses*, 1969) quem propôs uma figura nova, a *Anordnugsurteil*, antepassada daquela que viria a ser chamada de sentença mandamental entre nós.[358] A proposta, embora avalizada por Goldschmidt, teve pouca repercussão na Alemanha. O conceito era restrito: tal espécie de sentença não gerava coisa julgada; dirigia-se apenas a outros órgãos do Estado e dependia de um novo pedido da parte.[359] No Brasil, todavia, a partir da elaboração doutrinária de Pontes de Miranda, conferindo à sentença mandamental maior amplitude, e introduzindo a idéia de *preponderância* da eficácia (nenhuma sentença é pura...), a nova espécie de sentença veio a ser acolhida por diversos processualistas, dentre os quais Carlos Alberto Alvaro de Oliveira,[360] Ovídio Baptista da Silva,[361] Luiz Guilherme Marinoni[362] e Kazuo Watanabe.[363]

---

[354] Para Adolf Wach (*Handbuch*, 1885), seriam três as possíveis sentenças: a) de declaração em sentido estrito; b) de condenação; e c) casos de simples regulamentação jurídica (o que hoje se equipararia ao efeito constitutivo).

[355] Para HELLWIG (*System des deutschen Zivilprozessrechts*, 1912), já surgem as três espécies de sentenças reconhecidas hoje pela doutrina dominante: a) meramente declaratória; b) condenatória; e) constitutiva.

[356] CHIOVENDA, Giuseppe. (*L'Azione nel Sistema dei Diritti*. 1903) – três espécies de sentença: a) di condanna; b) d'accertamento; e c) di costituizone). ROCCO, Alfredo. *La Sentenza Civile*. 1906 (a sentença constitutiva pertenceria ao gênero das declaratórias: a diferença estaria apenas no objeto da declaração).

[357] Dentre outros, Arruda Alvim (ARRUDA ALVIM. *Tratado de direito processual civil*. 2.ed. São Paulo: Revista dos Tribunais, 1990. v. 1, arts. 1° ao 6°, p. 315-316), Cândido Rangel Dinamarco, Ada Pellegrini Grinover e Antônio Carlos de Araújo Cintra (CINTRA, Antonio Carlos de Araújo; DINAMARCO, Cândido Rangel; GRINOVER, Ada Pellegrini. *Teoria geral do processo*. 11.ed. São Paulo: Malheiros, 1995, p. 264-265) e Humberto Theodoro Júnior (THEODORO JÚNIOR, Humberto. *Curso de direito processual civil*. 41.ed. Rio de Janeiro: Forense, 2004. v. 1, p. 474) adotaram a teoria ternária. O próprio Anteprojeto de Código de Processo Civil elaborado por Alfredo Buzaid estatuía no seu artigo 499: "A ação que julga procedente a ação, é: I – condenatória, se impõe ao réu uma prestação, cujo inadimplemento autoriza a execução forçada; II – constitutiva, se cria, modifica ou extingue relação ou situação jurídica; III – meramente declaratória, se se limita a afirmar a vontade da lei". O texto acabou não sendo incorporado ao Código.

[358] BARBOSA MOREIRA, José Carlos. Questões velhas e novas em matéria de classificação das sentenças. *Revista Dialética de Direito Processual*, São Paulo, n. 7, p. 26-38, out. 2003, p. 27.

[359] É o que obesrva Clóvis do Couto e Silva, em A teoria das ações em Pontes de Miranda. *Revista da Ajuris*, Porto Alegre, v. 15, n. 43, p. 69-79, jul. 1988, p. 73.

[360] ALVARO DE OLIVEIRA, Carlos Alberto. O problema da eficácia da sentença. In ——. (org.). *Eficácia e coisa julgada*. Rio de Janeiro: Forense, 2006, p. 33-48.

[361] SILVA, Ovídio Araújo Baptista da. *Curso de processo civil*. 2.ed. Porto Alegre: Sergio Antonio Fabris, 1991. v. 1, p. 340.

[362] MARINONI, Luiz Guilherme; ARENHART, Sérgio Cruz. *Manual do processo de conhecimento: a tutela jurisdicional através do processo de conhecimento*. 2.ed. São Paulo: Revista dos Tribunais, 2003, p.454-455.

[363] WATANABE, Kazuo. *Da cognição no processo civil*. 2.ed. Campinas: Bookseller, 2000, p. 47.

Para Pontes de Miranda, a sentença mandamental "é ato que só o juiz pode praticar, por sua estatalidade".[364] Uma vez proferida a *ordem*, não há necessidade de ato complementar, de provocação, pelo autor, para que esta ordem surta efeitos no mundo jurídico. Trata-se de ato *imediato*.[365]

A técnica de tutela mandamental, como a concebemos, nada mais é do que a ordem do juiz, dirigida geralmente ao demandado, para que este venha a cumprir voluntariamente o provimento jurisdicional. Trata-se de cumprimento voluntário, e não espontâneo, dado que a ordem pressupõe um mecanismo de pressão, seja ele decorrente da mera autoridade jurisdicional (poder de *imperium*), seja decorrente de medidas coercitivas a ele atreladas (como as *astreintes* – multa periódica – ou a ameaça de prisão). Como salienta Eduardo Talamini, "o provimento mandamental [...] é efetivado por meios de pressão psicológica, para que o próprio réu, por conduta própria, cumpra a ordem que lhe foi dada".[366] Realmente, em se tratando de provimentos mandamentais, mesmo que o réu não cumpra a ordem imposta judicialmente, são inegáveis os efeitos que eles produzem, sujeitando aquele, uma vez recalcitrante, a sanções cíveis, processuais e até criminais. Aliás, antes mesmo de ser verificada a recalcitrância do réu, este já está sob os efeitos de invasão em sua esfera jurídica, influenciada que está a sua vontade pelo mero recebimento de intimação. Assim, a sentença mandamental traz em si ordem para o demandado, bem como sanções pelo seu descumprimento. Prescinde, por essas razões, de um processo autônomo de execução, mostrando-se mais efetiva na tutela dos direitos, sem prejuízo de, vindo a falhar (caso do réu sem patrimônio que não se sente pressionado pela imposição da multa diária, por exemplo), ensejar a aplicação de outra técnica de tutela (como a executiva).

2.5. Execução

Foi também pela pena de Pontes de Miranda que a doutrina nacional reconheceu a existência da categoria das sentenças executivas. Todavia, ao conceituá-las, afirmou Pontes de Miranda que a sentença executiva "retira valor que está no patrimônio do demandado, ou dos demandados, e põe-no no patrimônio do demandante".[367] Não nos parece correto afirmar que esta seja uma nota distintiva da sentença executiva. Como salienta José

[364] PONTES DE MIRANDA, Francisco Cavalcanti. *Tratado das ações*. 2.ed. São Paulo: Revista dos Tribunais, 1972. t. 1, p. 211.

[365] Ibidem.

[366] TALAMINI, Eduardo. *Tutela relativa aos deveres de fazer e de não fazer: CPC, art. 461; CDC, art. 84*. São Paulo: Revista dos Tribunais, 2001, p.205.

[367] PONTES DE MIRANDA, Francisco Cavalcanti, op. cit., p. 212.

Maria Rosa Tesheiner, "trata-se de um conceito restrito".[368] Ademais, gera problemas para aqueles que o adotam, como Araken de Assis, que afirma: "a força executiva retira valor que está no patrimônio do demandado ou dos demandados, e põe-no no patrimônio do demandante".[369] Ocorre que o mesmo autor, corretamente, afirma que o deslocamento forçado de pessoas constitui execução,[370] ao mesmo tempo em que aduz ser "descabida a inserção de pessoas no patrimônio do demandante ou demandado".[371] É fácil notar a contradição.

Ocorre que, sem prejuízo do crédito que deve ser dado a Pontes de Miranda pelo reconhecimento expresso dessa categoria de sentença, outro deve ser o conceito a ela conferido. A técnica de tutela executiva, em verdade, permite que o Estado (juiz) atue de forma a substituir a vontade do réu no mesmo processo em que é proferida, através de meios de subrogação, que, segundo Ada Pellegrini Grinover, são "as medidas que, sem depender da colaboração do devedor, podem levar ao resultado prático desejado".[372] Como expõe Paulo Henrique dos Santos Lucon, o juiz emite um comando ordenando a realização de atos práticos e materiais a serem executados de imediato por *auxiliares do poder judiciário*.[373]

É importante extirpar, desde já, qualquer confusão entre os conceitos de processo de execução, fase de execução e sentença executiva. Em todos eles, a técnica de tutela executiva será utilizada, com maior ou menor força. Todavia, o processo de execução pressupõe autonomia (vide processo de execução de títulos extrajudiciais), enquanto que a *fase* de execução ocorre dentro de processo já instaurado (como se dá na execução das sentenças de pagar quantia). Já a sentença executiva é a aquela proferida no processo de conhecimento, que já determina em si mesma a medida de sub-rogação, como se dá nas sentenças da ação de despejo, de reintegração

[368] TESHEINER, José Maria. Execução civil: um estudo fundado nos Comentários de Araken de Assis. *Revista de Processo*, São Paulo, v. 26, n. 102, p. 24-54, abr./jun. 2001, p. 31.

[369] ASSIS, Araken de. *Manual do processo de execução*. 7.ed. São Paulo: Revista dos Tribunais, 2001, p. 88.

[370] ASSIS, Araken de. Sobre a execução civil: réplica a Tesheiner. *Revista de Processo*, São Paulo, v. 26, n. 102, p. 9-23, abr./jun. 2001, p. 13.

[371] ASSIS, Araken de, op. cit., p. 107.

[372] *Apud* THEODORO JÚNIOR, Humberto. Tutela específica das obrigações de fazer e não fazer. *Revista de Processo*, São Paulo, v. 27, n. 105, p. 9-33, jan./mar. 2002, p. 24. Luiz Guilherme Marinoni distingue o meio sub-rogatório do que chama de coerção direta. Atos de sub-rogação seriam aqueles praticados por terceiros, para obter o *facere* almejado. A coerção direta seria a atuação de um auxiliar do juízo (MARINONI, Luiz Guilherme. *Tutela específica: arts. 461, CPC e 84, CDC*. São Paulo: Revista dos Tribunais, 2001, p. 77-78). No conceito de Ada Pellegrini Grinover, citado por Humberto Theodoro Júnior, não se vislumbra tal distinção. Ada Pellegrini Grinover não reconhece a sentença executiva como uma espécie autônoma, estando a tratar das medidas de sub-rogação no processo de execução forçada. O conceito de medida de sub-rogação, todavia, pode ser aproveitado para descrevermos a técnica de tutela executiva.

[373] LUCON, Paulo Henrique dos Santos. *Eficácia das decisões e execução provisória*. São Paulo: Revista dos Tribunais, 2000, p.161.

de posse, na que determina a busca e apreensão na forma do artigo 461-A, ou mesmo na busca e apreensão cautelar (de bens ou pessoas), para citarmos alguns exemplos. A sentença executiva pressupõe uma situação de direito material, onde o valor *efetividade* mostra preponderância em relação à segurança, a ponto de eliminar a necessidade de um novo processo para a realização da tutela jurisdicional.

Como visto, a execução poderá ou não afetar o patrimônio do réu, operando transferência para o do autor. Tal não será nota característica da execução, pois uma ordem (mandamento) de entrega de bem, ou de pagamento de alimentos, poderá muito bem ensejar a mesma transferência patrimonial. O que distingue a execução é o fato de que o Estado prescindirá da colaboração do réu para dar cabo da efetivação da decisão. Assim, por exemplo, a decisão que determina o despejo, a reintegração de posse, a busca e apreensão de bem ou de pessoa, o fechamento de estabelecimento comercial, a realização de obras por terceiros, enfim todo e qualquer provimento jurisdicional que enseje a satisfação do demandante de forma forçada, sem a participação do réu quando esta originariamente seria necessária, deverá ser considerado de caráter executivo.

3. *Impacto das idéias precedentes sobre o princípio da demanda e da congruência entre o pedido e a sentença*

Demonstramos ser inadequada a constante menção a *ações* ou mesmo *demandas* constitutivas, declaratórias, condenatórias, executivas ou mandamentais. A ação processual é una e abstrata. A técnica de tutela nela empregada nem sempre pode ser estabelecida *a priori*. A "ação de direito material" – para aqueles que a admitem –, como ação do titular independentemente da vontade do obrigado, não poderia se revestir das cargas constitutivas, declaratórias ou condenatórias, como as conhecemos; outrossim, não poderia também alinhar-se antecipadamente com a carga mandamental ou executiva, pois vimos que estas são aplicáveis, sucessivamente ou até simultaneamente, na mesma ação (*rectius*, na mesma sentença).

Quando admitimos que as técnicas de tutela declaratória, constitutiva, condenatória, mandamental e executiva estão atreladas ao provimento jurisdicional, constituindo categorias do direito processual, inserimo-las nos *poderes do juiz*, cujos *limites* se encontram na conformação do devido processo legal com as regras, valores e princípios presentes em um dado ordenamento jurídico.

Assim, não cumpre às partes impor limitações à utilização, pelo magistrado, das diferentes ferramentas – ou *técnicas de tutela* – postas à disposição daquele, e isso nos leva a repensar o princípio da congruência entre o pedido e a sentença.

Entendida a demanda em sua "estrutura bifronte",[374] a doutrina costuma adotar a já consagrada divisão entre pedido imediato (a espécie de provimento jurisdicional, ou de técnica de tutela jurisdicional: declaratória, constitutiva etc.) e pedido mediato (o bem da vida).[375] Conclui-se,

---

[374] DINAMARCO, Cândido Rangel. *Instituições de direito processual civil*. 4.ed. São Paulo: Malheiros, 2004. v. 2, p. 118.

[375] "A estrutura bifronte da demanda com que o sujeito abre caminho para obter o bem da vida pretendido (*supra*, n. 434) projeta-se na técnica processual mediante a exigência de que ao demandar (a) ele

assim, de forma uníssona, no sentido de que violaria o princípio da congruência o juiz que, frente a um pedido (imediato) de declaração, viesse a condenar, ou vice-versa.[376] Se a conclusão é acertada no exemplo, não o é, em nosso sentir, na sua fundamentação.

O problema passa a surgir quando somos todos obrigados, diante do direito processual positivo, a admitir que, diante de uma ação fundada no artigo 461-A do CPC, e em que o autor requer a entrega de coisa sob pena de multa (portanto, mandamento), o juiz pode optar por determinar a busca e apreensão do bem, com posterior entrega ao autor (típica execução). Ou, ainda: o que diríamos do § 5º do artigo 461, que coloca à disposição do juiz diversas ferramentas, aplicáveis de ofício, para o atendimento de um pedido, independentemente de seu caráter imediato (mandamental ou executivo)?

Uma opção seria a admissão de que esses dispositivos (461 e 461-A) abarcariam exceções ao princípio da congruência. A explicação parece fácil e simples, mas um pouco de reflexão é suficiente para descartá-la por ser imprestável para explicar o problema. Este situa-se, em nosso sentir, na necessidade de bem ser identificado o pedido *mediato* que se busca na aplicação das diferentes técnicas de tutela jurisdicional.

Quando Cândido Rangel Dinamarco afirma que "um pedido é diferente de outro sempre que em cada um deles se postule uma espécie de provimento, mesmo que ambos se refiram ao mesmo bem da vida (p. ex., a *condenação* a entregar o bem e a *declaração* de que o demandante tem direito de propriedade sobre ele)",[377] não se dá por conta de que, no próprio exemplo, o *bem da vida* é completamente diverso! Se alguém postula condenação (aliás, técnica de tutela cujo escopo bem sido gradativamente reduzido pelas recentes reformas de nossa lei processual),[378] busca a constituição de título executivo judicial que o autorize a promover a execução

indique a *espécie de provimento jurisdicional* pretendido pelo juiz e (b) especifique concretamente o *bem da vida* a ser-lhe outorgado mediante esse provimento. Por essas duas vertentes estende-se o conceito de *pedido*, como elemento identificador das demandas. Um pedido é diferente de outro sempre que em cada um deles se postule uma espécie de provimento, mesmo que ambos se refiram ao mesmo bem da vida (p. ex., a *condenação* a entregar o bem e a *declaração* de que o demandante tem direito de propriedade sobre ele); inversamente, também diferem os pedidos quando coincide o tipo de provimento postulado mas o bem da vida é outro (*condenação* à entrega do bem esbulhado e a pagar dinheiro como reparação dos danos que o esbulho haja causado)." (DINAMARCO, Cândido Rangel. *Instituições de direito processual civil*. 4.ed. São Paulo: Malheiros, 2004. v. 2, p. 118).

[376] Veja-se, exemplificativamente, a explanação no sentido da congruência entre pedido imediato e sentença, feita por Vallisney de Souza Oliveira em OLIVEIRA, Vallisney de Souza. *Nulidade da sentença e o princípio da congruência*. São Paulo: Saraiva, 2004, p. 237-247.

[377] DINAMARCO, Cândido Rangel. *Instituições de direito processual civil*. 4.ed. São Paulo: Malheiros, 2004. v. 2, p. 118.

[378] Neste sentido, veja-se o que escrevemos em Técnicas de tutela e o cumprimento da sentença no Projeto de Lei 3.253/04: uma análise crítica da reforma do Processo Civil Brasileiro. In AMARAL, Guilherme Rizzo; CARPENA, Márcio Louzada. (coord.). *Visões críticas do processo civil brasileiro: uma homenagem ao Prof. Dr. José Maria Rosa Tesheiner*. Porto Alegre: Livraria do Advogado, 2005.

(ainda que no mesmo processo, como estabeleceu a Lei 11.232/05). E a execução, esta sim, tem como bem da vida almejado, no exemplo dado, o bem a ser entregue (muito embora, hoje, tenha sido abandonada a técnica condenatória para a entrega de coisa).

Quem postula declaração, como pedido *imediato*, não tem como pedido *mediato* o objeto físico, a coisa que constituía o bem da vida da execução, nem o título executivo. Como afirmado anteriormente, quem postula declaração, pede que "se ilumine o recanto do mundo jurídico para se ver se é ou se não é, a relação jurídica de que se trata".[379] Encarando o problema de forma menos poética, quem pede declaração almeja, como bem da vida, *a certeza jurídica*, nada mais.

Daí por que se é verdade que quem pede declaração não pode ser "premiado" com condenação, execução ou mandamento, isso ocorre não em função do pedido imediato, da técnica de tutela jurisdicional postulada (sugerida), mas em função do pedido *mediato*, do fato de que o bem da vida que se busca alcançar na declaração (a *luz*) é claramente diverso daquele que se buscava na condenação, execução ou mandamento (o objeto *iluminado*, ainda que, na condenação, o alcance do bem fique a meio caminho). Com isso, não se nega, em absoluto, a relação dialética que sem dúvida existe entre o pedido imediato (técnica de tutela jurisdicional) e o pedido mediato (tutela do direito). Apenas se situa com maior clareza a técnica de tutela jurisdicional no plano do direito processual – onde o interesse público na efetiva e segura resolução do litígio se mostra presente – e a tutela do direito no plano do direito material – onde prepondera o poder de disposição do particular sobre seus interesses privados.

Portanto, se o autor postula a entrega de um objeto, um fazer ou um não-fazer por parte do réu, desinteressa se pediu mandamento ou execução, pois a técnica de tutela empregada será aquela mais adequada para o alcance do bem da vida – objeto, um fazer ou um não-fazer – ao demandante. O juiz estará adstrito, assim, ao *pedido mediato*, mas não à técnica de tutela jurisdicional, que, como manifestação do poder estatal, encontra limites nas normas aplicáveis ao processo (não só de caráter processual, mas também nas normas materiais constitucionais, como o princípio da dignidade da pessoa humana),[380] e não no pedido imediato – ou, diríamos mais coerentemente, nas *sugestões* de técnicas de tutela – feito pelo autor.

O princípio da congruência, assim, diz respeito apenas à correspondência da sentença com o pedido *mediato* (o "bem da vida" que busca o autor alcançar ou ver protegido), e não com o pedido *imediato*. E isso não

---

[379] PONTES DE MIRANDA, Francisco Cavalcanti. *Tratado das ações*. 2.ed. São Paulo: Revista dos Tribunais, 1972. t. 1, p. 118.

[380] Neste sentido, veja-se breve ensaio de José Maria Rosa Tesheiner, publicado em seu *site* (http://www.tex.pro.br), intitulado de *A dignidade da pessoa humana como limite da jurisdição*.

significa deixar de reconhecer que possua o princípio da congruência suas exceções: o próprio § 5º do artigo 461 – para não falarmos no vetusto exemplo das cautelares – permite que o juiz outorgue ao autor o "resultado prático equivalente", bem da vida diverso – embora "equivalente" – daquele postulado no pedido *mediato*.

É importante ressaltar que, se a parte não coloca limitações às técnicas de tutela que podem ser empregadas pelo juiz, o mesmo não vale para o legislador. Note-se que a lei processual elege técnicas específicas para determinadas situações, vedando, assim, as demais. É o que ocorre, em nosso sentir, na tutela dos deveres de pagar quantia, onde o legislador limitou as técnicas possíveis de serem utilizadas pelo juiz, atrelando-o ainda ao binômio condenação-execução, tendo este sido simplificado tão-somente do ponto de vista formal, com a eliminação da necessidade de um *novo processo*. Não poderá o juiz, em nosso sentir, empregar a técnica de tutela mandamental nesses casos, o que, veremos adiante, resultará na redução da efetividade jurisdicional. Não obstante nosso posicionamento particular nesse ponto, note-se que a idéia do formalismo-valorativo e da ponderação entre os valores *efetividade* e *segurança* poderá, na visão de seu idealizador, levar inclusive ao rompimento das amarras impostas pelo legislador no que toca às técnicas de tutela aplicáveis aos deveres de pagar quantia.[381]

---

[381] Veja-se, neste particular, trecho do voto do Desembargador Carlos Alberto Alvaro de Oliveira em ação rescisória julgada pelo Tribunal de Justiça do Estado do Rio Grande do Sul: "Nos dias atuais, as medidas coercitivas vêm se caracterizando como instrumento de concretização do direito fundamental à tutela jurisdicional efetiva, de tal sorte que o seu emprego não pode ser excluído de maneira apriorística. Como bem pondera Marcelo Lima Guerra (*Execução indireta*. São Paulo, Revista dos Tribunais, 1998, p. 54), 'o juiz tem o poder-dever de, mesmo e principalmente no silêncio da lei, determinar as medidas que se revelem necessárias para melhor atender aos direitos fundamentais envolvidos na causa, a ele submetida'. E o Jurista, com toda pertinência, invoca o ensinamento de Vieira de Andrade (*Os direitos fundamentais na Constituição Portuguesa de 1976*, p. 256), no sentido de que na falta de lei que concretize determinado direito fundamental, 'o princípio da aplicabilidade directa vale como indicador de exeqüibilidade imediata das normas constitucionais, presumindo-se a sua perfeição, isto é, a sua auto-suficiência baseada no caráter líquido e certo do seu conteúdo de sentido. Vão, pois, aqui incluídos o dever dos juízes e dos demais operadores jurídicos de aplicarem os preceitos constitucionais e a autorização para com esse fim os concretizarem por via interpretativa'. Tal significa, no âmbito do processo de execução, que o juiz tem o poder-dever de, mesmo e principalmente no silêncio da lei, determinar os meios executivos que se revelem necessários para melhor atender à exigência de prestação de tutela executiva eficaz (Marcelo Guerra, ob. cit., p. 57). No campo da execução por quantia certa não se passa de modo diverso, justificando-se o emprego de medidas coercitivas, como a *astreinte*, por concretizar o valor constitucional protegido da efetividade da tutela jurisdicional. Por tal razão, o uso de tais medidas não pode ser obstado nem por expressa disposição infraconstitucional, muito menos pelo silêncio dessa legislação. Dessa forma, como observa ainda aqui Marcelo Guerra (ob. cit., p. 186), 'sempre que a aplicação de alguma medida coercitiva, inclusive a multa diária, revelar-se capaz de superar esses obstáculos e contribuir para uma satisfação mais pronta e efetiva do crédito objeto da execução, ela pode ser utilizada, desde que, é óbvio, não se violem outros bens constitucionalmente protegidos.' E em abono da tese o doutrinador cita o escólio de Michele Taruffo (*Note sul diritto alla condanna e all'esecuzione*, p. 666-668)" (Tribunal de Justiça do Estado do Rio Grande do Sul. Sexta Câmara Cível. Ação Rescisória nº. 599263183. Rel. Des. Osvaldo Stefanello. J. em 26 de abril de 2000).

4. *Sistemática de efetivação das decisões referentes a obrigações e deveres de fazer e não-fazer*

4.1. Breve introdução: o abandono do brocardo *nemo praecise ad factum cogi potest*

Para nos atermos ao objetivo precípuo do presente estudo – analisar a sistemática de efetivação das sentenças no processo civil contemporâneo sob a ótica do formalismo-valorativo –, não iremos aqui apresentar toda a evolução histórica da tutela dos deveres de fazer e não-fazer. Cumpre apenas referir que o ordenamento jurídico brasileiro abandonou o brocardo *nemo praecise ad factum cogi potest,*[382] passando a privilegiar a tutela *específica* de tais deveres. Com efeito, vigorava, tanto à época do Código de Processo Civil de 1939,[383] quanto no sistema original (anterior à Lei 8.952, de 13.12.1994)[384] do Código de Processo Civil de 1973 e no próprio sistema

---

[382] Ninguém pode ser positivamente obrigado ao fato (a fazer) (RODRIGUES, Dirceu. *Brocardos jurídicos.* 4. ed. São Paulo: Saraiva, 1953, p. 268.

[383] Assim escreveu José da Silva Pacheco, sob a égide do CPC de 1939: "Tendo a execução por fim obter a prática ou a abstenção de qualquer ato ou a prestação de serviço, deverá ser pedida a citação do réu para cumprir a condenação no prazo estipulado pela sentença ou fixado pelo juiz da execução. Recebendo a citação, o executado ou a) presta o fato ou b) se abstém de prestá-lo. No primeiro caso, encerra-se a execução por falta de objeto. No segundo caso, continua a execução, *devendo o exeqüente requerer ao juízo o pagamento da multa ou das perdas e danos.* A execução prossegue de acordo com as normas gerais para a execução por quantia certa, liquidando-se a sentença se for ilíquida" (os grifos são nossos) (PACHECO, José da Silva. *Ações executivas e execução de sentença.* Rio de Janeiro: Borsoi, 1957, p. 415). É bem verdade que a doutrina da época já se voltava contra o adágio do *nemo preacise potest cogi ad factum,* como destacou Moacyr Amaral Santos, em AMARAL SANTOS, Moacyr. *Ações cominatórias no direito brasileiro.* 1° tomo, 3. ed. São Paulo: Max Limonad, 1962. p. 165.

[384] "A nova redação do art. 461 do CPC, importada, praticamente, *ipsis litteris,* do art. 84 da Lei 8.078, de 11.09.1990 (Código de Proteção e Defesa do Consumidor), trouxe inovações expressivas, todas inspiradas no princípio da maior coincidência possível entre a prestação devida e a tutela jurisdicional entregue. No sistema anterior, a alternativa que se oferecia ao credor para a impossibilidade (ou, eventualmente, seu desinteresse) de obter tutela específica era a de converter tal prestação em sucedâneo pecuniário de perdas e danos" (ZAVASCKI, Teori Albino. *Comentários ao Código de Processo Civil.* São Paulo: Revista dos Tribunais, 2000. V. 8, p. 459).

de direito material, a norma contida no brocardo referido: "A regra jurídica geral, de direito material, é que se ponha alguma alternativa ou se cobrem perdas e danos (efeito de alternativa implícita). De modo que não se dá a precisa execução de obrigação de fazer ou de não-fazer, se o agente obrigado não quer."[385] Não obstante a existência da ação cominatória (art. 287 do CPC de 1973), não restou o brocardo violado, nem revogado o Código Civil, que só admitia a condenação em perdas e danos:

> A cominatória de modo nenhum infringe o brocardo *Nemo praecise ad faciendum cogi potest*, como a condenação a perdas e danos, ou a ameaça disso, não o viola. O brocardo obsta à ação direta, não à cominatória. [...] Não se diga que se revogou o Código Civil, que "só admitiu a condenação a perdas e danos". Esse é o modo de executar-se, no plano material, a obrigação de fazer ou não-fazer.[386]

Como referimos em outra oportunidade,[387] tratava-se de corolário fundamental dos Estados Liberais do século XIX, que chegou ao extremo de considerar as obrigações de fazer ou não-fazer como "juridicamente não obrigatória" ou "facultativas".

É fundamental salientar, entretanto, que de um modelo extremamente protecionista para o devedor da prestação de fato ou de abstenção, que o colocava em vantagem se comparada a sua posição à do devedor de quantia, migrou-se para uma sistemática muito mais dinâmica e agressiva contra aquele. Basta dizer que as obrigações de fazer e não-fazer, quando reconhecidas na sentença, passaram a dispensar um processo de execução autônomo para sua implementação, permitindo a adoção das técnicas de tutela mandamental e executiva, ao contrário das obrigações de pagar quantia, ainda atreladas à técnica condenatória.

Como ficará claro, o reduzido número de dispositivos legais aplicáveis ao cumprimento da sentença referente aos deveres de fazer e não-fazer, com a inserção de cláusulas abertas (como o § 5° do art. 461 do CPC, por exemplo, que permite ao juiz determinar "as medidas necessárias" para "a efetivação da tutela específica ou a obtenção do resultado prático equivalente"), contrasta com a plêiade de dispositivos atinentes ao cumprimento e execução das sentenças referentes aos deveres de pagar quantia, com sua ampla rigidez procedimental. Em outras palavras, ao juiz foi concedida ampla liberdade para, através de sua atividade criativa, tutelar os deveres de fazer e não-fazer (assim como os de entrega de coisa, como veremos adiante), enquanto que diversas amarras lhe foram impostas quando o assunto é a tutela dos deveres de pagar quantia. Estranhamente,

[385] PONTES DE MIRANDA, Francisco Cavalcanti. *Comentários ao Código de Processo Civil*. Rio de Janeiro: Forense, 1974, p. 43.

[386] Ibidem, p. 43-45.

[387] AMARAL, Guilherme Rizzo. *As astreintes e o processo civil brasileiro: multa do artigo 461 do CPC e outras*. Porto Alegre: Livraria do Advogado, 2004, p. 27-28.

eram aqueles deveres cuja tutela, anteriormente, tinha-se maior receio em estimular e facilitar, por considerá-la demasiadamente invasiva da *liberdade* do cidadão.[388] Dizemos isso não para pregar um retorno ao império do vetusto brocardo. Pelo contrário: fazemo-lo de forma a chamar a atenção para o receio exagerado verificado na reforma do processo de execução das sentenças referentes a deveres de pagar quantia, onde não se permitiu a adoção das técnicas de tutela mandamental e executiva, tal qual existentes na sistemática que a seguir será explicitada. Embora se afirme que o valor *segurança* imponha maior cautela em se tratando de agressão ao patrimônio do devedor, pensamos ter demonstrado que a mesma agressão dá-se, também, em certas hipóteses, na tutela das obrigações de fazer ou entrega de coisa. Assim, no fundo, cremos que essa distorção encontrada na tutela das diferentes obrigações deve-se muito mais à supervalorização da *propriedade* no sistema capitalista atual, protegendo-a mais do que a própria *liberdade* do cidadão, o que é facilmente verificável no comparativo entre o sistema de tutela dos deveres de pagar quantia e dos deveres de fazer e não-fazer. A propriedade, como valor, recebe maior proteção da lei processual do que a própria liberdade. O efeito, no entanto, é perverso, pois a frouxidão da tutela dos deveres de pagar quantia acaba sendo prejudicial à circulação de riquezas e à segurança do crédito, atentando contra os princípios básicos desse mesmo sistema fundado no capital. Tratemos, no entanto, de neste primeiro momento avaliar a sistemática de tutela das obrigações de fazer e não-fazer.

4.2. Obrigações de fazer e não-fazer: definições

Em princípio, não poderia haver qualquer confusão em torno da definição do que seja uma obrigação de fazer ou de não-fazer. O seu objeto consiste numa ação ou numa abstenção por parte do obrigado. Entretanto, é muitas vezes sutil a distinção entre a obrigação de fazer e a obrigação de dar, como destaca Moacyr Amaral Santos:

> Conquanto pareça, nem sempre é clara e, por vezes, é deveras sutil a distinção entre umas e outras. Se um pintor vende o quadro que se acha exposto em sua galeria, ou se se obriga um pedreiro a levantar os muros de um prédio, vê-se, facilmente, que o primeiro assumiu uma obrigação de dar e o segundo a de fazer. O mesmo não se dirá, no entanto, do ato do pintor obrigar-se a executar um quadro por encomenda, pois que, se o objeto da obrigação,

[388] Como refere Luiz Guilherme Marinoni, "O Estado liberal, para dar garantia de liberdade às pessoas, não podia interferir na esfera jurídica do particular, e, por essa razão, não poderia assegurar, diante do inadimplemento do contrato, a entrega do próprio bem contratado ou a tutela jurisdicional específica" (MARINONI, Luiz Guilherme. *Técnica processual e tutela dos direitos*. São Paulo: Revista dos Tribunais, 2004, p. 383).

aí, consiste na prestação de um ato, não deixará de compreender, também, a entrega de sua obra ao credor. Nesse caso, como qualificar-se a obrigação?[389]

Podemos mencionar ainda outros exemplos, muito comuns. A obrigação de pagar dividendos ou *pro labores* pode ser classificada como obrigação de pagar, mas já observamos a construção do pedido de forma que o que se requeira em juízo seja o *depósito* dos valores: que o devedor *faça* o depósito. Com isso, pretende-se burlar a sistemática engessada da execução para pagamento de quantia, transformando o dever de *pagar* (portanto, de *dar*) em dever de *depositar* (portanto, de *fazer*). Outro caso comum (todavia, de solução diversa do anterior) diz com o dever do Estado em assegurar a saúde dos cidadãos (art. 196 da Constituição Federal), por meio de ações concretas (realização de tratamentos, cirurgias etc.). Em muitos casos, a ausência de tecnologia no sistema público de saúde gera a necessidade de *custeio* de tratamento no exterior, ou seja, a necessidade de desembolso de *quantia* pelo Estado. Nessa hipótese, ter-se-á convertido a obrigação de fazer em obrigação de pagar?

A solução para tais indagações é dada por Carvalho de Mendonça, que afirma ser necessário considerar-se o *caráter dominante* da obrigação.[390] Assim, na hipótese de pagamento de *pro labores* ou de dividendos, por exemplo, a realização de depósito é apenas um *meio* de prestação da obrigação, que é de *pagar*. Este, não aquele, é o seu aspecto dominante, assim como na gênese do dever de assegurar a saúde dos cidadãos está a exigência de uma conduta para o Estado (um *fazer*), sendo o custeio de tratamento apenas um modo de cumprimento específico daquele desiderato.

É de se notar que a lei processual raramente valora, na escolha das técnicas de tutela aplicáveis, a importância de cada um dos deveres de fazer ou de abstenção. As mesmas técnicas destinadas a assegurar o direito à saúde são aplicáveis ao direito à imagem ou mesmo a direitos oriundos de contrato não atrelado a qualquer valor fundamental (tanto para forçar o contratante desempenhar a sua prestação, quanto para forçar o Estado a assegurar a saúde – e, em alguns casos, o direito à vida – de seus cidadãos, os mecanismos são idênticos, e encontram-se no artigo 461, §§ 4º e 5º, do CPC). E, por outro lado, mesmo que uma obrigação de pagar possua maior relevância do que uma dada obrigação de fazer, é esta que receberá tratamento diferencial.

[389] SANTOS, Moacyr Amaral. *Ações cominatórias no direito brasileiro.* 3.ed. São Paulo: Max Limonad, 1962. v. 1, p. 188.

[390] "Entre as obrigações de dar e de fazer, efetivamente, há tais pontos de contacto que suas linhas divisórias muitas vezes se confundem. Mas sempre haverá um meio de distingui-las, não, propriamente, através de uma orientação técnica segura, que falta, mas por meio da regra prática, recomendada por CARVALHO DE MENDONÇA, de considerar-se o caráter dominante da obrigação, segundo o qual se determinará a sua classificação" (Ibidem, p. 190).

Notamos, aqui, uma inconsistência do sistema com a idéia de formalismo-valorativo que apresentamos na primeira parte deste trabalho. Ora, se antes se igualava com o binômio condenação-execução o tratamento dado a todas as obrigações, agora a desigualdade de tratamento entre a tutela das obrigações de pagar quantia e das obrigações de fazer e não-fazer (e, também, das obrigações de entrega de coisa) parte da premissa de que a segunda espécie *sempre* abrigará situações jurídicas de maior relevância, o que não corresponde à realidade. Basta pensar na empresa que, diante do inadimplemento de dívida pecuniária de seu principal cliente, vê-se na iminência de ter de encerrar as suas atividades, com efeitos anexos desastrosos para a sociedade (para citar apenas três: a demissão de funcionários, o prejuízo a consumidores e a perda de receita tributária do Estado). Não há razão convincente para tutelarmos essas obrigações com técnicas menos agressivas do que aquelas das obrigações de fazer e não-fazer, que agora passaremos a expor.

4.3. O artigo 461 do CPC e a sistemática de efetivação das sentenças referentes a obrigações e deveres de fazer e não-fazer

O Código de Processo Civil traz em apenas um artigo, contendo seis parágrafos, a sistemática de efetivação das sentenças referentes a obrigações de fazer e de não-fazer. Já no *caput* do artigo 461, está claro que, primeiramente, deverá o juiz buscar conceder a "tutela específica da obrigação", ou seja, deverá fazer com que o réu cumpra a obrigação que deu origem à sentença ou que, eventualmente, terceiro venha a fazê-lo às custas do demandado. Caso isso não venha a ser possível, é caso de se determinarem "providências que assegurem o resultado prático equivalente ao do adimplemento".

Todas essas medidas preferencialmente devem ser indicadas já na sentença. Todavia, mesmo após o trânsito em julgado desta última, poderá o juiz modificar o comando sentencial, de forma a adequá-lo à situação concreta. É o caso, por exemplo, do réu que, mesmo diante da imposição de multa diária, recusa-se a cumprir a obrigação de fazer. Está autorizado o juiz a determinar medidas que substituam a conduta do demandado, resultando ainda assim na tutela específica do direito do autor. A indústria que se recusa a instalar filtro para evitar a poluição de determinado rio pode ter as suas portas fechadas por determinação judicial, impedindo a sua atividade poluidora. É claro que, no exemplo, diante do princípio da execução menos gravosa para o devedor (art. 620 do CPC), primeiramente deve lhe ser dada a oportunidade de voluntariamente cumprir o comando sentencial.

Aqui, exerce um papel importante o método de resolução do conflito entre os valores *efetividade* e *segurança*. O postulado da proporcionalidade impõe que a técnica de tutela empregada seja adequada, necessária e proporcional em sentido estrito. Atenhamo-nos ao conceito de *necessidade*. A agressão causada à esfera jurídica do demandado, no exemplo anterior, é sem dúvida maior quando do emprego da técnica de tutela executiva. O fechamento de uma fábrica (e inclusive reflexo para terceiros, como seus funcionários) causa danos bem maiores do que a determinação para que o réu tome as medidas necessárias para o cumprimento da sentença. Nesse particular, muito embora possa ser adequada para alcançar o fim pretendido, a utilização direta da técnica executiva é *desnecessária*. Esse balanço poderá restar invertido em outras hipóteses nas quais uma medida executiva pode gerar menos transtornos para o réu, com igual ou maior efetividade para o autor. Pensemos na hipótese da sentença de que trata o artigo 466-A do CPC.[391] O próprio legislador considerou que a substituição da vontade do réu, com a equiparação da sentença aos efeitos da declaração de vontade não realizada pelo réu, seria medida mais adequada e menos gravosa para este último. Outro exemplo, este recorrente na jurisprudência, diz respeito à opção pelo bloqueio de valores do erário (medida executiva) em detrimento da imposição de multa diária ao Estado para o cumprimento de seu dever de prover pela saúde dos cidadãos.[392]

---

[391] CPC, art. 466-A. Condenado o devedor a emitir declaração de vontade, a sentença, uma vez transitada em julgado, produzirá todos os efeitos da declaração não emitida.

[392] Veja-se, neste particular, a pertinente fundamentação de acórdão da Sétima Câmara Cível do Tribunal de Justiça do Estado do Rio Grande do Sul: "Tenho me manifestado em diversas oportunidades sobre o insofismável dever do Estado (aí incluídos União, Estados e Municípios) em prover, com absoluta prioridade, a saúde de crianças e adolescentes, defendendo inclusive a tutela específica da obrigação, mediante bloqueio de valores, sem prejuízo da multa prevista no art. 14 do CPC, para o caso de descumprimento ou embaraço ao cumprimento da decisão judicial, de natureza antecipatória ou final. Há entendimento, já pacificado neste Tribunal, no sentido de que as *astreintes*, em casos como o dos autos, não têm o condão de conferir efetividade e celeridade no cumprimento das decisões judiciais, onerando as já combalidas finanças públicas. Nesse sentido, excerto do voto do Em. Des. Araken de Assis, nos autos do proc. 70009686122: '*Em princípio, aplica-se às pessoas jurídicas de direito público a disciplina do art. 461 do Cód. de Proc. Civil. Mas, há que atentar para a razoabilidade no uso dos meios coercitivos, pois a Administração, jungida à legalidade, nem sempre exibe condições de atender, prontamente, as chamadas "prestações positivas" resultantes dos comandos constitucionais. E ainda há que considerar que, por lastimável deficiência do ordenamento jurídico pátrio, a multa grava o Erário, jamais o agente político ou o servidor com competência para praticar o ato, pessoalmente, o que, no fundo, a torna inócua. A função da técnica de coerção patrimonial é pressionar, psicologicamente, quem pode cumprir a ordem judicial, ameaçando-lhe com sanção pecuniária, objetivo frustrado pela impossibilidade de atingir aquelas pessoas. No caso, avulta a inexistência de recusa em cumprir a ordem judicial. Nesta contingência, a aplicação de multa pecuniária é inútil e inconveniente: de um lado, não assegura a prestação imposta, vez que não atinge o agente público competente para praticar o ato, e, por isso, revela-se inútil; de outro lado, drena os recursos da área da saúde em benefício de um único cidadão, prejudicando a todos os demais, e, por tal motivo, sua inconveniência é manifesta*'. Nesses termos, dou provimento em parte ao agravo para suspender a cominação de multa diária. Quanto ao mais, acertada a decisão que determinou o bloqueio na conta do Estado de valor suficiente à aquisição da medicação no mercado, que poderá ser levantado em caso de descumprimento da obrigação,

Em outros casos, o *direcionamento* da técnica mandamental poderá variar, de forma a trazer maior efetividade para o autor e menor gravame para o réu. O típico exemplo é o da sustação de protesto, na qual a ordem é dirigida ao tabelionato onde o aponte do título foi realizado, não se cogitando da intimação do réu para que este promova o cancelamento do protesto ou medida de efeitos análogos.

O que importa, ao final, é que o foco da atividade jurisdicional seja a tutela específica ou a produção de resultado prático equivalente, com maior efetividade ao credor e menor gravame possível para o devedor.

4.3.1. *Da conversão em perdas e danos, dos requerimentos do autor e do réu, e da constatação ex officio de sua necessidade*

Cumpre também reafirmar que o principal[393] interesse na busca da tutela específica é do autor. Não poderá o réu, assim, manifestar oposição à escolha daquele pela conversão em perdas e danos.[394] É importante res-

---

valendo-se da tutela específica da obrigação prevista nos art. 461 e 461-A do CPC. Embora peça o afastamento do bloqueio de valores, o agravante não fundamenta seu pedido, o que somente reafirma a juridicidade da decisão, em harmonia com os precedentes desta Câmara" (Agravo de Instrumento n° 70012374716. Sétima Câmara Cível do Tribunal de Justiça do Estado do Rio Grande do Sul. Rel. Des. Luis Felipe Brasil Santos. Julgado em 05 de outubro de 2005).

[393] Evidentemente, é de toda a sociedade e também do Estado o interesse na solução efetiva dos conflitos e, portanto, na prestação jurisdicional. Todavia, o interesse imediato, principal, é, sem dúvida, de quem provoca o Poder Judiciário em busca da tutela jurisdicional estatal.

[394] É o que decidiu a Sexta Câmara Cível do Tribunal de Justiça do Estado do Rio Grande do Sul, em acórdão da lavra do então Desembargador Carlos Alberto Alvaro de Oliveira: "Por outro lado, nos termos do art. 461, § 1°, do CPC, 'A obrigação somente se converterá em perdas e danos se o autor o requerer ou se impossível a tutela específica ou a obtenção do resultado prático correspondente'. Segundo Cândido Rangel Dinamarco, 'Conquanto inserida no trato da execução imediata, essa norma legal tem abrangência total, impondo-se em todos os casos de execução específica, quer quando realizada nos termos do art. 461, quer em processo executivo autônomo' (DINAMARCO, Cândido Rangel. *Instituições de direito processual civil.* 4.ed. São Paulo: Malheiros, 2004. v. 4, p. 449). Assim, a conversão pecuniária somente ocorrerá em virtude da *impossibilidade da execução específica* ou por *vontade do credor.* De acordo com Eduardo Talamini, torna-se impossível o resultado específico 'quando, com o não cumprimento pontual, desaparece *objetivamente* seu interesse (utilidade) para o titular do direito (C. Civ. de 1916, art. 956, par. ún.; C. Civ. de 2002, art. 395, par. ún.)'. E acrescenta o seguinte: 'para que ocorra a impossibilidade por perda de interesse, devem existir elementos concretos que afastem a utilidade do cumprimento tardio do dever' (TALAMINI, Eduardo. *Tutela relativa aos deveres de fazer e de não-fazer e sua extensão aos deveres de entrega de coisa.* 2.ed. São Paulo: Revista dos Tribunais, 2003, p. 328-330, grifado no original). Na espécie, a teor da decisão agravada, 'a prestação específica não tem mais utilidade prática, é desinteressante, posto que o veículo não pertence mais ao autor, o que se entende, pois transcorridos mais de seis anos da propositura da ação' (f. 135). Por conseguinte, não há falar em transgressão ao disposto no art. 633 do CPC. Ademais, quanto às alegações de coisa julgada e de violação ao disposto no art. 610 do CPC, de notar, com Eduardo Talamini, que 'A sentença que impõe o resultado específico funcionará como titulo parcial para a execução do equivalente pecuniário, caso aquele se torne impossível ou deixe de ser subjetivamente interessante para o titular do direito. *A assertiva é válida ainda quando a sentença silencie acerca da possibilidade de futura conversão em perdas e danos.* O provimento que veicula o reconhecimento do direito ao fazer ou não fazer e impõe o resultado específico traz consigo a autorização da obtenção do equivalente pecuniário' (*op. cit.*, p. 336). No mesmo sentido, a lição de Araken de Assis, segundo a qual 'O direito à indenização decorre da própria lei (art.

saltar que o § 1° do artigo 461 usa a locução "ou" em vez de "e", quando dispõe que "a obrigação somente se converterá em perdas e danos se o autor o requerer *ou* se impossível a tutela específica ou a obtenção do resultado prático correspondente". É evidente, assim, que se trata de duas hipóteses distintas e independentes. A mera vontade do autor justifica a conversão em perdas e danos, assim como a impossibilidade da tutela específica ou do resultado prático equivalente, por si só, justifica a mesma conversão, o que pode ser determinado de ofício ou a requerimento *de qualquer das partes*.

A conversão em perdas e danos configura a hipótese de tutela pelo equivalente monetário, e em caso de ocorrência de dano acrescenta-se a tal definição aquela de tutela *ressarcitória*. A tutela ressarcitória pode também se dar na forma específica, quando a reparação for *in natura* e recompor o estado de coisas que existia antes da ocorrência do dano.[395]

Não interessa, para que se determine a conversão em perdas e danos por iniciativa judicial, do credor ou do devedor, na hipótese de impossibilidade da tutela específica, a perquirição da culpa ou dolo para a sua ocorrência. Primeiramente, em razão de ter o credor a *faculdade* de exigir a conversão (não precisa justificar, fundamentar o seu pedido, que obrigatoriamente deverá ser acolhido pelo juiz). Já o juiz pode determinar e o devedor pode requerer a conversão tão logo se verifique a impossibilidade prática da tutela específica. Continuar exigindo do demandado o cumprimento da obrigação *in natura*, ainda que impossibilitado esteja por dolo seu, consistiria em verdadeiro *nonsense* processual, perda de tempo para as partes e para o Judiciário, e punição desmesurada do demandado caso venha ele ainda a estar sujeito a multa periódica pelo descumprimento (astreintes), multa do artigo 14, parágrafo único, do CPC (*contempt of court*), denúncia por crime de desobediência e outras sanções.

Por outro lado, a busca da tutela específica, ainda que possível, diante das circunstâncias do caso concreto, nem sempre será a medida mais adequada a tomar. Em determinadas situações, o gravame causado pela tutela específica não se justificará diante do benefício trazido por ela. Aqui também operará um juízo de proporcionalidade. Exemplo clássico diz respeito à tutela específica das obrigações cujas prestações envolvem a atividade criativa do devedor (direito de autor). A doutrina há muito reafirma

---

389 do CC de 2002). Ele não precisa constar do título executivo' (ASSIS, Araken de. *Manual do processo de execução*. 8.ed. São Paulo: Revista dos Tribunais, 2002, p. 503). Nessas circunstâncias, mostrando-se juridicamente possível a conversão em perdas e danos, não vislumbro o afirmado 'enriquecimento ilícito da agravada' (f. 9-10)" (Agravo de Instrumento n° 70008221707. Sexta Câmara Cível do Tribunal de Justiça do Estado do Rio Grande do Sul. Rel. Des. Carlos Alberto Alvaro de Oliveira. Julgado em 05 de maio de 2004).

[395] MARINONI, Luiz Guilherme. *Técnica processual e tutela dos direitos*. São Paulo: Revista dos Tribunais, 2004, p. 152-153.

a incoercibilidade de tais obrigações, impondo a conversão em perdas e danos como saída mais adequada.[396] Na tutela das obrigações contratuais, é preciso também atentar para os mecanismos do próprio contrato. Caso, por exemplo, preveja o instrumento contratual que, descumprida a obrigação de fazer, incide cláusula penal, deve o órgão jurisdicional ater-se à vontade das partes contratantes. Ainda que possível a tutela específica e exigida ela pelo credor, é lícito ao devedor postular o pagamento da cláusula penal que fora acertada entre as partes.

Determinada a conversão em perdas e danos, proceder-se-á à sua liquidação, na forma dos artigos 475-A e seguintes do CPC. Transitando em julgado a *decisão* na fase de liquidação, iniciará a contagem do prazo de quinze dias para cumprimento voluntário da condenação ao pagamento de quantia, sob pena de imposição de multa de 10% (art. 475-J do CPC) e abertura da possibilidade de o credor requerer a execução do julgado.

4.3.2. Da indenização em perdas e danos e do crédito resultante da incidência das astreintes

Como veremos adiante, a técnica de tutela mandamental completa-se com a utilização de mecanismo de coerção, consistente em multa periódica (geralmente *diária*) – também chamada de *astreinte* –, que deverá incidir na hipótese de descumprimento da decisão que a fixou. Trata-se de medida com o exclusivo intuito de pressionar o réu ao cumprimento da determinação judicial. Nesse sentido, não se presta para compor os danos havidos com o descumprimento da decisão, razão pela qual estabelece o § 2° do artigo 461 do CPC que "a indenização por perdas e danos dar-se-á sem prejuízo da multa".

Trata-se, aqui, de não confundir sanções oriundas do direito material com outras de caráter processual. A indenização por perdas e danos de que trata o referido dispositivo legal, além de não se confundir com as *astreintes*, não se confunde também com outras sanções pecuniárias, tais como a multa do artigo 14, parágrafo único, do CPC (*contempt of court*), ou mesmo com as multas e indenizações por perdas e danos decorrentes da litigância de má-fé (art. 18 do CPC).

Embora não haja confusão entre as sanções, nem limite "apriorístico" ao valor que poderão chegar as *astreintes*, é recomendável que o juiz se valha do comparativo com as demais rubricas, para, eventualmente, na hipótese de manifesta desproporção do valor resultante da incidência da

[396] Nesse sentido, veja-se GUERRA, Marcelo Lima. *Execução indireta*. São Paulo: Revista dos Tribunais, 1998, p. 131; e AMARAL, Guilherme Rizzo. *As astreintes e o processo civil brasileiro: multa do artigo 461 do CPC e outras*. Porto Alegre: Livraria do Advogado, 2004, p. 98.

multa, vir a reduzi-lo adequadamente.[397] As perdas e danos sob hipótese alguma constituirão teto para as *astreintes*, mas podem, sim, servir de parâmetro, evitando abusos que possam gerar o enriquecimento injusto do autor ou o empobrecimento desmedido do réu. Alguém poderá afirmar que o réu não tem com o que se preocupar, na medida em que basta cumprir a sentença para se ver livre da incidência da multa. No entanto, as chances de erro judiciário (por exemplo, ao fixar prazo demasiadamente curto para o cumprimento de determinada decisão) recomendam, ainda que estivermos diante do trânsito em julgado da sentença, certa moderação na imposição das medidas coercitivas. Aplicando-se o método proposto na primeira parte do presente estudo, mostra-se possível a reavaliação, caso a caso, do funcionamento do mecanismo de coerção, coibindo exageros. Sem conhecermos nossa posição no jogo de forças que antecede o processo, acreditamos ser consensual o acordo em torno da idéia de que nenhum mecanismo processual pode levar ao exorbitante enriquecimento de um, ou empobrecimento de outro. A jurisprudência do STJ, após alguma hesitação,[398] acabou acolhendo esse entendimento.[399] Ademais, o crédito resultante da incidência da multa não compõe o pedido do autor,[400] nem

---

[397] Como sustentamos em AMARAL, Guilherme Rizzo. *As astreintes e o processo civil brasileiro: multa do artigo 461 do CPC e outras*. Porto Alegre: Livraria do Advogado, 2004.

[398] AGRAVO REGIMENTAL. PREQUESTIONAMENTO IMPLÍCITO. OMISSÃO DO ACÓRDÃO INEXISTENTE. COISA JULGADA. (...) III – Tendo sido estipulado o valor da multa diária na fase de conhecimento, já com trânsito em julgado, não há como se impugnar e reduzir o total do mesmo na fase de liquidação. Este total é mero corolário do somatório do valor unitário (...) (AgRg no Ag 87842/SP, Rel. Ministro CLAUDIO SANTOS, TERCEIRA TURMA, julgado em 13.02.1996, DJ 01.04.1996 p. 9.916). CIVIL E PROCESSUAL. AÇÃO DE INDENIZAÇÃO ACOMPANHADA DE OBRIGAÇÃO DE FAZER E COMINAÇÃO DE MULTA DIÁRIA. NEGATIVAÇÃO EM CADASTROS DE CRÉDITO. FIANÇA CANCELADA. BAIXA NÃO EFETIVADA. MANUTENÇÃO DO NOME DO AUTOR POR LONGO TEMPO. DANOS MORAIS. AUSÊNCIA DE RECURSO DA PARTE RÉ. REDUÇÃO *EX OFFICIO* DA MULTA PELO TRIBUNAL ESTADUAL. IMPOSSIBILIDADE. I. Pode o Tribunal reduzir o valor da multa imposta pelo juízo singular como penalidade pecuniária até que seja cumprida a obrigação de fazer determinada em medida liminar, qual seja, a de dar baixa na inscrição em órgãos de proteção ao crédito do nome do autor, cujo aval fora cancelado por falta de outorga uxória. II. Necessário, todavia, para tanto, que a parte prejudicada ofereça recurso impugnando a cominação, sem o que incide a preclusão. III. Recurso especial conhecido e provido (REsp 265092/RS, Rel. Ministro ALDIR PASSARINHO JUNIOR, QUARTA TURMA, julgado em 07.03.2002, DJ 15.04.2002, p. 223).

[399] ADMINISTRATIVO E PROCESSUAL CIVIL. RECURSO ESPECIAL. AÇÃO DE EXECUÇÃO. NORMA CONSTITUCIONAL. REVISÃO RESTRITA AO STF EM SEDE DE RECURSO EXTRAORDINÁRIO. ART. 131 DO CPC. NÃO-PREQUESTIONADO. ASTREINTES. REDUÇÃO EM BUSCA DE PROPORCIONALIDADE. POSSIBILIDADE. PRECEDENTES.(...) 4. Este Superior Tribunal de Justiça já se pronunciou quanto à possibilidade de ser reduzido o valor de multa diária em razão de descumprimento de decisão judicial quando aquela se mostrar exorbitante. 5. Precedentes: REsp 836.349/MG, de minha relatoria, 1ª Turma, DJ 09.11.2006; REsp 422966/SP, Rel. Min. Sálvio de Figueiredo Teixeira, 4ª Turma, DJ 01.03.2004; REsp 775.233/RS, Rel. Min. Luiz Fux, 1ª Turma, DJ 01.08.2006; (...) (REsp 914.389/RJ, Rel. Ministro JOSÉ DELGADO, PRIMEIRA TURMA, julgado em 10.04.2007, DJ 10.05.2007, p. 361). No mesmo sentido, AgRg no Ag 745.631/PR, Rel. Ministro ALDIR PASSARINHO JUNIOR, QUARTA TURMA, julgado em 08.05.2007, DJ 18.06.2007, p. 267.

[400] "Com efeito, as *astreintes* não compõem o conteúdo do *pedido* do autor, mesmo que constem da petição inicial como técnica de tutela sugerida ao magistrado. São, na verdade, *acessórias* ao pedido de obtenção da tutela específica pelo demandante". Não fazendo parte, portanto, do pedido, é importan-

faz parte do direito que deverá ser tutelado especificamente no processo, não havendo assim risco para o direito do demandante na adoção de tal postura pelo magistrado.

Veja-se que é essencial a adoção de uma postura neutra em relação às diferentes posições do processo, porém comprometida com os valores da efetividade e da segurança, para que se alcance semelhante solução. Sem essa postura, o resultado da interpretação da lei processual tenderá para a mecanicidade, com maiores chances de se produzir resultado injusto.

4.3.3. Breves notas sobre provimentos antecipatórios e liminares

Não constitui objeto do presente trabalho a análise da efetivação das decisões que antecipam a tutela ao autor, seja em sede liminar seja após a citação do réu. O § 3° do artigo 461 do CPC autoriza que venha a ser concedida a tutela das obrigações de fazer e de não-fazer nesses estágios processuais, desde que venha a ser "relevante o fundamento da demanda e havendo justificado receio de ineficácia do provimento final".[401]

Exige-se, portanto, além da forte probabilidade de que tenha o demandante razão, o elemento *perigo*, representado pelo risco objetivo (e não mero receio subjetivo, como pode dar a entender o dispositivo legal). Como afirmamos em momento anterior neste trabalho,[402] tal exigência é incompatível com o método que propusemos, pois submete os jurisdicionados a mera aleatoriedade. Trata-se de arriscada aposta de que a situação que precede o processo é a mais justa, até que se decida o mérito (e, o que é pior, até que se decida em segunda instância, em face do efeito suspensivo da apelação). Qual seria, então, a alternativa?

---

te a lição de CHIOVENDA, reproduzida por JOSÉ MARIA ROSA TESHEINER: "Assim, nada vemos de errado na criticada lição de Chiovenda, no sentido de que *o pedido do autor é que determina os limites objetivos da coisa julgada*" (AMARAL, Guilherme Rizzo. *As astreintes e o processo civil brasileiro: multa do artigo 461 do CPC e outras.* Porto Alegre: Livraria do Advogado, 2004, p. 190).

[401] A antecipação da tutela das obrigações de fazer e não-fazer pode se dar, também, nas demais hipóteses previstas no artigo 273, do CPC, como no abuso de direito de defesa do réu (inciso II) e na hipótese de pedido incontroverso (§ 6°).

[402] Como afirmamos atrás, "colocando-nos na chamada posição original, sob o véu da ignorância, não sabemos qual o nosso poderio no jogo de forças que antecede o processo; não podemos definir nossa capacidade de exercer qualquer coerção sobre o outro e, ainda, não sabemos qual o nosso distanciamento em relação ao bem da vida disputado. Parece lícito, assim, afirmar que o critério adotado hoje em nossos sistema de tutela dos direitos é tão aleatório quanto jogar uma moeda para o ar. Estabelecer como regra geral a de que o autor deve suportar o ônus do tempo no processo, salvo em situações peculiares, geralmente envolvendo o perigo ou o abuso do direito de defesa (art. 273 do CPC), é fiar-se de que o *status quo ante* ao processo será sempre provavelmente o mais justo, o que, sabemos, é algo totalmente falso. A completa *aleatoriedade*, e somente ela, é que marca a situação das partes *antes* do processo" (vide item 2.2, Capítulo II).

Em recente ensaio,[403] afirmamos que o processo civil não pode virar as costas para a verdade – desde que seja ela compreendida em seu caráter relativo e contextualizado –, pois tal eliminaria a correspondência entre a lógica interna da decisão e o mundo real, ocasionando injustiça. Esse diálogo entre o processo e a verdade deve apresentar *diferentes graus de intimidade*, de acordo com a situação material concreta para a qual se busca a tutela jurisdicional. A situação de iminente risco de perecimento do direito já permite, hoje, que a decisão judicial produza efeitos no plano material com um diálogo mais distante entre processo e verdade, do que aquelas situações em que tal risco não se apresenta.

Esse estado de coisas, no entanto, é insuficiente e incompatível com a concepção de justiça aqui proposta, na linha do pensamento de John Rawls. Não podemos admitir a supressão de direitos (ou a suspensão temporária de seus efeitos), no curso do processo, quando eles forem *evidentes* ou bastante *prováveis*, ainda que não se vislumbre, necessariamente, situação de *perigo*.

Tal conscientização não só autoriza como impõe a proposição de uma mudança significativa do processo civil, como, por exemplo, a autorização de juízos de probabilidade *initio litis*, por meio dos quais o juiz, mediante requerimento do autor, e verificando que maior probabilidade de razão está com este último, ficaria autorizado – independentemente do *periculum in mora* – a provocar mudança no estado dos fatos, colocando sobre os ombros do réu (quem, no exemplo dado, *provavelmente*, não tem razão) o ônus do tempo do processo.

As constantes reformas da lei processual estão deixando passar a oportunidade de incluir semelhante regra em nosso sistema, talvez pelo temor de que ela conferiria demasiados poderes aos juízes, ou de que haveria violação do devido processo legal (*"ninguém será privado [...] de seus bens sem o devido processo legal"*).[404] Em suma, o suposto risco à segurança jurídica mais uma vez projeta sua sombra sobre a efetividade.

Quanto ao receio do arbítrio judiciário, seríamos ingênuos ao considerá-lo completamente infundado. Todavia, para evitá-lo, a opção tem sido submeter-nos ao arbítrio do particular! Ora, se toda e qualquer violação do direito que não gera iminente situação de risco (uma dívida impaga, o descumprimento de um contrato etc.) só pode ser reparada após o longo trâmite processual e a exaustão dos meios cognitivos, então vivemos sob o império do arbítrio privado, o que, obviamente (pelo *interesse individual*

---

[403] AMARAL, Guilherme Rizzo. Verdade, justiça e dignidade da legislação: breve ensaio sobre a efetividade do processo, inspirado no pensamento de John Rawls e de Jeremy Waldron. In KNIJNIK, Danilo (Coord.). *Prova judiciária: estudos sobre o novo direito probatório*. Porto Alegre: Livraria do Advogado, 2007.

[404] Constituição Federal, art. 5º, inciso LIV.

e em conflito que é intrínseco ao ser privado em litígio), é bem pior do que o hipotético e incerto arbítrio do juiz (veja-se, o *risco* existe, mas a concretização do arbítrio está longe de ser algo certo e, seguramente, é menos provável do que o arbítrio privado do réu).

Já com relação à suposta violação do devido processo legal, cremos que se trata de argumento totalmente superado, pois o instituto da antecipação da tutela há muito trouxe consigo a idéia de contraditório diferido, possibilitando, em situações de urgência, que alguém seja privado de seus bens *antes mesmo de ser ouvido*. Veja-se, no entanto, que não é isso que estamos a propor. Cremos que, justamente por se tratar de um *standard* a ser utilizado em situações onde o *risco de perecimento do direito* está *ausente*, o *momento* para sua aplicação seria sempre *após* a oitiva do réu.

Assim, nossa proposta consiste em introduzir na legislação processual a possibilidade de se antecipar a tutela naqueles casos em que, após a defesa do réu, o direito do autor mostre maior grau de probabilidade que o daquele, *independentemente de qualquer situação de urgência*. Aí, sim, ter-se-ia a correta distribuição do ônus do tempo no processo, e a garantia de um processo mais efetivo e justo, ou ao menos consentâneo com as idéias sobre justiça aqui expostas.

Em suma, o legislador criaria *standards*[405] (*v.g.* probabilidade, verossimilhança, evidência, prova acima da dúvida razoável, preponderância de provas etc.) que definiriam o grau de suficiência da prova para que ocorresse, independentemente de *periculum in mora*, abuso de direito de defesa ou pedido incontroverso, a modificação no *status quo* das partes em relação ao bem da vida em disputa, e não limitariam essa alteração, como ocorre hoje (salvo nas restritas hipóteses de antecipação da tutela), ao esgotamento da instrução ou, em grande parte dos casos – o que é pior – ao esgotamento das instâncias ordinárias![406]

Por que a necessidade de mudança pelo *legislador*? Outorgar ao órgão jurisdicional total autonomia para definir os *standards* do relacionamen-

---

[405] Sobre o tema, é imprescindível a leitura de recente obra de Danilo Knijnik, *A prova nos juízos cível, penal e tributário* (Rio de Janeiro: Forense, 2007), onde o processualista delineia a idéia de "modelos de constatação". Para Knijnik, "há diversos enfoques a partir dos quais se pode submeter o princípio do livre convencimento a critérios de racionalidade e controle. Um deles, porém sobressai em importância jurídica. Trata-se dos chamados *'critérios de decisão'*, *'standards'* ou, como preferimos, em atenção ao direito comparado, os *'modelos de constatação'* dos fatos. [...] Assim, o *critério* não é mais que 'um meio para conhecer a verdade'. Com isso, quer-se sustentar que existem 'modelos de constatação', comumente denominados *standards*, que funcionam como critérios, pelos quais o juízo de fato é formalizado. Esses critérios devem ser postos em discussão para que as opções valorativas do juiz e das partes sejam conhecidas, debatidas em contraditório e, em sendo o caso, corrigidas" (op. cit, p. 17-18). O autor já havia se ocupado do tema em artigo intitulado *Os standards do convencimento judicial: paradigmas para o seu possível controle* (*Revista Forense*, Rio de Janeiro, v. 97, n. 353, p. 15-52, jan./fev. 2001).

[406] Note-se que a regra geral esculpida no artigo 520 do CPC é a de suspensividade do recurso de apelação, o que impõe geralmente o esgotamento das instâncias ordinárias para que se proceda à efetivação dos julgados.

to necessário entre verdade e processo, além de potencializar as oportunidades de arbítrio, deslegitimaria o processo civil como um todo, pois praticamente eliminaria os valores do estado democrático de direito, em especial a regra da maioria e a representação do Poder Legislativo (atinge a dignidade da legislação, que compõe o complexo valorativo da segurança jurídica). Daí por que, na medida do possível, o legislador é quem deve definir os *standards* gerais de convencimento judicial, conferindo-se ao juiz a possibilidade de estendê-los e adaptá-los a situações não previstas em lei, embora estas, em matéria de *regras gerais*, devam ser raras.

Não se trata de criação de hipótese de prova legal, mas sim de estabelecimento de *standard* de convencimento judicial, algo completamente diverso.

É evidente, como salienta Niklas Luhmann, que "nem todo o direito pode ser cunhado de forma genérica na lei",[407] mas "a instauração de processos legislativos como componente institucional da vida político-estatal é uma condição imprescindível para a reorientação global do direito em termos de positivação no sentido de uma premissa para decisões".[408] Assim, qualquer limitação na investigação dos fatos, e qualquer processo decisório calcado em mera *subjetividade*, e não em critérios, *standards* definidos previamente (ou seja, não calcado em *premissas*), não podem ser admitidos em um estado democrático de direito onde o *devido processo legal* se erige em garantia constitucional. Por outro lado, se esses mesmos *standards* forem previamente estabelecidos dentro de parâmetros constitucionalmente aceitos, a sua expressa adoção pelo órgão judicial legitimará eventual limitação na investigação dos fatos, bem como o próprio processo decisório.

4.3.4. Das astreintes *e sua sistemática*

A técnica de tutela mandamental será, nas sentenças relativas a obrigações de fazer e não-fazer, preferencial. É da natureza de tais obrigações a prestação de fato ou de abstenção pelo próprio obrigado, e portanto é sobre este último que deve ser exercida pressão para que haja o adimplemento. A ferramenta processual utilizada para tanto é a *astreinte*. Ela constitui:

> [...] técnica de tutela coercitiva e acessória, que visa a pressionar o réu para que ele cumpra mandamento judicial, pressão esta exercida através de ameaça ao seu patrimônio, consubstanciada em multa periódica a incidir em caso de descumprimento.[409]

---

[407] LUHMANN, Niklas. *Sociologia do direito I*. Rio de Janeiro: Tempo Brasileiro, 1983, p. 235.

[408] Ibidem.

[409] AMARAL, Guilherme Rizzo. *As astreintes e o processo civil brasileiro: multa do artigo 461 do CPC e outras*. Porto Alegre: Livraria do Advogado, 2004, p. 85.

Na fixação da multa periódica, deverá o magistrado atentar para o que dispõe o § 4° do artigo 461 do CPC, fixando "prazo razoável" para o cumprimento do preceito. Veja-se que esse prazo não se confunde com aquele verificado no plano do direito material, ou seja, com o prazo original para o cumprimento da obrigação. Trata-se de conceder o tempo que seria necessário para cumprir a decisão integralmente, sem prejuízo de eventual reparação pelo atraso verificado em relação ao prazo obrigacional original. Assim, a construtora que se comprometera a entregar edifício aos condôminos adquirentes em determinada data, e nesta sequer iniciou a obra, não poderá ser pressionada para que venha a cumprir esse prazo original, sob pena de multa, pois esta se revestia, na hipótese, de medida meramente punitiva (não há como exercer coerção para que se realize o impossível). No caso, o juiz deverá conceder o prazo que normalmente levaria a construtora para finalizar a obra, sem prejuízo da postulação de reparação de danos pelo atraso no adimplemento da obrigação contratual originária.

A expressão "suficiente ou compatível com a obrigação", constante do art. 461, § 4°, do CPC, por sua vez, consagra a aplicação do postulado da proporcionalidade na aplicação da medida de caráter processual. É que a escolha da multa, bem como a fixação de seu valor, deve atender aos juízos de adequação, necessidade e proporcionalidade em sentido estrito. A multa fixada contra devedor insolvente é inadequada, pois é incapaz de atingir o fim almejado. A multa fixada contra a fazenda para a entrega de medicamentos pode vir a ser desnecessária, pois o bloqueio de valores para custeio dos remédios traz resultado imediato sem o risco de prejuízo maior ao erário. O valor unitário da multa, por sua vez, poderá ser desproporcional em comparação com a importância da obrigação a ser cumprida, assim como tendo em vista o patrimônio do obrigado.

Para o que interessa à aplicação do método de resolução do conflito entre efetividade e segurança, há ainda outra interessante questão referente à sistemática das *astreintes*, e que diz respeito à possibilidade de elas virem a ser executadas mesmo quando a decisão que as fixou vier a ser posteriormente reformada. Imagine-se a hipótese de antecipação da tutela descumprida pelo réu, não confirmada em sentença de improcedência que venha a transitar em julgado; ou, ainda, de sentença de procedência, confirmada em grau de apelação, descumprida em sede provisória e posteriormente reformada, definitivamente, em recurso especial. Já enfrentamos tal discussão sob uma ótica predominantemente técnica e sistemática, chegando à conclusão de que, não obstante vozes em sentido contrário, o crédito resultante de eventual incidência da multa nessas hipóteses seria indevido.[410] Cremos que o método aqui sugerido traria a mesma solução.

[410] AMARAL, Guilherme Rizzo. *As astreintes e o processo civil brasileiro: multa do artigo 461 do CPC e outras.* Porto Alegre: Livraria do Advogado, 2004, p. 160-167.

Dificilmente, correndo o risco de estarmos representados tanto no pólo ativo quanto no pólo passivo da demanda, concordaríamos com regra que beneficiasse aquele que não tem razão, ainda mais quando o máximo grau de certeza em torno desse juízo está presente (trata-se da hipótese de decisão final no processo que dá razão ao réu, não obstante tenha ele descumprido decisões anteriores no feito). Como acertadamente salienta Luiz Guilherme Marinoni,

> [...] a prevalecer a tese de que o réu deve pagar a multa ainda quando tem razão, chegar-se-ia à solução de que o processo pode prejudicar o réu que tem razão para beneficiar o autor que não a tem. O autor estaria sendo beneficiado apenas por ter obtido uma decisão que afirmou um direito que ao final não prevaleceu.[411]

Por fim, a possibilidade conferida ao juiz pelo § 6° do artigo 461 do CPC, de modificar o valor ou a periodicidade da multa, de ofício, caso ela tenha se tornado insuficiente ou excessiva, confirma a idéia de que a utilização desse mecanismo de coerção não integra a parte da sentença coberta pela coisa julgada material. Pelo contrário, trata-se de medida que se deve comportar de acordo com as exigências trazidas pelas circunstâncias concretas, como a recalcitrância do réu (hipótese de se aumentar o valor unitário da multa ou optar-se por técnica de tutela executiva), eventuais dificuldades para o cumprimento da determinação judicial não resultantes da vontade do réu (hipótese de dilatar-se o prazo para o cumprimento ou a periodicidade da multa), bem como outros episódios que venham a se tornar relevantes.

4.3.5. Das medidas do § 5° do art. 461. Multa e medidas executivas.

O § 5° do artigo 461 do CPC reprisa a possibilidade de imposição de multa como mecanismo de coerção do réu. Todavia, adiciona outras medidas, estas de caráter executivo, para a efetivação da tutela específica ou a obtenção do resultado prático equivalente. Diferentemente do que afirma Araken de Assis,[412] não se trata de "medidas de pressão contra o executado", mas sim de medidas tipicamente executivas, justamente por não dependerem de qualquer ato voluntário do executado para que venham a ser implementadas e produzir efeitos concretos (e, portanto, ausente a necessidade de se exercer pressão sobre o executado).

Com efeito, o dispositivo traz, além da multa, a possibilidade de se determinar "busca e apreensão, remoção de pessoas e coisas, desfazimento de obras e impedimento de atividade nociva, se necessário com requisição de força policial".[413] À exceção da multa, todas as demais medidas

---

[411] MARINONI, Luiz Guilherme. *Tutela específica: arts. 461, CPC e 84, CDC*. São Paulo: Revista dos Tribunais, 2001, p. 109-110.

[412] ASSIS, Araken de. *Cumprimento da sentença*. Rio de Janeiro: Forense, 2006, p. 229.

[413] CPC, art. 461, § 5°.

exemplificadas no dispositivo legal integram a chamada técnica de tutela executiva. Ressalte-se: o rol é meramente exemplificativo,[414] cabendo ao juiz avaliar que medidas se adequariam melhor ao caso concreto. Nesse particular, em face da atipicidade dos meios executivos,[415] surge com grande importância a aplicação do postulado normativo aplicativo da proporcionalidade, dado que a escolha da medida executiva deve ser adequada, necessária e proporcional em relação ao caso concreto e aos interesses em jogo, não havendo na legislação (diferentemente do que ocorre na tutela dos deveres de pagar quantia) essa prévia ponderação. Correta, nesse sentido, é a afirmativa de Luiz Guilherme Marinoni, no sentido de que "a proporcionalidade é a regra hermenêutica adequada para o controle do poder do juiz diante do caso concreto".[416]

Essa atipicidade dos meios executivos pode incutir a impressão de que estaríamos diante de verdadeiro *poder discricionário* do juiz na escolha da medida executiva nos termos do artigo 461, § 5°, do CPC. Francisco Fernandes de Araújo, em capítulo de sua obra intitulado "A discricionariedade na aplicação do princípio da proporcionalidade",[417] sustenta que, muito embora haja liberdade na aplicação da norma processual ao caso concreto, deve o juiz ater-se aos fins sociais a que aquela se dirige, assim como às exigências do bem comum. Aduz, ainda, que o juiz "não está livre para fazer ou deixar de fazer alguma coisa conforme lhe der na telha, mas está obrigado a agir com critérios de razoabilidade e proporcionalidade".[418] Conclui, afirmando que "o não ser nem conservador nem progressista revela, sem dúvida, a exigência do necessário equilíbrio, ou seja, a razoabilidade e a proporcionalidade".[419]

A questão é de grande relevância, pois o controle do ato jurisdicional deverá partir de premissa inicial, qual seja, a de qual seria a natureza do ato (se vinculado ou discricionário), e a que critérios estava submetido o órgão judicial. Não cremos que o equilíbrio entre uma postura conservadora e outra progressista seja sempre o termômetro correto na escolha das medidas executivas. Pensamos que o critério mais objetivo é aquele que percorre, a partir de uma postura neutra, o caminho indicado pelo postulado da proporcionalidade. Isso não significa afirmar que o ato de esco-

[414] SANTOS, Ernane Fidélis dos. *Código de Processo Civil: execução dos títulos judiciais e agravo de instrumento.* São Paulo: Saraiva, 2006, p. 42-43.

[415] WAMBIER, Luiz Rodrigues. *Sentença civil: liquidação e cumprimento.* 3.ed. São Paulo: Revista dos Tribunais, 2006, p. 422.

[416] MARINONI, Luiz Guilherme. *Técnica processual e tutela dos direitos.* São Paulo: Revista dos Tribunais, 2004, p. 137.

[417] ARAÚJO, Francisco Fernandes de. *O abuso de direito processual e o princípio da proporcionalidade na execução civil.* Rio de Janeiro: Forense, 2004, p. 271.

[418] Ibidem, p. 273.

[419] Ibidem, p. 274.

lha deixe de ser ato discricionário. Se compreendida a discricionariedade como a "faculdade de operar *dentro de certos limites*"[420] ou de "*agir* ou *deixar de agir* dentro de um âmbito demarcado pela regra jurídica",[421] cremos que o conceito se adapta perfeitamente ao ato de *escolha* da medida executiva. Note-se que o juiz não tem a faculdade de prestar ou não prestar a tutela jurisdicional, mas ao prestá-la – exercendo o seu poder-dever – tem, no que toca à tutela das obrigações de fazer e de não-fazer, um amplo espectro para a sua escolha entre *medida de coerção* e *medida executiva* (e nesta última categoria entre as várias medidas existentes), cujos limites são traçados pelo método objetivo que apresentamos na primeira parte deste trabalho. Deve-se buscar evitar expressões carregadas de subjetivismo nessa importante atividade jurisdicional: ser conservador ou ser progressista, ser cauteloso ou ser ousado, são atributos que dificilmente respondem como um critério seguro, e que possuem ainda o sério risco de abrirem caminho para o arbítrio. A indústria que se nega a instalar um filtro para conter a poluição de um rio exige do órgão jurisdicional medida enérgica e, por que não, ousada, consistente no fechamento da fábrica poluidora. Aqui, o conservadorismo e a cautela podem resultar em graves e irreparáveis danos ao meio ambiente. Imagine-se, no entanto, que em vez de uma indústria, venha a ser um hospital que se recusa cumprir decisão que lhe determinara a correta disposição do lixo nele produzido. Evidentemente, conservadorismo e cautela na adoção das medidas executivas contra a instituição da qual dependem vidas (literalmente), aqui, serão bem-vindos. Em resumo: o equilíbrio entre atributos subjetivos não é, definitivamente, o critério adequado para a escolha das medidas de que trata o § 5° do artigo 461 do CPC. Deve-se aplicar método *objetivo*, ou que tenda ao máximo de objetividade possível, na eleição das medidas de apoio, lembrando também, como o faz percucientemente Araken de Assis, que não se trata de com elas *punir* o executado, mas sim de buscar o resultado prático almejado: a tutela jurisdicional adequada.[422]

4.3.5.1. Da quebra do princípio da congruência entre o pedido e a sentença

Mesmo diante da releitura que fizemos do princípio da congruência (vide item 3, supra), onde afirmamos que a única concordância exigida por ele é entre o pedido *mediato* e o bem da vida concedido pela sentença,

[420] CRETELLA JÚNIOR, José. *Curso de direito administrativo*. 5.ed. Rio de Janeiro: Forense, 1977, p. 250.

[421] Ibidem.

[422] "Conforme assinala Eduardo Talamini, as medidas de pressão sobre o vencido não constituem castigo, nem visam à educação do executado. Esta reprovável tendência se verifica, por exemplo, na prisão do devedor de alimentos, por vezes encarcerado nada obstante a prova cabal de se encontrar impossibilitado de pagar a pensão em razão do desemprego. A execução é o terreno em que se buscam, sobretudo, resultados práticos, não a emissão de um juízo ético ou pedagógico" (ASSIS, Araken de. *Cumprimento da sentença*. Rio de Janeiro: Forense, 2006, p. 229).

pode-se afirmar que o § 5° do artigo 461 do CPC traz verdadeira exceção ao princípio, ao possibilitar a entrega de bem da vida diverso daquele pretendido pelo demandante, desde que assim a este alcance o resultado prático equivalente àquele pretendido com o bem da vida originariamente postulado.[423] Tal possibilidade justifica-se plenamente, na medida em que seria desnecessária e desproporcional em sentido estrito (no sentido empregado para a análise do postulado da proporcionalidade) a extinção do feito e sua renovação pelo autor diante da impossibilidade de concessão do bem da vida originariamente pretendido. Na medida em que o direito ao bem da vida é discutido *conjuntamente* com o direito ao resultado prático equivalente, não há necessidade de remessa das partes a um novo contraditório, sob o fundamento de preservação da segurança jurídica. Assim, aquele que postula a retirada de obras literárias do mercado por serem ofensivas à imagem de seu antepassado, na verdade o faz com base no seu direito de imagem e no direito à honra. A mesma proteção será obtida caso a sentença determine algo diverso do que foi pedido, como, por exemplo, a colocação de tarja preta sobre os trechos ofensivos. Imaginemos, ainda, a hipótese em que o autor requer perante o Estado o fornecimento de medicamentos. Ele o faz com base no direito à saúde. Esse mesmo direito será devidamente tutelado se o que for oferecido pelo órgão jurisdicional for o bloqueio de valores, junto ao erário, correspondentes àqueles necessários para a aquisição dos medicamentos. O bem, muito embora diverso daquele pretendido, resultará na satisfação plena do direito que se almeja proteger com o recurso à via jurisdicional.

4.3.5.2. Da intimação do devedor para cumprimento da sentença

Doutrina e jurisprudência têm-se inclinado para exigir a intimação da parte, e não de seu advogado, no cumprimento das sentenças mandamentais, referentes aos artigos 461 e 461-A do CPC. Segundo Marinoni, "em geral, para a prática de atos *personalíssimos* da parte, esta é a via adequada [intimação pessoal], dirigida, então, diretamente à parte, e não a seu advogado".[424] A Primeira Turma do Superior Tribunal de Justiça, em acórdão relatado pelo Min. Luiz Fux, determinou que nada obstante a desnecessidade de *citação* do devedor para cumprir a obrigação de fazer, "o cumprimento da sentença pressupõe ordem para fazer, o que arrasta a ne-

---

[423] Como assinala Luiz Guilherme Marinoni, o artigo 461 do CPC permite que o juiz deixe de lado, *"além do meio executivo solicitado, o próprio pedido mediato"* (grifos no original). (MARINONI, Luiz Guilherme. *Técnica processual e tutela dos direitos.* São Paulo: Revista dos Tribunais, 2004, p. 137).

[424] MARINONI, Luiz Guilherme; ARENHART, Sérgio Cruz. *Manual do processo de conhecimento.* 2.ed. São Paulo: Revista dos Tribunais, 2003, p. 132.

cessidade de comunicação *faciem*, insubstituível pela publicação no diário oficial".[425]

Parece-nos que a solução doutrinária e jurisprudencial é adequada do ponto de vista da resolução do conflito entre efetividade e segurança, na medida em que são graves as conseqüências do desatendimento à ordem judicial (elas vão desde a incidência da multa periódica até eventual penalização pelo cometimento de crime de desobediência). O ganho em efetividade que se obteria com a autorização de intimação *do advogado* não justifica os danos à segurança jurídica. Veremos que, quando o assunto forem as sentenças que determinam o pagamento de quantia,[426] a solução apresentada será distinta, justamente pela inversão da equação acima demonstrada.

4.3.6. Da defesa do réu na fase de cumprimento/execução das sentenças referentes a obrigações de fazer e de não-fazer

Com a eliminação do processo de execução autônomo para as sentenças de obrigações de fazer (ele nunca houve, por óbvio, para as de obrigações de não-fazer, que apenas na hipótese de descumprimento convertiam-se em obrigações de *desfazer* e, somente neste caso, admitiriam o processo de execução), eliminou-se também a possibilidade de oposição de embargos do devedor. Não seria crível, no entanto, que se eliminasse também qualquer possibilidade de reação por parte do executado, pois tal implicaria agressão direta ao núcleo da segurança jurídica. Basta imaginar a hipótese de execução em processo que correu à revelia por conta de nulidade da citação. Não admitir defesa hábil por parte do executado (que, no exemplo, possivelmente desconheceria até mesmo a origem do título), seria solução manifestamente descabida na interpretação do silêncio do legislador, que, com efeito, não se preocupou em regular a defesa do réu no cumprimento ou execução das obrigações de fazer, não-fazer e entrega de coisa.

Merece destaque a conclusão a que chega Araken de Assis ao comentar os meios de reação do executado em face das sentenças de obrigação de fazer e não-fazer, pelo que a transcrevemos integralmente:

> Um processo equilibrado e justo não pode prescindir de mecanismos de defesa e de reação contra os atos judiciais. É preciso, na execução mais do que em outros sítios, assegurar ao executado os meios necessários para reagir contra a execução injusta ou ilegal. Suponha-se que o órgão judiciário, à guisa de medida de pressão, interdite a empresa sem atentar ao princípio da adequação, fixe uma pena pecuniária desproporcional às suas finalidades ou

---

[425] REsp nº 692.386-PB. Primeira Turma do Superior Tribunal de Justiça. Rel. Min. Luiz Fux. J. em 11.10.2005. DJ 24.10.2005. Disponível em: <http://www.stj.gov.br>. Acesso em: 23 jan. 2006.

[426] Item 6.3.1.2. Capítulo III.

se empenhe em executar uma obrigação já extinta. Por óbvio, cabe agravo de instrumento (art. 522) contra as decisões do juiz da execução nas duas primeiras hipóteses aventadas. A possibilidade de o relator agregar efeito suspensivo atende satisfatoriamente aos valores constitucionais envolvidos. Já a alegação das exceções substantivas supervenientes ao provimento exeqüível, quiçá transitado em julgado, há de se externar por outra via, uma vez que incumbe ao órgão judiciário competente para execução (art. 475-O) examiná-las em primeira mão, cabendo o recurso próprio da resolução eventualmente tomada. Designe-se iniciativa do executado, nesses casos, como melhor aprouver ao fraseado politicamente correto e aos pendores doutrinários vigentes: tratar-se-á de oposição à execução (ou ao cumprimento).

À diferença do que acontece na execução por quantia certa, não há prazo previsto em lei, nem adminínculo de procedimento. Aplicam-se, *mutatis mutandis*, os artigos 475-L e 475-M para não tornar o processo arbitrário. Deduzida a oposição, cabe ao juiz examinar a necessidade de suspender ou não o cumprimento. Da decisão caberá agravo de instrumento. E, antes de decidir acerca das exceções e das objeções alegadas pelo executado, cumpre colher no prazo hábil a manifestação do exeqüente.[427]

Quando se lê que "na execução mais do que em outros sítios" é necessário assegurar meios de reação do executado, o termo "execução" deve ser compreendido em seu sentido amplo, abrangendo toda e qualquer hipótese em que a esfera jurídica do réu será diretamente agredida, seja por meios de pressão, seja por meios executivos propriamente ditos. Tal agressão pode inclusive ocorrer no início do processo de conhecimento, como na antecipação da tutela. É claro que a oportunidade da reação não deve ser confundida com ampliação dos meios de defesa e de prova se comparados com a fase de cognição do processo. É também evidente que, por militar forte presunção de razão para o credor após o trânsito em julgado da sentença que lhe é favorável, descabe a admissão de meios de defesa que impliquem rediscussão de matérias já superadas, salvo quando estas matérias não foram de fato discutidas por algum impedimento não atribuível ao réu (como é o caso do processo julgado à revelia em que houve nulidade da citação). Nessa "oposição à execução ou ao cumprimento" (como a nomeia Araken de Assis), ou apenas "impugnação", quando se tratar de obrigações de fazer e de não-fazer poderá o executado alegar algumas das matérias do artigo 475-L do CPC, tais como falta ou nulidade da citação, se o processo correu à revelia (inciso I), inexigibilidade do título (inciso II), ilegitimidade das partes (inciso IV) e qualquer causa impeditiva, modificativa ou extintiva da obrigação, como pagamento, novação, compensação, transação ou prescrição, desde que superveniente à sentença (inciso VI). Também poderá ocorrer de o devedor alegar excesso de execução (inciso V), no sentido de lhe estar sendo exigido fazer *mais* do que o determinado pela sentença.

[427] ASSIS, Araken de. *Cumprimento da sentença*. Rio de Janeiro: Forense, 2006, p. 230-231.

Por óbvio, não será o caso de argüição de penhora incorreta ou avaliação errônea (inciso III), mas o dispositivo abre a discussão acerca da possibilidade de se discutir o próprio meio executivo adotado para cumprimento das obrigações de fazer e não-fazer na *impugnação* (e não apenas em recurso de agravo de instrumento, como sustentado por Araken de Assis). Se o meio executivo já fora apontado na sentença originariamente,[428] e não fora objeto de recurso, não cremos que possa haver qualquer debate em torno daquele, a não ser por causa superveniente à sua adoção. Assim, por exemplo, a imposição de multa por dia de atraso em obrigação que se tornou impossível ou de difícil cumprimento após a sentença pode ser discutida quanto ao prazo e periodicidade, mesmo em fase de cumprimento. Haverá hipóteses, também, nas quais o meio de execução será adotado, pela primeira vez, já em fase de cumprimento ou execução do julgado: é o caso em que o juiz opta por medida executiva no lugar de medida coercitiva originariamente adotada na sentença, em função da desobediência do demandado. Se a medida executiva for desproporcional, poderá o demandado contestá-la na via da impugnação. Veja-se que não são incompatíveis a recalcitrância do devedor e a sua contestação das medidas adotadas pelo órgão judicial. Não é porque o demandado descumpre a ordem judicial que se abre o caminho para a truculência e o arbítrio. Eventual postura arbitrária *do jurisdicionado* precisa ser respondida com a obediência do juiz aos critérios que legitimam a sua atividade, e com a sua precisa e enérgica atuação, *respeitados* esses mesmos critérios. Do contrário, teríamos a barbárie, a guerra aberta entre o particular desobediente e o Estado agressor.

Resumidamente, podemos afirmar que a defesa do devedor na execução ou cumprimento das sentenças referentes a obrigações de fazer e de não-fazer se dá por meio de impugnação, que pode versar sobre as matérias contidas nos incisos I, II, IV, V e VI do artigo 475-L,[429] bem como

---

[428] É preciso recordar que nem sempre isso irá ocorrer. Eventualmente, a sentença poderá reconhecer o dever de fazer ou de não-fazer, e somente após o seu trânsito em julgado é que serão especificadas as medidas necessárias para a efetivação do julgado. É o que explica Ernane Fidélis dos Santos (não obstante alguma confusão entre técnica de tutela executiva e mandamental): "As medidas necessárias, tanto para a execução específica em forma própria (art. 634 e s.) quanto para a simples aferição de resultado que equivalha ao adimplemento, não carecem, necessariamente, de constar da sentença, podendo ser determinadas, inclusive sob a forma de execução *lato sensu*, isto é, por simples ordem judicial, quando forem oportunas para alcançar os respectivos fins. [...] Como, todavia, as medidas necessárias, entre elas a cominação de multa, são utilizadas para a obtenção da tutela específica ou do equivalente, ainda que não previstas na sentença, podem perfeitamente ser aplicadas na fase executória" (SANTOS, Ernane Fidélis dos. *Código de Processo Civil: execução dos títulos judiciais e agravo de instrumento.* São Paulo: Saraiva, 2006, p. 43-44).

[429] Carlos Alberto Alvaro de Oliveira sustenta serem inaplicáveis os limites impostos à impugnação do demandado, pelo art. 475-L, à defesa no cumprimento das sentenças dos artigos 461 e 461-A do CPC: "Também não se pode afastar a defesa do demandado no cumprimento das sentenças relativas às obrigações de fazer, não-fazer e entregar coisa (arts. 461 e 461-A), que será exercida por simples petição, inclusive sem as restrições do art. 475-L do Código de Processo Civil" (ALVARO DE OLIVEIRA, Carlos Alberto. *Do formalismo no processo civil.* 3.ed. no prelo). Ocorre que, pela aplicação do artigo

sobre a ilegalidade de técnica de tutela mandamental ou executiva *adotada* na fase de cumprimento ou execução do julgado, ou que nessa fase, em virtude de circunstâncias que não haviam quando da prolação do julgado, tenha se tornado inadequada. Isso não retira, em nosso sentir, a possibilidade de se interpor o agravo de instrumento tal como preconizado por Araken de Assis. A urgência na suspensão da decisão impositiva da medida de coerção ou execução muitas vezes será incompatível com o trâmite da impugnação, que enquanto não for apreciada pelo magistrado não terá o condão de suspender o cumprimento ou execução da sentença. Nesse caso, a decisão do juiz de primeiro grau causa gravame que não pode ser superado pela impugnação, abrindo caminho para o agravo de instrumento, requerendo-se ao relator a concessão de efeito suspensivo. Na sistemática das obrigações de pagar quantia antes da entrada em vigor da Lei 11.232/05, não obstante o posicionamento contrário dominante do STJ,[430] em situações de exceção se admitia impugnar a decisão que determinava a citação e penhora através de agravo de instrumento,[431] buscando a desconstituição do gravame, ainda que tal pudesse ser obtido pela via dos embargos do devedor, que, no entanto, demandavam tempo para que fossem julgados e alcançassem o resultado pretendido. O mesmo raciocínio pode ser utilizado na nova sistemática de cumprimento e execução das sentenças, mormente em face da ausência de efeito suspensivo, de regra, da impugnação.

Evidentemente, no que toca ao efeito suspensivo da impugnação (que não obstante o silêncio do legislador só pode ser obtido, em nosso sentir, por requerimento do impugnante),[432] ele terá conseqüências distintas, a depender dos fundamentos daquela. Ao se impugnar apenas o meio de

---

474 do Código de Processo Civil, não vemos como possa o demandado argüir matérias que poderia ter argüido anteriormente à sentença, restando ao mesmo basicamente os fundamentos contidos no artigo 475-L, acrescidos da impugnação ao meio executivo na forma já exposta.

[430] REsp 459.349/MG, Rel. Ministro CASTRO FILHO, TERCEIRA TURMA, julgado em 29.11.2006, DJ 18.12.2006 p. 359; REsp 693.074/RJ, Rel. Ministro ARI PARGENDLER, Rel. p/ Acórdão Ministro CASTRO FILHO, TERCEIRA TURMA, julgado em 28.06.2006, DJ 18.09.2006, p. 311. Em sentido contrário, decidiu-se que o juízo de admissibilidade da execução (exame do título executivo), em especial nos casos em que implicar a penhora de bens, admite a impugnação através de agravo de instrumento (RMS 6.586/SP, Rel. Ministro ARI PARGENDLER, SEGUNDA TURMA, julgado em 18.04.1996, DJ 20.05.1996, p. 16.685).

[431] PROCESSUAL CIVIL. EXECUÇÃO PROVISÓRIA. MULTA DIÁRIA FIXADA EM SEDE DE CAUTELA LIMINAR. AUSÊNCIA DE TRÂNSITO EM JULGADO DA SENTENÇA. Cuidando-se de sentença que ainda não transitou em julgado, mostra-se adequado o processamento da execução, mas como provisória procedendo-se as necessárias adaptações. Arts. 587 e 588 do CPC. Agravo provido. (...)Trata-se de agravo de instrumento interposto por (...) em face da decisão lançada nos autos da execução de título judicial que lhe move (...), a qual recebeu a inicial da execução como definitiva, determinando a penhora do valor ali constante, sem a correspondente caução (Agravo de Instrumento nº 70007524937, Quinta Câmara Cível, Tribunal de Justiça do RS, Relator: Leo Lima, Julgado em 15/04/2004).

[432] Vide item 6.5.2. Capítulo III.

coerção ou de execução (ex.: o fechamento de estabelecimento, a imposição de multa diária etc.), resta claro que não poderá ser suspenso o processo e a efetivação da sentença. No máximo, suspender-se-á a utilização do meio impugnado. Já, por exemplo, a afirmativa de nulidade da citação quando o processo correu à revelia poderá, presentes os demais requisitos do artigo 475-M, ensejar a suspensão completa da efetivação do julgado.

5. *Sistemática de efetivação das decisões referentes a obrigações e deveres de entrega de coisa*

5.1. Da menção expressa à técnica de tutela executiva (busca e apreensão) e da possibilidade de emprego da técnica de tutela mandamental (aplicação dos §§ 1° a 6° do art. 461 do CPC)

De forma semelhante ao que ocorreu para a tutela das obrigações de fazer e de não-fazer, a tutela das obrigações de entrega de coisa teve sua sistemática profundamente alterada pela Lei 10.444/02, a partir da qual toda a sentença que contivesse obrigação de entrega de coisa seria cumprida ou executada no próprio processo de conhecimento.[433] Estabeleceu o artigo 461-A, *caput*, que ao conceder a tutela específica na ação que tiver por objeto entrega de coisa, deverá o juiz fixar prazo para *cumprimento* da obrigação. Na hipótese de descumprimento, autoriza o § 2° do artigo 461-A que se expeça em favor do credor mandado de busca e apreensão (em se tratando de coisa móvel) ou de imissão na posse (em se tratando de coisa imóvel). Tal dispositivo levou a doutrina, de forma geral,[434] a considerar as sentenças proferidas nas demandas previstas no artigo 461-A como executivas *lato sensu*.

Todavia, o § 3° do mesmo dispositivo prevê a aplicação dos §§ 1° a 6° do artigo 461, ou seja, além de medidas de caráter executivo, também pode ser determinada medida coercitiva, qual seja, a ordem para cumprimento

[433] Como bem observa Daniel Mitidiero, "apenas em homenagem à arquitetura inicial do Código de Processo Civil se mostra possível, ainda, aludir a processo de conhecimento" (In ALVARO DE OLIVEIRA, Carlos Alberto (coord.). *A nova execução: comentários à Lei n° 11.232, de 22 de dezembro de 2005.* Rio de Janeiro: Forense, 2006, p. 2-3). Com efeito, tem-se com as leis 10.444/02 e 11.232/05 um processo sincrético, onde as atividades cognitiva e executiva realizam-se de forma plena.

[434] Por todos, vejam-se SANTOS, Ernane Fidélis dos. *Código de Processo Civil: execução dos títulos judiciais e agravo de instrumento.* São Paulo: Saraiva, 2006, p. 46-52, e ALVARO DE OLIVEIRA, Carlos Alberto. Tutela declaratória executiva? *Revista JurisPlenum,* n. 11, set. 2006, p. 5-6.

sob pena de multa (art. 461, §§ 4º e 5º). O Superior Tribunal de Justiça tem pacificamente admitido tal possibilidade.[435] Além disso, no próprio *caput* do artigo 461-A está previsto prazo para *cumprimento* da obrigação, o que determina que a primeira oportunidade para a implementação da sentença é dada ao réu, e, portanto, é deste a iniciativa inicial, não do órgão jurisdicional com suas técnicas de sub-rogação. Cumpre indagar se não poderia o juiz, já na sentença, fixar prazo para cumprimento da obrigação *bem como* multa para a hipótese de descumprimento, o que caracterizaria a sentença (ou, ainda, a técnica de tutela nela utilizada) como *mandamental*, e não executiva, ou executiva *lato sensu*.

Não há razão para deixarmos de admitir a hipótese. E mais: ao fixar prazo para cumprimento de qualquer determinação judicial, desde que autorizado por lei, *deve* o juiz atribuir multa de caráter coercitivo, independentemente de conhecer a vontade do réu em adimplir a obrigação. Esta é irrelevante, na medida em que, havendo tal vontade e exercendo-a o devedor, a multa sequer incidirá; em não havendo, terá perdido o juiz a oportunidade de utilizar técnica de tutela que poderia ter evitado o custo da adoção de medida executiva (busca e apreensão ou imissão na posse) e a protelação do feito. Veja-se que se a regra nas obrigações de entrega de coisa for a de conceder prazo para o cumprimento, sem o acréscimo de qualquer medida de coerção, e somente após determinar-se medida executiva, pode muito bem o réu ignorar o prazo concedido pela sentença e, aproximando-se a implementação da busca e apreensão ou imissão na posse, não oferecer resistência, tornando com isso mais demorada e custosa a efetivação da sentença. Por outro lado, atribuindo-se multa periódica para o caso de descumprimento, logrará desvantagem o devedor que resolver adotar semelhante postura, o mesmo não ocorrendo caso venha o devedor a, voluntariamente, cumprir o comando sentencial. A adoção da técnica de tutela mandamental como *primeira opção* também nas ações que têm por objeto da entrega de coisa parece-nos ser bastante adequada, cumprindo ao juiz ficar atento à sua efetividade para, porventura, optar em seguida pela técnica executiva, caso a primeira não traga os resultados almejados. Se a própria lei estabelece que um prazo será concedido para o cumprimento voluntário da sentença, não há razão para

---

[435] Administrativo e Processual Civil. Fornecimento de Medicamento. Omissão no Acórdão. Inocorrência. Fixação de Multa Diária. Obrigações de Dar e de Fazer. Previsão Legal. [...] II – A recorrente insurge-se contra o *decisum* do Tribunal *a quo*, sustentando que a hipótese (fornecimento de medicamento) é de obrigação de dar e não de fazer, afirmando que não é permitido pela lei o estabelecimento de astreintes como meio de coerção para o cumprimento de obrigação de dar. III – Sucede que, por força do art. 461-A, § 3º, do CPC, o estabelecimento de multa pecuniária também tem aplicação nos casos de obrigações de dar, não devendo ser acolhido, dessa forma, o pleito formulado pela recorrente, ficando patente que o CPC autoriza a fixação das astreintes como meio coercitivo de cumprimento das prestações de qualquer das espécies de obrigações (fazer, não fazer e dar). IV – Recurso especial improvido (REsp 759.790/RS, Rel. Ministro Francisco Falcão, Primeira Turma, julgado em 16.03.2006, DJ 10.04.2006, p. 147).

se deixar de aplicar conseqüências imediatas para o descumprimento.[436] Evidentemente, analisando o caso concreto, poderá o juiz inverter essa ordem e optar, primeiramente, pela técnica de tutela executiva, caso possua elementos que indiquem ser esta mais efetiva do que a técnica de tutela mandamental. O réu sem patrimônio (para quem a multa não é ameaça), ou aquele que, por ação ou omissão, possa danificar ou destruir o bem perseguido (tornando a obrigação impossível e obrigando a sua conversão em perdas e danos na hipótese de coisa infungível), claramente convidam o juiz à adoção de técnica de tutela executiva. Em alguns desses casos, a urgência poderá determinar que a medida executiva seja adotada até mesmo antes de se oportunizar o prazo para cumprimento voluntário da sentença.

Por fim, como já salientamos em outra oportunidade,[437] as técnicas de tutela mandamental (multa) e executiva (busca e apreensão) poderão ser adotadas simultaneamente.[438] Quando adotadas cumulativamente medi-

---

[436] Inadequado, em nosso sentir, o posicionamento verificado em decisão monocrática proferida por Desembargador da 5ª Câmara Cível do Tribunal de Justiça do Estado do Rio Grande do Sul, onde se decidiu que "face ao próprio caráter impositivo da decisão e à ausência de indícios de que não será obedecida, não se comina multa pelo descumprimento, sem prejuízo de nova postulação, posteriormente" (Agravo de Instrumento nº 70015522899. Rel. Des. Umberto Guaspari Sudbrack. J. em 02.06.2006. Pub. DJ 08.06.2006). Trata-se de manifesta contradição apostar no cumprimento da decisão para, somente após, impor-se a multa periódica. Se a aposta é no cumprimento, prejuízo não há em se manter a multa. Retirando-a, corre-se o risco de atrasar – injustificadamente – a efetivação da decisão, que demandaria nova decisão judicial, desta vez adotando técnica de tutela adequada.

[437] AMARAL, Guilherme Rizzo. *As astreintes e o processo civil brasileiro: multa do artigo 461 do CPC e outras*. Porto Alegre: Livraria do Advogado, 2004, p. 117-118.

[438] No mesmo sentido conclui Eduardo Talamini: "Os mecanismos sub-rogatórios e coercitivos, portanto, poderão até ser utilizados simultaneamente. Em face da absoluta preferência pelo resultado específico, a conjugação de ambos, sempre que viável, é uma imposição. Não se descarta que, além da ordem para que o réu cumpra acompanhada da cominação de multa ou medida de coerção atípica, o provimento desde logo determine a atuação de instrumentos que atinjam o 'resultado prático equivalente', prescindindo da colaboração do demandado – com a óbvia ressalva que o meio coercitivo deixará de incidir, uma vez produzido o 'resultado prático equivalente' ou quando o procedimento para sua produção estiver em tal estágio que já não se revele proporcional o cumprimento específico [...]" (TALAMINI, Eduardo. *Tutela relativa aos deveres de fazer e de não fazer: CPC, art. 461; CDC, art. 84*. São Paulo: Revista dos Tribunais, 2001, p. 280). Já Araken de Assis, afirma: "Parece antevista a aplicação cumulativa dos meios de coerção com o desapossamento. Mas, curiosamente, na execução baseada em título extrajudicial, o valor da multa não integra a liquidação da prestação pecuniária substitutiva (art. 627, § 2°), nem o crédito pelo qual, entregue a coisa com atraso, prosseguirá a execução (art. 624, *in fine*). Esses dispositivos se aplicam, *mutatis mutandis*, ao cumprimento da sentença. Nessa contingência, a melhor interpretação é a que atribui ao exeqüente a faculdade de optar por um dos meios executórios, indicando-o ao órgão judiciário (art. 615, I)" (ASSIS, Araken de. *Cumprimento da sentença*. Rio de Janeiro: Forense, 2006, p. 234-235). Se bem compreendemos a posição de Araken de Assis, embora o mesmo anteveja a aplicação cumulativa dos meios de coerção e desapossamento, entende que tal não deveria ocorrer, por força de suposta incompatibilidade com os dispositivos aplicáveis à execução de títulos extrajudiciais. Não podemos concordar com a posição do insigne processualista. Os dispositivos a que se refere Araken de Assis apenas indicam a sistemática de apuração das perdas e danos, e a possibilidade de o processo prosseguir para a cobrança das mesmas. No entanto, a lição do artigo 461, § 2° (aplicável às obrigações de entrega de coisa por força do § 3° do art. 461-A), é clara no sentido de que "a indenização por perdas e danos dar-se-á sem prejuízo da multa". É evidente, portanto, a possibilidade de se liquidar o valor resultante da incidência da multa, não havendo

das coercitivas e sub-rogatórias, evidentemente que as *astreintes*, manifestação daquelas, continuarão incidindo até a obtenção da tutela específica ou do resultado prático equivalente. Não há, aqui, *opção* por apenas um meio executório, uma vez que "desde logo o provimento terá *eficácias* executiva *lato sensu* e mandamental",[439] ou, diríamos, desde logo o juiz empregará técnicas de tutela executiva e mandamental.

Assim, a sistemática mais adequada no cumprimento das sentenças que determinam a entrega de coisa, sem fugir do próprio roteiro previsto na lei processual, consiste em fixar prazo para o cumprimento voluntário pelo réu, sob pena de multa periódica. Ultrapassado o prazo originariamente fixado, passará a incidir a multa e, *concomitantemente*, o juiz determinará a busca e apreensão ou imissão na posse do bem. Somente quando for obtida a tutela específica é que a multa deixará de incidir. Com isso, certamente será minada, quiçá até vencida, a eventual resistência do demandado à efetivação da sentença.

5.1.1. Da intimação do devedor para cumprimento da sentença

Vale aqui o que foi dito para as sentenças que determinam um fazer ou um não-fazer.[440] A intimação deverá se dar na pessoa do réu, sendo vedada a intimação exclusivamente pelo advogado. É claro que, em se tratando da tutela para a entrega de coisa, em havendo dificuldade de se encontrar o demandado, pode-se intimar o seu procurador para apresentação de eventual impugnação, e dar-se andamento ao feito com o emprego de técnica de tutela executiva (busca e apreensão ou imissão na posse). O que se veda é que o advogado seja intimado para o *cumprimento* da sentença. Podendo ser a sentença efetivada sem a participação do réu, pode-se eventualmente dispensar a intimação deste último, acionando-se diretamente as medidas de caráter executivo, hipótese em que não se há falar, por óbvio, em imposição de multa diária.

---

qualquer impedimento imposto pelos artigos 627, § 2º, e 624, *in fine*. Até mesmo porque também no processo de execução de título extrajudicial de obrigação de fazer há dispositivo semelhante (art. 633, *caput* e parágrafo único), o que não impede, é claro, a liquidação e execução do crédito resultante da incidência das *astreintes*. Assim, muito embora possa o credor indicar "a espécie de execução que prefere" (art. 615, I), tal não significa que o juiz esteja adstrito à utilização de uma técnica de tutela específica, sendo clara a possibilidade de agir de ofício tanto na hipótese do § 4º quanto na do § 5º, ambos do art. 461 do CPC, aplicável também, como já foi dito, à efetivação das sentenças referentes a obrigações de entrega de coisa.

[439] TALAMINI, Eduardo. *Tutela relativa aos deveres de fazer e de não fazer: CPC, art. 461; CDC, art. 84*. São Paulo: Revista dos Tribunais, 2001, p. 281.

[440] Item 4.3.5.2. Capítulo III.

5.2 Abrangência e definições: coisa certa ou incerta, fungível ou infungível. Direitos reais e direitos obrigacionais

O artigo 461-A aplica-se a todas as espécies de obrigação e deveres de entrega de coisa, seja qual for a coisa (certa ou incerta, fungível ou infungível), e seja qual for o fundamento (direito real ou direito obrigacional). No entanto, é importante ressaltar que há profunda divergência doutrinária no que toca à abrangência do referido dispositivo.

Carlos Alberto Alvaro de Oliveira vincula o artigo 461-A necessariamente à tutela executiva *lato sensu*,[441] e aduz que esta serve às obrigações de entregar ou restituir coisa, salientando que, em tais casos, o que ocorre é apenas a "passagem para a esfera jurídica de alguém o que nela devia estar, e não está".[442]

Já Araken de Assis guarda posicionamento completamente distinto, aduzindo que, nas hipóteses aventadas por Alvaro de Oliveira para a aplicação do artigo 461-A do CPC, este em verdade não é aplicável. Aplicam-se, isto sim, outros procedimentos calcados em leis extravagantes (como a reintegração de posse e a ação de despejo, por exemplo). O artigo 461-A somente serviria "se for o caso de prestar coisa, em razão de vínculo obrigacional, legitimamente inserida na esfera patrimonial do obrigado".[443] Ou seja, justamente o que, para Alvaro de Oliveira, deveria ser realizado pelo que este chama de forma de tutela *condenatória*.

O cerne da questão está na definição de dois pontos fundamentais. Primeiramente, deve-se distinguir *dever* e *obrigação*, verificando se a aplicabilidade do artigo 461-A dependerá da presença de uma ou outra dessas figuras. Após, devemos distinguir direitos reais e direitos pessoais, relacionando-os com os conceitos de dever e obrigação, de forma que se defina se o dispositivo em referência somente se aplica a relações de direito pessoal (como sustenta Araken de Assis), ou, ao contrário, se somente

---

[441] Convém ressaltar que o art. 461, vinculado à tutela mandamental, serve às obrigações de fazer e não-fazer e ainda a certos deveres de abstenção como os ligados aos direitos de personalidade. Já o art. 461-A, vinculado à tutela executiva *lato sensu*, serve às *obrigações* de entregar ou restituir coisa e ao *dever* de restituir coisa, como sucede com o desrespeito ao direito de posse decorrente da propriedade, a possibilitar a demanda reivindicatória da posse por parte do titular do domínio (ALVARO DE OLIVEIRA, Carlos Alberto. Tutela declaratória executiva? *Revista JurisPlenum*, n. 11, set. 2006, p. 5-6).

[442] ALVARO DE OLIVEIRA, Carlos Alberto. *O problema da eficácia da sentença*. In —— (org.). *Eficácia e coisa julgada*. Rio de Janeiro: Forense, 2006, p. 47.

[443] "Assim, se for o caso de prestar coisa, em razão de vínculo obrigacional, legitimamente inserida na esfera patrimonial do obrigado, a execução segue o art. 461-A; ao invés, se alguém há de restituir o que já é do exeqüente, a pretensão se veiculará em outros procedimentos, regulados no Livro IV ou em leis extravagantes, a exemplo da Lei nº 8.245/91. Os atos de execução da sentença de procedência do despejo obedecem aos artigos 63 a 65 da Lei nº 8.245/91, e, não, ao art. 461-A. O ponto comum avulta na circunstância de que todas as pretensões culminam no desapossamento" (ASSIS, Araken de. *Cumprimento da sentença*. Rio de Janeiro: Forense, 2006, p. 232-233).

se aplica para a tutela de direitos reais (como parece afirmar Alvaro de Oliveira), ou, ainda, se se aplica a ambas as hipóteses.

No curso deste estudo, vínhamos utilizando os termos *dever* e *obrigação* indistintamente, dado que trabalhamos com o sentido amplo de obrigação. Como ensinou Clóvis do Couto e Silva, "a relação obrigacional pode ser entendida em sentido amplo ou em sentido estrito. 'Lato sensu' abrange todos os direitos, inclusive os formativos, pretensões e ações, deveres (principais e secundários dependentes e independentes), obrigações, exceções, e ainda posições jurídicas. 'Stricto sensu' dever-se-á defini-la tomando em consideração os elementos que compõem o crédito e o débito, como faziam os juristas romanos".[444] Note-se que nossa postura – de não distinguir obrigação e dever – foi também adotada por Liebman, em seu *Processo de Execução*, como o próprio autor afirma:

> [...] é necessário esclarecer que a palavra obrigação é empregada, aqui, como sempre neste curso, em seu sentido mais amplo. Não é obrigação só aquela que nasce de relação obrigacional. Também o direito real, que se caracteriza pelo fato de dever ser respeitado por todos, em caso de lesão faz surgir para aquêle que o lesou ou para outrem (por ex.: possuidor) obrigação pessoal e determinada de repor as coisas no estado primitivo: restituição de coisa, reparação dos danos causados, etc.[445]

Não vemos qualquer prejuízo, assim, na eliminação da distinção para os temas desenvolvidos *até aqui*.

No entanto, é preciso, agora, para os fins específicos deste capítulo, abandonar o conceito amplo e trabalhar com a necessária distinção entre obrigação *stricto sensu* e *dever jurídico*, ainda que de forma breve. Como há muito ensinou Clóvis Beviláqua,[446] o sentido técnico e estrito de obrigação é proveniente do direito romano, e pode distinguir-se do conceito de dever jurídico pelas seguintes características: a) as obrigações são, em regra, redutíveis a uma soma em dinheiro; já dos deveres jurídicos não se pode dizer o mesmo, pois descumprido o dever, nasce a obrigação por ato ilícito, sendo esta representada em pecúnia, não o dever violado;[447] b) a faculdade correspondente à obrigação é de natureza transitória, esgotando-se com o seu uso; já aquele decorrente do dever jurídico é, em geral, permanente,

---

[444] COUTO E SILVA, Clóvis do. *A obrigação como processo*. São Paulo: José Bushatsky, 1976, p. 8. O mesmo já era ensinado no século XIX por POTHIER: "La palabra *obligación* tiene dos significaciones. En su sentido más lato, *lato sensu*, es sinónima de *deber y* compreende las obligaciones *imperfectas* lo mismo que las obligaciones *perfectas*. [...] en un sentido más recto y menos amplio, no comprende sino las obligaciones perfectas, que dan a aquél con quien la hemos contraído el derecho de exigirmos su cumplimiento; [...]" (POTHIER, Robert Joseph. *Tratado de las obligaciones*. Trad.da edição francesa *Traité des obligations* – 1824. Buenos Aires: Atalaya, 1947, p. 7).

[445] LIEBMAN, Enrico Tullio. *Processo de execução*. São Paulo: Saraiva, 1946, p. 20.

[446] BEVILÁQUA, Clóvis. *Direito das obrigações*. Rio de Janeiro: Editora Rio, 1982, p. 13-14.

[447] A visão exposta por Beviláqua neste particular reflete a já superada visão do *nemo praecise ad factum cogi potest* (vide cap. III, item 4.1).

inesgotável (ex.: o dever de respeitar a propriedade alheia não se extingue com o exercício da faculdade ou do poder correspondente); c) a obrigação não vincula a pessoa obrigada a qualquer outra que com ela entre em contato, ainda que em relação ao fato específico que deu origem à obrigação. Exige-se a formação de um vínculo, determinado por uma situação específica (vontade das partes ou em virtude de lei), de forma que fique uma das partes "habilitada a exigir a prestação e a outra na contingência de cumpri-la";[448] já o dever permite a sua extensão para qualquer outra e para todas as pessoas (ex.: todos têm o dever de respeitar o direito, de qualquer um, à propriedade, à vida, à imagem etc.).

Feita a distinção entre dever e obrigação, pode-se agora relacionar tais conceitos com os de direito pessoal e de direito real. Como afirma Orlando Gomes, "o *direito real* concede ao titular um gozo permanente porque tende à perpetuidade. O *direito pessoal* é eminentemente transitório, pois se extingue no momento em que a obrigação *correlata* é cumprida".[449] Com base nessa assertiva, cotejando-a com aquela feita por Beviláqua, poderíamos chegar à conclusão de que os *deveres* relacionam-se com os direitos reais e, as *obrigações*, com o direito pessoal. Todavia, há inúmeros deveres não relacionados ao direito real, como, para ficar em apenas um exemplo, os deveres oriundos dos direitos da personalidade.[450] Já das obrigações em relação ao direito real, não se pode dizer o mesmo. Em havendo obrigação, ter-se-á sempre relação entre pessoas determinadas, bem como a dependência da conduta (prestação) de uma pessoa para que a outra possa ser satisfeita, o que não ocorre no direito real, onde o seu titular o exerce diretamente, sem a participação de quem quer que seja.[451] Assim, mesmo que a violação do direito real de propriedade com a causação de dano possa gerar uma obrigação de indenizar, esta será consubstanciada em uma relação *pessoal* (e não mais de direito real, senão que dele decorrente) entre o proprietário e o agente do dano. Da mesma forma, aquele que toma para si coisa alheia, violando o direito de posse, passa a ter a *obrigação* de restituir a coisa ao possuidor legítimo, e sua relação é, portanto, pessoal (entre o esbulhador e o possuidor legítimo).[452]

---

[448] BEVILÁQUA, Clóvis. *Direito das obrigações*. Rio de Janeiro: Editora Rio, 1982, p. 13-14.

[449] GOMES, Orlando. *Direitos reais*. 7.ed. Rio de Janeiro: Forense, 1980, p. 7.

[450] Conforme Carlos Alberto Bittar, "são direitos da personalidade os reconhecidos ao homem, tomado em si mesmo e suas projeções na sociedade. Visam à defesa de valores inatos como a vida, a intimidade, a honra e a higidez física" (BITTAR, Carlos Alberto; BITTAR FILHO, Carlos Alberto. *Tutela dos direitos da personalidade e dos direitos autorais nas atividades empresariais*. São Paulo: Revista dos Tribunais, 1993, p. 9-10).

[451] GOMES, op. cit., p. 6.

[452] Como afirma Orlando Gomes, violado o direito real, surge uma "relação jurídica de que se origina o direito subjetivo consistente na pretensão de exigir alguma coisa de quem praticou a turbação" (GOMES, Orlando. *Introdução ao direito civil*. 5.ed. Rio de Janeiro: Forense, 1977, p. 124).

Retornando ao artigo 461-A do CPC, é preciso saber se ele é aplicável à tutela dos deveres *e* das obrigações de entrega de coisa ou se o é apenas a uma dessas categorias jurídicas e, por fim, aplica-se tanto às relações de direito pessoal quanto àquelas de direito real ou restringe-se a uma delas.

O artigo 461-A do CPC vale-se do termo "obrigação" já em seu *caput*. Aquele que, por contrato, compromete-se a entregar um bem a outrem (ex.: a revendedora de automóveis que se compromete a entregar veículo, a incorporadora imobiliária que se compromete a entregar apartamento etc.), gera para si obrigação, não havendo fundamento qualquer para se afastar a aplicação do artigo 461-A do CPC à essa hipótese. Não se trata, aqui, "apenas à passagem para a esfera jurídica de alguém o que nela devia estar, e não está",[453] mas, verdadeiramente, de "caso de prestar coisa, em razão de vínculo obrigacional, legitimamente inserida na esfera patrimonial do obrigado".[454] Pode a técnica de tutela executiva, constante do artigo 461-A do CPC, ser utilizada perfeitamente neste caso, sendo inaplicável, aqui, a técnica de tutela condenatória, abolida para esses casos a partir da Lei 10.444/02.

Resta saber se estaria o campo de atuação do referido dispositivo legal limitado às obrigações de origem contratual, ou se seria possível estendê-lo para a tutela das obrigações surgidas em face do desrespeito a deveres oriundos do direito real. Aquele que toma para si o bem possuído legitimamente por outrem (descumprindo o *dever* de respeitar a propriedade alheia) gera para si obrigação de restituir, e não há nada no artigo 461-A do CPC que elimine, *a priori*, a sua aplicação ao caso citado. O que ocorre, no entanto, é que há dispositivos que se revestem de caráter *especial*, como é o caso das ações possessórias (arts. 920 e segs.) e da ação de despejo, que devem ser aplicados, em relação o *procedimento*, em detrimento da regra geral contida no artigo 461-A do CPC. *Lex specialis derogat generali*. Assim, o que se passa não é, necessariamente, uma *vocação específica* do artigo 461-A tão-somente para as obrigações contratuais ou, ainda, para as obrigações de entregar coisa legitimamente inserida na esfera patrimonial do obrigado; o que ocorre é a potencial aplicação do dispositivo também para tais casos, só afastada em sua plenitude pela existência de outras normas de caráter especial. Isso não impede, no entanto, que se *combine* a técnica de tutela mandamental (lembrando que a técnica executiva já é utilizada nas ações possessórias, ação de despejo etc.)[455] prevista no artigo 461-A com os

---

[453] ALVARO DE OLIVEIRA, Carlos Alberto. O problema da eficácia da sentença. In —— (org.). *Eficácia e coisa julgada*. Rio de Janeiro: Forense, 2006, p. 47.

[454] ASSIS, Araken de. *Cumprimento da sentença*. Rio de Janeiro: Forense, 2006, p. 232-233.

[455] A técnica de tutela mandamental já é prevista nas ações possessórias, porém, em caráter limitado, como se denota da leitura do artigo 921, II, do CPC (apenas para as hipóteses de nova turbação ou novo esbulho).

procedimentos especiais previstos em lei, pois, como já foi dito, o legislador em nenhum momento restringiu a aplicação daquele artigo às obrigações contratuais. Vale ressaltar que, mesmo com procedimento específico, as ações possessórias, ou a ação de despejo, constituem *também* ação para a entrega de coisa, e portanto não estão excluídas do campo de atuação do artigo 461-A, no que este não interferir nas regras especiais relativas ao procedimento (por exemplo, na possibilidade de obtenção de liminar na reintegração de posse, independentemente da urgência, conforme os artigos 927 e 928 do CPC; lembrando que o artigo 461-A, § 3°, c/c o artigo 461, § 3°, ambos do CPC, exigem, para a concessão de liminar, o "justificado receio de ineficácia do provimento final").

Seguindo nossa linha de raciocínio, sempre que estivermos a falar de entrega de coisa estaremos diante de obrigação, e não de dever, muito embora possa o vínculo obrigacional ter surgido do descumprimento de um dever. Mesmo o suposto dever que tem o Estado de fornecer medicamentos, por exemplo, nada mais é do que uma obrigação decorrente de um dever geral de promover a saúde (este sim, um *dever*, porém de *fazer*, e não de entrega de coisa). Quem não fizer essa distinção ou dela discordar, tendo, conseqüentemente, sempre por base a relação originária (por exemplo, considerar que a obrigação de restituir coisa é, em verdade, um *dever*, pois oriundo do dever geral de respeitar a propriedade alheia), necessariamente deve estender também a aplicação do artigo 461-A do CPC aos *deveres* de entrega de coisa.[456] Na prática, o resultado será o mesmo, ficando a divergência no campo conceitual e de compreensão do fenômeno jurídico.

Concluímos, assim, pela aplicabilidade do artigo 461-A do CPC, seja para promover a "passagem para a esfera jurídica de alguém o que nela devia estar, e não está", seja para "o caso de prestar coisa, em razão de vínculo obrigacional, legitimamente inserida na esfera patrimonial do obrigado". Apenas, na primeira hipótese, será preciso atentar para as regras atinentes aos procedimentos especiais previstos no Livro IV do CPC, bem como para a legislação extravagante, sem prejuízo da utilização das técnicas e das medidas previstas nos §§ 4° e 5° do artigo 461 do CPC.

[456] É o que faz Sérgio Cruz Arenhart, ao afirmar: "De outra banda, é preciso ainda convir que a nova disposição não tem seu âmbito de aplicação limitado apenas às *obrigações* de entrega de coisa. Ficam aqui abrangidos pela forma de tutela ora prevista também os *deveres* e, enfim, qualquer espécie de *prestação* de entrega de coisa. [...] Em toda relação jurídica caracterizada por este tipo de prestação, portanto, seja de caráter obrigacional ou não, é viável o uso do novo dispositivo como mecanismo de tutela" (ARENHART, Sérgio Cruz. Tutela específica da obrigação de entrega de coisa. In MARINONI, Luiz Guilherme (coord.). *A segunda etapa da reforma processual civil*. São Paulo: Malheiros, 2001, p. 145-146).

5.3. Da escolha do credor ou do devedor na entrega de coisa determinada pelo gênero e quantidade (coisa incerta)

No que toca especificamente à escolha da coisa determinada pelo gênero e pela quantidade (coisa incerta), não vemos aqui a necessidade de que o chamado incidente de concentração seja autuado de forma autônoma.[457] Como estabelece o § 1° do artigo 461-A do CPC, cabendo a escolha ao credor, esta será feita na petição inicial (veja-se, no *processo de conhecimento*, diferentemente do que dispõe o artigo 629, que quando se refere à petição inicial está a tratar da petição inicial oferecida no processo de execução, sendo claro, assim, que sua aplicação refere-se à execução de títulos *extrajudiciais*). Portanto, aqui se pressupõe que a própria sentença já contenha a indicação da coisa individualizada pelo autor, sendo que no momento da efetivação da sentença não haverá o que impugnar acerca da escolha, em face da aplicação do artigo 474 do CPC. Assim, não é aplicável à plenitude o artigo 630 do CPC, pois ao devedor não cabe impugnar a escolha do bem – que foi feita já na peça inicial – *após* a sentença. Cremos que a nova sistemática de tutela das obrigações de entrega de coisa incerta determina que o autor *deva* fazer a escolha, quando lhe couber, já na peça inicial, de forma que a sentença possa se valer da técnica de tutela executiva ou da técnica de tutela mandamental. A impugnação, pelo devedor, da escolha do bem pelo credor, deve se dar na contestação, e não depois. Sem a escolha prévia do credor na petição inicial, a sentença continuaria possuindo um caráter imediatamente *condenatório*, pois apenas autorizaria o credor a, efetuando a escolha da coisa, requerer o cumprimento ou execução do julgado.

Já recaindo a escolha ao demandado, é possível que ela se dê somente após a sentença, pois estabelece o artigo 461-A que o réu *entregará* a coisa individualizada, ou seja, sua escolha se dará no momento da entrega, do *cumprimento* da sentença.[458] Nesse caso, deverá ser oportunizada ao credor

[457] É esta a proposta de Araken de Assis: "Não se encontrando a coisa objeto do provimento judicial individualizada por sinais distintos das 'características que em sua totalidade as outras coisas têm', impõe-se que se proceda, previamente ao cumprimento, o incidente de concentração (art. 461-A, § 1°, c/c artigos 629 e 630). Este incidente reclama autuação autônoma. Da sua decisão, baseada em cognição sumária – indicada pelo emprego da expressão 'de plano, ou, se necessário, ouvido perito da sua escolha' inserida no art. 630-, cabe agravo de instrumento (art. 522)" (ASSIS, Araken de. *Cumprimento da sentença.* Rio de Janeiro: Forense, 2006, p. 236).

[458] E é importante ressaltar que não se trata apenas de *escolher* na fase de cumprimento da sentença, mas de escolher *e entregar*. A clara dicção legal é prestigiada pelo STJ: "O cerne da discussão é saber se, na execução de obrigação de entregar coisa incerta, cabendo a escolha ao devedor, este deve ser citado para entregar a coisa já individualizada ou somente para promover a escolha. O Tribunal de origem entendeu que o devedor deve ser citado para proceder a individualização da coisa fungível para apenas após a intimação da decisão de homologação da escolha ser efetuada a entrega. Contudo, a leitura do art. 629 do CPC deixa claro que, se a escolha da coisa incerta couber ao devedor, este deverá ser citado para entregá-la individualizada, não havendo, portanto, que se falar em momento prévio de escolha para posterior entrega, como considerou o Tribunal de origem. Para corroborar com a fundamentação, relevante transcrever as lições de Araken de Assis apresentadas em sua obra

a possibilidade de impugnar a escolha feita pelo devedor, e, por analogia, pode-se utilizar o prazo de 48 horas[459] previsto no artigo 630 do CPC (que trata da execução de títulos extrajudiciais) para que tal impugnação seja veiculada. Para a preservação de um mínimo de previsibilidade e, assim, de segurança jurídica na interpretação da lei processual, o fato de estarmos utilizando um prazo "por analogia" impõe que esse mesmo prazo seja expressamente indicado na intimação que será feita ao credor. Do contrário, valerá o prazo geral de cinco dias (art. 185 do CPC), pois, a rigor, não há preceito legal específico para a impugnação da escolha do devedor no cumprimento de título *judicial*. Aqui, o valor *segurança* (previsibilidade das decisões e não-supresa) fala mais alto, até mesmo porque a sua preservação se dá sem maiores conseqüências para a efetividade processual. Note-se que essa impugnação não se confunde com a impugnação de que trata o artigo 475-L do CPC, como veremos adiante (item 5.5).

O juiz resolverá a questão envolvendo a impugnação da escolha feita pelo devedor em decisão interlocutória, sujeita a agravo de instrumento. Acolhendo a impugnação, intimará o credor para que este proceda à escolha, após o que se expedirá mandado de busca e apreensão ou mandado de intimação do devedor para a entrega do bem sob pena de multa, conforme forem as necessidades do caso concreto.

5.4. Da perda ou deterioração da coisa objeto da execução

Evidentemente, a qualquer das partes será assegurado peticionar ao juízo informando acerca do perecimento ou deterioração da coisa, que poderá resultar na impossibilidade de sua entrega, na possibilidade de recusa da coisa pelo credor ou de abatimento do preço pago, e ainda em pedido de reparação por perdas e danos sofridos pelo credor. Tais matérias, salvo previsão contratual específica, serão decididas nos termos dos artigos 234 a 240 do Código Civil. Aliás, o próprio juiz pode, verificando a impossibilidade de cumprimento da obrigação, determinar a sua conver-

---

Manual do Processo de Execução: '*A escolha se dará na entrega, razão por que o prazo é de 10 dias contados da juntada do mandado de citação ao processo*'. Dessa forma, merece reforma o acórdão recorrido para que seja adotado o procedimento adequado no processo de execução instaurado pelo recorrente. Forte em tais razões, conheço e dou provimento ao recurso especial para esclarecer que os recorridos devem ser citados para entregar a coisa individualizada, devendo, após eventual incidente de individualização, o processo seguir o procedimento da execução para entrega de coisa certa" (REsp 701150/SC, Rel. Ministra Nancy Andrighi, Terceira Turma, julgado em 15.12.2005, DJ 01.02.2006 p. 545).

[459] E não de dez dias, como aduz Araken de Assis (ASSIS, Araken de. *Cumprimento da sentença*. Rio de Janeiro: Forense, 2006, p. 236).

são em perdas e danos, mesmo não tendo havido pedido nesse sentido.[460] Todavia, tal decisão deve se submeter ao crivo do contraditório, sendo as partes intimadas previamente acerca da intenção do magistrado, de forma a assegurar que a obrigação efetivamente não possa ser cumprida e, com isso, evitar surpresa e malferimento da segurança jurídica (em especial do elemento *previsibilidade*).

Na hipótese em que for necessário arbitrar perdas e danos pelo perecimento ou danificação da coisa, ou o abatimento do preço na hipótese de deterioração, deverão tais valores ser objeto de liquidação de sentença, que seguirá o trâmite dos artigos 475-C e 475-D do CPC (liquidação por arbitramento).[461] Com o trânsito em julgado da decisão que julga a liquidação, contar-se-á o prazo de 15 dias para cumprimento voluntário da condenação ao pagamento de quantia. Inicia-se, assim, o trâmite previsto pelo artigo 475-J do CPC. É claro que, não sendo obtido efeito suspensivo no agravo de instrumento interposto contra decisão em fase de liquidação, poderá o credor requerer o cumprimento provisório da decisão e, não ocorrendo o mesmo, a execução provisória.[462]

5.5. Da defesa do réu na fase de cumprimento/execução das sentenças referentes a obrigações de entrega de coisa

O que dissemos para as obrigações de fazer e de não-fazer (item 4.3.6) vale aqui. Não seria crível que se eliminasse "qualquer possibilidade de reação por parte do executado, pois tal implicaria agressão direta ao núcleo da segurança jurídica". Daí por que é viável o oferecimento de impugnação do devedor, onde poderá suscitar as matérias contidas nos incisos I,

[460] "Processo civil. Recurso Especial. Extravio de Bagagem. Obrigação de Restituir. Conversão em Perdas e Danos. Julgamento diverso do pedido. Inocorrência. – Verificada a impossibilidade de cumprimento da obrigação de restituir em conformidade com o pedido formulado na petição inicial, não constitui julgamento diverso do pedido a sentença que converte a obrigação em perdas e danos, ainda que não haja pedido sucessivo expresso nesse sentido" (REsp 435.702/RJ, Rel. Min. Nancy Andrighi, Terceira Turma, julgado em 22.05.2003, DJ 23.06.2003, p. 355).

[461] A prévia liquidação é indispensável: "Processo Civil. Execução de Entrega de Coisa Incerta. Conversão em Execução de Quantia Certa. Possibilidade, desde que Frustrada a Procura do Bem e Apurado, em Prévia Liquidação, o Valor da Coisa. Doutrina. Recurso Provido. – I – A execução para entrega de coisa incerta, após a escolha do bem, segue o rito previsto para a execução de coisa certa (arts. 621 e segs.). II – O objetivo específico da execução para entrega da coisa é a obtenção do bem que se encontra no patrimônio do devedor (ou de terceiro). Caso não mais seja encontrado o bem, ou no caso de destruição ou alienação, poderá o credor optar pela entrega de quantia em dinheiro equivalente ao valor da coisa e postular a transformação da execução de coisa certa em execução por quantia certa, na linha do art. 627, CPC. III – Indispensável, nessa hipótese, contudo, a prévia apuração do *quantum*, por estimativa do credor ou por arbitramento. Sem essa liquidação, fica inviável a conversão automática da execução para entrega da coisa em execução por quantia certa, mormente pelo fato que a execução carecerá de pressuposto específico, a saber, a liquidez" (REsp 327650/MS, Rel. Min. Sálvio de Figueiredo Teixeira, Quarta Turma, julgado em 26.08.2003, DJ 06.10.2003, p. 273).

[462] Vide itens 6.3 e 6.4.2. Capítulo III.

II, IV, V e VI do artigo 475-L do CPC. Poderá, também, impugnar a técnica de tutela utilizada, alegando, por exemplo, a impossibilidade de remoção da coisa sem risco para a sua integridade (na hipótese de determinação de busca e apreensão), o abuso da multa periódica fixada etc. Evidentemente, deve o juiz ficar atento para alegações com o único intuito de protelar o andamento do feito, sendo bastante criterioso ao analisar o pleito de concessão de efeito suspensivo à impugnação. Mais uma vez, mostra-se importante a adoção do método exposto na segunda parte deste trabalho. A postura do intérprete, aqui, deve buscar, pelo postulado da proporcionalidade (adequação, necessidade e proporcionalidade em sentido estrito), a solução que seria consensual entre pessoas desinteressadas na solução do problema, ou seja, que assumiríamos como a mais adequada caso não soubéssemos que posição assumiríamos no jogo de forças representado no processo.

Tendo sido eliminada a sistemática de embargos à execução para a defesa do devedor, é de se indagar se eventual impugnação exigirá, para que venha a ser conhecida, o depósito do bem objeto da execução, como ainda exige o artigo 737, II, do CPC, para a admissão dos embargos do devedor na execução de título extrajudicial. A exigência de garantia do juízo decorria, na sistemática anterior da execução de sentença, à necessidade de se equilibrar as posições do credor e do devedor e, também, de se resolver o conflito entre efetividade e segurança. Ao mesmo tempo em que a lei processual assegurava que os embargos do devedor teriam, *de regra*, o condão de suspender a execução (veja-se, em qualquer hipótese, independentemente de manifestação judicial, os embargos suspendiam o curso do processo executivo), era preciso assegurar que no longo intervalo provocado pela instrução e julgamento da ação autônoma não viesse o devedor a frustrar a execução específica, fazendo desaparecer o bem (ou, na execução por quantia certa, tornando-se insolvente). Daí por que, condicionando a admissibilidade dos embargos do devedor à garantia do juízo com o depósito da coisa, solucionava-se o problema de insegurança para o credor e risco de efetividade do processo executivo.

Todavia, a nova sistemática estabelece que a impugnação não terá efeito suspensivo *ope legis*, demandando justificação e requerimento pelo devedor, e concessão por decisão judicial. Sendo assim, não será a apresentação da impugnação e o seu julgamento que trará risco para o credor, até mesmo porque os mecanismos de coerção (multa periódica) e de execução (busca e apreensão) estarão em pleno funcionamento, de forma a operar a apreensão da coisa e entrega ao credor. Assim, nada impede que a impugnação seja apresentada *sem* o depósito do bem. Todavia, se nela houver requerimento de efeito suspensivo, este só poderá ser concedido diante do depósito da coisa, pelas mesmas razões que, na sistemática anterior, o exigiam. Como teremos a oportunidade de demonstrar adiante,[463]

---

[463] Itens 6.5 e 6.5.1. Capítulo III.

solução idêntica foi adotada na nova sistemática de execução de títulos extrajudiciais, onde se prevê a possibilidade de embargos do devedor sem efeito suspensivo, *independentemente* de garantia do juízo (art. 736 do CPC), mas condiciona a concessão do referido efeito à prévia segurança do juízo (art. 739-A, § 1º).

Questão interessante diz com a hipótese em que benfeitorias tenham sido realizadas na coisa objeto da ação de que trata o artigo 461-A do CPC. Em se tratando de pedido de entrega de coisa já designada na petição inicial, resta claro que deverá ser apresentada já na contestação a exceção de retenção por benfeitorias, ficando a hipótese de embargos por retenção restrita ao âmbito da execução dos títulos extrajudiciais.[464] No entanto, deve-se atentar para o caso em que a escolha couber ao devedor, hipótese em que ela se dará apenas após a sentença, no momento da entrega do bem, razão pela qual nem sempre haverá razões para manifestar a exceção em sede de contestação, que possivelmente versará sobre a inexistência da obrigação de entregar qualquer que seja o bem. Vindo o devedor a optar por entregar bem no qual realizou benfeitorias, e não constituindo hipótese de abuso de direito (a opção seria justamente para evitar entregar outro bem, desembaraçado, ao credor), poderá aquele manifestar a sua escolha e condicionar a entrega ao pagamento das referidas benfeitorias. Tal procedimento consistirá em exceção à regra de que a entrega deve se dar concomitantemente à escolha da coisa. Nesse caso, na petição em que manifesta a sua escolha, deverá o devedor requerer a prévia liquidação da indenização correspondente às benfeitorias, que nos termos do artigo 628, aplicável aqui por analogia, é *obrigatória*. Evidentemente, tal incidente poderá ser utilizado como estratégia do devedor para protelar o feito, não havendo benfeitorias indenizáveis no bem a ser entregue. Dois desdobramentos devem ser considerados. Primeiramente, essa mera petição requerendo a liquidação não possui, por si só, o condão de suspender o processo. Daí por que se multa estiver correndo contra o devedor, ou se mandado de busca e apreensão ou de imissão na posse tiver sido expedido, o devedor só poderá ilidi-los se obtiver manifestação do juiz de primeiro grau suspendendo a aplicação de tais medidas ou se, interpondo agravo de instrumento da decisão que determinar a aplicação daqueles mecanismos de coerção e execução, obtiver efeito suspensivo nesse recurso. Em segundo lugar, verificada a má-fé do devedor ao valer-se da exceção com o claro intuito de atrasar a prestação jurisdicional, ainda que tenha obtido a suspensão da multa diária (hipótese em que a multa não incidirá e, portanto, não lhe será cobrada), deverá vir a ser condenado por litigância de má-fé (art. 17, IV e VI, do CPC), além de ter de arcar com a multa do artigo 14, parágrafo único, do CPC.

---

[464] É nesse sentido a precisa lição de Araken de Assis (ASSIS, Araken de. *Cumprimento da sentença*. Rio de Janeiro: Forense, 2006, p. 233-234).

6. *Sistemática de efetivação das decisões referentes a obrigações e deveres de pagar quantia*

6.1. Introdução

Como demonstrado anteriormente, os artigos 461 e 461-A do CPC permitem ao juiz a adoção de *técnicas de tutela* mandamental e executiva, nos casos em que o dever do demandado consiste num fazer, não-fazer ou entrega de coisa.[465] A sentença, assim como as decisões que antecipam a tutela ao autor, podem combinar simultânea ou sucessivamente os efeitos mandamentais e executivos, independentemente de sua modificação formal, e sem ter de se cogitar da afronta ao artigo 463 do CPC. Trata-se de uma *instabilidade virtuosa*[466] da decisão judicial, visto que se reconhece a sua adaptabilidade, maleabilidade frente à eventual resistência ao seu cumprimento, verificada no plano real.

Ocorre que essa *maleabilidade* não é, hoje, refletida na tutela das obrigações de pagar quantia. Não podendo considerá-las simplesmente como obrigação de dar, em função de sua extrema consumptibilidade,[467] e em razão da freqüente necessidade de agressão e transformação do patrimônio do devedor em pecúnia, sujeitam-se, na sistemática vigente do Código de Processo Civil – antes e depois da Lei nº 11.232/05 –, ao engessamento provocado pelo modelo da técnica de tutela condenatória (mero juízo de reprovação e autorização para o credor requerer a execução) – e posterior execução (ainda que, hoje, sem necessitar de um processo autônomo).

---

[465] AMARAL, Guilherme Rizzo. *As astreintes e o processo civil brasileiro: multa do artigo 461 do CPC e outras*. Porto Alegre: Livraria do Advogado, 2004, p. 43 e seguintes.

[466] Idem. Técnicas de tutela e o cumprimento da sentença no Projeto de Lei 3.253/04: uma análise crítica da reforma do Processo Civil Brasileiro. In AMARAL, Guilherme Rizzo; CARPENA, Márcio Louzada (coord.). *Visões críticas do processo civil brasileiro: uma homenagem ao Prof. Dr. José Maria Rosa Tesheiner*. Porto Alegre: Livraria do Advogado, 2005, p. 130.

[467] COUTO E SILVA, Clóvis do. *A obrigação como processo*. São Paulo: José Bushatsky, 1976, p. 183.

Relutamos em aceitar que, somente pelas razões antes apontadas, a natureza das obrigações (ou deveres) submetidas, hoje, à técnica de tutela condenatória (obrigações de pagar quantia) seja incompatível com a técnica de tutela mandamental ou executiva. O que há, isto sim, é uma *incompatibilidade legislativa*, pois o Código de Processo Civil determinava, em sua redação anterior, que as sentenças que condenassem ao pagamento de quantia certa deveriam ser efetivadas através de processo autônomo de execução, deixando a tutela mandamental e executiva *lato sensu*[468] para o cumprimento dos deveres de fazer, não-fazer e entrega de coisa. Agora, após a recente reforma, continua o juiz preso a sistemática bastante semelhante, pois somente procede à execução mediante requerimento do autor, e tem seus poderes limitados à incidência de multa de 10%, *ope legis*, sobre o valor da condenação, não havendo nada semelhante ao § 5° do artigo 461 do CPC, por exemplo, o que conferiria maior agilidade e efetividade à atividade jurisdicional.

Dizer que o legislador não pode alterar a carga de eficácia de determinadas decisões judiciais, ou, diríamos melhor, que não pode outorgar ao juiz, mediante mudança na lei instrumental, técnicas de tutela diferentes da mera condenação para determinadas situações, é ignorar que, até pouco tempo, as sentenças que *condenavam* à entrega de coisa eram, por mais óbvio que isso possa parecer, *condenatórias*, meros juízos de reprovação, demandando a iniciativa do autor e um novo e autônomo processo, de execução, para a satisfação do demandante. Hoje, em face única e exclusivamente das mudanças na legislação processual, proporcionadas pela Lei 10.444/02, as sentenças proferidas com base no artigo 461-A podem ser classificadas como executivas, ou mesmo como mandamentais em alguns casos, mas, o que é certo, nunca ensejarão mera condenação,[469]

---

[468] Uma crítica à expressão executiva *lato sensu* pode ser encontrada no artigo "Sentença executiva?", de José Carlos Barbosa Moreira (*Revista de Processo*, São Paulo, v. 29, n. 114, p. 147-162, mar./abr. 2004, p. 140). O eminente processualista afirma: "Quem quer que se refira a 'sentença executiva *lato sensu*' deve, pois, esclarecer em que consiste a espécie 'sentença executiva *stricto sensu*' e indicar a diferença específica que a caracterizaria. Sem tal cuidado, aquela expressão soa inexpressiva, para não dizer carente de sentido". No presente trabalho, mencionamos tutela executiva *lato sensu* apenas para diferenciá-la, no que tange ao momento em que é prestada, da tutela executiva proporcionada pelo processo de execução autônomo. A primeira seria aquela prestada no curso do processo de conhecimento (ou, ainda, no curso do "processo que dê origem ao título executivo judicial", pois tal processo englobará não apenas atividade cognitiva, mas também executiva); a segunda, durante o processo de execução. Ambas, no entanto, guardam a mesma fundamental característica: importam, em nosso sentir, atos de sub-rogação ou praticados por auxiliares do Poder Judiciário, de modo a promover a satisfação do direito do autor sem a participação do demandado.

[469] Afirmando a necessidade de admitir outras espécies de sentenças (além daquelas oferecidas pela classificação ternária), à luz do disposto nos artigos 84 do CDC e 461 do CPC, aduz MARINONI, "não é possível reunir sob o rótulo de 'condenação' provimentos que jamais tiveram alguma semelhança entre si" (MARINONI, Luiz Guilherme. *Tutela específica: arts. 461, CPC e 84, CDC*. São Paulo: Revista dos Tribunais, 2001, p. 41.) Por sua vez, comentando o artigo 461-A, ANTÔNIO CARLOS DE ARAÚJO CINTRA afirma: "Ou seja, se se adotasse a classificação quinária de Pontes de Miranda, aparentemente não haveria mais, no processo civil brasileiro, sentenças condenatórias à entrega de coisa, uma

juízo de reprovação, providência mediata e dependente, em sua definição tradicional,[470] de processo autônomo de execução.

De outra parte, a extremada preocupação com o réu "condenado" a pagar quantia, privilegiando-o em comparação àqueles a quem são impostas ordens de fazer ou de abstenção, e mesmo àqueles que sofrem a busca e apreensão de coisa em seu poder, não se justifica sob nenhum argumento.

Em primeiro lugar, é necessário ressaltar, como bem o faz Cássio Scarpinella Bueno, que, mesmo no sistema atual, a tutela dos deveres de pagar quantia já se realiza na forma executiva e mandamental em diversos casos, como, por exemplo, naqueles envolvendo alimentos, alienação fiduciária em garantia, improbidade administrativa e, até mesmo, em mandado de segurança.[471] Pontes de Miranda já demonstrava tal particularidade – aliás, confirmando o ponto anteriormente exposto – ao afirmar que "no direito brasileiro, transformaram-se as ações de condenação, em matéria de alimentos, em ações mandamentais – particularidade técnica que revela a capacidade de invenção dos juristas brasileiros".[472] Leia-se: para Pontes de Miranda, os juristas brasileiros (ou, ainda, o *legislador* brasileiro) *transformaram* uma ação condenatória em mandamental.[473]

Ademais, vale lembrar que, quando estamos diante de um dever de fazer ou não-fazer, lidamos diretamente com o valor *liberdade*, mais especificamente com a liberdade de conduta do demandado, valor este tão caro aos modelos liberais surgidos após a Revolução Francesa, que acabou

---

vez que estas teriam sido substituídas pelas sentenças executivas em sentido *lato*" (CINTRA, Antônio Carlos de Araújo. *Comentários ao Código de Processo Civil*. Rio de Janeiro. Forense, 2003, p. 296).

470 Veremos, adiante, que a *autonomia* do processo executivo subseqüente não chega a ser uma nota essencial da condenação.

471 BUENO, Cassio Scarpinella. Ensaio sobre o cumprimento das sentenças condenatórias. *Revista de Processo*, São Paulo, v. 29, n. 113, p. 22-76, jan./fev. 2004, p. 40-50.

472 PONTES DE MIRANDA, Francisco Cavalcanti. *Tratado das ações*. 2.ed. São Paulo: Revista dos Tribunais, 1972. t. 1, p. 210.

473 Estava Pontes de Miranda a se referir à *ação de direito material*, conceito que, em nosso entender, não explica corretamente o fenômeno da relação entre os planos do direito material e do processo. Não nos cabe desenvolver, aqui, essa idéia, sendo que remetemos o leitor aos recentes artigos publicados sobre o tema, dentre os quais destacam-se os trabalhos de Carlos Alberto Alvaro de Oliveira ("O problema da eficácia da sentença". *Revista de Processo*, São Paulo, v. 28, n. 112, p. 9-22, out./dez. 2003. e "Efetividade e tutela jurisdicional". *Revista da Ajuris*, Porto Alegre, v. 32, n. 98, p. 7-32, jun. 2005), Ovídio Baptista da Silva ("Direito material e processo", publicado na *Revista Magister de Direito Civil e Processual Civil*, v. 1, n. 1, p. 5-29, jul./ago. 2004), Guilherme Rizzo Amaral, "A polêmica em torno da ação de direito material". *Gênesis: Revista de Direito Processual Civil*, São Paulo, v. 9, n. 33, p. 533-547, jul./set. 2004) e Daniel Francisco Mitidiero, ("Polêmica sobre a teoria dualista da ação: ação de direito material: "ação" processual: uma resposta a Guilherme Rizzo Amaral". *Gênesis: Revista de Direito Processual Civil*, São Paulo, v. 9, n. 34, p. 690-697, out./dez. 2004). Esses e outros artigos sobre o tema foram reunidos em obra intitulada *Polêmica sobre a ação, a tutela jurisdicional na perspectiva das relações entre direito e processo* (AMARAL, Guilherme Rizzo; MACHADO, Fábio Cardoso (org.). Porto Alegre: Livraria do Advogado, 2006).

extremado no Código de Napoleão.[474] Aliás, chega a ser truísmo falar-se em primazia do direito à liberdade sobre o direito à propriedade.

Assim, não poderiam ter subsistido os receios antes apontados para a adoção, por exemplo, da técnica de tutela mandamental para os deveres de pagar quantia certa – atingindo indiretamente a esfera *patrimonial* do devedor – se tal técnica já se encontra disponível para os deveres de fazer e não-fazer – influindo na vontade, na liberdade do réu.

Quem encampa essa idéia de forma contundente é Luiz Guilherme Marinoni, sustentando que "não há motivo para que a tutela que objetiva o pagamento de soma tenha que ser prestada unicamente através da execução forçada".[475] Repercutindo as idéias de Michele Taruffo, propõe o uso da multa (técnica de tutela mandamental) para "estimular" o cumprimento da sentença pelo devedor de quantia, evitando, assim, "as complicações inerentes à execução por expropriação, com necessidade de avaliação, leilão etc.".[476]

O que almejamos, aqui, muito antes de afirmar que a utilização da técnica de tutela mandamental, nesses casos, seja a mais adequada, é manter a mente aberta para todas as alternativas possíveis no que se refere à tutela dos deveres de pagar quantia. Salvo a vedação constitucional de prisão por dívida (artigo 5º, LXVII, da Constituição Federal), não há técnica de tutela que, *a priori*, possa ser descartada *pelo legislador* para os deveres de pagar quantia. Não obstante, a sistemática escolhida e implementada pela Lei nº 11.232/05 ainda rende homenagem ao engessamento do binômio *condenação-execução*, ainda que com relevantes atenuantes do ponto de vista procedimental.[477] E veremos que, em face do método de interpretação e aplicação da lei processual proposto neste trabalho, que insere a dignidade da legislação no complexo valorativo da segurança e exige seja ela levada em consideração, não há espaço para a utilização de outras técnicas de tutela à revelia do que dispôs o legislador reformista.

---

[474] Como salientou JOSÉ MARIA ROSA TESHEINER: "Até pouco tempo, sob o paradigma do Código de Napoleão, havia certa relutância em admitir-se a exigência de cumprimento específico de deveres e obrigações, contentando-se, doutrina e legislação, com o sucedâneo das perdas e danos. Levava-se às últimas conseqüências um princípio de liberdade (*nemo potest praecise cogi ad factum*), com execução a recair exclusivamente sobre o patrimônio do devedor. Não eram idéias desprezíveis, porque se tratava, na essência, de resguardar a liberdade individual. Contudo, a sociedade moderna tomou novo rumo. Não mais se contentou com o sucedâneo das perdas e danos. Passou a exigir, não mais como exceção, mas como regra, o cumprimento específico das obrigações" (In AMARAL, Guilherme Rizzo. *As astreintes e o processo civil brasileiro: multa do artigo 461 do CPC e outras.* Porto Alegre: Livraria do Advogado, 2004. Prefácio).

[475] MARINONI, Luiz Guilherme. *Tutela específica: arts. 461, CPC e 84, CDC.* São Paulo: Revista dos Tribunais, 2001, p. 194.

[476] Ibidem, p. 195.

[477] Dentre elas, destacamos a eliminação da necessidade de citação do devedor na execução, a eliminação da nomeação de bens à penhora pelo devedor e a ausência de efeito suspensivo como regra na impugnação, o oposto do que ocorria nos embargos do devedor.

6.2. Eliminação do processo autônomo de execução

Uma das iniciativas adotadas pela recente reforma que sofreu a lei processual, em prol da *efetividade* do processo, foi a eliminação do processo de execução autônomo para as sentenças condenatórias ao pagamento de quantia. A salutar simplificação formal do processo é elogiável, pois não traz maiores restrições ao valor *segurança* – o devedor continuará tendo a oportunidade de se manifestar no próprio processo, agora *sincrético* – contribuindo, ainda que moderadamente, para a maior rapidez no trâmite processual, eliminando-se o que se cunhou chamar de uma "etapa morta" do processo.

A mudança exigiu um amplo trabalho de adequação sistemática e conceitual da lei processual, resultando, em especial, na modificação do conceito de sentença, que deixou de ser o ato que "põe termo ao processo", passando a ser aquele que "implica alguma das situações previstas nos arts. 267 e 269".[478] E no artigo 269, em vez de constar que *"extingue-se o processo com julgamento de mérito"*, consta agora apenas *"haverá resolução de mérito"*. Ou seja, decidindo-se o mérito na sentença, prossegue o *mesmo* processo, com os atos necessários ao cumprimento do comando sentencial, seja ele qual for. Outra mudança conceitual foi a retirada da expressão *"o juiz cumpre e acaba o ofício jurisdicional"* do artigo 463 do CPC.[479] Arriscamo-nos a dizer que, mais do que nunca, foi aqui reconhecido que o grande desafio da jurisdição, qual seja, *"impor no mundo dos fatos os preceitos abstratamente formulados no mundo do direito"*,[480] *inicia-se*, e não *acaba*, quando da publicação da sentença. Tal idéia é consentânea com a inclusão da execução, ou da efetivação prática das decisões judiciais, no conceito moderno de jurisdição.[481]

As modificações conceituais são importantes e trazem conseqüências práticas relevantes, dentre elas a insegurança gerada pela necessária adaptação da comunidade jurídica aos novos conceitos. Não só o juiz, como também o próprio legislador deve avaliar o custo que há, para o valor *segurança*, quando se alteram conceitos há muito trabalhados e absorvidos pelos operadores do direito. A própria modificação da legislação, embora

---

[478] Todas essas mudanças a que nos referimos decorrem da Lei 11.232/05.

[479] O *caput* do artigo 463 estava assim redigido: *"Ao publicar a sentença de mérito, o juiz cumpre e acaba o ofício jurisdicional, só podendo alterá-la:"*. A Lei nº. 11.232/05 determinou a mudança da redação do *caput* do artigo 463 para, *"publicada a sentença, o juiz só poderá alterá-la:"*

[480] CARNEIRO, Athos Gusmão. Sugestões para uma nova sistemática da execução. *Revista de Processo*, São Paulo, v. 26, n. 102, p. 139-152, abr./jun. 2001, p. 140.

[481] Para Becerra Bautista, "la jurisdicción implica la aplicación de los medios de coacción para poder restablecer la vigencia de la norma abstracta, violada o desconocida por la parte que ha sido condenada en el juicio" (BAUTISTA, Jose Becerra. *El proceso civil en Mexico*. 2.ed. México: Porruá, 1965, p. 286-287).

de regra não tenha efeitos retroativos para atingir os atos já praticados sob a égide da lei antiga, é também um elemento de incerteza e insegurança.[482] No caso da Lei 11.232/05, cumpre notar que a modificação do conceito de sentença tem gerado debates ferrenhos em matéria de recorribilidade das decisões judiciais, como adiante demonstraremos ao tratarmos da liquidação de sentença. Como o jurista é um homem do seu tempo, ele preciso ter em mente a "novidade" em que consiste esta mudança conceitual ao se propor soluções para a interpretação e aplicação das normas processuais que surgiram com a reforma legislativa. Como deixaremos claro no curso da análise que faremos da sistemática de cumprimento e execução das sentenças referentes aos deveres de pagar quantia, cremos que uma certa maleabilidade e aceitação de diferentes propostas interpretativas da nova lei é recomendável nesta fase inicial de sua absorção pela comunidade jurídica, devendo ser repudiadas posições absolutistas e potencialmente danosas ao amplo acesso à jurisdição.

6.3. Do procedimento de cumprimento e do procedimento de execução

Com a eliminação do processo autônomo de execução para as sentenças que condenam o réu a pagar quantia certa, tem-se que o *cumprimento* e, se necessário, a *execução* da sentença,[483] dar-se-ão no próprio "processo de conhecimento"[484] – o que resta claro, aliás, pela leitura do artigo 269, *caput* do CPC. O que se inaugura, assim, após a sentença – ou a sua liquidação – é um *procedimento*[485] de cumprimento ou um *procedimento* executivo, este

[482] "Hay también un margen de incertidumbre y de inseguridad en los hechos de que la producción de nuevas leyes y reglamentos nunca cesa, sino que, por el contrario, sigue desenvolviéndose, abrogando viejas reglas y substituyéndolas por otras nuevas. Esto, aun cuando la mayor parte de las nuevas normas no tengan efectos retroactivos, y por lo tanto no afecte a los derechos adquiridos, por lo menos destruye muchas expectativas que se habían fundado sobre viejas normas" (SICHES, Luis Recaséns. *Introducción al estudio del Derecho.* 6.ed. México: Porruá, 1981, p. 115).

[483] Adotamos essa distinção entre os termos por entendermos que o *cumprimento* diz respeito ao ato do devedor. É ele quem *cumpre* diretamente a sentença, e não o Estado, que através do exercício do poder jurisdicional apenas *estimula, induz* ao cumprimento. Ineficazes os mecanismos de indução, abre-se espaço para a *execução* da sentença, aí sim, diretamente, através de técnica de tutela executiva.

[484] Este termo perdeu muito do sentido que nele havia, uma vez que outras atividades, além da mera cognição, serão realizadas nesse processo *sincrético.* A utilização do termo "processo de conhecimento" serve, aqui, apenas para demonstrar que no mesmo processo inicialmente instaurado entre autor e réu se buscará a satisfação do primeiro. A esse respeito, veja-se o comentário de Daniel Mitidiero em ALVARO DE OLIVEIRA, Carlos Alberto (coord.). *A nova execução: comentários à Lei nº 11.232, de 22 de dezembro de 2005.* Rio de Janeiro: Forense, 2006, p. 2-3)

[485] "A soma dos atos do processo, vistos pelo aspecto de sua interligação e combinação e de sua unidade teleológica, é o procedimento" (CINTRA, Antonio Carlos de Araújo et al. *Teoria geral do processo.* 11.ed. São Paulo: Malheiros, 1995, p. 321).

último tão-somente após ter transcorrido o prazo para cumprimento voluntário da sentença e ter havido requerimento do credor.

Há, portanto, após a definição do *quantum* devido pela sentença (com ou sem procedimento de liquidação), duas fases distintas, com procedimentos próprios: cumprimento e execução.

Poder-se-á objetar que o cumprimento (satisfação, adimplemento da obrigação) é ato que se dá fora do processo, e portanto não poderia ser uma fase deste. Todavia, é inegável que *no processo* se encontram o termo inicial e o termo final onde pode se dar o cumprimento sem a sanção da multa de 10% (art. 475-J), e onde não podem ser praticados atos de execução. Também não se pode negar que a ameaça de imposição da multa de 10%, que exerce influência sobre a vontade do devedor para que *cumpra* a sentença, tem origem também no processo. Tais circunstâncias autorizam o reconhecimento de uma fase específica do processo, destinada à prática de ato do devedor, qual seja, o *cumprimento voluntário* da sentença.

6.3.1. *Procedimento de cumprimento da sentença*

6.3.1.1. *Desnecessidade de requerimento do credor*

O artigo 475-J, combinado com o artigo 475-B, pode gerar – como, aliás, tem gerado – dúvidas quanto ao procedimento de cumprimento da sentença. Ocorre que, enquanto o artigo 475-B faz referência à suposta necessidade de requerimento do credor para que o devedor cumpra voluntariamente a sentença (*"o credor requererá o cumprimento da sentença, na forma do art. 475-J desta Lei..."*), o artigo 475-J dá a entender que o requerimento do credor somente se faz necessário após o descumprimento da sentença pelo devedor. Haveria, na dicção do artigo 475-J, dois momentos distintos:

> 1º momento: "Caso o devedor, condenado ao pagamento de quantia certa ou já fixada em liquidação, não o efetue no prazo de quinze dias, o montante da condenação será acrescido de multa no percentual de dez por cento e, [...]"
>
> 2º momento: "a requerimento do credor e observado o disposto no art. 614, inciso II, desta Lei, expedir-se-á mandado de penhora e avaliação".

A leitura do dispositivo em referência indica que o requerimento do credor é necessário apenas para a instituição do procedimento executivo, depois de o devedor já ter tido a oportunidade de cumprir a sentença e deixando de fazê-lo no prazo de 15 dias.

Portanto, a questão que se coloca, num primeiro momento, é acerca da eventual necessidade de iniciativa do credor para que seja o devedor chamado a *cumprir* voluntariamente a sentença e para que, assim, se inicie a contagem do prazo de 15 dias, constante do artigo 475-J do CPC.

A resposta, já praticamente consolidada na doutrina e jurisprudência, é no sentido de que não há necessidade de o credor requerer o *cumprimento* da condenação pelo devedor. Quando o artigo 475-B faz referência a tal requerimento, o legislador utilizou o termo *cumprimento* em seu sentido mais amplo, que abrange o cumprimento ou a execução. Tanto que o capítulo X do Livro I do CPC é intitulado "Do Cumprimento da Sentença", muito embora nele estejam contidas regras tanto de cumprimento quanto de execução. Como veremos adiante,[486] apenas quando o credor pretender que o devedor cumpra a sentença contra a qual pende recurso sem efeito suspensivo ("cumprimento provisório") será necessário o requerimento do primeiro.

Todavia, outra questão – esta sim, não respondida uniformemente pela doutrina e jurisprudência – merece atenção especial, conforme abordaremos no item seguinte.

6.3.1.2. *Início do prazo para cumprimento voluntário da sentença: condenação do devedor e trânsito em julgado da sentença*

A condenação do réu (ou do autor, como se dá, por exemplo, em relação à verba sucumbencial na sentença de improcedência, ou ainda na hipótese do art. 899, § 2º, do CPC), que passa assim a ser retratado como *devedor*, pode se dar já na sentença de primeiro grau, assim como nas decisões subseqüentes (em grau de apelação, embargos infringentes, recurso especial ou extraordinário etc.).

O artigo 475-J não faz expressa referência ao trânsito em julgado de tais decisões, colocando-se a questão acerca de se ele é necessário para que se inicie o prazo de 15 dias para o cumprimento da sentença (ou acórdão). Enquanto não transitar em julgado a sentença ou acórdão, o cumprimento voluntário só será exigido caso haja provocação do credor e intimação específica do devedor, caso em que constituirá cumprimento provisório da sentença.[487]

O dispositivo também não indica a necessidade de intimação específica para cumprimento voluntário da sentença, fazendo referência apenas à *condenação* do devedor e seu eventual descumprimento. Todavia, uma vez transitada em julgado a sentença (ou acórdão), cremos ser desnecessá-

---

[486] Itens 6.4.1 e 6.4.1.1 (Capítulo III).

[487] Idem. É claro que o devedor poderá atender ao comando sentencial sem que haja provocação do devedor ou intimação específica. Neste caso, também há cumprimento voluntário (por ato de vontade). Todavia, pode-se também, aqui, atribuir ao ato uma outra adjetivação: *espontâneo*. O cumprimento sem que haja qualquer espécie de provocação ou intimidação por meio de mecanismos de coerção é cumprimento *espontâneo* da sentença, que se dá por deliberalidade do devedor. Ele é, também, voluntário (ato de vontade). No decorrer do presente estudo iremos tratar basicamente do cumprimento voluntário *não-espontâneo*, ou seja, provocado, exigido expressamente do devedor, mas é importante que façamos a ressalva de que reconhecemos a voluntariedade também no atendimento espontâneo da sentença.

ria a intimação do devedor para cumpri-la, bastando a simples ocorrência do trânsito em julgado para que se inicie o prazo de 15 dias para o cumprimento voluntário. Embora haja fundamentos plausíveis para se sustentar a necessidade de intimação do devedor,[488] bem como haja corrente doutrinária e jurisprudencial formando-se nesse sentido,[489] acedemos às ponderações de José Maria Rosa Tesheiner, quando este afirma que é dever do réu, que já estava em mora antes mesmo da sentença de procedência, tomar as precauções necessárias para cumprir a determinação judicial.[490]

---

[488] A lei não exige, *expressamente*, a intimação do devedor para cumprir voluntariamente a sentença, mas é também verdade que a mesma não faz referência ao trânsito em julgado – ao referir-se apenas ao devedor "condenado ao pagamento de quantia certa ou já fixada em liquidação" – embora seja o mesmo necessário. Para as obrigações de fazer, não-fazer e entrega de coisa, a lei processual também não prevê a necessidade de intimação do réu para que cumpra a sentença. Os dispositivos aplicáveis a tais hipóteses fazem referência apenas à fixação de prazo para cumprir a obrigação, e às conseqüências do descumprimento, mas não mencionam, nem sequer dão a entender, haver necessidade de intimação. Atente-se, neste particular, para os artigos 644, 461, § 4º, e 461-A, § 2º, todos do CPC: "Art. 644. A sentença relativa a obrigação de fazer ou não fazer cumpre-se de acordo com o art. 461, observando-se, subsidiariamente, o disposto neste Capítulo." "Art. 461. [...] § 4º O juiz poderá, na hipótese do parágrafo anterior ou na sentença, impor multa diária ao réu, independentemente de pedido do autor, se for suficiente ou compatível com a obrigação, fixando-lhe prazo razoável para o cumprimento do preceito." "Art. 461-A. Na ação que tenha por objeto a entrega de coisa, o juiz, ao conceder a tutela específica, fixará o prazo para o cumprimento da obrigação. [...] § 2º Não cumprida a obrigação no prazo estabelecido, expedir-se-á em favor do credor mandado de busca e apreensão ou de imissão na posse, conforme se tratar de coisa móvel ou imóvel." Nem por isso a intimação é dispensada. Muito pelo contrário, doutrina e jurisprudência têm exigido a intimação pessoal do devedor, não bastando sequer a comunicação por meio de seu procurador, como referido no item 6.4.1 (Capítulo III). Como visto, a ausência de previsão legal para a intimação do devedor, por si só, não poderia ser levantada como argumento para o afastamento de tal necessidade. Assim, as razões que nos levaram a aceder ao sempre preciso posicionamento de Tesheiner decorrem de imposições da prática processual, e, acima de tudo, da premente necessidade de serem eliminadas as etapas "mortas" do processo, tal qual a que se instauraria entre o trânsito em julgado e a baixa dos autos à origem, e entre esta e a intimação, *ex officio*, do devedor para cumprimento da sentença transitada em julgado.

[489] Opinaram sobre a necessidade de intimação pessoal do devedor para o cumprimento da sentença Luiz Rodrigues Wambier, Teresa Arruda Alvim Wambier e José Miguel Garcia Medina, em artigo intitulado "Sobre a necessidade de intimação pessoal do réu para o cumprimento da sentença, no caso do art. 475-J do CPC (inserido pela Lei 11.232/2005)", Disponível em: <http://www.tex.pro.br>. Acesso em: 16 jun. 2006. Também o 6º Grupo Cível do Tribunal de Justiça do Estado do Rio Grande do Sul aprovou duas proposições, assim redigidas: "Proposição nº 1: "No cumprimento da sentença, a fim de que incida a multa prevista no art. 475-J do CPC, há necessidade de intimação do advogado do devedor na forma dos arts. 236 e 237, ambos do mesmo diploma processual civil". Proposição nº 2: "Não havendo advogado constituído na instauração do incidente do cumprimento da sentença previsto no art. 475-J do CPC, para incidência da multa haverá necessidade de intimação pessoal do devedor" (Notícia disponível em http://www.tj.rs.gov.br/site_php/noticias/mostranoticia.php?assunto=1&categoria=1&item=56599&voltar=S. Acesso em 26.01.2008).

[490] "O trânsito em julgado ocorrerá, na maioria dos casos, em outra instância, motivo por que se poderia sustentar que o termo inicial do prazo fixado para pagamento seria o da intimação do despacho de 'cumpra-se', quando do retorno dos autos. Mas isso implicaria a concessão de um prazo, que pode estender-se por vários meses, a um devedor já condenado porque deve e porque em mora. Note-se que não se trata de depósito, que deva ser autorizado pelo juiz, mas de pagamento, que independe de autos. Nos casos em que a falta deles torne difícil, para o devedor, a elaboração de um cálculo mais exato, resta-lhe a solução de efetuar pagamento parcial, caso em que a multa de dez por cento incidirá sobre o saldo (art. 475-J, § 4º). Essa dificuldade, acaso existente, será, na maioria dos casos, imputável à desídia do próprio devedor, que não se muniu de cópias necessárias de atos do processo. Excepcionalmente, a multa poderá ser relevada, em caso de provimento parcial do recurso, em termos tais que o cálculo se torne impossível sem consulta aos autos" (TESHEINER, José Maria Rosa. Execução de sentença: regime introduzido pela Lei 11.232/05. *Revista Jurídica*, São Paulo, v. 54, n. 343, p. 27-43, maio 2006).

Note-se que as conseqüências do descumprimento da sentença condenatória ao pagamento de quantia são muito mais amenas do que aquelas previstas para aquele que descumpre *ordem* judicial, desaconselhando, para aquela espécie de sentença, a adoção do rigorismo da orientação doutrinária e jurisprudencial para os casos de sentenças *mandamentais*.

O devedor de quantia certa submete-se apenas à multa de 10% sobre o valor da condenação, e à execução, *caso esta venha a ser requerida pelo credor*. Não se há de falar em incidência das *astreintes*, aplicação da multa por *contempt of court*, tampouco na possibilidade de o devedor incorrer em crime de desobediência. Tudo isso porque não há, contra ele, *ordem* da autoridade judicial. Descumprida a sentença, a iniciativa é devolvida ao credor, que deverá *requerer* a realização de atos de execução. Já o devedor de obrigação de fazer, não-fazer ou entrega de coisa, quando tem contra si *ordem* para cumprimento da decisão judicial, deve ser intimado pessoalmente, justamente pelas múltiplas e graves conseqüências de seu eventual desatendimento ao mandamento jurisdicional (como as *astreintes*, *contempt of court* ou a configuração de crime de desobediência).

Sustentar, no tocante à necessidade de intimação pessoal do devedor, que o mesmo tratamento concedido às hipóteses em que a sentença emprega tutela mandamental e executiva, deva ser dado àquelas em que a técnica é a condenatória, equivale a ignorar que os valores em jogo são outros. Se lá a agressão à esfera jurídica do devedor era direta (seja em sua esfera psicológica, seja em sua esfera patrimonial), aqui a agressão é tão-somente mediata, dependente de iniciativa do credor, da qual será oportunamente intimado o procurador do devedor. Se lá era necessário preservar a segurança jurídica diante da poderosa efetividade das técnicas empregadas, aqui esta mesma efetividade não se apresenta, razão pela qual não se justifica semelhante preocupação com a segurança. De mais a mais, é preciso lembrar que, até pouco tempo, se o réu não adimplisse espontaneamente a sentença que o condenasse a pagar quantia, *independentemente de intimação para cumprimento voluntário*, poderia o credor requerer a execução, na qual seriam arbitrados honorários para pronto pagamento, geralmente no patamar mínimo de 10% sobre o valor a ser executado. E veja-se que, em tal sistemática, o devedor nem sequer dispunha de um lapso temporal garantido por lei para adimplir a sentença. Poderia o credor, em tese, requerer a execução e a fixação de honorários no dia mesmo do trânsito em julgado. Hoje, o devedor dispõe de 15 dias a contar do trânsito em julgado para pagar, e somente após o decurso desse prazo é que incidirá a multa de 10%. Ou seja: sustentar a necessidade de intimação pessoal do réu para cumprir voluntariamente a sentença transitada em julgado não só consistiria má resolução do conflito entre efetividade e segurança, como também retrocesso em comparação à sistemática anterior.

Assim, transitando em julgado a sentença ou acórdão, passa-se a contar o prazo de 15 dias para o cumprimento voluntário da condenação, após o que incidirá, *ex vi legis,* a multa de 10%, retornando a iniciativa do processo ao credor, para requerer ou não a instauração do *procedimento executivo.* Esse foi, também, o entendimento adotado pelo STJ, em sua primeira decisão sobre a interpretação do artigo 475-J do CPC.[491]

Um ponto merece destaque, e diz respeito à utilização dos embargos de declaração pelo devedor. Prática condenável é a interposição sucessiva de embargos de declaração com a expressa finalidade de procrastinar o feito, evitando o trânsito em julgado das sentenças ou acórdãos. Com a possibilidade de aplicação de multa de até 10% pela reiteração de embargos de declaração procrastinatórios (parágrafo único do artigo 538, de acordo com a Lei nº 8.950/94), tal prática teve seu desiderato dificultado. Mesmo assim, caso venha a ser verificada, não vemos dificuldade em admitir a execução *definitiva* do julgado, ainda que não tenha havido, tecnicamente, o trânsito em julgado da decisão condenatória.

Isso porque, como tem entendido a jurisprudência, nesses casos "pode o tribunal autorizar a imediata e excepcional eficácia da decisão embargada, independentemente de seu trânsito em julgado".[492] Não seria crível permitir tamanho ardil por parte do devedor. A solução jurisprudencial revela, assim, estar de acordo com a idéia da necessária absorção

---

[491] LEI 11.232/2005. ARTIGO 475-J, CPC. CUMPRIMENTO DA SENTENÇA. MULTA. TERMO INICIAL. INTIMAÇÃO DA PARTE VENCIDA. DESNECESSIDADE. 1. A intimação da sentença que condena ao pagamento de quantia certa consuma-se mediante publicação, pelos meios ordinários, a fim de que tenha início o prazo recursal. Desnecessária a intimação pessoal do devedor. 2. Transitada em julgado a sentença condenatória, não é necessário que a parte vencida, pessoalmente ou por seu advogado, seja intimada para cumpri-la. 3. Cabe ao vencido cumprir espontaneamente a obrigação, em quinze dias, sob pena de ver sua dívida automaticamente acrescida de 10% (REsp 954.859/RS, Rel. Ministro HUMBERTO GOMES DE BARROS, TERCEIRA TURMA, julgado em 16.08.2007, DJ 27.08.2007, p. 252).

[492] Neste sentido, veja-se a nota de NELSON NERY JÚNIOR ao artigo 538, parágrafo único, do CPC: "Efeito suspensivo. Não incidência. 'Nada obstante o CPC 538 *caput* falar que os Edcl suspendem o prazo para outros recursos, quando foram meramente protelatórios os embargos, pode o tribunal autorizar a imediata e excepcional eficácia da decisão embargada, independentemente de seu trânsito em julgado.' (TJSP, 8ª Câm.Dir.Priv., EDcl 009521-4/0-06, rel. Des. Aldo Magalhães, v.u., j. 1.10.1997). No mesmo sentido: STF, EDcl EDcl EDclRE 179502-DF, rel. Min. Moreira Alves, j. 7.12.1995, em Negrão, *CPC,* nota 1a ao art. 535, p. 441." (NERY JÚNIOR, Nelson; NERY, Rosa Maria de Andrade. *Código de Processo Civil Comentado e Legislação Processual Extravagante em Vigor.* 6.ed. São Paulo: Revista dos Tribunais, 2002, p. 908). Eis a transcrição da nota 1ª dos Comentários de Theotônio Negrão, referida acima por NERY: "A utilização dos embargos declaratórios com a finalidade ilícita e manifesta de adiar a efetividade de decisão proferida pelo Tribunal, em aberta tentativa de fraude processual, enseja o não conhecimento desses embargos e a concessão excepcional de eficácia imediata àquela decisão, independentemente de seu trânsito em julgado. Essa orientação foi adotada no julgamento de terceiros embargos declaratórios opostos por vereador cuja diplomação fora anulada em sede de recurso extraordinário, e que, encontrando-se no exercício do mandato, procurava, através desse expediente processual, manter-se no cargo por mais tempo. EDcl-EDcl-EDcl-RE 169.502-DF, rel. Min. Moreira Alves, 7.12.95 ('apud' Inf. STF, n. 16). Nota: o número do recurso é 179.502, e não 169.502" (NEGRÃO, Theotônio. *Código de Processo Civil e legislação processual em vigor.* 30.ed. São Paulo: Saraiva, 1999, p. 558).

de valores pelo processo e pelo formalismo processual, reconhecendo a necessidade de se afastar a forma em sentido estrito (necessidade do trânsito em julgado) para não atingir o núcleo do valor *efetividade*, sem, contudo, atingir o núcleo da segurança jurídica.

6.3.1.2.1. *Requisito positivo para o início da contagem do prazo para cumprimento voluntário da sentença: liquidez ou possibilidade de imediata liquidação*

Evidentemente, sendo ilíquida a condenação, não se pode exigir o seu imediato cumprimento pelo devedor.[493]

Assim, nas hipóteses em que a condenação demandar liquidação, seja por artigos (art. 475-E), seja por arbitramento (art. 475-C), o procedimento de liquidação far-se-á necessário, antes que o cumprimento possa ser exigido do devedor. Nesse caso, pela sistemática da Lei 11.232/05, a liquidação será julgada em decisão sujeita a agravo de instrumento. Enquanto tal decisão não transitar em julgado, não restará iniciada a contagem do prazo de 15 dias para cumprimento voluntário da sentença, restando apenas a possibilidade de requerimento de cumprimento provisório.[494]

Por outro lado, para que inicie a contagem do prazo de 15 dias para cumprimento voluntário, não será necessário que a condenação, por si só, já contenha o valor exato a ser pago.

Na hipótese do artigo 475-B – quando "a determinação do valor da condenação depender apenas de cálculo aritmético" –, é evidente a imediata exigibilidade do cumprimento do devedor, pois este mesmo pode proceder ao referido cálculo (como procederia na forma do revogado artigo 570 do CPC). Também em *uma* das hipóteses do § 1° do artigo 475-B[495] – quando "a elaboração da memória do cálculo depender de dados existentes em poder do devedor" –, poderá o devedor proceder ao cumprimento voluntário da sentença sem a necessidade de futuras diligências, sendo, portanto, desde já exigível tal conduta. Poder-se-ia opor a tal proposta a afirmação de não serem absolutamente líquidas tais condenações, por dependerem de cálculo, ainda que aritmético, para se chegar ao seu real valor. No entanto, tal argumento não leva em consideração que basicamente *todas* as sentenças necessitam de cálculo aritmético para o seu cumprimen-

---

[493] Como bem anota Araken de Assis, "como o prazo de espera flui a partir do momento em que o crédito se torna exigível, e a exigibilidade assenta na liquidez, presume-se que o executado conheça precisamente o valor da dívida" (ASSIS, Araken de. *Cumprimento da sentença*. Rio de Janeiro: Forense, 2006, p. 212).

[494] Vide item 6.4.1. Capítulo III.

[495] O dispositivo trata também das hipóteses em que a elaboração do cálculo depende de dados existentes em poder de *terceiro*. Nesse caso, é evidente a impossibilidade de cumprimento voluntário imediato pelo devedor, fazendo-se necessárias diligências junto ao terceiro de posse dos dados.

to, até mesmo as sentenças que já foram objeto de procedimento de liquidação por artigos ou por arbitramento, pois, no mínimo, incidirão juros e correção monetária sobre o valor apurado ao final da liquidação, até a data do efetivo pagamento. É evidente, portanto, que, nesses casos, se exige desde já, do devedor, o cumprimento da sentença, independentemente da apresentação de cálculo pelo credor, solução que busca emprestar maior efetividade ao processo, na medida em que elimina uma de suas etapas mortas, consistente no trâmite meramente burocrático (sem qualquer benefício em termos de segurança jurídica) de apresentação de cálculo que facilmente pode ser realizado pelo próprio devedor.

6.3.1.3. *Do prazo de 15 dias: possibilidade de adequação, redução ou majoração*

O prazo de 15 dias instituído pelo artigo 475-J do CPC não deve ser confundido com o eventual prazo estabelecido na sentença (com base nas regras de direito material aplicáveis ao caso concreto) para o cumprimento do preceito nela contido. Fosse assim, estaria o juiz sempre atrelado àquele interregno, não podendo conferir ao devedor prazo mais adequado à circunstância material concreta subjacente ao processo. O prazo de 15 dias decorre da lei processual. Prazos decorrentes da relação jurídica material devem ser compatibilizados com o primeiro.

É claro que, na grande maioria dos casos, a condenação deve ser cumprida imediatamente, não havendo razões impostas pelo direito material para uma maior dilação de prazo ao devedor, que, afinal, já se beneficiou da longa duração do processo de conhecimento, sendo a sua mora anterior ao processo. Nesses casos, a Lei nº 11.232/05 premiou o devedor com essa breve *moratória*, justificável, até certo ponto, pela complexidade (ainda que reduzida) do ato de efetuar o pagamento (se for em juízo, envolve a expedição de guias, recolhimento etc. Se for diretamente ao credor, envolve contato entre as partes).

Em outras hipóteses, no entanto, a situação concreta e o direito material informarão diferentes prazos para o cumprimento dos deveres de pagar. Por exemplo: pagamentos em datas certas (pagamento de *pro labores* no dia 30 de cada mês, pagamentos de bonificações semestrais etc.). Como compatibilizar esses casos com o prazo contido no artigo 475-J do CPC?

Só vemos uma resposta. Embora o legislador tenha se referido a *efetuar o pagamento* no prazo de 15 dias, entendemos que tal disposição deve ser lida como *cumprir a condenação* no prazo de 15 dias. Assim, por exemplo, no caso de pagamentos sucessivos (v.g. *pro labores*), transitando em julgado a sentença no dia 25 de um dado mês, condenando o devedor a pagar determinada quantia a cada dia 30, estará ele sob a exigência da sentença apenas no mês subseqüente ao do trânsito em julgado (os quinze dias do art. 475-J o colocariam, contando-se do dia 26, no mês seguinte), possuindo ainda o prazo do direito material para efetuar o pagamento (até o dia 30 do mês seguinte ao do trânsito em julgado). Não haveria, *a priori*, justificativa alguma para submetê-lo a prazo mais exíguo (v.g., pagar em 5 dias, para que o primeiro pagamento fosse feito no dia 30 do mesmo mês em que se deu o trânsito em julgado da sentença).

Da mesma forma, se o pedido do autor, na inicial, era o de que o réu pagasse a dívida no prazo de 30 dias, ou se as partes entabularam acordo nesse sentido, após o trânsito em julgado da sentença que acolhera o pedido do autor ou daquela que homologara o acordo, deve ser respeitado tal prazo. Se prazo mais exíguo fosse objeto do acordo, deveria, igualmente, ser observado (aí, sim, haveria razão para se admitir a redução do prazo: a anuência do devedor).

Resta saber se o próprio juiz poderá *reduzir* o prazo processual de 15 dias, conferindo ao devedor menor prazo para cumprir a condenação. Cremos que apenas em situações em que se vislumbre perigo de dano irreparável ou de difícil reparação para o credor poderá o juiz, na sentença,[496] com base no artigo 273, I, do CPC, fazê-lo, fundamentando a sua decisão nesse particular. Nesse caso, é evidente que a hipótese será de antecipação da tutela, razão pela qual o trânsito em julgado não será exigido, exigindo-se, isto sim, intimação do devedor, como veremos quando tratarmos do cumprimento provisório da sentença.[497]

6.3.1.4. *Término do prazo de 15 dias e suas conseqüências para o arquivamento do processo e para a contagem de prazo prescricional (prescrição intercorrente)*

O término do prazo de 15 dias, concedido ao devedor para cumprir voluntariamente a sentença, dá início a duas outras contagens relevantes.

[496] Sobre a possibilidade de antecipação da tutela em sentença: "Desde logo, afastamos a objeção, por a considerarmos integralmente descabida, no sentido de que a antecipação da tutela não poderia ser concedida na sentença. Evidentissimamente, se pode ser concedida liminarmente, razão de espécie alguma existe para que não possa ser concedida na sentença, decisão proferida em momento em que o juiz já tem cognição plena e exauriente dos fatos da causa [...] Já expusemos nossa opinião no sentido de que o mencionado dispositivo se aplica tanto à hipótese de, na sentença de mérito de procedência, o juiz *confirmar* a antecipação de tutela, quanto à de o juiz *conceder* a antecipação de tutela na sentença" (WAMBIER, Luiz Rodrigues; WAMBIER, Teresa Arruda Alvim. *Breves comentários à 2ª fase da reforma do Código de Processo Civil.* São Paulo: Revista dos Tribunais, 2002, p.100 e 104). No mesmo sentido, OVÍDIO BAPTISTA DA SILVA afirma: "Cabe observar que os provimentos antecipatórios do art. 273 não sendo, como realmente não o são, sempre medidas liminares, nada impede que eles sejam concedidos pelo juiz nas fases subseqüentes ao procedimento, inclusive na sentença final de procedência, pois, sendo em regra recebida a apelação no duplo efeito, pode muito bem ser antecipada a execução provisória, por ordem do juiz (*ope judicis*)". In SILVA, Ovídio Araújo Baptista da. *Curso de processo civil.* 4.ed. São Paulo: Revista dos Tribunais, 1998. v. 1, p. 145.

[497] Item 6.4.1. Capítulo III.

O § 5º do artigo 475-J estabelece que "não sendo requerida a execução no prazo de seis meses, o juiz mandará arquivar os autos, sem prejuízo de seu desarquivamento a pedido da parte". Quanto ao arquivamento dos autos, há entendimento de que ele se dá por despacho irrecorrível.[498] Em boa parte, tal se deve ao fato de não haver, via de regra, prejuízo em tal decisão, bastando ao interessado requerer o desarquivamento do feito quando lhe aprouver. No entanto, em face da lentidão que muitas vezes assola a máquina judiciária, o tempo gasto com a remessa dos autos ao arquivo judicial e a sua busca para reiniciar a marcha processual justificará, em determinadas hipóteses, pedido ao juiz visando à manutenção dos autos em Cartório e agravo de instrumento se indeferido o pedido. Tal ocorrerá, por exemplo, nas hipóteses de arquivamento por equívoco na contagem do prazo legal, em especial quando houver risco de que o devedor venha a dificultar a execução futura, dissipando bens, tornando-os inacessíveis etc.

É importante notar que o prazo de seis meses não deve ser contado do trânsito em julgado da sentença, pois mesmo após tal ocorrência o credor ainda está impedido de requerer a execução, ao menos pelos 15 dias de que trata o artigo 475-J. Assim, para que o credor possa usufruir da integralidade do prazo prescrito no parágrafo 5º do mesmo artigo, deve-se contá-lo justamente do momento em que poderia o credor requerer a execução, ou seja, do dia seguinte ao término do prazo para cumprimento voluntário da sentença.

Questão de maior complexidade diz respeito à prescrição. A Súmula 150 do Supremo Tribunal Federal estabelece que "prescreve a execução no mesmo prazo de prescrição da ação".[499] Nesse particular, é importante ressaltar que o que realmente prescreve é a *pretensão*, e não a *ação*.[500] E o termo *a quo* da prescrição é justamente o nascimento da *pretensão*.

---

[498] Vide NERY JÚNIOR, Nelson; NERY, Rosa Maria de Andrade. *Código de Processo Civil comentado e legislação extravagante*. 7.ed. São Paulo: Revista dos Tribunais, 2003, p. 868.

[499] Em sentido contrário, Câmara Leal, que sustentava o nascimento, por ocasião da sentença, de uma relação jurídica *pessoal* entre vencedor e vencido, razão pela qual "à prescrição do julgado ou da execução se deve aplicar o preceito geral relativo ao prazo prescricional das ações pessoais [...]" (LEAL, Antônio Luís da Câmara. *Da prescrição e da decadência: teoria geral do direito civil*. 4.ed. atualizada por José de Aguiar Dias. Rio de Janeiro: Forense, 1982, p. 215).

[500] Código Civil: Art. 189. Violado o direito, nasce para o titular a pretensão, a qual se extingue, pela prescrição, nos prazos a que aludem os arts. 205 e 206. Mesmo antes de ter o novo código civil precisado o conceito, Agnelo Amorim Filho, em seu clássico trabalho *Critério científico para distinguir a prescrição da decadência e para identificar as ações imprescritíveis*, já ensinava: "Convém acrescentar que quando se diz que o termo inicial do prazo prescricional é o nascimento da ação, utiliza-se aí a palavra 'ação' no sentido de 'pretensão', isso é, no mesmo sentido em que ela é usada nas expressões 'ação real' e 'ação pessoal', pois, a rigor, a prescrição não começa com a ação e sim com a pretensão; está diretamente ligada a essa, e só indiretamente àquela" (AMORIM FILHO, Agnelo. Critério científico para distinguir a prescrição da decadência e para identificar as ações imprescritíveis. *Revista de Direito Processual Civil*, São Paulo, v. 2, n. 3, p. 95-132, jan./jun. 1961, p. 109).

Não havia dificuldades na aplicação do entendimento contido na Súmula 150 do STF, dado que, transitada em julgado a sentença no processo de conhecimento, passava-se a contar o prazo prescricional, desde o seu início, para que o credor viesse a promover a "ação executiva". Tal entendimento coadunava-se tanto com o artigo 173 do Código Civil de 1916, quanto com o artigo 202, parágrafo único, do Código Civil de 2002, que dispõe, à semelhança do dispositivo revogado, que "a prescrição interrompida recomeça a correr da data do ato que a interrompeu, ou do último ato do processo para a interromper".[501]

Entretanto, na nova sistemática processual, não há mais dois processos distintos (conhecimento e execução), sendo que a atividade executória e cognitiva ocorre no seio do mesmo processo. Assim, na dicção clara do artigo 202 do Código Civil, não é mais possível decretar-se a prescrição da ação (*rectius*, pretensão) executiva, como disposto na Súmula 150 do STF, pois o processo que interrompeu a prescrição não restará encerrado, mesmo na pendência do requerimento para a execução do devedor. Isso, todavia, não afasta, pura e simplesmente, a aplicação do instituto da prescrição na espécie.

Evidentemente, com o descumprimento da condenação pelo devedor, a iniciativa processual transfere-se para o credor. Sua inércia reiterada, pelo prazo prescricional correspondente à pretensão de direito material, dá lugar à argüição de *prescrição intercorrente*.[502] Assim, por exemplo, o devedor condenado a reparar danos sofridos pelo credor poderá argüir a prescrição intercorrente três anos[503] após ter encerrado o seu prazo para cumprir voluntariamente a sentença, caso não tenha o credor requerido a execução nesse interregno. No curso desses três anos (mais precisamente, após seis meses) deverá o processo vir a ser arquivado. O ato de arquivamento sob hipótese alguma interrompe o prazo prescricional a que se faz referência, muito menos determina o (re)início de sua contagem.

---

[501] Artigo revogado (Código Civil de 1916): Art. 173. A prescrição interrompida recomeça a correr da data do ato que a interrompeu, ou do último do processo para a interromper.

[502] "A chamada prescrição intercorrente é aquela relacionada com o desaparecimento da proteção *ativa* ao *possível* direito material postulado, quando tenha sido deduzida a pretensão; quer dizer, é aquela que se verifica pela inércia continuada e ininterrupta no curso do processo por segmento temporal superior àquele em que se verifica a prescrição em dada hipótese. Verifica-se que *com o andamento normal do processo* não deve ocorrer a prescrição, que terá sido interrompida com a citação inicial; e igualmente não é possível consumar-se decadência, cuja pretensão tenha sido tempestivamente exercida. [...] Pode-se dizer que o sistema brasileiro atual e o do Código Civil de 1916 ligam a prescrição intercorrente à idéia de paralisação do processo, com inércia do autor, por prazo que exceda àquele da prescrição de que se possa cogitar no processo. Se ocorrer *larga inatividade* do autor (mas não *inércia* propriamente dita), mas o réu praticar atos, isso aproveita ao autor" (grifos no original) (ARRUDA ALVIM. Da prescrição intercorrente. In CIANCI, Mirna. *Prescrição no novo Código Civil: uma análise interdisciplinar*. São Paulo: Saraiva, 2005, p. 28; 30).

[503] "Art. 206. Prescreve: [...] § 3º Em três anos: [...] V – a pretensão de reparação civil".

Poderá ocorrer de o devedor não possuir bens penhoráveis no momento em que o credor poderia requerer a execução, fazendo com que este decida aguardar a melhora da situação patrimonial daquele. Nesse caso, é indispensável que o credor venha a requerer a suspensão do processo com base no artigo 791, III, do CPC,[504] sob pena de vir a ser penalizado com o reconhecimento da prescrição intercorrente.

Como afirma Câmara Leal, a prescrição "foi criada como medida de ordem pública, para que a instabilidade do direito não viesse a perpetuar-se, com sacrifício da harmonia social".[505] Resta clara, assim, a íntima vinculação do instituto com o valor *segurança jurídica*, e, mais especificamente, com a sua faceta consistente na estabilidade das situações jurídicas.

6.3.1.5. Da multa de 10%. Impossibilidade de ampliação ou de substituição pela multa periódica

Não ocorrendo o cumprimento voluntário da sentença pelo devedor, incidirá, *ex vi legis*, multa de 10% sobre o montante total da condenação. Ocorrendo cumprimento parcial da condenação, incidirá a multa sobre o restante inadimplido (475-J, § 4º). Nesse caso (pagamento parcial), é preciso atentar para a dicção do texto legal. Onde se lê "pagamento parcial", é necessário ater-se ao conceito de *pagamento*, não se estendendo a hipó-

---

[504] Sobre a impossibilidade de se dar curso à prescrição intercorrente na hipótese de suspensão do feito executivo por ausência de bens do devedor, veja-se o posicionamento de ARRUDA ALVIM: "não se justifica que, suspensa a execução por ausência de bens penhoráveis, e, não podendo o credor agir ou não tendo como agir (mesmo porque o art. 793 do Código de Processo Civil durante esse período veda a prática de atos), que a partir dessa suspensão *corresse* simultânea e sobrepostamente a esse segmento de suspensão prazo prescricional, que viria a concretizar uma prescrição intercorrente. Desta forma, então, enquanto não localizados bens em nome do devedor, encontrar-se-á o credor em uma posição de impossibilidade de dar seguimento ao feito; a prescrição, portanto, não haverá de fluir contra aquele que não pode agir. Não poder agir, por óbice, é noção ou circunstância que inviabiliza a idéia de inércia. A solução do Código de Processo Civil é a de insolvência, que pode ser requerida, tanto pelo credor, quanto pelo devedor" (ARRUDA ALVIM. Da prescrição intercorrente. In CIANCI, Mirna. *Prescrição no novo Código Civil: uma análise interdisciplinar.* São Paulo: Saraiva, 2005, p. 42). Também Gisele Lemos Kravchychyn assim conclui: "A prescrição, instituto de direito material, tem por finalidade a paz social, e não o enriquecimento de quem quer que seja, e tampouco a punição do credor em face a ocultação ou inexistência de bens penhoráveis em nome do devedor. Não se deve, portanto, permitir que a omissão do artigo 791, III do Código de Processo Civil, que não determina o modo como se opera a suspensão, venha a causar prejuízo ao credor. Deste modo, a prescrição intercorrente somente deve ser aplicada, nos casos de suspensão da execução, quando o credor, regularmente intimado para cumprir uma diligência, não a cumpre, quedando-se inerte. E assim entendemos porque o fundamento da prescrição reside na negligência do possuidor do direito de crédito não sendo escudo destinado a proteger inadimplência e má-fé" (KRAVCHYCHYN, Gisele Lemos. Da prescrição intercorrente no processo de execução suspenso pela falta de bens penhoráveis do devedor. *Jus Navigandi*, Teresina, v. 7, n. 63, mar. 2003. Disponível em: <http://jus2.uol.com.br/doutrina/texto.asp?id=3887>. Acesso em: 05 jan. 2006). Na jurisprudência, veja-se o Recurso Especial nº 85.053-PR, Min. Sálvio de Figueiredo Teixeira, publicado no DJU de 25.05.1998 (que, por sua vez, faz referência ao REsp 38.399-PR, publicado no DJU 2.5.94, e REsp 70.395-PR, publicado no DJU 17.3.97).

[505] LEAL, Antônio Luís da Câmara. *Da prescrição e da decadência: teoria geral do direito civil.* 4.ed. atualizada por José de Aguiar Dias. Rio de Janeiro: Forense, 1982, p. 15.

tese legal para o depósito judicial feito com o objetivo de ilidir a multa e discutir o montante em execução. Ao *depositar* valores em juízo para esse fim – hipótese não prevista na sistemática de cumprimento da sentença, mas possível de ocorrer – o devedor ainda submete o credor à espera, além de, obviamente, não estar "cumprindo" a sentença. Dessa forma, é inadmissível o pedido de sustação da aplicação da multa pela realização de depósito judicial. Caso o devedor opte pelo depósito do valor da condenação apenas para o fim de impugnar a execução, não está o juiz autorizado a "converter" de imediato o depósito em pagamento, mas deverá fazer incidir a multa de 10% de que trata o artigo 475-J e, não obtido efeito suspensivo na impugnação, poderá permitir o levantamento do valor pelo credor, sem prejuízo de sua restituição no eventual acolhimento da impugnação. Obviamente, realizado o depósito judicial *a título de pagamento*, total ou parcial, ele ilidirá, total ou parcialmente, a incidência da multa. O pagamento feito diretamente ao credor também ilide a incidência da multa, desde que realizado dentro do prazo de 15 dias (ou de outro que tenha assinalado o juiz). Não importa que a comprovação do pagamento em juízo se dê após o prazo de 15 dias, sendo relevante apenas, para o fim de evitar a incidência da multa, que o pagamento (com a disponibilidade efetiva do valor pago para o credor)[506] *ocorra* no referido intervalo.

O crédito resultante da incidência da multa reverte ao credor, como indica – embora não haja expressa referência – o artigo 475-J, ao estabelecer que, à condenação, será acrescido o valor da multa para a expedição do mandado de penhora e avaliação (expedição esta que se dará somente a requerimento do próprio credor).

O artigo 475-J não dá margem para o alargamento ou redução da referida multa, tampouco permite sua incidência periódica, o que afasta por completo a possibilidade de aplicação das *astreintes*. Não podemos esquecer que estamos trabalhando, nessas hipóteses, com os poderes do juiz. Aplicar uma multa sem previsão legal não significa adequar o procedimento, mas sim *ampliar poderes*. E, o que é pior, "auto-ampliar" poderes, dando azo à criação de um processo autoritário, onde o juiz define a extensão de sua força e de sua penetração na esfera jurídica das partes, ignorando o processo democrático de criação da lei processual pelo legislador. Quando se fala em formalismo, no seu sentido valorativo (que não deve ser confundido com excesso de formalidades),[507] "não se trata, porém, apenas de ordenar, mas também de disciplinar o poder do juiz, e, nessa perspectiva, o formalismo processual atua como garantia de liberdade contra o arbítrio

---

[506] Eventuais depósitos sujeitos à compensação bancária não ilidem a incidência da multa até que venham a ser efetivamente creditados na conta do juízo ou do credor.

[507] "Não se deve confundir, a despeito da homonímia, o formalismo de que se trata com o formalismo fetiche da forma – este último, na verdade, deformação daquele" (DIDIER JUNIOR, Fredie. *Pressupostos processuais e condições da ação: o juízo de admissibilidade do processo.* São Paulo: Saraiva, 2005, p. 166).

dos órgãos que exercem o poder do Estado".[508] Nesse sentido, "a realização do procedimento deixada ao simples querer do juiz, de acordo com as necessidades do caso concreto, acarretaria a possibilidade de desequilíbrio entre o poder judicial e o direito das partes".[509] E, por fim, "tão importante é a tipicidade do procedimento estabelecida previamente pela lei, com base em determinados valores e experiências, que é pensada mesmo, por certa doutrina, como nota distintiva essencial da jurisdição em face da administração".[510] Portanto, se o juiz pode – e deve – adaptar o procedimento para adequá-lo ao caso concreto, não pode, sob hipótese alguma, ampliar seus próprios poderes para além dos limites estabelecidos pelo legislador. Não obstante o romantismo da idéia, o caso concreto não induz a consensos sobre os poderes a serem desempenhados, sendo evidente o risco de um processo ditatorial se deixada essa definição ao livre-arbítrio do juiz.[511] Como ressalta Humberto Theodoro Júnior, dirigindo-se ao *legislador*, quando este "descamba para o plano em que os valores éticos ocupam o lugar dos preceitos certos, claros, impositivos que devem ser as normas jurídicas autênticas, realiza na verdade a destruição da ordem jurídica".[512] Com mais razão e maior ênfase, podemos afirmar que o afastamento de preceitos certos, claros e impositivos por um homem só (juiz), ou mesmo por um colegiado de juízes, tende a ser ainda mais corrosivo à ordem jurídica, por assumir evidente aspecto ditatorial e antidemocrático.

Ressalta, aqui, o valor *segurança*, e o elemento correspondente à dignidade da legislação e respeito ao direito positivo. O ganho em efetividade de eventual aplicação da multa periódica para a tutela dos deveres de pagar quantia *contrariamente ao que dispõe o legislador* não nos parece proporcional ao perigoso precedente de auto-ampliação de poderes pelo próprio órgão jurisdicional. Não nos impressiona, outrossim, o argumento acerca do dever fundamental à tutela jurisdicional efetiva.[513] Não se equi-

---

508 ALVARO DE OLIVEIRA, Carlos Alberto. *Do formalismo no processo civil*. 2.ed. São Paulo: Saraiva, 2003, p. 7.

509 Ibidem, p. 7-8.

510 Ibidem, p. 8.

511 AMARAL, Guilherme Rizzo. In ALVARO DE OLIVEIRA, Carlos Alberto (coord.). *A nova execução: comentários à Lei nº 11.232, de 22 de dezembro de 2005*. Rio de Janeiro: Forense, 2006.

512 THEODORO JÚNIOR, Humberto. A onda reformista do direito positivo e suas implicações com o princípio da segurança. *Revista Magister: direito civil e processual civil*, v. 2, n. 11, p. 5-32, mar./abr. 2006.

513 Transcrevemos, aqui, por absoluta relevância, trecho do voto do então Desembargador Carlos Alberto Alvaro de Oliveira, sustentando serem aplicáveis as *astreintes* para a tutela dos deveres de pagar quantia: "Nos dias atuais, as medidas coercitivas vêm se caracterizando como instrumento de concretização do direito fundamental à tutela jurisdicional efetiva, de tal sorte que o seu emprego não pode ser excluído de maneira apriorística. Como bem pondera Marcelo Lima Guerra (*Execução indireta*, São Paulo, Revista dos Tribunais, 1998, p. 54), 'o juiz tem o poder-dever de, mesmo e principalmente no silêncio da lei, determinar as medidas que se revelem necessárias para melhor atender aos direitos fundamentais envolvidos na causa, a ele submetida'. E o Jurista, com toda pertinência, invoca o ensinamento de Vieira de Andrade (*Os direitos fundamentais na Constituição Portuguesa de 1976*, p. 256), no sentido de que na falta de lei que concretize deter-

para a técnica de tutela condenatória à ausência de tutela efetiva, e muito menos pode-se afirmar que houve silêncio do legislador. O que se passa é que o legislador elegeu técnica de tutela *menos efetiva* do que aquelas que poderia ter eleito, e isso não transfere ao juiz a possibilidade de *legislar* em sentido contrário. Fosse assim, o que impediria o juiz de, por exemplo, afastar o efeito suspensivo da apelação em outras hipóteses que não aquelas listadas nos incisos do artigo 520, independentemente da reforma que já se avizinha nesse sentido? Que necessidade haveria para os dispositivos que regulam o cumprimento da sentença, se quaisquer outras medidas poderia adotar o juiz caso as julgasse mais adequadas?

Embora entendamos, particularmente, *adequada* a proposta de utilizar-se das *astreintes* para tutelar deveres de pagar quantia,[514] tal proposta já vem há muito sendo discutida pela doutrina, e, ainda assim, não foi acolhida pela comissão reformadora do CPC e, ao fim e ao cabo, pelo legislador. Coerentemente, o Superior Tribunal de Justiça a tem afastado.[515] Sugerir que, diante de tão clara e restrita sistemática legislativa, haja espaço para criações mais *adequadas*, afastando-se sem constrangimento todo o arcabouço legal – e a limitação de poderes! – previsto para tais hipóteses, é colocar em estado de manifesta insegurança os litigantes, e em descrédito a lei processual. E, repita-se, não se trata, aqui, de pregar o formalismo pernicioso, ou a interpretação estritamente literal da legislação. Reconhecemos que o processo é permeado de valores, como a efetividade e a segurança, que permitem juízos de proporcionalidade e, assim, de adequação das regras processuais. Todavia, o sistema processual está concebido de tal forma que, negando-se a sistemática recentemente instituída

---

minado direito fundamental, 'o princípio da aplicabilidade directa vale como indicador de exeqüibilidade imediata das normas constitucionais, presumindo-se a sua perfeição, isto é, a sua auto-suficiência baseada no caráter líquido e certo do seu conteúdo de sentido. Vão, pois, aqui incluídos o dever dos juízes e dos demais operadores jurídicos de aplicarem os preceitos constitucionais e a autorização para com esse fim os concretizarem por via interpretativa'. Tal significa, no âmbito do processo de execução, que o juiz tem o poder-dever de, mesmo e principalmente no silêncio da lei, determinar os meios executivos que se revelem necessários para melhor atender à exigência de prestação de tutela executiva eficaz (Marcelo Guerra, ob. cit., p. 57). No campo da execução por quantia certa não se passa de modo diverso, justificando-se o emprego de medidas coercitivas, como a *astreinte*, por concretizar o valor constitucional protegido da efetividade da tutela jurisdicional. Por tal razão, o uso de tais medidas não pode ser obstado nem por expressa disposição infraconstitucional, muito menos pelo silêncio dessa legislação. Dessa forma, como observa ainda aqui Marcelo Guerra (ob. cit., p. 186), 'sempre que a aplicação de alguma medida coercitiva, inclusive a multa diária, revelar-se capaz de superar esses obstáculos e contribuir para uma satisfação mais pronta e efetiva do crédito objeto da execução, ela pode ser utilizada, desde que, é óbvio, não se violem outros bens constitucionalmente protegidos.' E em abono da tese o doutrinador cita o escólio de Michele Taruffo (*Note sul diritto alla condanna e all'esecuzione*, p. 666-668)" (Tribunal de Justiça do Estado do Rio Grande do Sul. Sexta Câmara Cível. Ação Rescisória nº 599263183. Rel. Des. Osvaldo Stefanello. J. em 26 de abril de 2000).

514 Veja, a este respeito, o que escrevemos em nossos comentários ao artigo 475-J, em resposta à crítica que recebemos de Daniel Mitidiero (ALVARO DE OLIVEIRA, Carlos Alberto (coord.). *A nova execução: comentários à Lei nº 11.232, de 22 de dezembro de 2005*. Rio de Janeiro: Forense, 2006, p. 121-124).

515 REsp 770.295/RS, Rel. Min. Teori Albino Zavascki, Primeira Turma, julgado em 27.09.2005, DJ 10.10.2005, p. 258.

para o cumprimento da sentença, estar-se-á negando o próprio sistema como tal, abrindo-se um novo – e desconhecido, pois criação momentânea do intérprete – universo para a tutela dos deveres de pagar quantia, onde os poderes do magistrado são desconhecidos e revelados a todo o momento, para a surpresa e perplexidade das partes.[516]

Com isso não queremos sustentar o aprisionamento do intérprete ao texto legal, ou o engessamento do sistema. Há situações em que, no próprio entrechoque entre as esferas valorativas da efetividade e da segurança, para se evitar o atingimento do núcleo da primeira é preciso atingir substancialmente a segunda, inclusive para se ampliar poderes do juiz não previstos em lei. Exemplo típico foi a evolução jurisprudencial que permitiu aos juízes antecipar a tutela por meio de ações cautelares inominadas, antes de ser modificada, pela Lei 8.952/94, a redação do artigo 273 do CPC. Ali, tinha-se situação em que a ampliação do poder judicial para não só garantir como *satisfazer* antecipadamente o direito era condição absoluta para a própria utilidade do processo. Perecendo o direito – ou, muitas vezes, o titular do direito (ex.: antecipações da tutela para obtenção de medicamentos, tratamentos de saúde etc.) –, violar-se-ia o núcleo da efetividade, perdendo o sentido a própria instituição do processo.

É fácil ver que o mesmo não se passa com a adoção, pelo legislador, de técnicas *menos eficazes* (ou, ainda, de poderes judiciais *reduzidos*), porém ainda assim capazes de alcançar a tutela ao jurisdicionado. Podemos concordar que, em muitas situações, a técnica de expropriação é menos efetiva do que a da coerção via multa periódica ou ameaça de prisão, mas a adoção da primeira, ainda que menos efetiva, não implica o atingimento do núcleo da efetividade.

Encaramos, assim, a idéia de aplicação das *astreintes* como técnica de tutela dos deveres de pagar quantia como uma ótima sugestão *ao legislador reformista*, e não aos juízes.

Hoje, no entanto, a multa de 10% prevista no artigo 475-J é fixa, não podendo vir a ser aplicada na forma periódica, como se fosse verdadeira *astreinte*.

---

[516] Vem a calhar a lição de Calmon de Passos acerca dos perigos do abandono do conjunto de regras processuais em busca da efetividade processual: "Devido processo constitucional jurisdicional, cumpre esclarecer, para evitar sofismas e distorções maliciosas, não é sinônimo de formalismo, nem de culto da forma pela forma, do rito pelo rito, sim um complexo de garantias mínimas contra o subjetivismo e o arbítrio dos que têm poder de decidir. [...] Dispensar ou restringir qualquer dessas garantias não é simplificar, deformalizar, agilizar o procedimento privilegiando a efetividade da tutela, sim favorecer o arbítrio em benefício do desafogo de juízos e tribunais. Favorece-se o poder, não os cidadãos, dilata-se o espaço dos governantes e restringe-se o dos governados. E isso se me afigura a mais escancarada antidemocracia que se pode imaginar" (CALMON DE PASSOS, J.J. *Direito, poder, justiça e processo.* Rio de Janeiro: Forense, 1999, p. 69-70. *Apud* DIDIER JUNIOR, Fredie. *Pressupostos processuais e condições da ação: o juízo de admissibilidade do processo.* São Paulo: Saraiva, 2005, p. 166).

6.3.1.5.1. *Da não-aplicação da multa na hipótese de devedor destituído de patrimônio*

Evidentemente, o objetivo da previsão da multa de 10% é estimular, pressionar o devedor (ainda que de forma bastante limitada se comparada às *astreintes*) a cumprir a sentença. Por isso afirmamos que o cumprimento, quando ocorre, é *voluntário*, não sendo, no entanto, *espontâneo*, pois já sofria o devedor a ameaça da multa.

Todavia, não possuindo o devedor patrimônio apto a saldar a dívida, a multa passaria a constituir mera punição, não pelo inadimplemento da condenação, mas por ter o devedor se colocado em tal posição de insolvência. Nessa hipótese, e especificamente para o devedor em questão, o dever de saldar a dívida é um dever *impossível* de ser cumprido. Vale, aqui, o que referimos acerca das *astreintes*, dado que, embora com intensidades e formas de funcionamento muito diferentes, as multas têm o mesmo escopo, que é o de exercer a coerção do demandado para que ele venha a cumprir a decisão judicial.[517]

Adequado, assim, é afastar-se a multa de 10% caso o devedor venha a comprovar, no curso do processo, a ausência de patrimônio apto a saldar o valor da condenação.[518] A alegação de ausência de patrimônio e o requerimento de afastamento da multa deve, por óbvio, partir do devedor, não havendo razão para tal iniciativa ser tomada de ofício.

Poder-se-á argumentar que, não tendo o devedor patrimônio, a própria discussão acerca da aplicação da multa tornar-se-ia despicienda, na medida em que, não havendo bens, não se procederá à execução da multa. O argumento, todavia, peca por não levar em conta que, futuramente, poderá haver alteração no patrimônio do devedor, passando ele a possuir condições para cumprir a sentença. Não seria razoável, em tal situação, puni-lo com a multa de 10% por não ter ele cumprido a sentença quando não dispunha de patrimônio para tanto.

---

[517] "Assim, sendo o réu desprovido de patrimônio, ou sendo impossível o cumprimento da obrigação contida no preceito, não há que se falar em aplicação da multa, eis que inadequada, *inapta* para coagir o demandado" (AMARAL, Guilherme Rizzo. *As astreintes e o processo civil brasileiro: multa do artigo 461 do CPC e outras.* Porto Alegre: Livraria do Advogado, 2004, p. 104).

[518] Sustentamos tal posição em nossos comentários ao artigo 475-J do CPC, In ALVARO DE OLIVEIRA, Carlos Alberto (coord.). *A nova execução: comentários à Lei nº 11.232, de 22 de dezembro de 2005.* Rio de Janeiro: Forense, 2006, p. 124-126. Luiz Rodrigues Wambier adota posição semelhante, estendendo-a inclusive para a hipótese em que, embora o devedor possua patrimônio penhorável, este é de difícil alienação (WAMBIER, Luiz Rodrigues. *Sentença civil: liquidação e cumprimento.* 3.ed. São Paulo: Revista dos Tribunais, 2006, p. 423). ATHOS GUSMÃO CARNEIRO discordou de nosso entendimento em recente obra, *Cumprimento da sentença civil*, ao afirmar: "Também sem razão Guilherme Rizzo Amaral, para quem cumpre afastar a aplicação da multa 'caso o devedor venha a comprovar, no curso do processo, a ausência de patrimônio apto a saldar o valor da condenação' [...] Reiteramos, destarte, a afirmativa de que a multa incide *independentemente das intenções ou possibilidades do executado*, pois decore objetivamente do descumprimento da ordem de pagamento contida na sentença; [...]" (CARNEIRO, Athos Gusmão. *Cumprimento da sentença civil.* Rio de Janeiro: Forense, 2007, p. 59).

Quanto à inexistência de patrimônio, pode-se acrescentar o termo *penhorável*, dado que a existência de patrimônio *impenhorável* não obsta a exclusão da multa, desde que, no entanto, se atente para a lição de Cândido Rangel Dinamarco, para quem é necessário observar a finalidade das regras acerca da impenhorabilidade, que é a de causar a menor onerosidade possível para o devedor.[519] É preciso, como sustenta o processualista, *mitigar* as impenhorabilidades, "adequando as previsões legais ao objetivo de proteger o mínimo indispensável à vida".[520]

Assim, a alegação de ausência de patrimônio para saldar a dívida – apta a afastar a incidência da multa de 10% – deve ser no sentido de que não há patrimônio suficiente, *a não ser aquele necessário para a subsistência do devedor dentro de parâmetros da dignidade da pessoa humana.*

Veja-se que, ao se afastar a multa prevista no artigo 475-J, mantém-se a sistemática prevista na legislação processual, adequando a sua interpretação de forma que os seus dispositivos não venham a ser aplicados com um viés distorcido, com um propósito diverso daquele almejado pelo sistema, e com resultados injustos e, portanto, indesejados. Por não se poder exercer a pressão sobre a vontade do réu, não significa que se possa passar a puni-lo, o que ocorreria se a multa incidisse na circunstância apontada. A medida seria reprovada em juízo de adequação, por ser absolutamente incapaz de atingir o fim almejado, qual seja, forçar o pagamento por aquele que não possui condições de fazê-lo.

6.3.2. Do procedimento executivo

6.3.2.1. Do requerimento do credor nos termos do artigo 614, II, do CPC

Encerrado o prazo de 15 dias de que trata o artigo 475-J, poderá o credor, independentemente de intimação do juiz ou certidão de decurso de prazo, requerer a expedição de mandado de penhora e avaliação, dando

---

[519] "A impenhorabilidade de certos bens associa-se à regra da *menor onerosidade possível* (CPC, art. 620), que repudia execuções de sacrifícios maiores que o necessário, mas, tanto quanto ela, não é suficiente para converter-se em irracional obstáculo à efetivação dos direitos (*supra*, n. 1.338). No dizer expressivo de Rubens Requião, mutuado a um dispositivo da lei belga, é indispensável distinguir entre o mau-pagador malicioso e chicanista e aquele 'devedor infeliz e de boa-fé', que não paga porque não pode. Por outro lado, não é também ético privar o credor de execução sobre bens de quem não tenha tanta necessidade deles" (DINAMARCO, Cândido Rangel. *Instituições de direito processual civil*. 4.ed. São Paulo: Malheiros, 2004. v. 4, p. 343).

[520] Ibidem. Neste particular, reputamos um retrocesso o veto presidencial à alteração proposta pelo Projeto de Lei nº 4.497-A/2004 (que veio a se transformar na Lei 11.382/06), que visava à inclusão de um parágrafo único ao artigo 650 do CPC, permitindo que se penhorasse imóvel considerado bem de família de valor superior a 1.000 (mil) salários mínimos, "caso em que, apurado o valor em dinheiro, a quantia até aquele limite será entregue ao devedor, sob cláusula de impenhorabilidade". Mantinha-se a regra de impenhorabilidade do bem de família, mas respeitava-se o seu *telos* (ao fim e ao cabo, a dignidade da pessoa humana), não permitindo o desvirtuamento e o abuso de direito por parte do devedor. *Interpretava-se* o termo "imóvel residencial próprio do casal ou da entidade familiar", sem que se eliminasse a regra sobre sua impenhorabilidade.

início, assim, ao procedimento *executivo*. O artigo 475-J faz referência ao artigo 614, II, do CPC, que dispõe ser necessário instruir a petição inicial (no caso, aqui, o *requerimento*) com "demonstrativo de débito atualizado até a data da propositura da ação, quando se tratar de execução por quantia certa". Não há, é claro, no procedimento executivo de que trata o artigo 475-J, que se falar em "propositura da ação", mas, sim, em mero requerimento para a execução da sentença. É até a data deste que se deve dar a atualização do débito no demonstrativo de que trata o artigo 614, II, do CPC.

Evidentemente, a juntada desse demonstrativo será dispensada quando houver, nos autos (supondo que se trate de execução nos autos principais, e não nas hipóteses de autos suplementares), documento que o supra, como se dá nas hipóteses em que a sentença é líquida e prescinde de atualização (ex.: condenação em salários mínimos), ou em que a execução é embasada em conta de liquidação homologada por decisão interlocutória (art. 475-H).[521] Ressalte-se, ainda, que eventual lapso do credor, ao deixar de acostar tal demonstrativo, não ensejará outra conseqüência se não a sua intimação para proceder à devida complementação, como há muito já vem decidindo o STJ.[522]

Aliás, interessante situação ocorrerá na hipótese em que o credor deixar de acostar tal demonstrativo, mesmo após ser intimado para tanto. Araken de Assis afirma que o indeferimento da execução (seja por razões de ordem formal, seja por razões de mérito) é extintivo do processo.[523]

[521] Neste sentido, decidiu a Primeira Turma do STJ: "Processual Civil. Execução de Sentença. Apresentação de Nova Memória de Cálculo. Desnecessidade. I – Há que se afastar a obrigatoriedade de juntada de demonstrativo de cálculo, quando do requerimento da citação da executada, tendo em vista que a execução foi feita nos próprios autos da ação de conhecimento, embasada em conta de liqüidação, homologada por sentença. II – Recurso especial improvido" (REsp 250.522/SP, Rel. Min. Francisco Falcão, Primeira Turma, julgado em 21.09.2004, DJ 03.11.2004, p. 135).

[522] "Processual Civil. Execução. Demonstrativos de cálculo. Evolução da dívida não devidamente esclarecida. Matéria de fato. Reexame. Impossibilidade. Inépcia declarada em 2º Grau. Extinção do processo. CPC, Arts. 614, II E 616. Aplicação. Permissão para adequada instrução. I. Achando-se a execução aparelhada com título executivo hábil – contrato de crédito fixo – a falta de adequada demonstração da evolução da dívida detectada, seja em sede de embargos, seja de ofício pelo juízo singular, não acarreta a extinção automática do processo, devendo o órgão julgador, antes, permitir ao credor que seja sanada a falta, nos termos do art. 616 c/c art. 614, II, do CPC. II. Precedentes do STJ. III. Recurso especial conhecido em parte e, nessa parte, provido" (REsp 435.441/SC, Rel. Min. Aldir Passarinho Junior, Quarta Turma, julgado em 08.04.2003, DJ 12.08.2003, p. 230). No mesmo sentido, AgRg no REsp 747.949/PR, Rel. Min. Aldir Passarinho Junior, Quarta Turma, julgado em 23.08.2005, DJ 03.10.2005, p. 281; (REsp 507.335/SC, Rel. Min. Barros Monteiro, Quarta Turma, julgado em 07.06.2005, DJ 29.08.2005, p. 348; REsp 593.130/RS, Rel. Min. José Arnaldo da Fonseca, Quinta Turma, julgado em 28.09.2004, DJ 25.10.2004, p. 379; REsp 256.142/SC, Rel. Min. Fernando Gonçalves, Quarta Turma, julgado em 22.06.2004, DJ 02.08.2004, p. 396, REPDJ 06.09.2004, p. 260.

[523] "Em princípio, o juiz indeferirá o requerimento somente após ensejar sua correção; excepcionalmente, porém, revelando-se insanável o defeito – por exemplo, não há título executivo –, cabe o indeferimento liminar. O indeferimento, via de regra posterior à infrutífera correção do requerimento executivo, fundar-se-á em razões de ordem formal (*v.g.*, o exeqüente não juntou o título), na inadmissibilidade da execução (*v.g.*, a condenação não é exigível) e, excepcionalmente, por razões de mérito

Como veremos a seguir, poderá sê-lo apenas se vier a fundar-se em juízo sobre a procedência do pedido mediato (juízo de mérito). Assim, por exemplo, no acolhimento da prescrição ou da decadência, ou na verificação da ocorrência do *pagamento*, é possível extinguir-se o feito. No entanto, na eventual inadmissão da execução de sentença (por inexigibilidade ou iliquidez do título, por exemplo), ou na hipótese de não-suprimento de defeito formal que porventura ela possua (não juntada de memória discriminada de cálculo, quando necessária; ausência de procuração do advogado postulante etc.), não há como se adotar a solução preconizada pelo citado processualista.

Com efeito, na sistemática anterior àquela instituída pela Lei 11.232/05, a conseqüência do desatendimento da formalidade, ou, ainda, da inadmissibilidade[524] da execução, seria a extinção do processo executivo, nada impedindo que viesse o credor a promover novamente a execução, arcando com as custas de distribuição. Agora, no entanto, não há *processo autônomo* de execução. Assim, desatendida a intimação para a juntada do referido demonstrativo, apenas deixará o juiz de proceder à expedição de mandado de penhora e avaliação, iniciando-se a contagem de seis meses para o arquivamento do feito. A qualquer tempo poderá o credor vir a suprir a falta inicial, sendo que, arquivado o feito, deverá requerer antes o seu desarquivamento.

Não faria sentido algum, ademais, extinguir o processo – que engloba tanto a fase de conhecimento como a executiva – por mero defeito formal na instrução do requerimento executivo, após ter a sentença decidido pela procedência do pedido do autor. A medida não realizaria qualquer valor – seja ele a efetividade ou a segurança –, constituindo típico formalismo oco.

Acrescente-se, ainda, que a decisão indeferitória do requerimento executivo por defeito formal ou por inadmissibilidade da execução é decisão interlocutória, agravável, portanto,[525] e não apelável.

(*v.g.*, já ocorreu prescrição e ao juiz é dado conhecê-la *ex officio*, a teor do art. 295, IV, c/c art. 219, § 5º). Do indeferimento da execução, porque extintivo do processo, caberá apelação (art. 513). É o que dispõe, para o caso de acolhimento da impugnação do executado, o art. 475-M, § 3º, *in fine*" (ASSIS, Araken de. *Cumprimento da sentença*. Rio de Janeiro: Forense, 2006, p. 263).

[524] Valemo-nos, aqui, do conceito de admissibilidade preconizado por FREDIE DIDIER JR., para quem o juízo de admissibilidade "é o juízo de validade do procedimento, ato jurídico complexo de formação sucessiva". Segundo o autor, "o juízo de admissibilidade por produzir diversos efeitos, não sendo correta a relação de causa conseqüência que se estabelece entre ele e a extinção do procedimento sem exame do mérito: é possível a extinção do procedimento por outro motivo, bem como é possível que o juízo de inadmissibilidade determine a produção de outra conseqüência" (DIDIER JUNIOR, Fredie. *Pressupostos processuais e condições da ação: o juízo de admissibilidade do processo*. São Paulo: Saraiva, 2005, p. 166).

[525] Mesmo diante da nova redação do artigo 522 do CPC, o agravo, aqui, será o de instrumento, ante a manifesta inutilidade do agravo retido para a hipótese em referência.

Salvo nas hipóteses em que o requerimento incluir o pedido de formação de autos suplementares (situação em que o credor deverá instruí-lo com as cópias necessárias, nos termos do art. 475-O, § 3º), aquele deverá ser feito nos mesmos autos em que restou proferida a sentença exeqüenda. Sendo assim, e não se tratando de inauguração de novo processo, boa parte das formalidades referentes à petição inicial e previstas no artigo 282 estão dispensadas.[526] Ao prever o "requerimento", em vez de petição inicial, o legislador não apresentou quaisquer requisitos "especiais" que possam diferir tal ato de outro requerimento qualquer realizado no curso do processo. Evidentemente, é preciso dotar o requerimento, como qualquer outro, das informações necessárias para sua compreensão pelo juiz da causa, ainda que seja necessário, para tanto, voltar-se o magistrado aos atos anteriormente praticados no processo.

Aqui, o artigo 244 do CPC ganha relevância, pois se "quando a lei prescrever determinada forma, sem cominação de nulidade, o juiz considerará válido o ato se, realizado de outro modo, lhe alcançar a finalidade", com maior razão na hipótese em que a lei *não* prescreve forma ou cominação de nulidade a possibilidade de alcançar a sua finalidade do ato será o único critério para avaliar a suficiência da forma de que se revestiu o requerimento do credor. Constitui, portanto, o requerimento do credor mera petição, dirigida ao juiz competente (475-P), onde se pleiteia o prosseguimento do processo com a expedição de mandado de penhora e avaliação. Traçando um comparativo com os requisitos da petição inicial para o processo de conhecimento, já havendo qualificação das partes nos autos, é desnecessário repeti-las, afastando-se o inciso II do art. 282.[527] Sendo pressuposto lógico do requerimento para a execução, o descumprimento da sentença pelo devedor pode até mesmo ser presumido, satisfazendo-se o inciso III do art. 282 com a mera menção à sentença que se busca executar (não seria crível deixar de processar a execução, ou determinar a emenda do requerimento, por não ter o credor afirmado, com todas as letras, o descumprimento da condenação pelo devedor). O requerimento de expedição de mandado de penhora e avaliação com os subseqüentes

[526] Em sentido contrário, ARAKEN DE ASSIS sustenta a inexistência de mudança substancial no comparativo entre o requerimento do credor (Art. 475-J) e a petição inicial que inaugurava o processo de execução na sistemática anterior. Aduz, assim, aplicarem-se as regras do artigo 282 ao requerimento de que trata o artigo 475-J: "Em última análise, o art. 475-J, *caput*, mudou o rótulo aplicado à iniciativa do exeqüente, preferindo chamá-la, utilizando-se da margem de opções técnicas da legislação, de 'requerimento' em lugar de 'petição inicial'; porém, quanto à forma e ao conteúdo, inexiste mudança substancial" (ASSIS, Araken de. *Cumprimento da sentença*. Rio de Janeiro: Forense, 2006, p. 243).

[527] Já havia este entendimento mesmo quando da análise dos requisitos para a petição inicial no processo autônomo de execução de sentença: "Tolera-se a irregularidade por insignificante, já que não há, em regra, qualquer alteração subjetiva, seja quanto às partes, seja quanto ao juízo, relativamente ao processo de conhecimento, o que significa que os autos já contêm a indicação exigida" (ZAVASCKI, Teori Albino. *Comentários ao Código de Processo Civil*. 2.ed. São Paulo: Revista dos Tribunais, 2003. v. 8, p. 370).

atos de constrição é o que basta a título de *pedido* (inciso IV do art. 282). Não é necessário indicar formalmente um *valor da causa* (inciso V do art. 282), pois se trata de continuação do processo onde já restou designado tal valor, não havendo que se falar em novas custas de distribuição. Eventual penalidade com base no artigo 601, *caput*, não parte do valor da causa para a fixação da multa, mas do "valor atualizado do débito em execução". É claro que, no requerimento, o valor atualizado do débito em execução deve ser indicado pelo credor, inclusive, se necessário, com a apresentação de demonstrativo de que trata o artigo 614, II, do CPC. Não há, também, que se falar em requerimento de provas (art. 282, VI), nem em requerimento para citação do réu (art. 282, VII). Aliás, o credor nem sequer precisa requerer a intimação do devedor, pois tal medida dar-se-á de ofício, na pessoa do advogado do devedor, como claramente dispõe o artigo 475-J, § 1°. E mais: tal intimação ocorrerá *após* a lavratura do auto de penhora, não havendo sentido algum em requerê-la na oportunidade de que trata o *caput* do artigo 475-J.

Neste requerimento que, como visto, é despido de maiores formalidades, poderá também o credor, desde já, indicar bens do devedor a serem penhorados (475-J, § 3º).

6.3.2.2. Da eliminação da nomeação de bens à penhora e da indicação de bens pelo credor

Foi implementada salutar inovação pela Lei 11.232/05, ao se eliminar a faculdade de nomeação de bens à penhora pelo devedor, o que resulta em grande ganho de efetividade, uma vez combinada com as alterações promovidas pela Lei 11.382/06 (que trata da execução de títulos executivos extrajudiciais, mas cujas disposições são aplicáveis subsidiariamente à execução das sentenças), especialmente aquelas que prevêem a modificação na ordem dos meios de expropriação, passando a adjudicação e a alienação particular do bem penhorado a constituírem a primeira opção do credor, em detrimento da arrematação.[528]

Logo se vê a vantagem para o credor em indicar bens à penhora diante da nova sistemática executiva. A combinação da indicação direta do bem, com a possibilidade de imediata adjudicação pelo valor da avaliação,

---

[528] Eis ilustrativo trecho da exposição de motivos do Projeto de Lei n° 4.497-A/2004, que deu origem à Lei 11.382/06: "f) quanto aos *meios executórios*, são sugeridas relevantíssimas mudanças. A alienação em hasta pública, de todo anacrônica e formalista, além de onerosa e demorada, apresenta-se sabidamente como a maneira menos eficaz de alcançar um justo preço para o bem expropriado. Propõe-se, assim, como meio expropriatório preferencial, a *adjudicação pelo próprio credor*, por preço não inferior ao da avaliação; g) não pretendendo adjudicar o bem penhorado, o credor poderá solicitar sua *alienação por iniciativa particular ou através agentes credenciados*, sob a supervisão do juiz; h) somente em último caso far-se-á a alienação em hasta pública, simplificados seus trâmites (prevendo-se até o uso de meios eletrônicos) e permitido ao arrematante o pagamento parcelado do preço do bem imóvel, mediante garantia hipotecária; [...]" (grifos no original).

associadas à ausência de efeito suspensivo *ope legis* da impugnação, trará sem dúvida maior efetividade às sentenças referentes ao pagamento de quantia. Por hipótese, o credor pode indicar o automóvel do devedor à penhora e, ausente efeito suspensivo à impugnação, desde já tomá-lo para si, adjudicando-o pelo valor da avaliação e, conforme for o caso, pagando a diferença ou por esta prosseguindo na execução.

Além disso, a possibilidade de o credor indicar bens já traz, no mínimo, dois importantes ganhos em termos de efetividade processual. Primeiramente, não possui mais o devedor o expediente de nomear bens à penhora, muitas vezes utilizado apenas para fins de protelar o feito executivo. Em segundo lugar, e mais importante, o credor não está vinculado à ordem do artigo 655 do CPC, podendo dela abrir mão – já que instituída em seu favor – para indicar aqueles bens que, no seu entender, tenham maior possibilidade de resultar em alienação satisfatória. Sendo seu o maior interesse em encontrar bens penhoráveis do devedor, certamente o trabalho do oficial de justiça restará facilitado, com a maioria das execuções passando a ser iniciadas após devida pesquisa do credor quanto aos bens passíveis de penhora.

Poderá também o credor, em vez de indicar os bens a serem penhorados, requerer a expedição de ofícios a autoridades (Departamentos Estaduais de Trânsito, Registros de Imóveis, Juntas Comerciais etc.), para que estas indiquem bens ou ativos de propriedade do devedor, sobre os quais deva recair a penhora. Nesse particular, atenção especial merece a redação do artigo 655-A do CPC, que legitima definitivamente a utilização do chamado sistema *Bacen-Jud*, permitindo ao juiz, requisitar "à autoridade supervisora do sistema bancário, preferencialmente por meio eletrônico, informações sobre a existência de ativos em nome do executado, podendo no mesmo ato determinar sua indisponibilidade, até o valor indicado na execução". Na forma como funciona hoje, o sistema permite ao juiz emitir ordem de bloqueio no valor total da execução. Retornam ao juiz relatórios de todas as contas do devedor e dos valores nela encontrados (até o limite da execução, não havendo quebra do sigilo com a revelação de todo o saldo, salvo quando este for menor do que o valor constante da ordem de bloqueio). A seguir, emite-se ordem de transferência dos valores para a conta judicial, até o montante necessário para satisfazer o credor ou garantir a execução. Eventual excedente é desbloqueado.

É fácil ver a facilidade com que o sistema atua, representando enorme ganho de efetividade para o processo. Pode-se falar, até, em ganho de *racionalidade*, não havendo sentido em se dedicar tempo e dinheiro do credor e do próprio Judiciário (portanto, do contribuinte) para a pesquisa exaustiva de bens do devedor em registros de imóveis e outros cartórios muitas vezes nem sequer informatizados, quando ativos de muito maior liquidez – e, vale lembrar, os primeiros na ordem legal da penhora (art. 655, CPC) – estão ao alcance de um simples acesso a sistema informatizado.

Não podemos concordar com o posicionamento jurisprudencial bastante difundido, no sentido de que se devem esgotar todos os meios de pesquisa de bens do devedor para, somente então, se optar pela utilização do sistema Bacen-Jud.[529] Tal entendimento transforma o processo em uma espécie de "jogo", onde, primeiro, partem credor e Judiciário em busca do patrimônio escondido pelo devedor para, somente após, desistindo da busca, valerem-se de ferramenta que *desde o início* já estava à sua inteira disposição. Aliás, levando ainda em consideração a renovada redação do artigo 600, IV, do CPC,[530] que estabelece claramente o dever do executado em indicar onde se encontram os seus bens sujeitos à penhora, fica ver-

[529] Nesse sentido, vejam-se as seguintes ementas oriundas do STJ: PROCESSUAL CIVIL. EXECUÇÃO. EXPEDIÇÃO DE OFÍCIO AO BANCO CENTRAL. PENHORA ON-LINE. (...) II – Conforme releva o próprio agravante, a expedição de ofício ao banco central para bloqueio de contas somente não é válida na hipótese em que não houver o esgotamento dos meios possíveis à localização de bens em nome do executado. Daí inexistir dissídio entre os acórdãos trazidos como paradigma e o acórdão recorrido e, ainda, inviabilizar o recurso especial o enunciado n. 7 da Súmula desta Corte Superior. III – É que nada consta do acórdão recorrido acerca da existência ou não de prévia tentativa de localização de bens da executada e, de outra banda, é explícito tal aresto na assertiva de que a culpa pela gravidade da execução decorreu da apresentação, pela própria executada, de bem de notória insolvabilidade (...) (AgRg no REsp 873.185/RJ, Rel. Ministro FRANCISCO FALCÃO, PRIMEIRA TURMA, julgado em 01.03.2007, DJ 26.03.2007, p. 212). PROCESSUAL CIVIL – EXECUÇÃO FISCAL – BLOQUEIO DE ATIVOS FINANCEIROS POR MEIO DO SISTEMA BACENJUD – NÃO ESGOTADOS OUTROS MEIOS DE PENHORA – IMPOSSIBILIDADE DE EXAME – SÚMULA 7/STJ. 1. Em referência ao bloqueio de ativos financeiros do executado para garantia do crédito, esta Corte firmou entendimento no sentido de que a penhora bancária é cabível somente em situações excepcionais, atendidos alguns requisitos específicos que justifiquem a medida. 2. Todavia, o Tribunal de origem, como soberano das circunstâncias fáticas e probatórias da causa, embora tenha reconhecido a excepcionalidade da medida e a configuração de hipótese extremada que justifica a penhora sobre depósito bancário, entendeu que a exeqüente não esgotou todas as diligências necessárias no sentido de localizar bens do executado. 3. Ainda que se considere a possibilidade de bloqueio de ativos financeiros do executado para garantia do crédito, afastar o entendimento firmado pela Corte Regional acerca da ausência de esgotamento das diligências necessárias para localização de outros bens, ensejaria o reexame da matéria fático – probatória, o que encontra óbice na Súmula 7/STJ. Agravo regimental improvido (AgRg no REsp 983.788/BA, Rel. Ministro HUMBERTO MARTINS, SEGUNDA TURMA, julgado em 06.12.2007, DJ 14.12.2007, p. 396). PROCESSUAL CIVIL. RECURSO ESPECIAL. EXECUÇÃO FISCAL. ART. 557, CAPUT, DO CPC. AUSÊNCIA DE PREQUESTIONAMENTO. SÚMULA 211/STJ. BACEN – JUD. QUEBRA DE SIGILO BANCÁRIO. NÃO-ESGOTAMENTO DE TODOS OS MEIOS PARA LOCALIZAR BENS PASSÍVEIS DE PENHORA. PRECEDENTES. SÚMULA 07/STJ. MATÉRIA PROBATÓRIA. (...) 3. A jurisprudência de ambas as Turmas que compõem a 1ª Seção desta Corte é firme no sentido de admitir a possibilidade de quebra do sigilo bancário (expedição de ofício ao Banco Central para obter informações acerca da existência de ativos financeiros do devedor), desde que esgotados todos os meios para localizar bens passíveis de penhora. (grifo nosso) 4. Precedentes: AgRg no REsp 755743/SP, Rel. Min. Francisco Falcão, DJ de 07/11/2005; REsp 780365/SC, Rel. Min. Teori Albino Zavascki, DJ de 30/06/2006; REsp 802897/RS, Rel. Min. Castro Meira, DJ de 30/03/2006, AgRg no REsp 664522/RS, Rel. Min. Luiz Fux, DJ de 13/02/2006. 5. No mais, o Tribunal *a quo* reconheceu que o exeqüente não esgotou todas as diligências na busca de bens passíveis de penhora. O tema não pode ser revisto, na via eleita, em face da incidência do verbete sumular nº 07/STJ.(...) (REsp 851.325/SC, Rel. Ministro JOSÉ DELGADO, PRIMEIRA TURMA, julgado em 05.09.2006, DJ 05.10.2006, p. 279).

[530] "Art. 600. Considera-se atentatório à dignidade da Justiça o ato do executado que: (Redação dada pela Lei nº 11.382, de 2006). (...) IV – intimado, não indica ao juiz, em 5 (cinco) dias, quais são e onde se encontram os bens sujeitos à penhora e seus respectivos valores (Redação dada pela Lei nº 11.382, de

dadeiramente difícil acomodar entendimento que coloca sob as costas do credor e do Judiciário todo o peso da exaustiva busca por bens penhoráveis antes de se socorrerem do mais lógico e simples mecanismo de busca. Trata-se de deformação da segurança jurídica – dando-lhe o caráter de estagnação do *status quo* das partes – e da supervalorização do *favor debitoris*, em detrimento da efetividade, em especial da economia processual e da celeridade. E nem se diga que a ponderação entre segurança e efetividade justificaria tal posicionamento. A própria segurança jurídica é por ele atingida, quando se pensa na dignidade da legislação: a própria lei estabelece depósitos e aplicações financeiras como bens preferenciais na penhora, e o posicionamento jurisprudencial o coloca no "fim da fila".

Havendo dever específico para o devedor indicar onde se encontram os seus bens passíveis de penhora (art. 600, IV, CPC), e sendo "dinheiro, em espécie ou em depósito ou aplicação em instituição financeira" o primeiro bem na ordem preferencial da penhora (Art. 655, I, CPC), totalmente irrelevante é o fato de o credor ter ou não esgotado a busca por outros bens penhoráveis.[531] Um processo guiado por princípios lógicos não pode abdicar de mecanismos eficazes capazes de encurtar a prestação jurisdicional e o seu custo, compartilhado por toda a sociedade.

6.3.2.3. Do mandado de penhora e avaliação

Verificada a viabilidade de acolhimento do requerimento do credor, o juiz, de imediato, determinará a expedição de mandado de penhora e avaliação. Não assiste mais ao devedor a faculdade de nomear bens à penhora, podendo inclusive o credor fazê-lo, como antes referido.

Poderá o juiz *(I)* acatar a indicação de bens feita pelo credor, determinando que a penhora recaia sobre eles; *(II)* determinar os bens sobre os quais deva recair a penhora; *(III)* deixar ao encargo do oficial de justiça en-

---

2006)". A redação anterior era mais genérica, não estabelecendo prazo específico para a indicação dos bens penhoráveis, e nem o dever de indicar os seus respectivos valores.

[531] Nesse sentido, veja-se a seguinte ementa do STJ, referente à execução fiscal mas com fundamento válido para a execução comum: EXECUÇÃO FISCAL. ESGOTAMENTO DOS MEIOS PARA LOCALIZAÇÃO DE BENS PENHORÁVEIS. PRESCINDIBILIDADE. QUEBRA DO SIGILO BANCÁRIO. SISTEMA BACEN JUD. PENHORA DE DINHEIRO. ORDEM LEGAL DE PREFERÊNCIA. LEI 6.830/1980. I – A despeito de não terem sido esgotados todos os meios para que a Fazenda obtenha informações sobre bens penhoráveis, faz-se impositiva a obediência à ordem de preferência estabelecida no artigo 11 da Lei nº 6.830/1980, que indica o dinheiro como o primeiro bem a ser objeto de penhora. II – Nesse panorama, objetivando cumprir a lei de execuções fiscais, é válida a utilização do sistema BACEN JUD para viabilizar a localização do bem (dinheiro) em instituição financeira. III – Observe-se ademais que, de acordo com o artigo 15 da Lei de Execuções Fiscais, a Fazenda Pública pode a qualquer tempo substituir os bens penhorados por outros, não sendo obrigada a preferir imóveis, veículos ou outros bens, o que realça o pedido de quebra de sigilo, indo ao encontro do princípio da celeridade processual. IV – Recurso especial improvido (REsp 984.210/MT, Rel. Ministro FRANCISCO FALCÃO, PRIMEIRA TURMA, julgado em 06.11.2007, DJ 17.12.2007, p. 154).

contrar bens penhoráveis e proceder à constrição ou ainda *(IV)* combinar tais alternativas buscando a máxima efetividade da execução.

Procedendo à penhora, o oficial de justiça lavrará auto, do qual intimará o devedor (art. 475-J, § 1°, do CPC). Nesse auto fará constar, desde já – se possível, é claro – a *avaliação* dos bens penhorados. Não encontramos mais a figura da avaliação prévia feita pelo devedor, antigamente prevista no artigo 655 § 1°, V, do CPC (revogado). Também aqui há ganho em efetividade, sem prejuízo da segurança jurídica, podendo o devedor impugnar a avaliação errônea na forma do artigo 475-L, III, do CPC.

Sendo impossível proceder-se à imediata avaliação do bem, nem por isso deixará o oficial de justiça de efetuar, de imediato, a penhora, possibilitando ao credor o respectivo registro no ofício competente (registro de imóveis, DETRAN etc.).

Ressalte-se, por fim, ser aplicável a regra do artigo 656, § 5°, do CPC, podendo no caso da indicação de bem imóvel pelo credor, e mediante a apresentação da respectiva certidão, ser a penhora reduzida a termo pelo oficial de justiça, que ficará encarregado apenas da avaliação do bem indicado, como acertadamente afirma Araken de Assis.[532]

6.3.2.4. Da comunicação do devedor

Como ocorria na sistemática anterior (art. 669), deve haver a comunicação do devedor acerca do ato de constrição. Todavia, tal comunicação deverá dar-se, preferencialmente, na pessoa de seu advogado, pela publicação do ato em órgão oficial (art. 236) ou, na hipótese da segunda parte do artigo 237, por mandado ou carta registrada com aviso de recebimento. Apenas na falta do procurador, intimar-se-á o representante legal do devedor ou ele próprio, por mandado ou pelo correio.

Muito embora a lei não o refira expressamente, a jurisprudência já vinha admitindo a citação por hora certa do devedor,[533] mesmo no processo de execução, naquelas hipóteses em que o devedor buscava esquivar-se do recebimento do mandado de citação portado pelo oficial de justiça. Com mais razão agora, em se tratando de mera intimação – que, aliás, pode ser feita por publicação em nome do advogado do devedor – poder-

[532] "Desde que o exeqüente indique imóvel e apresente a respectiva certidão, a penhora se reduzirá a termo, limitando-se a participação do oficial de justiça, nesta contingência, à avaliação do bem nomeado, realizado no próprio termo de penhora" (ASSIS, Araken de. *Cumprimento da sentença.* Rio de Janeiro: Forense, 2006, p. 268).

[533] "Processual Civil. Execução de título extrajudicial. Devedor que se oculta. Citação por hora certa. Possibilidade. – Uma vez verificado nos autos que o executado evita o contato pessoal com o oficial de justiça, como no caso, furtivamente se esquivando da execução forçada do título extrajudicial, pode o credor se valer do que disposto no art. 227 do Código de Processo Civil, requerendo a citação por hora certa do devedor. – Recurso especial conhecido e provido" (REsp 286.709/SP, Rel. Ministro Cesar Asfor Rocha, Quarta Turma, julgado em 03.04.2001, DJ 11.06.2001, p. 233).

se-á proceder à intimação do devedor em tal modalidade, caso não reste ao credor alternativa mais eficaz.

Eventual diminuição da segurança – que invariavelmente há quando é eleita interposta pessoa para receber comunicações em nome de qualquer das partes – é compensada com o grande ganho em efetividade, bem como com a possibilidade de, em havendo qualquer irregularidade na representação processual, requerer-se a renovação do ato de intimação e reabertura do prazo para impugnação da execução. Com efeito, na intimação ora referida, constará o prazo de 15 dias para a apresentação de impugnação pelo devedor. O prazo de 15 dias contar-se-á da publicação da decisão intimatória no órgão oficial ou, na hipótese de intimação por mandado ou carta, da juntada aos autos de tais documentos.

Na hipótese de execução por carta, não há como se aplicar analogicamente à impugnação o que dispõe o artigo 747 do CPC. A impugnação não constitui ação autônoma, sendo, antes, incidente do processo principal, ainda que eventualmente venha a ser autuada separadamente (quando não receber efeito suspensivo – vide art. 475-M, § 2º). Assim, mesmo que venha a impugnação a versar sobre penhora incorreta ou avaliação errônea (art. 475-L, inciso III), a competência para o seu julgamento será do juízo deprecante, ainda que tenha, para tanto, de solicitar informações ao juízo deprecado. Cumpre salientar, também, que não bastará a juntada da carta precatória cumprida (art. 241, IV, do CPC), contendo o auto de penhora, para que se passe à contagem do prazo da impugnação. Isso porque é de se seguir à risca o disposto no § 1º do art. 475-J, devendo ser o advogado do devedor intimado da penhora através da publicação em órgão oficial, seguindo-se, na ausência daquele, as alternativas antes apontadas. Faz-se necessário observar os ditames do referido dispositivo, pois a sua relativização poderia ocasionar perda de prazo, em manifesto prejuízo à segurança jurídica.

No entanto, se vier o credor a requerer a execução no "juízo do local onde se encontram bens sujeitos à expropriação", como autoriza o parágrafo único do artigo 475-P, a intimação da penhora dar-se-á por aquele juízo, onde deverá ser oferecida a impugnação. É fundamental, no entanto, que a intimação, caso se realize por publicação no diário oficial, se dê vinculada ao processo de origem e, mais importante, no mesmo diário onde as intimações vinham ocorrendo. Seria demasiado exigir do procurador do devedor que acompanhasse as publicações em diários oficiais de todos os Estados onde seu cliente possui bens, após o trânsito em julgado da sentença. Assim, tendo sido requerida a execução em outro Estado da Federação, é aconselhável que a intimação inicial do advogado se dê por carta precatória, sem prejuízo de as demais comunicações se darem na imprensa oficial da comarca onde vier a tramitar a execução.

Além do devedor, resta claro que o cônjuge, não importando o regime do casal, deverá também ser intimado, a teor do artigo 655, § 2°, do CPC, caso a penhora recaia sobre bens *imóveis*. Como salienta Barbosa Moreira, a falta de intimação "acarreta a nulidade do processo de execução *daí em diante;* a penhora, em si, não é afetada".[534] Como não estará o cônjuge, necessariamente, representado nos autos por advogado, deverá ser intimado pessoalmente por mandado, por carta com aviso de recebimento ou, na impossibilidade, por hora certa, restando como última alternativa a custosa intimação por edital.

6.3.2.5. Da avaliação dos bens penhorados

Sendo "cada vez mais comum cometer aos oficiais de justiça a obrigação de executar os atos de avaliação judicial",[535] reformou-se a legislação processual para, no § 2° do art. 475-J do CPC, atribuir ao oficial de justiça a preferência na avaliação dos bens penhorados. Todavia, é ainda essencial que se atente para a real capacitação técnica do oficial de justiça na tarefa de avaliação. Como julgou a Primeira Turma do STJ, "é remansosa a jurisprudência do Superior Tribunal de Justiça no sentido de que a avaliação de bens penhorados por oficial de justiça sem condições técnicas para tanto, realizada sem mínimos fundamentos, contraria a legislação processual, ainda mais quando desacompanhada do obrigatório Laudo de Avaliação. *In casu*, compete ao juiz da execução nomear perito habilitado técnica e legalmente para proceder à avaliação."[536]

Não sabendo de antemão o juiz quais serão os bens a serem penhorados, na ausência de indicação expressa do credor, caberá àquele verificar, no retorno do mandado de penhora e avaliação, se a análise procedida pelo oficial de justiça estava dentro das possibilidades técnicas deste último. Tanto o credor quanto o devedor poderão fornecer subsídios para orientar o magistrado na admissão ou não da avaliação feita pelo oficial de justiça. A juntada de laudo apresentado por perito contratado pela parte, infirmando a avaliação do oficial, deve ser suficiente para a determinação de nova avaliação, como decidiu também a Primeira Turma do STJ.[537]

---

[534] BARBOSA MOREIRA, José Carlos. *O novo processo civil brasileiro.* 22.ed. Rio de Janeiro: Forense, 2002, p. 232.

[535] SILVA, Luis Cláudio de Jesus. *O oficial de justiça na prática: guia de atuação.* Rio de Janeiro: Forense, 2004, p. 93.

[536] REsp 351.931/SP, Rel. Min. José Delgado, 1ª T., julgado em 11.12.2001, DJ 04.03.2002, p. 207.

[537] Processual Civil – Execução Fiscal – Penhora – Avaliação elaborada por oficial de justiça – Impugnação – Nova avaliação realizado por peritos (Engenheiros Civis) – Possibilidade. Em execução fiscal, o laudo de avaliação do bem penhorado, por oficial de justiça, uma vez impugnado, com a apresentação de novo laudo apresentado por dois peritos (engenheiros civis), caberá ao juiz da execução nomear avaliador oficial. Recurso improvido (REsp 316.570/SC, Rel. Ministro Garcia Vieira, Primeira Turma, julgado em 07.06.2001, DJ 20.08.2001, p. 392).

Tendo o credor indicado os bens, desde já poderá o juiz avaliar a viabilidade da realização da avaliação pelo oficial de justiça.

Sendo necessário conhecimento especializado para que se realize a avaliação do bem, o juiz nomeará, imediatamente, profissional devidamente habilitado. Ao determinar a fixação de "breve prazo" para a entrega do laudo de avaliação, parece-nos claro que o dispositivo legal não comporta a instauração de procedimento semelhante ao do artigo 421 do CPC, com a indicação de assistentes técnicos, apresentação de quesitos etc. Não obstante, as partes poderão contratar profissionais habilitados para que realizem, eles próprios, laudos de avaliação, que servirão como elemento de convencimento do magistrado na hipótese de contestação do laudo do avaliador oficial.

O importante, nesse momento, é evitar a indevida protelação do procedimento expropriatório, atentando-se sempre para a devida ponderação entre a segurança e a efetividade. Eventual controvérsia quanto à avaliação dos bens não deve impedir o prosseguimento da execução,[538] até o momento em que a avaliação se tornar imprescindível (momento anterior à convocação para a hasta pública). Chegando-se nesse limiar, deve o juiz decidir de forma imediata, ponderando os argumentos das partes, eventuais laudos particulares apresentados, bem como o trabalho do avaliador oficial, e determinando o correto valor da avaliação. Da decisão caberá agravo de instrumento, dada a evidente inutilidade do agravo retido para a hipótese em questão.[539]

6.4. Do cumprimento provisório e da execução provisória da sentença

6.4.1. Do cumprimento provisório da sentença

Na nova sistemática destinada à efetivação das sentenças referentes ao pagamento de quantia, há, como expusemos anteriormente, duas fases

[538] Deve-se evitar, a todo custo, um processo de "vistas", onde o juiz torna-se mero intermediário da comunicação das partes e do avaliador, comunicando a um e ao outro suas irresignações sobre a avaliação do bem. O ideal é aproveitarem-se tais oportunidades para dar andamento ao feito, comunicando as partes também de outras diligências essenciais (julgando-se, por exemplo, eventual impugnação do art. 475-L, que não depende do resultado da avaliação dos bens penhorados).

[539] Dispõe o artigo 522 do CPC, com a redação dada pela Lei nº 11.187, de 2005: "Das decisões interlocutórias caberá agravo, no prazo de 10 (dez) dias, na forma retida, salvo quando se tratar de decisão suscetível de causar à parte lesão grave e de difícil reparação, bem como nos casos de inadmissão da apelação e nos relativos aos efeitos em que a apelação é recebida, quando será admitida a sua interposição por instrumento". A lesão grave e de difícil reparação, exigida pela lei, na hipótese da decisão acerca da avaliação do bem penhorado, consiste na possibilidade de alienação do mesmo em hasta pública, por valor inferior ao de sua correta avaliação. Além disso, inútil seria o agravo retido, por razões óbvias. Inadmitir-se o agravo de instrumento seria sustentar a irrecorribilidade da decisão em referência.

distintas após a sentença: a fase de *cumprimento* e a fase de *execução*, esta dependente do insucesso, total ou parcial, daquela. Na primeira, o devedor, tão logo transite em julgado[540] a sentença, e independentemente de requerimento do credor, terá contra si iniciado o prazo de 15 dias para cumprir a sentença, sob pena de incidir, *ex vi legis*, multa de 10% sobre o valor da condenação. Na segunda, uma vez descumprida a sentença, o credor deve requerer o prosseguimento do feito, com a tomada de atos expropriatórios em procedimento executivo.

A questão que se coloca é a seguinte: poderá o devedor ter de cumprir a sentença (ou acórdão) *antes* do trânsito em julgado desta última, ainda que possa ela sofrer reforma futuramente? Haveria uma fase de *cumprimento* provisório da sentença?

A resposta há de ser afirmativa. Mesmo antes de transitar em julgado a sentença ou o acórdão, e desde que, nos termos do artigo 475-I, § 1°, a sentença ou acórdão sejam impugnados – ou impugnáveis[541] – mediante recurso ao qual não foi – ou não poderá, de regra, ser[542] – atribuído efeito

---

[540] Ou, no caso de cumprimento provisório, tão logo *intimado o devedor para cumprimento da sentença*, como veremos adiante (itens 6.4.1 e 6.4.1.1. Capítulo III).

[541] BARBOSA MOREIRA salienta, com precisão, que "seria errôneo pensar que, enquanto não interposto o recurso, a sentença produz efeitos, e só com a interposição deixa de produzi-los" (BARBOSA MOREIRA, José Carlos. Eficácia da sentença e autoridade da coisa julgada. *Revista da Ajuris*, Porto Alegre, v. 10, n. 28, p. 15-31, jul. 1983, p. 23). Assim, *se a sentença for impugnável por apelação com efeito suspensivo* (regra geral, por força do artigo 520 do CPC), não há que se falar em exigibilidade do preceito nela contido. Nesse sentido, veja-se também a lição de NELSON NERY JÚNIOR: "Na verdade, a suspensividade diz mais de perto com a recorribilidade, do que propriamente com o recurso. [...] Dizemos que a suspensividade respeita mais propriamente à recorribilidade porque o efeito suspensivo, na prática, tem início com a publicação da sentença e perdura, no mínimo, até que se escoe o prazo para a parte ou interessado recorrer. Assim, durante o prazo para a interposição do recurso, já existe, em certa medida, o efeito suspensivo que se prolongará até o julgamento do recurso efetivamente interposto, ao qual a lei confirma efeito suspensivo. Olhando o fenômeno por outro ângulo, poder-se-ia dizer que o que ocorre durante o prazo que vai da publicação da decisão até o escoamento do termo para a interposição do recurso é a suspensão dos efeitos da sentença, não por incidência do efeito suspensivo do recurso, mas porque a eficácia imediata da decisão fica sob a condição suspensiva de não haver interposição de recurso que deva ser recebido no efeito suspensivo" (NERY JUNIOR, Nelson. *Princípios fundamentais: teoria geral dos recursos*. 5.ed. São Paulo: Revista dos Tribunais, 2000, p. 383-384).

[542] É claro que, interposto o recurso e obtido efeito suspensivo excepcional (ex.: art. 558, parágrafo único do CPC, ou, ainda, medida cautelar em sede de recurso especial ou extraordinário), obstar-se-á a execução provisória. Nesse particular, é incompreensível o § 3° do artigo 475-O, que exige, para o requerimento de execução provisória pelo credor, a juntada de cópia autenticada de "*II – certidão de interposição do recurso não dotado de efeito suspensivo;*". Ora, essa diligência mostrar-se-á ou inútil, ou impossível. Sabe-se, pelo princípio da unirrecorribilidade das decisões, antes mesmo da efetiva *interposição* do recurso, qual o recurso cabível e, por via de conseqüência, quais os efeitos que, *de regra*, possui o mesmo. Assim, ou a decisão já nasce com sua eficácia suspensa (independentemente da efetiva *interposição* do recurso), ou recurso contra ela cabível só receberá efeito suspensivo quando analisado pelo órgão jurisdicional (ou fração deste) ao qual foi direcionado. Na primeira hipótese, desnecessária se faz a certidão de interposição, pois mesmo antes desta é inviável a execução provisória. Na segunda hipótese, é evidente que a certidão de *interposição* do recurso nada dirá quanto aos efeitos de que o mesmo futuramente poderá vir a ser dotado pelo relator ou pelo colegiado, sendo impossível obter-se certidão de *interposição* que disponha acerca dos efeitos que o recurso poderá vir a gerar.

suspensivo, poderá vir a ser intimado o devedor para cumprir voluntariamente a decisão.[543]

Todavia, nesse caso – diferentemente do que ocorrerá no cumprimento da sentença transitada em julgado – é imprescindível o requerimento do credor. Isso porque o cumprimento provisório, *mutatis mutandis*, sujeita-se às mesmas regras e princípios que a execução provisória, dentre os quais, forte no artigo 475-O, incisos I e II, a iniciativa do credor, a responsabilidade deste em reparar os danos sofridos pelo devedor e a necessidade de retorno ao *status quo ante* nos casos em que ocorrer a reversão da decisão exeqüenda.

Assim, poderá o credor requerer, na forma do artigo 475-O, § 3º, a *intimação* do devedor para que cumpra a sentença ou o acórdão – ainda que em sede provisória – no prazo de 15 dias. Note-se que, aqui, diferentemente do que ocorrerá no cumprimento *definitivo* da sentença (onde só o trânsito em julgado é o que basta para que se inicie a contagem do prazo para cumprimento), é evidente a necessidade de se informar o devedor da intenção do credor em obter o cumprimento em sede provisória, a qual se dá por iniciativa, conta e risco deste último. Daí por que se mostra necessária a intimação do primeiro.

Quanto ao destinatário de tal intimação, como já afirmamos (item 4.3.5.2), doutrina e jurisprudência têm se inclinado para exigir a intimação da parte, e não de seu advogado, no cumprimento das sentenças mandamentais, referentes aos artigos 461 e 461-A do CPC. Segundo Marinoni, "em geral, para a prática de atos *personalíssimos* da parte, esta é a via adequada [intimação pessoal], dirigida, então, diretamente à parte, e não a seu advogado".[544] A Primeira Turma do Superior Tribunal de Justiça, em acórdão relatado pelo Min. Luiz Fux, determinou que nada obstante a desnecessidade de *citação* do devedor para cumprir a obrigação de fazer, "o cumprimento da sentença pressupõe ordem para fazer, o que arrasta a necessidade de comunicação *faciem*, insubstituível pela publicação no diário oficial".[545]

Contudo, em relação ao cumprimento das sentenças que condenam o devedor a *pagar quantia*, cremos que a solução possa ser diversa. A intimação do devedor na hipótese de *cumprimento provisório* deverá se dar na

---

[543] Muito embora critique a terminologia adotada pela reforma, Barbosa Moreira, citando nosso posicionamento, parece concordar com a idéia de que "o conceito de provisoriedade é comum a ambas as modalidades de efetivação do *decisum*". (BARBOSA MOREIRA, José Carlos. "Observações sobre a Estrutura e Terminologia do CPC após as Reformas das Leis 11.232/2005 e 11.382/2006". *Revista de Processo*, São Paulo, v. 32, n. 154, p. 18-19, dez. 2007).

[544] MARINONI, Luiz Guilherme; ARENHART, Sérgio Cruz. *Manual do processo de conhecimento*. 2.ed. São Paulo: Revista dos Tribunais, 2003, p. 132.

[545] REsp nº 692.386-PB. Primeira Turma do Superior Tribunal de Justiça. Rel. Min. Luiz Fux. J. em 11.10.2005. DJ 24.10.2005. Disponível em: <http://www.stj.gov.br>. Acesso em: 23 jan. 2006.

pessoa de seu advogado, sendo desnecessária, nesse particular, a intimação na pessoa da parte. Seria atentar contra a simplificação do processo – obtida em especial com a eliminação da *citação* em processo de execução autônomo – exigir-se diligência específica para encontrar o devedor e informá-lo da sentença condenatória e do preceito que agora lhe é exigido em sede provisória. Aliás, poderia ter sido mais enfático o legislador nesse ponto, muito embora a leitura dos artigos 236 e 237 do CPC autorize tal conclusão.[546]

A intimação dar-se-á "pela só publicação dos atos no órgão oficial" (art. 236) ou, não o havendo, aos "advogados das partes [...] pessoalmente, tendo domicílio na sede do juízo" (art. 237, *caput* e inciso I) ou "por carta registrada, com aviso de recebimento, quando domiciliado fora do juízo" (art. 237, inciso II). Uma vez publicada a nota de expediente, constando necessariamente "os nomes das partes e de seus advogados, suficientes para sua identificação" (art. 236, § 1º), ou, então, uma vez acostada aos autos a prova da intimação do advogado (nas hipóteses do art. 237 do CPC), iniciar-se-á, no dia seguinte, a contagem do prazo de 15 dias para o cumprimento do preceito condenatório pelo réu.

Assim, bastará a expedição de nota de expediente, publicada em nome do procurador do devedor habilitado nos autos, ou sua intimação na forma dos incisos I e II do art. 237 do CPC, para satisfazer o requisito da intimação e proporcionar o início da contagem do prazo de 15 dias para cumprimento voluntário e provisório da condenação. Evidentemente, a intimação pessoal do próprio devedor, se vier a ocorrer, será reputada igualmente válida, muito embora seja necessário, nesse caso, revestir-se o mandado intimatório de todos os pormenores (valor da condenação, prazo para pagamento, conseqüências do descumprimento) que permitiriam, mesmo a um leigo na área jurídica, compreender a intimação e efetuar o pagamento. No caso da intimação do advogado, o mero "cumpra-se" já é suficiente, pois o prazo e conseqüências do descumprimento estão previstos em lei ou na própria sentença, da qual já fora intimado o procurador da parte.

6.4.1.1. Cumprimento provisório e multa de 10%

Havendo justa expectativa do devedor no deslinde de seu recurso, haverá vozes sustentando ser contra o *telos* do artigo 475-J a imposição

---

[546] O legislador italiano não incorreu nesta omissão, fazendo constar expressamente do Código de Processo Civil Italiano disposição autorizando a intimação da parte através de seu advogado, nos casos em que o título executivo se consubstancie em sentença: *"479. [...] [II]. La notificazione del titolo esecutivo deve essere fatta alla parte personalmente a norma degli articoli 137 e seguenti; ma, se esso è constituto da uma sentenza, la notificazione, entro l'anno dalla publicazione [133], può essere fatta a norma dell'articolo 170."*

"170. [...] [I]. Dopo la constituizione in giudizio [165, 166] tutte le notificazione [137] e le comunicazioni [136] si fanno al procuratore constituito, salvo che la legge disponga altrimenti".

da multa nele prevista nas hipóteses de descumprimento da sentença em sede provisória.

Entretanto, ao franquear ao credor a possibilidade de requerer não apenas o cumprimento provisório, mas também a execução provisória do julgado, a lei reconhece a mesma *exigibilidade* às sentenças e acórdãos com ou sem trânsito em julgado, modificando-se apenas as garantias necessárias para o desenvolvimento do procedimento expropriatório. O que distingue a sentença transitada em julgado e aquela pendente de recurso é a eficácia declaratória plena, a certeza jurídica[547] que só é conferida na primeira espécie. A exigibilidade do preceito nelas contido é idêntica, estando suspensa na segunda (sentença pendente de recurso) apenas nos casos em que, justamente, por ocasião de eventual efeito suspensivo atribuído ao recurso interposto, não se admite a execução provisória. Não estando suspensa a exigibilidade do *decisum*, admite-se a execução[548] (e, agora, o cumprimento) provisória com as mesmas ferramentas e mecanismos à disposição na execução definitiva (arresto, penhora etc.), mas com os cuidados e garantias inerentes à execução provisória (caução – quando não for dispensada – iniciativa e responsabilidade do credor em reparar danos na hipótese de reforma da decisão etc.).

Caso o devedor atenda à intimação para o cumprimento provisório da sentença, não há que se falar, em absoluto, em aceitação tácita da sentença, consubstanciada na prática de um ato incompatível com a vontade de recorrer.[549] Semelhante consideração ignora a literal disposição do artigo 503, parágrafo único, onde se lê: "Considera-se aceitação tácita a prática, *sem reserva alguma*, de um ato incompatível com a vontade de recorrer" (grifamos). Evidentemente, ao cumprir a intimação sob a ameaça de incidência de multa, o devedor age com a reserva de estar ainda aguardando

[547] "As sentenças declaratórias afirmam a existência ou inexistência de uma relação jurídica como objeto principal ou incidental de um processo. Com essa essência, as sentenças declaratórias conferem a *certeza jurídica* almejada pela parte através da decisão judicial" (FUX, Luiz. *Curso de direito processual civil*. Rio de Janeiro: Forense, 2001, p. 687).

[548] Isto porque, como ensina LIEBMAN, o que se exige é a sentença – e, acrescentaríamos hoje, a decisão que antecipa a tutela – "legalmente pronunciada" e a insatisfação do crédito nela reconhecido, não necessariamente o trânsito em julgado daquela. "A existência de um crédito insatisfeito não é porém suficiente para que possa pedir-se a execução. É ainda necessária a existência de sentença legalmente pronunciada, verificando esse fato e condenando o devedor. Tal ato tem eficácia de título executório e funciona como condição necessária e suficiente da execução, segundo o princípio tradicional: *nulla executio sine titulo*" (LIEBMAN, Enrico Tullio. *Processo de execução*. São Paulo: Saraiva, 1946, p. 23). Ora, se já é possível agredir diretamente o patrimônio do réu, mostra-se também possível exigir do mesmo o cumprimento voluntário da condenação, ato anterior, na sistemática atual, à execução propriamente dita.

[549] É o que sustenta José Maria Rosa Tesheiner, divergindo expressamente de nossa posição, ao afirmar: "Tendo havido a interposição de recurso sem efeito suspensivo, como o especial, cabe execução provisória, pelo valor da condenação, mas não se pode, nesse caso, exigir do devedor, inconformado com a condenação, que efetue o pagamento, sob pena de acréscimo de 10%, o que implicaria exigir-lhe a prática de atos incompatíveis". (TESHEINER, José Maria Rosa. Execução de sentença: regime introduzido pela Lei 11.232/2005. Revista Jurídica, São Paulo, v. 54, n. 343, p. 17-24, maio 2006, p. 21).

o resultado de seu recurso. Está cumprindo a sentença apenas e tão-somente para evitar a incidência da multa, e por isso não há qualquer incompatibilidade entre o cumprimento provisório e a manutenção do pleito recursal.[550] Aguarda o devedor o provimento de seu recurso, para que venha a ser ressarcido pelo credor do que pagou indevidamente. Sustentar o contrário seria afirmar que o devedor está *obrigado* a sofrer atos expropriatórios sempre que o credor requerer a execução provisória da sentença, não havendo, sob hipótese alguma, a possibilidade de cumprimento provisório justamente para evitar os prejuízos decorrentes daqueles atos. De mais a mais, a hipótese de cumprimento provisório das sentenças e das decisões judiciais como um todo, na pendência de recursos contra elas interposto, é extremamente comum, bastando pensar nas decisões de caráter mandamental (em especial, na antecipação da tutela das obrigações de fazer, não-fazer e entrega de coisa, quando não obtido o efeito suspensivo no agravo de instrumento). Não se tem notícia de alguém ter sustentado a aplicação do artigo 503 do CPC nessas hipóteses, não havendo nenhuma nota distintiva em relação à hipótese em que o cumprimento for de sentença determinando o pagamento de quantia. Não haverá, no cumprimento voluntário da decisão, ato incompatível com o de recorrer, justamente em razão do cumprimento se dar com manifesta e evidente reserva.

Por fim, não se pode opor à exigência de *cumprimento* provisório a eventualidade de os autos não se encontrarem na origem para a realização do pagamento. Pode o devedor pagar diretamente ao credor mediante recibo (acostando-o aos autos), ou requerer a expedição de guias para o depósito judicial na origem. Judiciários locais têm expedido resoluções autorizando tal procedimento.[551] Eventual dificuldade do devedor em calcular o montante devido sem a consulta aos autos deverá ser cabalmente demonstrada, não podendo a sua desídia em manter cópias do processo servir de escusa para a não-aplicação da multa.[552]

---

[550] Aliás, para que seja sustentada tal incompatibilidade, é preciso explicar como se pode exigir, em relação aos deveres de fazer, não-fazer e entrega de coisa, o cumprimento diante da ameaça de incidência das *astreintes*, mesmo na pendência de recurso, sem que este perca o seu objeto.

[551] Veja-se, por exemplo, o Provimento nº 20/06 da Corregedoria da Justiça no RS, que prevê a possibilidade de abertura de expediente avulso para esse fim, como se lê do artigo 2º da referida norma administrativa: "Art. 2º – A realização do depósito será imediatamente comunicada, por petição, ao juízo de 1º grau ou ao relator do processo, conforme se trate das hipóteses do *caput* do artigo anterior. Parágrafo único – realizado o depósito e recebida a petição instruída da guia, após intimação do credor proceder-se-á à autuação destes documentos, como expediente avulso com o mesmo número do processo de conhecimento (numeradas as folhas no canto inferior direito), procedendo-se à respectiva anotação no sistema informatizado (até liberação do sistema themis informar no campo 'observações' e 'local dos autos' que o processo de conhecimento está em 2º grau). Havendo pedido de liberação do valor depositado pelo credor, será este juntado ao expediente e submetido à apreciação judicial. Cópia do alvará expedido também deverá permanecer entranhada ao expediente até retorno do processo de conhecimento, quando serão, as peças, a este juntadas e numeradas da forma usual, descartando-se a capa."

[552] Embora divirja de nosso posicionamento com relação à aplicação da multa em sede de cumprimento *provisório*, José Maria Rosa Tesheiner esposa entendimento válido para o que se sustenta aqui, acer-

Daí por que a multa de 10%, constante do artigo 475-J, se aplica também caso o devedor desatenda à intimação para cumprir a sentença em sede de *cumprimento provisório*.[553]

6.4.2. *Execução provisória*

Não atendendo o devedor a intimação para que cumpra provisoriamente a sentença, retorna ao credor a iniciativa do processo, cumprindo a ele requerer o seu prosseguimento na forma de *execução provisória*.[554] A possibilidade de se executar provisoriamente o julgado decorre, indubitavelmente, da análise do conflito entre efetividade e segurança. Abre-se mão de um grau maior de segurança jurídica (que seria aguardar o trânsito em julgado da decisão exeqüenda) para ampliar a efetividade da decisão judicial, permitindo que ela produza efeitos antes mesmo de ter resolvido os recursos contra si interpostos.

A redação do § 1° do artigo 475-I do CPC estabelece ser "definitiva a execução da sentença transitada em julgado" e provisória "quando se tratar de sentença impugnada mediante recurso ao qual não foi atribuído efeito suspensivo". Assim, por trás da regra processual está a concepção de que, não estando suspensa a eficácia da sentença, ela pode, desde já, produzir efeitos concretos.

Todavia, o problema que se coloca não é exatamente a definição de execução provisória e sua relação com o momento em que a eficácia da sentença não mais se encontra suspensa, mas justamente a análise da ex-

---

ca da possibilidade do cumprimento mesmo sem a presença dos autos na origem, *in verbis*: "O trânsito em julgado ocorrerá, na maioria dos casos, em outra instância, motivo por que se poderia sustentar que o termo inicial do prazo fixado para pagamento seria o da intimação do despacho de 'cumpra-se', quando do retorno dos autos. Mas isso implicaria a concessão de um prazo, que pode estender-se por vários meses, a um devedor já condenado porque deve e porque em mora. Note-se que não se trata de depósito, que deva ser autorizado pelo juiz, mas de pagamento, que independe de autos. Nos casos em que a falta deles torne difícil, para o devedor, a elaboração de um cálculo mais exato, resta-lhe a solução de efetuar pagamento parcial, caso em que a multa de dez por cento incidirá sobre o saldo (art. 475-J, § 4°). Essa dificuldade, acaso existente, será, na maioria dos casos, imputável à desídia do próprio devedor, que não se muniu de cópias necessárias de atos do processo. Excepcionalmente, a multa poderá ser relevada, em caso de provimento parcial do recurso, em termos tais que o cálculo se torne impossível sem consulta aos autos" (TESHEINER, José Maria Rosa. Execução de sentença – Regime introduzido pela Lei 11.232/2005. Disponível em: <http://www.tex.pro.br>. Acesso em: 02 fev. 2007).

[553] Em sentido contrário, veja-se Carlos Alberto Alvaro de Oliveira, para quem a multa de 10% do art. 475-J é de caráter penitencial, só podendo ser exigida após o trânsito em julgado da sentença. Ver comentários ao art. 475-O em ALVARO DE OLIVEIRA, Carlos Alberto (coord.). *A nova execução: comentários à Lei n° 11.232, de 22 de dezembro de 2005.* Rio de Janeiro: Forense, 2006, p. 195.

[554] Utilizaremos aqui tal expressão, já consagrada na doutrina, não obstante reconheçamos sua impropriedade, pois provisória é a decisão exeqüenda, e não a execução em si. Nesse sentido, veja-se MARINONI, Luiz Guilherme. *Tutela antecipatória e julgamento antecipado: parte incontroversa da demanda.* 5.ed. São Paulo: Revista dos Tribunais, 2002, p. 228.

tensão do período anterior, em que a sentença já foi proferida e, no entanto, sujeita-se a recurso com efeito suspensivo.

Já sustentamos, neste trabalho,[555] que a aplicação do método sugerido implicaria a revisão dos sistema processual, de forma a permitir-se que, *mesmo antes da sentença*, o juiz, com base em *standard* de convencimento preestabelecido, antecipasse a tutela independentemente da hipótese de perigo de dano irreparável ou de difícil reparação. Ora, se admitimos a autorização de juízos de probabilidade *initio litis*, de forma a colocar sob os ombros do réu (quem, na hipótese em questão, *provavelmente* não tem razão) o ônus do tempo do processo, com mais facilidade ainda podemos chegar à conclusão de que toda sentença calcada em cognição exauriente poderia ser de imediato executada, sendo manifestamente descabida a regra hoje existente no artigo 520, *caput*, do CPC, impondo o efeito suspensivo *de regra* ao recurso de apelação. A essa conclusão chegou Luiz Guilherme Marinoni, afirmando: a) a sentença, até que se prove em contrário, é legítima e justa, e por isso deve ser apta a realizar desde já os direitos e interferir na vida das pessoas;[556] b) o recurso contra a sentença de procedência serve apenas para o réu demonstrar o erro do juiz, razão pela qual é aquele, e não o autor, que deve suportar o ônus do tempo de tramitação do recurso;[557] e c) a execução imediata da sentença desestimularia o recurso meramente protelatório, pois este não teria o condão de evitar a transferência do bem disputado da esfera jurídica do réu para a do autor.[558]

Por tais razões, cremos ser de fundamental importância, para a conformação do processo a critérios justos de distribuição do tempo, que se modifique a regra constante do artigo 520, *caput*, do CPC – praticamente invertendo-a –, de forma que *apenas em casos de exceção* se conceda efeito suspensivo à apelação, como se prevê no Projeto de Lei da Câmara nº 30/2005 (número na Câmara: PL 3605/2004).[559] Nota-se claramente, pela tônica da reforma processual, uma conscientização maior dos valores a ponderar (efetividade *vs.* segurança).

Não obstante, mesmo diante da sistemática atual, em que a apelação tem, de regra, efeito suspensivo, evitando a execução provisória da maior parte das sentenças, é evidente a possibilidade de o autor requerer a antecipação da tutela em sede recursal, retirando com isso o efeito suspensivo

---

[555] Item 4.3.3. Capítulo III.

[556] MARINONI, Luiz Guilherme. *Tutela antecipatória e julgamento antecipado: parte incontroversa da demanda*. 5.ed. São Paulo: Revista dos Tribunais, 2002, p. 228.

[557] "Se o recurso interessa apenas ao réu, não é possível que o autor – que já teve o seu direito declarado – continue sofrendo os males do tempo do processo" (Idem, 2002, p. 228).

[558] Ibidem.

[559] Disponível em: <http://www2.camara.gov.br/proposicoes>. Acesso em: 02 fev. 2007.

da apelação e permitindo a imediata execução da sentença recorrida.[560] Todavia, a solução não satisfaz plenamente os critérios de justiça propugnados aqui, pois depende da demonstração de urgência, o que, a rigor, seria desnecessário ante o correto balanceamento dos valores em jogo.[561]

6.4.2.1. *Do valor segurança na execução provisória: a caução*

Para o que interessa ao propósito deste estudo – avaliar a aplicação do método de resolução do conflito entre efetividade e segurança na efetivação (cumprimento e execução) das sentenças –, é fundamental atentar para os mecanismos criados pelo legislador para combinar a efetividade necessária a qualquer processo executivo com as garantias de que ele deve se revestir em se tratando da execução de sentença que pode, ainda, vir a ser amplamente modificada.

Estabelece o inciso III do artigo 475-O do CPC que "o levantamento de depósito em dinheiro e a prática de atos que importem alienação de propriedade ou dos quais possa resultar grave dano ao executado dependem de caução suficiente e idônea, arbitrada de plano pelo juiz e prestada nos próprios autos". Em outras palavras, para obter a quantia que lhe é considerada devida pela sentença, necessita o autor indisponibilizar patrimônio seu de valor equivalente, ou, ainda, obter garantias de terceiros, que geralmente envolvem um custo que não será ressarcido (ex.: fiança bancária), nem mesmo ao final do processo, saindo o demandante vitorioso. A própria lei processual estabelece os únicos casos em que a caução poderá ser dispensada: *(a)* execução de créditos de natureza alimentar ou decorrentes de ato ilícito, até o limite de sessenta salários mínimos, devendo o exeqüente demonstrar situação de necessidade, e *(b)* nos casos em que penda, contra a decisão exeqüenda, agravo de instrumento junto ao Supremo Tribunal Federal ou ao Superior Tribunal de Justiça (art. 544), salvo quando da dispensa da caução possa "manifestamente resultar risco de grave dano, de difícil ou incerta reparação".

A lei não prevê, por exemplo, a hipótese em que o credor não possui patrimônio suficiente para caucionar a execução provisória. Aqui, necessário se faz colocar em perspectiva o direito positivo, como elemento integrante do complexo valorativo da segurança jurídica, com os demais valores relacionados à efetividade. Negar a possibilidade de execução provisória nesses casos, pela miserabilidade do credor, implicaria violar o núcleo fundamental da efetividade. A solução deve passar, portanto, pela aplicação do método sugerido na segunda parte deste trabalho. Para Carlos

---

560 Nesse sentido, veja-se ZAVASCKI, Teori Albino. *Antecipação da tutela*. 3.ed. São Paulo: Saraiva, 2000, p. 120-121.

561 Item 4.3.3. Capítulo III.

Alberto Alvaro de Oliveira, "em tais hipóteses, deverá o juiz, sopesando os mencionados princípios no confronto com o princípio da segurança, empregando o postulado normativo aplicativo da proporcionalidade e outras regras hermenêuticas, estabelecer a solução adequada". E esta, com efeito, consistirá na dispensa da caução na hipótese aqui ventilada.

6.5. A defesa do devedor

Muito embora milite, na fase de execução de título judicial, forte presunção de que o autor tenha razão, é evidente que, em se tratando de continuação do *processo*, e sendo este caracterizado por um procedimento em *contraditório*, não pode estar ausente a possibilidade de o executado opor-se à invasão de sua esfera jurídica. Evidentemente, as questões já decididas na fase cognitiva não poderiam ter a sua discussão reaberta. Aqui, parece-nos, acima de tudo, que se conjugam tanto a efetividade quanto a segurança em torno da mesma idéia (trata-se de rara hipótese em que não há verdadeiro *conflito*). Mostra-se mais efetivo o processo ao evitar-se a sua delonga pela reabertura de debates nele já realizados, assim como se prestigia a segurança jurídica ao ser defendida a estabilidade das situações jurídicas definitivas (no caso, a sentença proferida). Como antes afirmado, segurança jurídica não se confunde com imobilismo, que seria causado caso se oportunizasse a manutenção do *status quo* anterior ao processo enquanto se retornasse a discussões antigas e já superadas.

Assim é que, ao prever as matérias que poderão ser argüidas pelo executado em sede de impugnação, o legislador limitou-as de forma bastante semelhante à que já vinha ocorrendo nos embargos à execução da sistemática anterior. Podem ser argüidas, de acordo com o artigo 475-L,

> I – falta ou nulidade da citação, se o processo correu à revelia; II – inexigibilidade do título; III – penhora incorreta ou avaliação errônea; IV – ilegitimidade das partes; V – excesso de execução; VI – qualquer causa impeditiva, modificativa ou extintiva da obrigação, como pagamento, novação, compensação, transação ou prescrição, desde que superveniente à sentença.[562]

Tem-se, aqui, típica hipótese de cognição parcial no plano horizontal, e exauriente no plano vertical, na feliz expressão de Kazuo Watanabe.[563] Trata-se, como afirma o citado processualista, de proporcionar o direito à *cognição adequada*, que será ditada, segundo entendemos, justamente pela

---

[562] BRASIL. Lei 5.869, de 11 de janeiro de 1973. Institui o Código de Processo Civil. Disponível em: <http://www.planalto.gov.br/ccivil_03/LEIS/L5869.htm>. Acesso em: 01 set. 2006.

[563] WATANABE, Kazuo. *Da cognição no processo civil*. 2.ed. atual. Campinas: Bookseller, 2000, p. 111-113; 116.

resolução do conflito entre efetividade e segurança.[564] O maior grau de estabilidade da sentença proferida na fase de cognição – e, em especial, da que vier a transitar em julgado – impõe que seja adequado o procedimento de impugnação à efetivação dessa mesma sentença. E essa adequação passa, sem dúvida, pela limitação da extensão da cognição, limitação esta que se dará no plano horizontal, ou seja, no que se refere aos "elementos objetivos do processo [...] questões processuais, condições da ação e mérito".[565]

Todavia, equiparou-se à inexigibilidade do título a hipótese de "título judicial fundado em lei ou ato normativo declarados inconstitucionais pelo Supremo Tribunal Federal, ou fundado em aplicação ou interpretação da lei ou ato normativo tidas pelo Supremo Tribunal Federal como incompatíveis com a Constituição Federal" (art. 475-L, § 1º do CPC), o que já fora feito pela Medida Provisória nº 2.180-35, de 24 de agosto de 2001, que acrescentara um parágrafo único ao artigo 741 do CPC. Torna-se definitiva a regra que permite ao juiz, mesmo após ter a sentença transitado em julgado, vir a considerar inexigível o comando nela contido na hipótese de a sentença ter se baseado em lei ou ato normativo declarado inconstitucional pelo STF. Como observa Araken de Assis, a decisão deverá ter efeito *erga omnes*, bem como se revestir de caráter definitivo (liminares no controle concentrado de constitucionalidade não terão o condão de proporcionar o efeito do § 1º do art. 475-L). Também as decisões do STF cujos efeitos forem declarados *ex nunc* (como autoriza o artigo 27 da Lei 9.868/99) não terão o condão de abalar a coisa julgada material anteriormente verificada.[566]

A possibilidade de argüição de inexigibilidade do título judicial com base nesse fundamento é reflexo de um movimento doutrinário muito presente no Brasil, que propugna pela relativização da coisa julgada material.[567] Não cabe, aqui, enfrentar as intrincadas questões que envolvem a matéria, e que exigem sem dúvida alguma uma análise aprofundada que fugiria ao escopo deste estudo. No entanto, é necessário registrar que na

---

[564] Para Kazuo Watanabe, o procedimento (e a adoção das várias formas de cognição que nele forem feitas) deve atender "às exigências das pretensões materiais quanto à sua natureza, à urgência da tutela, à definitividade da solução e a outros aspectos, além de atender às opções técnicas e políticas do legislador". Afirma ainda que os limites para estas formas de cognição "são os estabelecidos pelo princípio da inafastabilidade do controle jurisdicional e pelos princípios que compõem a cláusula do 'devido processo legal'." (Ibidem,124).

[565] Ibidem, p. 111.

[566] ASSIS, Araken de. *Cumprimento da sentença.* Rio de Janeiro: Forense, 2006, p. 331. No mesmo sentido, embora tratando da redação do artigo 741, parágrafo único, do CPC, veja-se WAMBIER, Teresa Arruda Alvim; MEDINA, José Miguel Garcia. *O dogma da coisa julgada: hipóteses de relativização.* São Paulo: Revista dos Tribunais, 2003, p. 74-76.

[567] Talvez o principal trabalho publicado tenha sido o artigo de Cândido Rangel Dinamarco, intitulado "Relativizar a coisa julgada material" (*Revista da Ajuris,* Porto Alegre, v. 27, n. 83, p. 33-65, set. 2001; *Revista Forense,* Rio de Janeiro, v. 97, n. 358, p. 11-32, nov./dez. 2001; *Revista de Processo,* São Paulo, v. 28, n. 109, p. 9-38, jan./mar. 2003).

base das propostas de relativização encontra-se o valor *efetividade*, deixando-se de lado o valor *segurança*, que, nos dizeres da própria doutrina que apóia a idéia de relativização, não é propriamente *ponderado*, mas "vem dando lugar, de modo suave e paulatinamente, aos valores *justiça* e *efetividade*".[568] Em vez de considerar presentes os valores *efetividade* e *segurança* e aplicar-lhes um método para a resolução do evidente conflito, opta a doutrina por fixar seu olhar sobre a efetividade e sobre a suposta justiça – como se esta fosse um valor contraposto à segurança, o que certamente constitui falsa premissa – do processo. Afirma-se, por exemplo, que "admitir que sobreviva decisão que consagrou interpretação hoje considerada, pacificamente, incorreta pelo Judiciário, é prestigiar o 'acaso'."[569] Isso porque os favorecidos pela decisão teriam tido a "sorte" de obtê-la antes que a matéria fosse pacificada em sentido contrário aos seus interesses. Assim, a estabilização da decisão contrária à posterior pacificação jurisprudencial dos Tribunais Superiores constituiria uma "segurança com os olhos voltados para o passado".[570] Propugna-se, assim, por uma "segurança de se ter conseguido o melhor, portanto segurança *com conteúdo*".[571]

O argumento contém problemas evidentes. O primeiro diz com a afirmação de que a decisão do Tribunal Superior é a *melhor*. Confunde-se o elemento hierárquico com o elemento qualitativo, ignorando-se que também os Tribunais Superiores erram. A razão, muitas vezes, poderá estar com a decisão original, e não com a interpretação vindoura dos órgãos jurisdicionais superiores. Em segundo lugar, esses próprios órgãos costumam modificar suas decisões ao longo do tempo. Exemplo típico ocorreu recentemente, quando o STF, no espaço de apenas três meses, firmou dois posicionamentos distintos sobre a competência para o julgamento das ações de acidente do trabalho.[572] Como ficaria o processo extinto pelo acolhimento da impugnação por inexigibilidade do título com fundamento inconstitucional na hipótese de semelhante reviravolta? Ressuscitar-se-ia o processo? Qual o prazo para que isso viesse a ocorrer? Tratar-se-ia de possibilidade *ad eternum*?

Indiferentemente do nome que se dê ao fenômeno do título executivo calcado em lei ou ato normativo declarado inconstitucional (se de *inexigi-*

---

[568] É o que afirma Humberto Theodoro Júnior, na apresentação de obra sobre o tema. In WAMBIER, Teresa Arruda Alvim; MEDINA, José Miguel Garcia. *O dogma da coisa julgada: hipóteses de relativização.* São Paulo: Revista dos Tribunais, 2003, p. 12.

[569] Ibidem, p. 60.

[570] Ibidem, p. 71.

[571] Ibidem, p. 71.

[572] Recurso Extraordinário nº 438.639, j. 9 de março de 2005, e Conflito de Competência nº 7204, j. em 29.06.2005.

bilidade, ineficácia[573] ou mesmo *inexistência*[574] do título), o fato é que os fundamentos que apóiam a redação do § 1° do art. 475-L estão intimamente ligados à teoria da nulidade da lei inconstitucional, pertencente à tradição do direito brasileiro, constituindo quase uma "verdade axiomática".[575] Segundo essa teoria, a lei inconstitucional é nula *ipso jure* e *ex tunc*. Os atos praticados sob sua égide estão igualmente eivados de ilicitude. A origem da teoria da nulidade da lei inconstitucional é geralmente relacionada ao precedente criado pelo caso Marbury *vs.* Madison, oriundo da Suprema Corte norte-americana.

Na sessão de fevereiro de 1803, chegou a Suprema Corte norte-americana a importantes conclusões acerca dos efeitos da decisão declaratória de inconstitucionalidade. Em suma, decidiu-se que a lei inconstitucional é nula, é tida como inexistente, e não pode, assim, produzir quaisquer efeitos. Todos os atos oriundos da norma inconstitucional são, da mesma forma, nulos.[576]

Todavia, é fundamental atentar para o desenvolvimento da teoria na Suprema Corte norte-americana e, mais especificamente, para o caso Linkletter *vs.* Walker, Warden, 381 U.S. 618 (1965), sem dúvida um marco na jurisprudência daquela Corte. Nesse caso,[577] não se julgava a constitucionalidade de lei, mas, sim, a decisão da Corte Federal de Apelações, que havia deixado de aplicar precedente da Corte Suprema a caso que *já havia sido julgado anteriormente*. O peticionário (Linkletter) havia sido condenado por furto de residência com base em provas obtidas através de invasão à sua residência sem mandado judicial para tais fins. À época da condenação do peticionário através de tais provas, não havia qualquer julgamento da Suprema Corte acerca da constitucionalidade da utilização de prova obtida por meios ilegais em julgamentos criminais nos Estados norte-americanos. A Suprema Corte de Louisianna confirmou a condenação de Linkletter em fevereiro de 1960.

Entretanto, em 19 de junho de 1961, foi publicada a decisão do caso Mapp *vs.* Ohio, na qual a Corte sentenciou (sabidamente, com força vincu-

---

573 ASSIS, Araken de. *Cumprimento da sentença*. Rio de Janeiro: Forense, 2006, p. 331.

574 WAMBIER. op. cit., p. 73.

575 MENDES, Gilmar Ferreira. *Jurisdição constitucional*. 2.ed. São Paulo: Saraiva, 1998, p. 253.

576 "Ou a Constituição é superior, lei suprema, imodificável por meios ordinários, ou ela está no mesmo nível de atos legislativos ordinários, e, como outros atos, é alterável quando a legislatura bem entender que deva alterá-la. Se a primeira alternativa for verdadeira, então um ato legislativo contrário à Constituição não é lei; se a última alternativa é verdadeira, então Constituições escritas constituem tentativa absurda por parte do povo para limitar um poder que por sua própria natureza é ilimitável. Certamente, todos aqueles que construíram Constituições escritas as contemplam como formadoras da lei fundamental e suprema da nação, e, conseqüentemente, a teoria de cada governo deve ser a de que um ato da legislatura repugnante à Constituição é nulo" (tradução livre). Disponível em <http://www2.law.cornell.edu/cgi-bin/foliocgi.exe/historic/query=[grou.../pageitems={body}>

577 Disponível em:<http://caselaw.lp.findlaw.com/scripts/getcase.pl?court=us&vol=381&invol=618>

lante naquele país) que deve ser excluída toda e qualquer prova obtida em violação das provisões da 4ª Emenda Constitucional, por força do princípio do *due process of law*, previsto na 14ª Emenda. Tal decisão modificou entendimento anterior (Wolf *vs*. Colorado, 338 U.S. 25 – 1949) que entendia o contrário e regulava os casos como o do peticionário, Linkletter.

Com base na decisão no caso Mapp *vs*. Ohio, Linkletter peticionou à Suprema Corte, mediante *certiorari*, para que esta lhe estendesse os efeitos da referida decisão, que lhe eram benéficos, visto que excluiriam a prova na qual se baseou a Corte de Louisianna para sua condenação, anulando, assim, o julgamento do crime de furto.

A Suprema Corte, em extensa e complexa decisão, não unânime, demonstrou posicionamento diverso daquele que adotara no caso Marbury *vs*. Madison, admitindo que a declaração de inconstitucionalidade *não atinge casos já julgados com base em precedente da Suprema Corte* (e não lei, embora tenha a decisão da Corte Suprema força maior do que a própria lei) posteriormente revogado por ser inconstitucional.[578] Ressalte-se que a Suprema Corte americana não propugnou pela concessão de efeitos meramente prospectivos ao precedente Mapp *vs*. Ohio, pois o aplicou a casos anteriores que *não haviam ainda sido julgados*. A novidade, por assim dizer,

[578] Destacamos os principais trechos da decisão no caso Linkletter *vs*. Walker: "O efeito de um julgamento [da Suprema Corte] subseqüente de invalidade em julgamentos finais anteriores quando estes são colateralmente atacados não é automaticamente o de invalidação retroativa destes, mas sim, depende da consideração de relações e condutas particulares, ou direitos alegadamente adquiridos [na verdade, *vested*, o que possui significado ligeiramente diferente], da situação, de determinações anteriores supostamente definitivas, e da política pública à luz da natureza do estatuto e sua prévia aplicação. [...] Na Common Law não havia autoridade para a proposição de que decisões judiciais fazem lei apenas para o futuro. [...] Esta corte seguiu esta regra em Norton vs. Shelby County, estatuindo que a ação inconstitucional confere nenhum direito; impõe nenhuma obrigação; possui nenhuma proteção; cria nenhuma função; ela é, se comparada à lei, tão inoperante quanto se nunca tivesse sido aprovada. O juiz, em vez de ser o criador da lei, era seu descobridor. [...] Por outro lado, Austin [Juiz da Suprema Corte norte-americana] sustentou que juizes, na verdade, fazem mais do que meramente descobrir a lei [...] implícita em tal argumentação está a admissão de que quando um precedente é revogado a decisão antes tomada foi tomada de forma errada. Entretanto, em vez de ser apagado pela decisão que posteriormente o revogou, o precedente é considerado um fato jurídico existente até ser revogado, e casos intermediários decididos sob sua égide não devem ser perturbados. [...] A visão Austiniana ganhou alguma aceitação há cem anos atrás quando se decidiu que, muito embora divórcios legislativos eram ilegais e nulos, aqueles previamente concedidos eram imunes, pela aplicação prospectiva do precedente. Bingham v. Miller, 17 Ohio 445 (1848). [...] Em Gelpcke [caso Gelpcke *vs*. Dubuque, 1 Wall. 175 – 1863], que emergiu após decisão de revogação, esta Corte decidiu que os títulos expedidos sob a autoridade aparente conferida pela legislatura eram cobráveis. 'Todavia, devemos manter o último precedente em Iowa afetando o futuro, não podendo ter efeito sobre o passado. [...] Ele [Chief Justice Hughes, no caso Chicot County Drainage Dist. V. Baxter State Bank, 308 U.S. 371 – 1940] sustentou que a existência da lei antes da determinação de sua inconstitucionalidade é um fato eficaz e pode ter conseqüências que não podem ser simplesmente ignoradas. O passado não pode sempre ser apagado por uma nova decisão judicial. [...] Acreditamos que a Constituição nem proíbe nem requer efeito retroativo. Como referiu o juiz Cardozo, 'Nós pensamos que a Constituição Federal não tem voz sobre o assunto'. Uma vez que a premissa é aceita, de que não estamos nem obrigados a aplicar, nem proibidos de aplicar, uma decisão retroativamente, nós devemos então pesar os méritos e deméritos em cada caso olhando para a história passada da regra em questão, seu propósito e efeito, e se a aplicação retroativa vai apressar ou retardar sua aplicação" (tradução livre).

consistiu na admissão de que *casos já julgados de forma definitiva*, com base em precedente revogado, não podem ser revistos.

No caso *Linkletter*, a Suprema Corte americana acabou por manter a condenação do peticionário, afirmando que não se aplicaria precedente posterior ao caso judicial findo, mesmo que tal precedente revogasse justamente o precedente que o embasou.[579]

Também no Direito português, verifica-se o prestígio que se dá à coisa julgada material e ao valor *segurança* na doutrina acerca dos efeitos da declaração de inconstitucionalidade. A Constituição de 1982 prevê expressamente os efeitos (sanções) do controle de constitucionalidade das leis, em seu artigo 282,[580] e deixa a salvo deles os casos julgados, "salvo decisão em contrário do Tribunal Constitucional quando a norma respeitar a matéria penal, disciplinar ou de ilícito de mera ordenação social e for de conteúdo menos favorável ao argüido".

Portanto, mostra-se claro que a opção brasileira por admitir efeitos da declaração de inconstitucionalidade mesmo sobre casos julgados e cobertos pelo manto da coisa julgada material, vai em sentido contrário daquela adotada nos sistemas norte-americano e português, os quais, cremos, tomaram em conta de forma mais adequada o valor da segurança jurídica e sua necessária ponderação com a efetividade.

Ocorre que, se aplicarmos o método sugerido no presente trabalho, temos que verificar a adequação, necessidade e proporcionalidade em sentido estrito da desconsideração da coisa julgada material (ou da própria negação da sua existência) nas hipóteses em que a decisão que adquiriu tal qualidade estiver calcada em lei ou ato normativo reputado inconstitucional, *a posteriori*, pelo STF.

Se o fim a ser obtido – lembrando que "o único método para a solução dos conflitos entre efetividade e segurança será aquele que tiver esse referencial à relação 'meio e fim'"[581] – é a plena realização dos direitos assegu-

---

[579] Interessante, no caso *Linkletter*, é a leitura do voto vencido do Juiz Black. Este afirma que o fato de *Linkletter* ter sido julgado após a decisão do caso *Mapp vs. Ohio*, não implica a necessidade de o mesmo permanecer encarcerado com base em uma decisão judicial inconstitucional. Para Black, a decisão da Corte no caso *Linkletter* foi estritamente lógica, o que não lhe parece adequado segundo os ensinamentos do lendário Juiz Oliver Wendell Holmes (ver página II).

[580] "1. A declaração de inconstitucionalidade ou de ilegalidade com força obrigatória geral produz efeitos desde a entrada em vigor da norma declarada inconstitucional ou ilegal e determina a repristinação das normas que ela, eventualmente, haja revogado. 2. Tratando-se, porém, de inconstitucionalidade ou de ilegalidade por infracção de norma constitucional ou legal posterior, a declaração só produz efeitos desde a entrada em vigor desta última. 3. Ficam ressalvados os casos julgados, salvo decisão em contrário do Tribunal Constitucional quando a norma respeitar a matéria penal, disciplinar ou de ilícito de mera ordenação social e for de conteúdo menos favorável ao argüido. 4. Quando a segurança jurídica, por razões de eqüidade ou interesse público de excepcional relevo, que deverá ser fundamentado, o exigirem, poderá o Tribunal Constitucional fixar os efeitos da inconstitucionalidade ou da ilegalidade com alcance mais restrito que o previsto nos 1 e 2."

[581] Item 2.1. Capítulo II.

rados pela Constituição Federal, a solução prevista no § 1° do artigo 475-L não é sequer adequada, pois deixa de lado o valor *segurança*, assegurado no preâmbulo da Carta Magna, no *caput* do seu artigo 5°, bem como a garantia do respeito à coisa julgada (art. 5°, XXXVI). Não se mostra necessária, pois o fato de existirem diferentes interpretações do Direito constitucional sob hipótese alguma significa afirmar que, em uma delas, ele não foi realizado ou concretizado. E, por fim, a solução não é proporcional em sentido estrito, pois lança os jurisdicionados em cenário de enorme insegurança jurídica, tudo em nome da defesa de uma interpretação *supostamente* mais correta da Constituição Federal, interpretação esta que pode mudar com o tempo, aumentando ainda mais a insegurança e reafirmando a inutilidade do § 1° do art. 475-L na defesa da ordem constitucional.

Colocando-nos na chamada *posição original*, não sabendo se seremos favorecidos ou não pela interpretação da Constituição Federal (que é aleatória, variando inclusive no próprio Supremo Tribunal Federal), será que escolheríamos regra que colocasse em suspenso a definitividade de toda e qualquer decisão judicial que pudesse, um dia, ser objeto de argüição de inconstitucionalidade? Pelas razões expendidas, cremos que não.[582]

6.5.1. Da desnecessidade da segurança do juízo na impugnação

Outra tormentosa questão atinente à aplicação da Lei 11.232/05 diz respeito à eventual necessidade de se *garantir o juízo* da execução para o oferecimento da impugnação de que tratam os artigos 475-L e seguintes do CPC.

O artigo 475-J pode induzir à conclusão de que a segurança do juízo seja imprescindível para o oferecimento de impugnação, haja vista prever a intimação do executado do auto de penhora e de avaliação como marco inicial do prazo para aquela defesa: "Do auto de penhora e de avaliação será de imediato intimado o executado, na pessoa de seu advogado (arts. 236 e 237), ou, na falta deste, o seu representante legal, ou pessoalmente, por mandado ou pelo correio, podendo oferecer impugnação, querendo, no prazo de quinze dias".

É o que concluiu Araken de Assis, ao afirmar, não obstante admitir serem idênticos os objetos da exceção de pré-executividade e da impugnação,[583] a sobrevivência da primeira na nova sistemática processual, por permitir a impugnação sem a necessidade de garantia do juízo: "A es-

[582] O Conselho Federal da Ordem dos Advogados do Brasil apresentou ao Supremo Tribunal Federal Ação Direta de Inconstitucionalidade (ADIN n° 3.740), sustentando a inconstitucionalidade do § 1° do art. 475-L e parágrafo único do art. 741 do CPC, nas redações conferidas pela Lei 11.232, bem como contra o parágrafo único deste mesmo art. 741 do CPC, na redação conferida pela MP 2.180-35.

[583] "Em síntese, o objeto da exceção de pré-executividade equivale ao dos embargos e ao da impugnação". ASSIS, Araken de. *Cumprimento da sentença*. Rio de Janeiro: Forense, 2006, p. 307.

perança de que, ensejada a defesa do executado através de impugnação incidental, se eliminaria automaticamente o campo propício à exceção de pré-executividade, desvanece-se à primeira vista. Em primeiro lugar, ao executado interessa impedir a penhora; ora, a impugnação pressupõe semelhante constrição, notando-se que o prazo para impugnar (art. 475-J, § 1°) fluirá da intimação que porventura se faça desse ato executivo."[584]

Não há, todavia, para a defesa do executado na sistemática de execução da sentença referente ao pagamento de quantia, dispositivo semelhante ao revogado artigo 737 do CPC, que dispunha não serem "admissíveis embargos do devedor antes de seguro o juízo." O artigo 475-J, § 1°, apenas se refere à ordem natural do processo: tendo sofrido direta interferência na sua esfera patrimonial com a constrição consubstanciada na penhora, o devedor deve ser intimado para poder, contra ela, reagir. A razão para se exigir a segurança do juízo, assim, não pode ser a literal interpretação da lei processual. Deveria haver uma "razão de fundo", algum valor a realizar com a exigência da segurança do juízo para a apresentação de impugnação, sem o que a exigência mostrar-se-ia descabida.

Na hipótese dos embargos do devedor, a exigência da segurança do juízo decorria do efeito suspensivo *ope legis* da ação autônoma.[585] Como não poderia o juiz decidir sobre a suspensão do processo de execução – sendo ela decorrência direta do mero ajuizamento dos embargos –, a lei

---

[584] ASSIS, Araken de. *Cumprimento da sentença*. Rio de Janeiro: Forense, 2006, p. 307-308. A jurisprudência parece caminhar no mesmo sentido. No Tribunal de Justiça do Estado do Rio Grande do Sul, veja-se: "AGRAVO DE INSTRUMENTO. EXECUÇÃO DE ALIMENTOS. IMPUGNAÇÃO. INDISPENSÁVEL PRÉVIA PENHORA (SEGURANÇA DO JUÍZO). A segurança do juízo, anteriormente exigida para oposição de embargos do devedor, mesmo com o advento da lei 11.232/05, permaneceu como requisito para oferecimento de impugnação, tendo presente a exigência de prévia penhora, na ausência do pagamento. Recurso desprovido" (Agravo de Instrumento n° 70022239958, Sétima Câmara Cível, Tribunal de Justiça do RS, Relator: Ricardo Raupp Ruschel, Julgado em 26/12/2007). No mesmo sentido, Agravos de Instrumento n° 70021151774, 70022121842, 70022574263 e 70021927264. Já no Tribunal de Justiça do Estado do Rio de Janeiro, veja-se Agravo de Instrumento n° 2007.002.22249. Em sentido contrário, entendendo pela desnecessidade da segurança do juízo para o oferecimento de impugnação, veja-se a seguinte ementa da 14.ª Câmara Cível do Tribunal de Justiça do Estado do Rio de Janeiro: "AGRAVO DE INSTRUMENTO. IMPUGNAÇÃO À EXECUÇÃO. CONDENAÇÃO EM HONORÁRIOS ADVOCATÍCIOS. IMPOSSIBILIDADE. INCIDENTE PROCESSUAL. RECURSO A QUE SE DÁ PROVIMENTO. Conforme dispõe o art. 475-M e parágrafos, a impugnação, diferentemente dos embargos, em regra não tem efeito suspensivo, não tem natureza de ação autônoma (mas sim de incidente processual), não exige a segurança do juízo, e seu julgamento pode ocorrer através de decisão interlocutória ou sentença, conforme o caso; se o julgamento não importar em extinção da execução, o recurso cabível é o agravo de instrumento. Por ter, a impugnação trazida pela Lei 11.232/05, natureza de incidente processual, não são devidos honorários advocatícios" (2007.002.08057 – AGRAVO DE INSTRUMENTO – 1.ª Ementa Des. Jose Carlos Paes – Julgamento: 30/03/2007 – Décima Quarta Câmara Cível).

[585] Como observa José Miguel Garcia Medina, as exceções à regra eram aplicáveis apenas a determinadas situações jurídicas, previstas em lei, não se aplicando à generalidade dos casos (MEDINA, José Miguel Garcia. Sobre os requisitos e o efeito suspensivo dos embargos do executado: sugestões de *lege ferenda*. *Revista de Processo*, São Paulo, n. 107, p. 196-201, jul./set. 2000, p. 197).

impunha ser necessária a garantia de que o crédito *exeqüendo* seria satisfeito, na hipótese de improcedência da defesa do executado.

Ocorre que a impugnação, que veio a substituir os embargos do devedor na sistemática ditada pela Lei 11.232/05, não possui o efeito suspensivo *de regra* assegurado pela ação autônoma. Ao incidente de impugnação *poderá* o juiz conceder o efeito suspensivo, "desde que relevantes seus fundamentos e o prosseguimento da execução seja manifestamente suscetível de causar ao executado grave dano de difícil ou incerta reparação".[586]

Nesse caso, parece-nos precipitado concluir pela necessidade de realização de penhora para que venha a ser oferecida a impugnação pelo devedor. Se à execução não serão impostas amarras, e se ela poderá prosseguir com a realização do ato constritivo e daqueles que lhe são posteriores (com a derradeira arrematação ou adjudicação), resta claro que falece o fundamento jurídico e até mesmo lógico para a exigência da segurança do juízo. Esta será naturalmente obtida com o prosseguimento do feito.

Todavia, para se obter[587] o efeito suspensivo à impugnação, aí sim, a segurança do juízo será necessária.

Não estamos a propor, aqui, a manutenção da sistemática da exceção de pré-executividade. Danilo Knijnik, embora concordando com a possibilidade de apresentação de impugnação antes da realização da penhora, equipara-a à exceção, inclusive no que toca à limitação desta última em relação à atividade instrutória.[588] Haveria, assim, exceção de pré-executividade ou impugnação (o nome, aqui, não importa) antes da penhora, com as já conhecidas limitações do primeiro instituto e, após a penhora, impugnação plena, sem os limites daquela defesa prévia.

Nossa interpretação é outra. *Antes, durante e depois* do prazo de que trata o artigo 475-J, § 1° do CPC, a defesa do devedor deverá se dar por *impugnação*. Para o conhecimento desta, em nenhum momento será necessária a garantia do juízo,[589] e a cognição será sumária no plano horizontal

---

[586] CPC, art. 475-M.

[587] Como demonstraremos a seguir (Capítulo III, item 6.5.2), não é dado ao juiz conceder "de ofício" efeito suspensivo à impugnação, devendo ser este objeto de requerimento específico do impugnante.

[588] Vide comentários de Danilo Knijnik ao artigo 475-L do CPC, In ALVARO DE OLIVEIRA, Carlos Alberto (coord.). *A nova execução: comentários à Lei nº 11.232, de 22 de dezembro de 2005.* Rio de Janeiro: Forense, 2006, p. 149-150.

[589] No mesmo sentido vai a lição de Luiz Guilherme Marinoni e Sérgio Cruz Arenhart: "Para a apresentação de impugnação não se requer prévia segurança do juízo. Não há regra específica sobre a questão e o art. 475-J, § 1º, poderia insinuar outra resposta, já que diz que a intimação para o executado impugnar se dá depois de realizada a penhora. O art. 736 expressamente permite o oferecimento de embargos à execução de título extrajudicial independentemente da prévia garantia do juízo. Observando-se o sistema executivo, nota-se que, diante das regras da não-suspensividade da impugnação (art. 475-M) e dos embargos à execução de título extrajudicial (art. 739-A), a *prévia* realização da penhora não é mais imprescindível para tornar o juízo seguro enquanto são processados a impugnação e os embargos" (MARINONI, Luiz Guilherme; ARENHART, Sérgio Cruz. *Curso de processo civil, volume 3: execução.* São Paulo: Revista dos Tribunais, 2007,

(apenas as matérias do artigo 475-L poderão ser argüidas, além daquelas de ordem pública que o juiz poderia conhecer de ofício), e exauriente no plano vertical.

Todavia, apresentada *antes* ou *depois* do prazo do artigo 475-J, § 1°, não poderá a impugnação, *a priori*, receber efeito suspensivo. Sobrevindo a penhora na primeira hipótese (apresentação de impugnação *anterior* à constrição), poderá o devedor então requerer a suspensão da execução nos termos do artigo 475-M.[590] Já na segunda hipótese, tendo perdido a oportunidade de suspender a execução, só restará ao devedor postular o conhecimento e julgamento da impugnação *concomitante* à prática de atos executivos. Não concedida a suspensividade, a impugnação tramitará em autos apartados (art. 475-M, § 2°).

Apresentada *dentro do prazo* do artigo 475-J, § 1°, poderá a impugnação receber o efeito suspensivo, desde que seguro o juízo pela penhora (o requisito, em tese, estará sempre presente, pois para que se inicie a contagem do prazo é necessária a intimação acerca do auto de penhora e de avaliação. Isso só não ocorrerá caso a penhora seja insuficiente para garantir o juízo).

Note-se que semelhante solução está prevista no artigo 739-A do CPC, que trata da execução de títulos extrajudiciais. Lá está previsto que os embargos do executado não terão, de regra, efeito suspensivo. O juiz poderá deferi-lo, presentes os requisitos (fundamento relevante e perigo de dano irreparável ou de difícil reparação) e "desde que a execução já esteja garantida por penhora, depósito ou caução suficientes".

Mais do que a ponderação entre efetividade e segurança, aqui um preceito lógico se impõe. Se a impugnação, de regra, não tem o condão de suspender a execução, prejuízo não há para o credor, e muito menos para o devedor, em que este apresente sua impugnação antes mesmo da penhora, só podendo aquela receber o efeito suspensivo após esta última. Alcança-se, com isso, a máxima efetividade à defesa do executado, assim como a máxima efetividade da própria execução, pois tivesse o credor de empreender esforços para encontrar bens penhoráveis do devedor, para somente depois o devedor defender-se, poderia após todo esse esforço ser o credor surpreendido com o acolhimento da impugnação. A solução aqui preconizada – apresentação de impugnação antes mesmo da segurança do

---

p. 290-291). No mesmo sentido, TESHEINER, José Maria Rosa (coord.). *Nova sistemática processual civil*. 2.ed. Caxias do Sul, RS: Plenum, 2006, p. 128-129.

[590] Note-se que o entendimento ora exposto permite que o devedor se adiante aos atos executivos – não precisando, portanto, aguardá-los – e já veicule sua defesa em casos de dano irreparável ou de difícil reparação, o que eventualmente, ainda que não concedida a suspensividade por não ter ainda ocorrido a penhora, poderá ensejar o acolhimento da impugnação e até mesmo a extinção da execução antes mesmo da constrição patrimonial. O que entendemos descabido é a *suspensão* da execução – e não a sua extinção – sem que haja a garantia do juízo.

juízo – permite que as questões suscitadas pelo devedor sejam resolvidas no curso da procura por bens. Processando-se necessariamente em autos apartados, cumpre ao juiz apenas diligenciar para que a impugnação não acabe suspendendo a execução por via transversa, devendo a marcha executiva prosseguir independentemente do processo decisório relativo à defesa do executado. Surge, inclusive, a possibilidade de, antes mesmo de se encontrarem bens penhoráveis, já se resolver o incidente de impugnação, hipótese em que, após a penhora, somente a ilegalidade desta ou a avaliação errônea poderão ser objeto de irresignação do devedor. O benefício, assim, é de ambas as partes. O devedor pode imediatamente se defender de execução por ele reputada injusta. O credor aproveita o muitas vezes longo tempo da busca de bens para já se defender da impugnação do devedor e, tendo sucesso, elimina quaisquer amarras para a expropriação e satisfação de seu crédito tão logo encontrados bens penhoráveis. Cumpre ao juiz permitir essa simultaneidade procedimental (julgamento da impugnação e procura por bens penhoráveis), encurtando o tempo necessário para a prestação jurisdicional.

6.5.2. *Da concessão de efeito suspensivo à impugnação do executado e da possibilidade de prosseguimento da execução*

Como vimos anteriormente, somente mediante segurança do juízo poder-se-á suspender a execução através da impugnação. Todavia, não basta assegurar-se o juízo para obter o efeito suspensivo.[591]

O artigo 475-M do CPC é um daqueles dispositivos em que a idéia do formalismo-valorativo, do eterno conflito entre efetividade e segurança, mais se faz presente. Basicamente, depreende-se do artigo uma opção pela efetividade – "a impugnação não terá efeito suspensivo" – porém sem descuidar da segurança –, "podendo o juiz atribuir-lhe tal efeito desde que relevantes seus fundamentos e o prosseguimento da execução seja manifestamente suscetível de causar ao executado grave dano de difícil ou incerta reparação".

Não se pode ignorar o momento processual em que se dá a impugnação do devedor. Já se tem, de regra, título executivo judicial, que em análise prévia do magistrado contém os requisitos de liquidez, certeza e exigibilidade. Assim, a relevância da fundamentação, aqui, deve ser capaz de incutir no magistrado séria dúvida quanto à presença daqueles requisitos, ou, ainda, deve convencê-lo da forte probabilidade acerca da presença de algum dos fundamentos do artigo 475-L do CPC. Não se trata,

[591] Diferentemente do que ocorre em Portugal, onde prestada caução pelo devedor –embargante –, suspende-se a execução. Nesse sentido, veja-se José Lebre de Freitas: "Se o embargante prestar caução, o juiz *deve* determinar a suspensão da execução (art. 818-1), [...]" (FREITAS, José Lebre de. *A acção executiva à luz do código revisto*. 2.ed. Coimbra: Coimbra Editora, 1997, p. 166).

em nosso sentir, do mesmo *standard* contido nos artigos 461, § 3°, ou 558, *caput*, embora igual a terminologia. O ponto de partida para a postulação da tutela antecipada com base no artigo 461, § 3°, é um estado de fato não determinado por qualquer decisão judicial (pré-processual). Na hipótese do artigo 558, *caput*, parte-se de decisão interlocutória. Já no momento da impugnação, a relevância da fundamentação tem como "adversária" a sentença transitada em julgado (ou sujeita a recurso sem efeito suspensivo), pelo que aumenta substancialmente o grau de exigência no que se refere à demonstração das razões do impugnante. Juízos de aparência não devem ser suficientes para suspender a execução.

Da mesma forma, a expressão "grave dano de difícil ou incerta reparação" deve ser interpretada no contexto do processo executivo. É claro que, independentemente inclusive da concessão do efeito suspensivo, vigora o princípio da menor gravosidade ao devedor. Todavia, "em casos concretos, não havendo um modo de tratar o devedor de modo mais ameno, deve prevalecer o interesse daquele que tem um crédito a receber e não pode contar senão com as providências do Poder Judiciário".[592] Daí por que, para definir o grau do dano que, combinado à relevância da fundamentação, justifique a concessão de efeito suspensivo, deve o julgador partir de critérios seguros e bem delineados. Em nosso sentir, o método proposto na segunda parte deste trabalho cumpre tal papel. Colocando-se o julgador na "posição original", reconhecendo duas grandes esferas valorativas (efetividade e segurança), poderá com maior clareza e isenção decidir acerca da suspensividade da execução.

Por outro lado, entendemos ser imprescindível que haja, para a concessão de efeito suspensivo à impugnação, *requerimento do devedor*. É este o maior interessado em evitar danos irreparáveis ou de difícil reparação que possa sofrer, sendo demasiado e até mesmo inadequado exigir do juiz que se poste a defender os interesses do executado quando este não o faz na mesma intensidade. Vale, aqui, em nosso sentir, a mesma regra já existente para os casos de antecipação da tutela, quando o juiz não pode conceder de ofício a antecipação.[593]

Possibilita ainda o artigo 475-M, § 1°, que, mesmo na hipótese de concessão de efeito suspensivo à impugnação, requeira o credor a continuidade da execução mediante a apresentação de caução idônea, arbitrada pelo juiz e prestada nos próprios autos. O dispositivo está redigido de forma a estabelecer ser "*lícito* ao exeqüente *requerer* o prosseguimento da execução" (grifamos), não assumindo essa possibilidade o caráter de um

---

[592] DINAMARCO, Cândido Rangel. *Instituições de direito processual civil*. 4.ed. São Paulo: Malheiros, 2004. v. 4, p. 59.

[593] Em sentido contrário, admitindo a suspensão *ex officio*, veja-se KNIJNIK, Danilo. *A nova execução: comentários à Lei n° 11.232, de 22 de dezembro de 2005*. Carlos Alberto Alvaro de Oliveira (coord.). Rio de Janeiro: Forense, 2006, p. 164.

direito absoluto, nem estabelecendo ser automático o deferimento do juiz da continuidade da execução.[594]

Caso a caso, ponderando efetividade e segurança, o juiz determinará o prosseguimento da execução ou a manutenção da suspensividade. Para ficarmos com dois exemplos: cremos ser razoável o deferimento do prosseguimento da execução onde a penhora se deu sobre numerário em conta bancária, mediante a apresentação de carta de fiança de instituição financeira idônea. Se pensarmos, todavia, em execução onde foi penhorado imóvel que, segundo se afirma em sede de impugnação (e não podemos esquecer, se afirma com *relevante fundamentação* – art. 475-M, *caput*), constitui bem de família, não nos parece aconselhável o prosseguimento da execução, ainda que prestada caução pelo credor, pois o mal que se pode causar com a expropriação tende a ser bem maior do que o benefício alcançado com a satisfação do credor.

6.6. Da inadequação da adoção exclusiva da técnica condenatória para os deveres de pagar quantia

Como bem se vê, a reforma legislativa não previu a adoção das técnicas de tutela mandamental e executiva para as sentenças referentes ao dever de pagar quantia com a mesma intensidade que o fez para as referentes aos deveres de fazer, não-fazer e entrega de coisa. Isso porque, para o cumprimento dos deveres de pagar quantia, não estará o juiz autorizado a fixar multa periódica por tempo de atraso, nem determinar as medidas necessárias para a efetivação da tutela específica ou a obtenção do resultado prático equivalente. Ficará limitado a reprovar o réu na sentença, reconhecer a incidência da multa de 10% em caso de manutenção do inadimplemento e, a requerimento do credor, iniciar o procedimento executivo com a expropriação de bens do executado.

Terá sido adequada a opção do legislador?

A eleição da técnica de tutela adequada deve partir do correto equacionamento do conflito entre efetividade e segurança, pois são eles que "determinam, de envoltas com as especificidades jurídicas de cada ordenamento, as espécies possíveis de tutela jurisdicional *in abstracto*".[595] Ela

[594] Esta é a lição de Athos Gusmão Carneiro: "Vale adiantar que o magistrado, em casos excepcionais, diante da natureza e da relevância das argüições constantes da impugnação (*v.g.* fundada alegação de nulidade da sentença porque proferida em processo com citação edital de pessoa já falecida), pode e deve indeferir a prestação de caução; assim, impedirá quaisquer atos executórios na pendência do incidente de impugnação" (CARNEIRO, Athos Gusmão. *Cumprimento da sentença*. Rio de Janeiro: Forense, 2007, p. 80).

[595] ALVARO DE OLIVEIRA, Carlos Alberto. O problema da eficácia da sentença. *Revista de Processo*, São Paulo, v. 28, n. 112, p. 9-22, out./dez. 2003, p. 19.

não é ditada *diretamente* pelo direito material. É, sim, fruto da ponderação entre aqueles valores, e por isso devem ser levados em conta sempre os limites traçados na legislação processual (são eles, como visto, também uma faceta da própria segurança jurídica). Se a lei processual determina que o dever de pagar quantia deva ser tutelado por meio de uma técnica condenatória, isso não se dá pela natureza da obrigação em si, mas por uma opção legislativa entre valores.[596] O legislador solucionou o conflito entre efetividade e segurança optando pela exclusividade da técnica condenatória, diferentemente do que se deu em relação às obrigações de fazer, não-fazer e entregar coisa. É evidente que essa opção estará calcada nas "*diferentes necessidades do direito substancial*",[597] mas não será este que determinará, de forma rígida, as técnicas de tutela adequadas. Esta é uma tarefa do legislador instrumental e, quando ele (*rectius*, a lei) apresentar diferentes espécies possíveis de técnicas de tutela para a mesma situação de direito material – o que, como estamos a tentar demonstrar, mostra-se recomendável –, será do juiz a responsabilidade de adotar, separada ou conjuntamente, os meios necessários à realização da tutela jurisdicional, em cada caso concreto.

Por um lado, busca-se justificar a opção pela tutela condenatória, dado que o *cumprimento* do dever de pagar quantia depende da existência efetiva de patrimônio para o devedor, ou seja, inócuo (e até injusto) seria ordenar o cumprimento mediante multa diária, ou determinar medidas de sub-rogação, em não havendo patrimônio penhorável do demandado. Tal situação agrava-se pela rigidez das regras contidas no artigo 649 do CPC e na Lei 8.009/90 (Bem de Família), que reduzem ainda mais o escopo patrimonial atingível pela execução.

Por outro lado, é inegável que o devedor, no Direito processual brasileiro, recebe tratamento privilegiado, pois mesmo quando possui plena capacidade de satisfazer a execução por quantia certa, tem a opção de utilizar-se de um sistema processual emperrado e burocrático para administrar suas dívidas, a baixíssimo custo (juros de 1% ao mês[598] e correção

---

[596] Veja-se, neste particular, o entendimento de ZAVASCKI: "Reafirma-se, portanto, que a autonomia do processo de execução não é absoluta, nem decorre de uma imposição de natureza científica. Depende, na verdade, de opção política do legislador, que, atento para a natureza instrumental do processo, deve dotá-lo de formas e procedimentos adequados ao fim a que se destina: a realização segura, célere e efetiva do direito material" (ZAVASCKI, Teori Albino. *Comentários ao Código de Processo Civil*. 2.ed. São Paulo: Revista dos Tribunais, 2003. v. 8, p. 43). No mesmo sentido vai o posicionamento de José Maria Rosa Tesheiner: "Na verdade, a execução, como processo autônomo, não decorre da natureza das coisas. Trata-se de uma opção legislativa, fundada em critérios de conveniência e oportunidade" (In *O ocaso da condenação*. Disponível em: <http://www.tex.pro.br>. Acesso em: 16 jul. 2004).

[597] MARINONI, Luiz Guilherme. *Tutela específica: arts. 461, CPC e 84, CDC*. São Paulo: Revista dos Tribunais, 2001, p. 63.

[598] Discute-se se o artigo 406 do Novo Código Civil determina a fixação de juros com base na taxa SELIC (conforme a Lei 10.522/02), ou em 1% ao mês, nos termos do artigo 161, § 1º, do Código Tributário Nacional. Esta última hipótese foi a conclusão a que chegou o Centro de Estudos Judiciários do Conse-

monetária),[599] ficando o credor muitas vezes à mercê do custo do dinheiro no mercado financeiro.[600] Pouco acrescentará, nesse sentido, uma multa fixa de 10% para o réu inadimplente, até mesmo porque, em contrapartida, não terá de arcar com honorários advocatícios fixados em processo autônomo de execução (honorários para pronto pagamento) ou em embargos do devedor. E, ainda que tais honorários fossem admitidos na interpretação dos dispositivos recentemente incluídos pela Lei 11.232/05, a multa de 10% parece demasiadamente tímida para dobrar a vontade do devedor.

O que sobressai dos argumentos esposados é algo que o legislador havia percebido na Lei 10.444/02, e que parece ter, aqui, esquecido: é o engessamento das técnicas de tutela que contribui para a injustiça e a debilidade do processo, seja para o autor, seja para o réu. Predeterminar um *programa* processual, por meio do qual se espera a realização do direito material postulado, significa algemar o juiz e torná-lo mero espectador ou fiscalizador do funcionamento débil do aparato processual.

Ovídio Baptista da Silva, em prefácio de notável monografia intitulada "Jurisdição, condenação e tutela jurisdicional", afirmou ser a condenação civil "a ponta de um enorme *iceberg,* que nos mantém servidores dóceis de um sistema cujo anacronismo torna-se cada vez mais insuportável".[601] Diríamos que o problema não está na condenação, mas, sim, no atrelamento absoluto dos deveres de pagar quantia à técnica de tutela condenatória.

O legislador, na Lei nº 11.232/05, ficou a meio caminho entre a tutela condenatória tradicional e a tutela mandamental, ao prever a incidência de multa de 10% sobre o valor da condenação, a ser suportada pelo devedor recalcitrante. Essa multa poderá ser manifestamente insuficiente, nos

---

lho de Justiça Federal, manifestada no Enunciado 20: "A taxa de juros moratórios a que se refere o art. 406 é a do art. 161, § 1º, do Código Tributário Nacional, ou seja, 1% (um por cento) ao mês". Sobre o tema, escrevemos em *Ensaio acerca do impacto do novo Código Civil sobre os processos pendentes,* publicado na *Revista da Ajuris,* Porto Alegre, v. 30, n. 90, p. 313-331, jun. 2003.

[599] Em contrapartida, veja-se que o devedor pode valer-se de aplicações financeiras que garantem rendimentos superiores ao crescimento da dívida judicial, como aquelas que tomam como base os índices SELIC (cerca de 14,5% ao ano), IBOVESPA (em 12 meses – mar./05 a fev./06 – cerca de 49,80%), CDB (cerca de 17% ao ano) etc.

[600] MARINONI, em recente obra, afirma com propriedade: "Ora, como é pouco mais do que óbvio, *o simples fato de o infrator poder trabalhar com o dinheiro durante o tempo de demora – que não é pequeno – da execução por expropriação somente pode lhe trazer benefício, com igual prejuízo ao lesado*" (MARINONI, Luiz Guilherme. *Técnica processual e tutela dos direitos.* São Paulo: Revista dos Tribunais, 2004, p. 625). Nesse mesmo livro, o professor paranaense desenvolve importantes considerações acerca da efetividade da tutela pecuniária, propondo a adoção das *astreintes,* e citando acórdão do Tribunal de Justiça do Estado do Rio Grande do Sul (Ação Rescisória nº 599263183), onde se vislumbrou a possibilidade *atual* de utilização de tal técnica de tutela. Não encontramos, no entanto, espaço para a mesma dentro do atual sistema processual, a não ser através de mudança expressa no texto legal.

[601] MACHADO, Fábio Cardoso. *Jurisdição, condenação e tutela jurisdicional.* Rio de Janeiro: Lumen Juris, 2004, p. XV.

casos em que o devedor possui suficiente patrimônio para saldar o débito e opta por investi-lo e apostar na demora processual. Poderá, todavia, revelar-se injusta, se implicar ampliação do débito do réu que, insolvente, nada pode fazer. O juiz, entretanto, não pode, de regra,[602] optar entre uma solução justa e outra injusta: deverá seguir o *programa legal*!

Ter-se-ia saído bastante melhor a comissão reformadora e o legislador, se tivessem permitido ao juiz a adoção de variadas técnicas de tutela, de acordo com as circunstâncias do caso concreto, à semelhança do parágrafo 5° do artigo 461 do CPC,[603] salutar regra processual trazida pelas recentes reformas. É evidente o descabimento de multa diária para coagir réu insolvente ao pagamento de quantia, mas se é dado ao réu provar a impossibilidade de uma obrigação de fazer para ver afastadas as *astreintes*, a mesma possibilidade se lhe abriria para evitar, na impossibilidade econômica de saldar sua dívida, a incidência daquela multa periódica. Portanto, caso a caso, a técnica de tutela adequada poderia ser aplicada pelo magistrado se liberdade lhe fosse dada pelo legislador para tanto.

---

[602] Vimos, anteriormente, que, não obstante a redação do artigo 475-J, uma vez comprovada a insolvência do devedor ao tempo da incidência da multa, deverá o juiz suprimi-la.

[603] Art. 461. Na ação que tenha por objeto o cumprimento de obrigação de fazer ou não fazer, o juiz concederá a tutela específica da obrigação ou, se procedente o pedido, determinará providências que assegurem o resultado prático equivalente ao do adimplemento (redação dada pela Lei n° 8.952, de 13.12.1994). [...] § 5° Para a efetivação da tutela específica ou a obtenção do resultado prático equivalente, poderá o juiz, de ofício ou a requerimento, determinar as medidas necessárias, tais como a imposição de multa por tempo de atraso, busca e apreensão, remoção de pessoas e coisas, desfazimento de obras e impedimento de atividade nociva, se necessário com requisição de força policial (redação dada pela Lei n°.10.444, de 7.5.2002).

Conclusão

O sopro democrático que inspirou no processo civil o ideal de acesso igualitário à justiça para todos os cidadãos trouxe e ainda traz consigo um desafio bastante mais intrincado e de difícil superação: a produção, pelo processo, de resultados concretos individual e socialmente justos.

Produto da combinação entre o amplo acesso à justiça e a massificação das relações humanas (fornecedor e consumidor, estado e cidadão, fisco e contribuinte etc.), o aumento colossal da demanda pela prestação jurisdicional dificulta sobremaneira o seu acompanhamento por parte dos órgãos jurisdicionais estatais, carentes de investimentos mais significativos em tecnologia e formação de seus quadros. Além dos obstáculos econômicos e tecnológicos, há também outros, de caráter cultural, que impedem o desenvolvimento pleno e desimpedido da atividade jurisdicional. Nesse particular, basta pensar no problema central deste trabalho: cumprimento e execução de sentenças. Como não temos a cultura de cumprir decisões judiciais, precisamos de procedimentos ricos em sanções de toda a ordem para conseguir a obediência do jurisdicionado. E, ainda assim, mesmo em tais procedimentos, não raro encontramos certa resistência velada do legislador e de determinadas correntes jurisprudenciais ao reconhecimento da autoridade dos comandos emanados do Poder Judiciário. É como se, por vezes, desconfiássemos da primazia da solução jurisdicional estatal – imparcial – sobre o arbítrio verificado nas relações privadas. Vimos isso quando tratamos das limitadas técnicas de tutela para os deveres de pagar quantia, bem como das restritas hipóteses de antecipação da tutela existentes em nosso ordenamento.

Não obstante tais resistências pontuais, no geral a saída buscada, pelo menos a curto prazo, tem sido o investimento em reformas legislativas, sempre sob o estandarte da *efetividade* do processo. Como dissemos no início deste trabalho, o valor *efetividade* é o diapasão que dá o tom das reformas legislativas e da própria aplicação do direito pelo órgão judicial.

É preciso, no entanto, reafirmar que este valor – ou complexo valorativo – da *efetividade,* não vive sozinho nem constitui o centro do ordenamento jurídico, pois se encontra em permanente tensão com a segurança jurídica e todos os valores que em torno dela orbitam. Cremos ter demonstrado, ao longo deste trabalho, que, sem embargo dos inegáveis méritos da importante teoria da instrumentalidade do processo, é a idéia do formalismo-valorativo que melhor explica não só a tensão entre efetividade e segurança, como também os critérios para a solução desse permanente conflito, sempre com os olhos voltados ao caso concreto.

Um processo passa pelo seu mais delicado momento quando se lhe exige a transposição do plano normativo para o plano dos fatos. É quando o comando sentencial se encontra face a face com a realidade e nela precisa imprimir seu efeito transformador que a tensão segurança *vs.* efetividade alcança seus níveis de maior estrangulamento. Pois é justamente aí que se faz mais necessária a adoção de um método claro de resolução desse embate axiológico, método este capaz de legitimar a construção da derradeira ponte entre a solução pensada e construída pelas partes e pelo juiz – sempre em diálogo e cooperação – e a realidade a ser transformada.

A experiência e até mesmo a intuição de um magistrado pode muitas vezes resultar em soluções para o conflito tão boas quanto a de um método devidamente dissecado e exposto em bases teóricas sólidas. No entanto, a intuição pode trair o intérprete, de forma que o método pode também servir como instrumento verificador da legitimidade da solução adotada, ainda que intuitivamente. Despir-se de qualquer vinculação com a posição das partes, pensar a partir de um ponto eqüidistante – daí o aproveitamento da idéia de posição original de Rawls – e testar a solução do conflito sob a ótica do postulado normativo aplicativo da proporcionalidade em sua acepção trifásica (adequação, necessidade e proporcionalidade em sentido estrito), reconhecendo toda a amplitude dos complexos valorativos da efetividade e da segurança, é o caminho proposto neste trabalho para conformar o cumprimento e a execução das sentenças a um ideal de justiça.

Ao longo deste estudo, diversos exemplos são trazidos de situações em que, por não se observar claramente os valores em jogo e um método adequado para a sua ponderação, se dá lugar a resultados inadequados e até mesmo ilegítimos. Ora por uma supervalorização da segurança – como vimos com o posicionamento que prevê a necessidade de intimação pessoal do devedor para o cumprimento da sentença, ou com a exigência de garantia do juízo para o oferecimento de impugnação –, ora com a desconsideração completa da segurança em nome da máxima efetividade – como vimos com propostas de negação da dignidade da legislação para a autoampliação de poderes pelo juiz com a aplicação de multa periódica para a tutela dos deveres de pagar quantia –, a atividade jurisdicional acaba contribuindo para a sua deslegitimação perante a sociedade. Ao oferecermos um método transparente para momento tão delicado da prestação jurisdicional, nosso objetivo é tão-somente contribuir para que tais situações ocorram com a menor freqüência possível. Sim, pois evitá-las por completo seria alcançar o inalcançável para nós, homens: a perfeição.

Acima de tudo, a atividade de julgar é a de conquistar. Conquistar a confiança dos cidadãos, conquistar território contra o arbítrio, conquistar a solução mais justa e adequada possível para o caso concreto e, com isso, conquistar a verdadeira democracia.

Bibliografia

ALEXY, Robert. Direitos fundamentais, ponderação e racionalidade. *Revista de Direito Privado*, São Paulo, n.24, outubro-dezembro de 2005.

ALVARO DE OLIVEIRA, Carlos Alberto (coord.). *A nova execução: comentários à Lei nº 11.232, de 22 de dezembro de 2005*. Rio de Janeiro: Forense, 2006.

——— (org.). *Eficácia e coisa julgada*. Rio de Janeiro: Forense, 2006.

———. *Alienação da coisa litigiosa*. Rio de Janeiro: Forense, 1984.

———. Direito material, processo e tutela jurisdicional. In MACHADO, Fábio Cardoso; AMARAL, Guilherme Rizzo (org.). *Polêmica sobre a ação: a tutela jurisdicional na perspectiva das relações entre direito e processo*. Porto Alegre: Livraria do Advogado, 2006.

———. *Do formalismo no processo civil*. São Paulo: Saraiva, 1997.

———. *Do formalismo no processo civil*. 2.ed. São Paulo: Saraiva, 2003.

———. *Do formalismo no processo civil*. 3.ed. no prelo.

———. Efetividade e processo de conhecimento. *Revista da Ajuris* Porto Alegre, v.26, n.75, p.120-135, set. 1999.

———. Efetividade e tutela jurisdicional. *Revista Processo e Constituição*, Porto Alegre: Faculdade de Direito, UFRGS, 2005 (Coleção Galeno Lacerda de Estudos de Direito Processual Constitucional, n.2).

———. *O formalismo-valorativo no confronto com o Formalismo excessivo*. Disponível em: <http://www.tex.pro.br/wwwroot/00/060823 carlos_alberto_ alvaro_oliveira.php>. Acesso em: 01 set. 2006.

———. O problema da eficácia da sentença. *Revista de Processo*, São Paulo, v.28, n.112, p.9-22, out./dez. 2003; In OLIVEIRA, Carlos Alberto Alvaro de (org.). *Eficácia e coisa julgada*. Rio de Janeiro: Forense, 2006.

———. O processo civil na perspectiva dos direitos fundamentais. In OLIVEIRA, Carlos Alberto Alvaro de (org) *Processo e Constituição*. Rio de Janeiro: Forense, 2004.

———. Poderes do juiz e visão cooperativa do processo. *Revista da Ajuris*, Porto Alegre, v.30, n.90, p.55-84, jun. 2003.

———. Procedimento e ideologia no direito brasileiro atual. *Revista da Ajuris*, Porto Alegre, v.12, n.33, p.79-85, mar. 1985.

———. Tutela Declaratória Executiva? *Revista JurisPlenum*, n.11, set. 2006.

———. Direito material, processo e tutela jurisdicional. In MACHADO, Fábio Cardoso; AMARAL, Guilherme Rizzo (org.). *Polêmica sobre a ação: a tutela jurisdicional na perspectiva das relações entre direito e processo*. Porto Alegre: Livraria do Advogado, 2006.

AMARAL, Guilherme Rizzo. A polêmica em torno da "ação de direito material". In MACHADO, Fábio Cardoso; AMARAL, Guilherme Rizzo (org.). *Polêmica sobre a ação: a tutela jurisdicional na perspectiva das relações entre direito e processo*. Porto Alegre: Livraria do Advogado, 2006; *Gênesis: Revista de Direito Processual Civil*, São Paulo, v.9, n.33, p. 533-547, jul./set. 2004.

———. *As astreintes e o processo civil brasileiro: multa do artigo 461 do CPC e outras*. Porto Alegre: Livraria do Advogado, 2004.

———. Comentários ao artigo 475-I e J do CPC. In OLIVEIRA, Carlos Alberto Alvaro de (coord.). *A nova execução*. Rio de Janeiro: Forense, 2006.

———. Ensaio acerca do impacto do novo Código Civil sobre os processos pendentes. *Revista da Ajuris*, Porto Alegre, v.30, n.90, p.313-331, jun. 2003.

——. Técnicas de tutela e o cumprimento da sentença no Projeto de Lei 3.253/04: uma análise crítica da reforma do Processo Civil Brasileiro. In AMARAL, Guilherme Rizzo; CARPENA, Márcio Louzada (coord.). *Visões críticas do processo civil brasileiro: uma homenagem ao Prof. Dr. José Maria Rosa Tesheiner.* Porto Alegre: Livraria do Advogado, 2005.

——. Verdade, justiça e dignidade da legislação: breve ensaio sobre a efetividade do processo, inspirado no pensamento de John Rawls e de Jeremy Waldron. In KNIJNIK, Danilo (coord.). Prova judiciária: estudos sobre o novo direito probatório. Porto Alegre: Livraria do Advogado, 2007.

——; CARPENA, Márcio Louzada (coord.). Visões críticas do processo civil brasileiro: uma homenagem ao Prof. Dr. José Maria Rosa Tesheiner. Porto Alegre: Livraria do Advogado, 2005.

——; MACHADO, Fábio Cardoso (org.). Polêmica sobre a ação, a tutela jurisdicional na perspectiva das relações entre direito e processo. Porto Alegre: Livraria do Advogado, 2006.

AMARAL SANTOS, Moacyr. *Ações cominatórias no direito brasileiro.* São Paulo: Max Limonad, 1962. 1º Tomo, 3.ed, p.165.

AMORIM FILHO, Agnelo. Critério científico para distinguir a prescrição da decadência e para identificar as ações imprescritíveis. *Revista de Direito Processual Civil,* São Paulo, v.2, n.3, p.95-132, jan./jun. 1961.

ANNUAIRE International de Justice Constitutionnelle, XV, 1999. Paris: Econômica, 2000.

ARAGÃO, Egas D. Moniz de. Hobbes, Montesquieu e a teoria da ação. *Revista Forense,* Rio de Janeiro, v.98, n.363, p.39-49, set./out. 2002.

ARAÚJO, Francisco Fernandes de. O abuso de direito processual e o princípio da proporcionalidade na execução civil. Rio de Janeiro: Forense, 2004.

ARENHART, Sérgio Cruz. Tutela específica da obrigação de entrega de coisa. In MARINONI, Luiz Guilherme (coord.). *A segunda etapa da reforma processual civil.* São Paulo: Malheiros, 2001.

ARMELIN, Donaldo. *Observância à coisa julgada e enriquecimento ilícito: postura ética e jurídica dos magistrados e advogados.* Brasília, DF: Conselho de Justiça Federal, Centro de Estudos, 2003. (Cadernos do CEJ, 23)

ARRUDA ALVIM. Da prescrição intercorrente. In CIANCI, Mirna. *Prescrição no novo Código Civil: uma análise interdisciplinar.* São Paulo: Saraiva, 2005.

——. *Tratado de direito processual civil.* 2.ed. São Paulo: Revista dos Tribunais, 1990.

ASSIS, Araken de. *Cumprimento da sentença.* Rio de Janeiro: Forense, 2006.

——. *Cumulação de ações.* 4.ed. São Paulo: Revista dos Tribunais, 2002.

——. *Manual do processo de execução.* 7.ed. São Paulo: Revista dos Tribunais, 2001.

——. Sobre a execução civil: réplica a Tesheiner. *Revista de Processo,* São Paulo, v.26, n.102, p.9-23, abr./jun. 2001.

ÁVILA, Humberto. Teoria dos princípios: da definição à aplicação dos princípios jurídicos. São Paulo: Malheiros, 2003.

BARBOSA MOREIRA, José Carlos. Eficácia da sentença e autoridade da coisa julgada. *Revista da Ajuris,* Porto Alegre, v.10, n.28, p.15-31, jul. 1983.

——. Notas sobre o problema da "efetividade" do processo. *Revista da AJURIS,* Porto Alegre, v.10, n.29, p.77-94, nov.1983.

——. Observações sobre a Estrutura Terminológica do CPC após as Reformas das Leis 11232/2005 e 11.382/2006. *Revista de Processo.* São Paulo, v. 32, n. 154, p. 11-21, dez. 2007.

——. *O novo processo civil brasileiro.* 22.ed. Rio de Janeiro: Forense, 2002.

——. Por um processo socialmente efetivo. *Revista Síntese de Direito Civil e Processual Civil,* São Paulo, v.2, n.11, p.5-14, maio/jun. 2001.

——. Questões velhas e novas em matéria de classificação das sentenças. *Revista Dialética de Direito Processual,* São Paulo, n.7, p.26-38, out. 2003.

——. Sentença executiva? *Revista de Processo.* São Paulo, v.29, n.114, p.147-162, mar./abr. 2004.

BAUTISTA, Jose Becerra. *El proceso civil en Mexico.* 2.ed. México: Porruá, 1965.

BEDAQUE, José Roberto dos Santos. *Efetividade do processo e técnica processual.* São Paulo: Malheiros, 2006.

BEVILÁQUA, Clóvis. *Direito das obrigações.* Rio de Janeiro: Editora Rio, 1982.

BITTAR, Carlos Alberto; BITTAR FILHO, Carlos Alberto. *Tutela dos direitos da personalidade e dos direitos autorais nas atividades empresariais.* São Paulo: Revista dos Tribunais, 1993.

BRASIL. Lei 5.869, de 11 de janeiro de 1973. Institui o Código de Processo Civil. Disponível em: <http://www planalto.gov.br/ccivil_03/LEIS/L5869.htm>. Acesso em: 01 set. 2006.

BUENO, Cassio Scarpinella. Ensaio sobre o cumprimento das sentenças condenatórias. *Revista de Processo,* São Paulo, v.29, n.113, p.22-76, jan./fev. 2004.

———. Tutela antecipada e ações contra o poder público: reflexão quanto a seu cabimento como conseqüência da necessidade de efetividade do processo. In WAMBIER, Teresa Arruda Alvim (coord.). *Aspectos polêmicos da antecipação de tutela.* São Paulo: Revista dos Tribunais, 1997.

BUENO, José Antônio Pimenta. *Apontamentos sobre as formalidades do processo civil.* 3.ed. Rio de Janeiro: Jacintho Ribeiro dos Santos, 1911.

BÜLOW, Oskar. *Die Lehre von den Processeinreden und die Processvoraussetzungen.* Giessen, 1868. Trad. Miguel Angel Rosas Lichtschein. Buenos Aires: Ejea, 1964.

CALDEIRA, Jorge. *Mauá: empresário do império.* São Paulo: Companhia das Letras, 1995.

CANARIS, Claus-Wilhelm. *Pensamento sistemático e conceito de sistema na ciência do direito.* Trad. A. Menezes Cordeiro. 3.ed. Lisboa: Calouste Gulbenkian, 2002.

CANOTILHO, José Joaquim Gomes. *Direito constitucional.* 4.ed. Coimbra: Almedina, 2000.

CAPPELLETTI, Mauro. *Juízes legisladores?* Trad. Carlos Alberto Alvaro de Oliveira. Porto Alegre: Sergio Antonio Fabris, 1999.

———; GARTH, Bryant. *Acesso à justiça.* Tradução de Ellen Gracie Northfleet. Porto Alegre: Sergio Antonio Fabris, 1998.

CARNEIRO, Athos Gusmão. *Cumprimento da sentença civil.* Rio de Janeiro: Forense, 2007.

———. *Jurisdição e competência.* 14.ed. São Paulo: Saraiva, 2005.

———. Sugestões para uma nova sistemática da execução. *Revista de Processo,* São Paulo, v.26, n.102, p.139-152, abr./jun. 2001.

CARNELUTTI, Francesco. *Estudios de Derecho Procesal.* Buenos Aires: EJEA, 1952. v. 1.

———. Lezioni di diritto processuale civile. Padova: CEDAM, 1926. v.2.

CARREIRA ALVIM, José Eduardo. *Teoria geral do processo.* Rio de Janeiro: Forense, 2004.

———. *O direito na doutrina.* Curitiba: Juruá, 1998.

CHIOVENDA, Giuseppe. *Instituições de direito processual civil.* 2.ed. Campinas: Bookseller, 2000. v.1.

CINTRA, Antônio Carlos de Araújo. *Comentários ao Código de Processo Civil.* Rio de Janeiro: Forense, 2003.

———; DINAMARCO, Cândido Rangel; GRINOVER, Ada Pellegrini. *Teoria geral do processo.* 11.ed. São Paulo: Malheiros, 1995.

COELHO, Fábio Ulhoa. *Manual de direito comercial: direito de empresa.* 19.ed., revista e atualizada. São Paulo: Saraiva, 2007.

COMOGLIO, Luigi Paolo. Il "giusto processo" civile nella dimensione comparatistica. *Revista de Processo,* São Paulo, v.1, n.108, p.133-183, out./dez. 2002.

———. Il principio di economia processuale. Padova: Cedam, 1982. t.2.

COUTO E SILVA, Clóvis do. *A obrigação como processo.* São Paulo: José Bushatsky, 1976.

———. A teoria das ações em Pontes de Miranda. *Revista da Ajuris,* Porto Alegre, v.15, n.43, p.69-79, jul. 1988.

COUTURE, Eduardo. *Interpretação das leis processuais.* Trad. Gilda Maciel Corrêa Meyer Russomano. 2.ed. Rio de Janeiro: Forense, 1993.

CRETELLA JÚNIOR, José. *Curso de direito administrativo.* 5.ed. Rio de Janeiro: Forense, 1977.

DIDIER JUNIOR, Fredie. Pressupostos processuais e condições da ação: o juízo de admissibilidade do processo. São Paulo: Saraiva, 2005.

DINAMARCO, Cândido Rangel. *A instrumentalidade do processo.* 10.ed. São Paulo: Malheiros, 2002.

———. *Instituições de direito processual civil.* 3.ed. São Paulo: Malheiros, 2003. v.1.

———. *Instituições de direito processual civil.* 4.ed. São Paulo: Malheiros, 2004. v.4.

———. Relativizar a coisa julgada material. *Revista da Ajuris,* Porto Alegre, v.27, n.83, p.33-65, set. 2001; *Revista Forense,* Rio de Janeiro, v.97, n.358, p.11-32, nov./dez. 2001; *Revista de Processo,* São Paulo, v.28, n.109, p.9-38, jan./mar. 2003.

DINIZ, Maria Helena. *Curso de direito civil brasileiro.* 4.ed. São Paulo: Saraiva, 1988. v.2.

FACCHINI NETO, Eugênio. E o Juiz não é só de Direito: ou A Função Jurisdicional e a Subjetividade. In ZIMERMAN, David; COLTRO, Antônio Carlos Mathias (org.) *Aspectos psicológicos na prática jurídica.* Campinas: Millenium, 2002.

FALZEA, Ângelo. Efficacia giuridica. In *Enciclopédia del Diritto.* Milano: Giuffrè, 1965. v.14.

FAZZALARI, Elio. *Instituizoni di diritto processuale.* Padova: Cedam, 1975.

FERREIRA, Aurélio Buarque de Holanda. *Novo Aurélio Século XXI: o dicionário da língua portuguesa.* Rio de Janeiro: Nova Fronteira, 1999.

FREITAS, José Lebre de. *A acção executiva à luz do código revisto.* 2.ed. Coimbra: Coimbra Editora, 1997.

FREITAS, Juarez. *A Interpretação sistemática do direito.* São Paulo: Malheiros, 1995.

FUX, Luiz. *Curso de direito processual civil.* Rio de Janeiro: Forense, 2001.

GOMES, Orlando. *Direitos reais.* 7.ed. Rio de Janeiro: Forense, 1980.

——. *Introdução ao direito civil.* 5.ed. Rio de Janeiro: Forense, 1977.

GRAU, Eros Roberto. *O direito posto e o direito pressuposto.* 4.ed. São Paulo: Malheiros, 2002.

GRINOVER, Ada Pellegrini. Ética, abuso do processo e resistência às ordens judiciárias: o *contempt of court. Revista de Processo,* São Paulo, v.26, n.102, abr./jun. 2001.

——. *O processo em evolução.* Rio de Janeiro: Forense Universitária, 1996.

GUERRA, Marcelo Lima. *Execução indireta.* São Paulo: Revista dos Tribunais, 1998.

GUERRA FILHO, Willis Santiago. Sobre princípios constitucionais gerais: isonomia e proporcionalidade. *Revista dos Tribunais,* São Paulo, v.84, n.719, p.58-59, set. 1995.

HABERMAS, Jürgen. *Direito e democracia: entre facticidade e validade.* Rio de Janeiro: Tempo Brasileiro, 1997, t.I e II.

HELLWIG, Konrad. *Anspruch und Klagrecht.* Aalen: Scientia, 1967.

——. Lehrbuch des deutschen Zivilprozessrechts, Aalen: Scientia, 1968.

——. *System des deutschen.* Aalen: Scientia, 1968.

HESSE, Konrad. *Escritos de derecho constitucional (selección).* Centro de Estudios Constitucionales. Madrid, 1983.

HOBBES, Thomas. *Leviatã ou matéria, forma e poder de um estado eclesiástico e civil.* Trad. João Paulo Monteiro e Maria Beatriz Nizza da Silva. 3.ed. São Paulo: Abril Cultural, 1983.

IHERING, Rudolf Von. *Espírito do direito romano.* Trad. Rafael Benaion. Rio de Janeiro: Calvino Filho, 1934.

KNIJNIK, Danilo. Comentários ao artigo 475-L do CPC. In OLIVEIRA, Carlos Alberto Alvaro de (Coord.). *A nova execução.* Rio de Janeiro: Forense, 2006.

——. *A nova execução: comentários à Lei nº 11.232, de 22 de dezembro de 2005.* Carlos Alberto Alvaro de Oliveira (coord.). Rio de Janeiro: Forense, 2006, p.164.

——. A prova nos juízos cível, penal e tributário. Rio de Janeiro: Forense, 2007.

——. O recurso especial e a revisão da questão de fato pelo Superior Tribunal de Justiça. Rio de Janeiro: Forense, 2005.

——. Os *standards* do convencimento judicial: paradigmas para o seu possível controle. *Revista Forense,* Rio de Janeiro, v.97, n.353, p.15-52, jan./fev. 2001.

KRAVCHYCHYN, Gisele Lemos. Da prescrição intercorrente no processo de execução suspenso pela falta de bens penhoráveis do devedor. *Jus Navigandi,* Teresina, v.7, n.63, mar. 2003. Disponível em: <http://jus2.uol.com.br/doutrina/texto.asp?id=3887>. Acesso em: 05 jan. 2006.

LACERDA, Galeno. *Despacho saneador.* Porto Alegre: Livraria Sulina Editora, 1953.

——. Processo e cultura. *Revista de Direito Processual Civil,* São Paulo, v.2, n.3, p.74-86, jan./jun. 1961.

LEAL, Antônio Luis da Câmara. *Da prescrição e da decadência: teoria geral do direito civil.* 4.ed. Rio de Janeiro: Forense, 1982.

LIEBMAN, Enrico Tullio. Efeitos da sentença e coisa julgada. In ——. *Eficácia e autoridade da sentença.* 2.ed. Trad. Ada Pellegrini Grinover. Rio de Janeiro: Forense, 1981.

——. *Manual de direito processual civil.* Trad, e notas de Cândido Rangel Dinamarco. Rio de Janeiro: Forense, 1984. v.1.

——. *Processo de execução.* São Paulo: Saraiva, 1946.

LIRA, Gerson. A motivação na apreciação do direito. In ALVARO DE OLIVEIRA, Carlos Alberto (org.). *Processo e constituição.* Rio de Janeiro: Forense, 2004.

LUCON, Paulo Henrique dos Santos. *Eficácia das decisões e execução provisória.* São Paulo: Revista dos Tribunais, 2000.

LUHMANN, Niklas. *Sociologia do direito I.* Rio de Janeiro: Tempo Brasileiro, 1983.

MACHADO, Fábio Cardoso. *Jurisdição, condenação e tutela jurisdicional.* Rio de Janeiro: Lumen Juris, 2004.

MARINONI, Luiz Guilherme. *Curso de processo civil: teoria geral do processo.* São Paulo: Revista dos Tribunais, 2006. v.1.

——. *Técnica processual e tutela dos direitos.* São Paulo: Revista dos Tribunais, 2004.

——. Tutela antecipatória e julgamento antecipado: parte incontroversa da demanda. 5.ed. São Paulo: Revista dos Tribunais, 2002.

——. *Tutela específica: arts. 461, CPC, e 84, CDC.* São Paulo: Revista dos Tribunais, 2001.

———; ARENHART, Sérgio Cruz. *Curso de processo civil, volume 3: execução.* São Paulo: Revista dos Tribunais, 2007.

———;_____.Manual do processo de conhecimento: a tutela jurisdicional através do processo de conhecimento. 2.ed. São Paulo: Revista dos Tribunais, 2003.

MATHIEU, Bernard. Annuaire International de Justice Constitutionnelle, XV, 1999. Paris: Econômica, 2000.

MEDINA, José Miguel Garcia. *O dogma da coisa julgada: hipóteses de relativização.* São Paulo: Revista dos Tribunais, 2003.

———. Sobre os requisitos e o efeito suspensivo dos embargos do executado: sugestões de *lege ferenda*. *Revista de Processo,* São Paulo, n.107, p.196-201, jul./set. 2000.

MENDES, Gilmar Ferreira. *Jurisdição constitucional.* 2.ed. São Paulo: Saraiva, 1998.

MITIDIERO, Daniel Francisco. A pretensão de condenação. *Revista de Processo,* São Paulo, v.30, n.129, p.50-65, nov. 2005.

———. *Comentários ao Código de Processo Civil.* São Paulo: Memória Jurídica, 2005. t.2.

———. Elementos para uma teoria contemporânea do processo civil. Porto Alegre: Livraria do Advogado, 2005.

———. Polêmica sobre a teoria dualista da ação: ação de direito material: "ação" processual: uma resposta a Guilherme Rizzo Amaral. *Gênesis: Revista de Direito Processual Civil,* São Paulo, v.9, n.34, p.690-697, out./dez. 2004; In MACHADO, Fábio Cardoso e AMARAL, Guilherme Rizzo (organizadores). *Polêmica sobre a ação: a tutela jurisdicional na perspectiva das relações entre direito e processo.* Porto Alegre: Livraria do Advogado, 2006.

NEGRÃO, Theotonio. Código de Processo Civil e legislação processual em vigor. 30.ed. São Paulo: Saraiva, 1999.

NERY JUNIOR, Nelson. *Princípios fundamentais: teoria geral dos recursos.* 5.ed. São Paulo: Revista dos Tribunais, 2000.

———; NERY, Rosa Maria de Andrade. *Código de Processo Civil comentado e legislação processual extravagante em vigor.* 6.ed. São Paulo: Revista dos Tribunais, 2002.

———; ———. Código de Processo Civil comentado e legislação extravagante em vigor. 7.ed. São Paulo: Revista dos Tribunais, 2003.

NÓBREGA, J. Flóscolo da. *Introdução ao direito.* 2.ed. Rio de Janeiro: José Konfino, 1962.

OLIVEIRA, Vallisney de Souza. *Nulidade da sentença e o princípio da congruência.* São Paulo: Saraiva, 2004.

PACHECO, José da Silva. *Ações executivas e execução de sentença.* Rio de Janeiro: Borsoi, 1957.

PASSOS, J.J. Calmon de. Instrumentalidade do processo e devido processo legal. *Revista de Processo,* São Paulo, v.26, n.102, p.55-67, abr./jun. 2001.

PERROT, Roger. O processo civil francês na véspera do século XXI. Trad. J. C. Barbosa Moreira. *Revista Forense,* Rio de Janeiro, v.94, n.342, p.161-168, abr. 1998.

PIMENTA BUENO, José Antônio. *Apontamentos sobre as formalidades do processo civil.* 3.ed. Rio de Janeiro: Jacintho Ribeiro dos Santos, 1911.

PODETTI, J. Ramiro. Teoría y técnica del proceso civil y trilogía estructural de la ciencia del proceso civil. Buenos Aires: Ediar Soc. Anón. Editores.

PONTES DE MIRANDA, Francisco Cavalcanti. *Comentários ao Código de Processo Civil.* Rio de Janeiro: Forense, 1973. t.1.

———. *Tratado das ações.* 2.ed. São Paulo: Revista dos Tribunais, 1972. t.1.

PORTANOVA, Rui. *Princípios do processo civil.* 5.ed. Porto Alegre: Livraria do Advogado, 2003.

POTHIER, Robert Joseph. *Tratado de las obligaciones.* Trad. da edição francesa *Traité des obligations,* 1824. Buenos Aires: Atalaya, 1947.

RAWLS, John. *Uma teoria da justiça.* Trad. Almiro Pisetta e Lenita M. R. Esteves. São Paulo: Martins Fontes, 2000.

ROCCO, Alfredo. *La sentenza civile.* Torino: Bocca, 1906.

RODRIGUES, Dirceu. *Brocardos jurídicos.* 4.ed. São Paulo: Saraiva, 1953.

ROSS, Alf. *Direito e justiça.* Trad. Edson Bini. Bauru, São Paulo: Edipro, 2000.

ROUBIER, Paul. Droit subjectifs et situations juridiques. Paris: Dalloz, 1963.

SANTOS, Ernane Fidélis dos. Código de Processo Civil: execução dos títulos judiciais e agravo de instrumento. São Paulo: Saraiva, 2006.

SANTOS, Moacyr Amaral. *Ações cominatórias no direito brasileiro.* 3.ed. São Paulo: Max Limonad, 1962. v.1.

———. *Primeiras linhas de direito processual civil.* 23.ed. São Paulo: Saraiva, 2004. v. 1.

SICHES, Luis Recaséns. *Introducción al estudio del derecho.* 6.ed. México: Editorial Porruá, 1981.

SILVA, Luis Cláudio de Jesus. *O oficial de justiça na prática: guia de atuação.* Rio de Janeiro: Forense, 2004.

SILVA, Ovídio Araújo Baptista da. *Curso de processo civil.* 2.ed. Porto Alegre: Sergio Antonio Fabris, 1991. v.1.

———. *Curso de processo civil.* 4.ed. São Paulo: Revista dos Tribunais, 1998.

——. Direito material e processo. *Revista Magister de Direito Civil e Processual Civil*, v.1, n.1, p.5-29, jul./ago. 2004.

——. *Verdade e significado.* Disponível em: <http://www.abdpc.org.br>. Acesso em: 10 jul. 2005.

STEIN, Torsten. *A segurança jurídica na ordem legal da República Federal da Alemanha.* São Paulo: Fundação Konrad Adenauer, 2000. (Cadernos Adenauer, 3)

TALAMINI, Eduardo. Tutela relativa aos deveres de fazer e de não fazer: CPC, art. 461; CDC, art. 84. São Paulo: Revista dos Tribunais, 2001.

——. *Tutela relativa aos deveres de fazer e de não-fazer e sua extensão aos deveres de entrega de coisa.* 2.ed. São Paulo: Revista dos Tribunais, 2003.

TARUFFO, Michele. *La prueba de los hechos.* Madrid: Trotta, 2002.

TESHEINER, José Maria Rosa. *Elementos para uma teoria geral do processo.* Disponível em: <http://www.tex.pro.br>. Acesso em: 21 jul. 2004.

——. Execução de sentença: regime introduzido pela Lei 11.232/2005. Revista Jurídica, São Paulo, v.54, n.343, p.17-24, maio 2006.

——. Pressupostos processuais e nulidades no processo civil. São Paulo: Saraiva, 2000.

——. Execução civil: um estudo fundado nos comentários de Araken de Assis. *Revista de Processo*, São Paulo, v.26, n.102, p.24-54, abr./jun. 2001.

——. *O ocaso da condenação.* Disponível em: <http://www.tex.pro.br>. Acesso em: 12 jul. 2004.

TESHEINER, José Maria Rosa (coord.). *Nova sistemática processual civil.* 2.ed. Caxias do Sul, RS: Plenum, 2006, p.128-129.

THEODORO JÚNIOR, Humberto. A onda reformista do direito positivo e suas implicações com o princípio da segurança. *Revista Magister. Direito civil e processual civil*, Brasília, DF, v.2, n.11, p.5-32, mar./abr. 2006.

——. *Curso de direito processual civil.* 41.ed. Rio de Janeiro: Forense, 2004. v.1.

——. Princípios gerais do direito processual civil. *Revista da AJURIS,* Porto Alegre, v.12, n.34, p.161-184, jul. 1985.

——. Tutela específica das obrigações de fazer e não fazer. *Revista de Processo,* São Paulo, v.27, n.105, p.9-33, jan./mar. 2002.

TUCCI, José Rogério Cruz e. Garantia da prestação jurisdicional sem dilações indevidas como corolário do devido processo legal. *Revista de Processo,* São Paulo, v.17, n.66, p.72-78, abr./jun. 1992.

WALD, Arnoldo. Eficiência judiciária e segurança jurídica: a racionalização da legislação brasileira e reforma do Poder Judiciário. In MACHADO, Fábio Cardoso; MACHADO, Rafael Bicca (coord.). *A reforma do Poder Judiciário.* São Paulo: Quartier Latin, 2006.

WALDRON, Jeremy. *The dignity of legislation.* Cambridge University Press, 1999.

WAMBIER, Luis Rodrigues. *Sentença civil: liquidação e cumprimento.* 3.ed. São Paulo: Revista dos Tribunais, 2006.

——, WAMBIER, Teresa Arruda Alvim; MEDINA, José Miguel Garcia. *Sobre a necessidade de intimação pessoal do réu para o cumprimento da sentença, no caso do art. 475-J do CPC).* Disponível em: <http://www.tex.pro.br>. Acesso em: 16 jun. 2006.

——; ——. Breves comentários à 2.ª fase da reforma do Código de Processo Civil. São Paulo: Revista dos Tribunais, 2002.

WAMBIER, Teresa Arruda Alvim; MEDINA, José Miguel Garcia. *O dogma da coisa julgada: hipóteses de relativização.* São Paulo: Revista dos Tribunais, 2003.

WATANABE, Kazuo. *Da cognição no processo civil.* 2.ed. atual. Campinas: Bookseller, 2000.

ZAVASCKI, Teori Albino. *Antecipação da tutela.* 3.ed. São Paulo: Saraiva, 2000.

——. *Comentários ao Código de Processo Civil.* 2.ed. São Paulo: Revista dos Tribunais, 2003. v.8.

——. Sentenças declaratórias, sentenças condenatórias e eficácia executiva dos julgados. *Revista de processo,* São Paulo, v.28, n.109, p.45-56, jan./mar. 2003.